COSACNAIFY

# O CIRCUITO DOS AFETOS

## Corpos políticos, desamparo e o fim do indivíduo

VLADIMIR SAFATLE

*Para Valentina,*
*que saberá viver sem medo.*

*O que é*
*é*
*O que não é*
*é possível*
*Apenas o que não é*
*é possível.*
EINSTÜRZENDE NEUBAUTEN

# INTRODUÇÃO

*Está claro que estou suscetível a desaparecer subitamente, de um instante a outro.*
*Não seria então melhor falar de minhas possessões sem demora?*

SAMUEL BECKETT

Esta é o que poderíamos chamar de "a cena mais política de *O processo*". Depois de uma primeira sessão que terminou de forma abrupta, Joseph K. decide voltar ao tribunal no qual se desenrola seu inquérito. Ao chegar, ele vê o tribunal vazio, não há audiência naquele domingo. No interior da sala, há apenas uma mulher junto à porta, observando-o entrar. Há apenas a lavadeira, mulher do oficial de justiça, assediada pelo juiz de instrução e pelo estudante, que mais à frente mostrará a K. as meias de seda que recebeu de presente do juiz com um gesto, ao mesmo tempo ingênuo e maquínico, de levantar a saia mais acima dos joelhos. Além da mulher com meias de seda, estão no tribunal alguns livros sobre a mesa do juiz. K. pede para vê-los. "Não", diz a mulher.

Claro que a resposta só poderia ser "não", reflete em voz alta K. Certamente, tais livros são códigos e, quanto menos se souber sobre as leis, sobre seu fundamento e modos de aplicação, mais fácil condenar e submeter alguém. O principal motor da sujeição é a ignorância em relação ao conhecimento dos meandros do poder, pensa K., com um certo acento de crítica iluminista. O poder fará tudo para que os livros continuem fechados. No que a mulher consente de maneira preguiçosa, como se estivesse a ouvir mais uma vez a mesma ladainha de sempre.

Segue-se então uma singular inversão. K. descobre que a mulher é casada, mesmo deixando-se entregar ao estudante. Ele aproveita para culpabilizá-la. Ela age como se sentisse o golpe, aproxima-se, conta um pouco de sua história, pede discrição e promete ajudá-lo. "Então, deixe-me olhar os livros." Surpreendentemente, a resposta agora será: "Mas é claro", como se nunca tivesse havido dificuldade alguma desde o início. Como se tudo fosse apenas questão de saber pedir a partir da perspectiva certa, ou seja, a partir da perspectiva na qual os desejos estão em movimento de implicação.

K. abre então o primeiro livro, sujo e empoeirado. Nele não há leis, descrições de códigos e normas. Há uma gravura obscena, mal desenhada e vulgar de um homem e uma mulher nus sobre um canapé. Figuras de uma "corporeidade excessiva", sublinha Kafka. Em outro livro, um título sugestivo: "Os tormentos que Grete teve de sofrer com seu marido Hans". Não há leis, apenas pornografia barata. "São esses os códigos estudados aqui, é por homens assim que somos julgados", diz o acusado Joseph K.

Mas poderíamos perguntar o que Joseph K. realmente viu. Teria ele descoberto algo como a ausência de fundamento da lei, sua arbitrariedade fundamental que anunciaria, na entrada do século XX, o advento de uma era histórica que deveria agora lidar com a consciência da crise de legitimidade do poder? Era histórica de castelos que nunca são alcançados, mas que estão presentes em todos os níveis através de castelões e subcastelões que falam em nome de um poder distante porque vazio? Seria Kafka um Bismarck literário para quem: "leis são como salsichas, melhor não ver como elas são feitas"? Ou descobriu Joseph K. algo a mais? Pois talvez os livros da lei contenham realmente o que K. procurava. Sob essas figuras de corporeidade excessiva e esses títulos de pornografia de banca de jornal talvez houvesse um circuito que, muito mais do que a Lei, produz o fundamento dos vínculos sociais. Talvez houvesse a circulação daquilo a que nossos olhos não podem ser indiferentes porque nos afeta, seja através das formas da atração, seja através da repulsa. No lugar da lei, das normas e das regras havia, na verdade, um circuito de afetos.

É verdade que K. esperava algo sobre seu processo, informações sobre seu inquérito, enfim algo que lhe dissesse claramente respeito, quem sabe algo que portasse seu nome, que o individualizasse, que lhe afirmasse claramente "isto é para você". Mas o que ele encontrou foram imagens que não falam sobre o seu caso, imagens quaisquer, feitas com o descuido do que nunca será assinado, nunca terá autor e que parecem intervir de maneira violenta e obscena em um espaço que não lhes seria próprio. O que K. encontrou foi um circuito impessoal de afetos e fantasias que, embora não lhe dizendo diretamente respeito, implicará todo seu ser, pois modificará a velocidade das afecções daqueles que o julgarão e o interpelarão, interferirá na escuta das falas que K. pronunciará no interior do tribunal, definirá o ritmo e a forma como ele será integrado à norma. Essas imagens representam o que interfere em nossa história vindo de um exterior radical, de um movimento de desejos que não é meu, mas no qual estou implicado.

No entanto, sem se dar conta, K. descobriu ainda algo a mais. Ele descobriu que o tribunal é muito maior do que o espaço no qual a lei se enuncia (ou deveria ser enunciada). Na verdade, do tribunal fazem parte a lavadeira, os cortiços, os circuitos de afetos que ligam as meias de seda ao juiz de instrução, o local de trabalho de Joseph K., o sacerdote que lhe contará a parábola sobre a porta da Lei, essa mesma porta que, apesar de parecer absolutamente impessoal, foi feita apenas para você. O tribunal é um corpo composto de lavadeiras, juízes, oficiais de justiça, meias de seda, sacerdotes. Da mesma forma como "O castelo" de outro livro de Kafka é um corpo do qual todos já fazem parte. "Esta aldeia é propriedade do castelo, quem fica ou pernoita aqui de certa forma fica ou pernoita no castelo." Pois "o castelo", um conjunto de construções pobres e sem brilho, não é outra coisa que esse corpo construído pelo circuito incessante de aldeões, funcionários, albergues, cerveja, informações desencontradas. "Não há diferença entre o castelo e os camponeses", diz o professor, pois afinal todos fazem parte do mesmo corpo político.

Dessa forma, Kafka nos lembra como compreender o poder é uma questão de compreender seus modos de construção de corpos políticos, seus circuitos de afetos com regimes extensivos de implicação, assim como compreender o modelo de individualização que tais corpos produzem, a forma como ele nos implica. Se quisermos mudá-lo, será necessário começar por se perguntar como podemos ser afetados de outra forma, será necessário estar disposto a ser individualizado de outra maneira, a forçar a produção de outros circuitos.

Talvez já tenha ficado claro como lembrar a cena mais política de *O processo* é uma maneira de repensar o que pode ser atualmente compreendido como "crítica social", e diria que, à sua maneira, esse livro é um largo esforço nesse sentido. Pois uma sociedade é normalmente pensada como sistema de normas, valores e regras que estruturam formas de comportamento e interação em múltiplas esferas da vida. Nesse caso, as produções sociais nos campos da linguagem, do desejo e do trabalho são avaliadas em referência a normatividades que parecem intersubjetivamente partilhadas e, por isso, dotadas de força de coesão. Aceita tal perspectiva, poderíamos imaginar que o trabalho da crítica consistiria na exploração sistemática das contradições performativas entre a realidade das ações e as promessas de racionalidade enunciadas por normas intersubjetivamente partilhadas. Seria possível ainda complexificar nossa abordagem crítica e lembrar como as normatividades sociais funcionam a partir de uma dinâmica de conflitos entre normas explícitas e implícitas, entre normas que são claramente enunciadas e aquelas que agem em silêncio, precisando continuar implícitas para poder funcionar. Acrescentaríamos ao trabalho da crítica a explicitação de contradições entre níveis distintos de normatividades. De toda forma, criticar continuaria a ser uma atividade fundamentada na recorrência a estruturas normativas consensuais tacitamente presentes no horizonte de validação de nossos critérios de julgamento. Estruturas que definiriam previamente, ao menos do ponto de vista formal, as possibilidades do que pode ter realidade e direito de existência. Ou seja, criticar seria indissociável da ação de comparar norma e fato.

No entanto, é possível que uma perspectiva crítica precise atualmente partir de uma compreensão distinta do que é uma sociedade. Talvez precisemos partir da constatação de que sociedades são, em seu nível mais fundamental, circuitos de afetos. Enquanto sistema de reprodução material de formas hegemônicas de vida, sociedades dotam tais formas de força de adesão ao produzir continuamente afetos que nos fazem assumir certas possibilidades de vida a despeito de outras. Devemos ter sempre em mente que formas de vida determinadas se fundamentam em afetos específicos, ou seja, elas precisam de tais afetos para continuar a se repetir, a impor seus modos de ordenamento definindo, com isso, o campo dos possíveis. Há uma adesão social construída através das afecções. Nesse sentido, quando sociedades se transformam, abrindo-se à produção de formas singulares de vida, os afetos começam a circular de outra forma, a agenciar-se de maneira a produzir outros objetos e efeitos. Uma sociedade que desaba são também sentimentos que desaparecem e afetos inauditos que nascem. Por isso, quando uma sociedade desaba, leva consigo os sujeitos que ela mesma criou para reproduzir sentimentos e sofrimentos.

Tendo isso em vista, podemos pensar perspectivas críticas que busquem analisar os circuitos de afetos produzidos por formas de vida específicas. Isso talvez nos ajudará a compreender por que certas formas de vida demonstram sua resiliência mesmo em situações nas quais parecem não responder mais aos critérios normativos nos quais elas mesmas aparentemente se fundamentavam.

Se não é a adesão tácita a sistemas de normas que produz a coesão social, então devemos nos voltar aos circuitos de afetos que desempenham concretamente esse papel. Eles nos permitirão compreender tanto a natureza de comportamentos sociais quanto a incidência de regressões políticas, desvelando também como normatividades sociais fundamentam-se em fantasias capazes de reatualizar continuamente os mesmos afetos em situações materialmente distintas umas das outras.

## Do medo ao desamparo

A partir desse ponto, várias linhas de força começaram a compor o livro. Na verdade, este livro é construído por cinco linhas de força, algumas mais desenvolvidas, outras ainda latentes. A primeira delas diz respeito à tentativa de desenvolver de forma mais sistemática a articulação entre afetos e corpo político. Uma articulação enunciada pela filosofia política moderna ao menos desde Hobbes. Pois seria difícil não partir de sua afirmação canônica: "de todas as paixões, a que menos faz os homens tender a violar as leis é o medo. Mais: excetuando algumas naturezas generosas, é a única coisa que leva os homens a respeitá-las".[1] Nessa perspectiva, compreender sociedades como circuitos de afetos implicaria partir dos modos de gestão social do medo, partir de sua produção e circulação enquanto estratégia fundamental de aquiescência à norma. Pois, se, de todas as paixões, a que sustenta mais eficazmente o respeito às leis é o medo, então deveríamos começar por nos perguntar como ele é produzido, como ele é continuamente mobilizado. De forma mais precisa, como se produz a transformação do medo contínuo da morte violenta, da despossessão dos bens, da invasão da priva-

1 Thomas Hobbes, *Leviatã*, trad. João Paulo Monteiro e Maria Beatriz N. da Silva. São Paulo: Martins Fontes, 2003, p. 253.

cidade, do desrespeito à integridade de meus predicados em motor de coesão social.

Tal perspectiva hobbesiana não tem interesse meramente histórico. É bem provável que ela descreva, de forma bastante precisa, o modelo hegemônico de circuito de afetos próprio a nossas sociedades de democracia liberal, com suas regressões securitárias e identitárias periódicas (mesmo que Hobbes não seja exatamente um teórico do liberalismo, haja vista sua maneira de colocar os interesses da soberania acima da defesa da propriedade dos indivíduos). Pois partir da premissa hobbesiana nos obriga a não apenas colocar o medo como afeto intransponível, disposição sempre latente na vida social. Trata-se, principalmente e de maneira silenciosa, de definir a figura do indivíduo defensor de sua privacidade e integridade como horizonte, ao mesmo tempo último e fundador, dos vínculos sociais. A defesa da integridade individual não significa, no entanto, apenas a elevação da conservação da vida à condição última de legitimação do poder. "Integridade" significa aqui também a soma dos predicados que possuo e que determinam minha individualidade, os predicados dos quais sou proprietário.

Assim, a tese principal é que o medo como afeto político central é indissociável da compreensão do indivíduo, com seus sistemas de interesses e suas fronteiras a serem continuamente defendidas, como fundamento para os processos de reconhecimento. Ele é consequência necessária do fato de a política liberal ter por horizonte: "o homem novo definido pela procura de seu interesse, pela satisfação de seu amor-próprio e pelas motivações passionais que lhe fazem agir".[2] Interesses constituídos pelo jogo social de identificações e concorrências, pelo desejo do desejo do outro. O que pode nos explicar por que a liberdade tal como compreendida em sociedades cujo modelo de inscrição se dá a partir da determi-

2 Pierre Dardot e Christian Laval, *La Nouvelle raison du monde*. Paris: La Découverte, 2010, p. 28.

nação de sujeitos sob a forma de indivíduos é paga pela definição do outro como uma espécie de "invasor potencial",[3] como alguém com quem me relaciono preferencialmente através de contratos que definem obrigações e limitações mútuas sob os olhares de um terceiro. Perspectiva contratualista que eleva a *pessoa* à figura fundamental da individualidade social. Por isso, não seria equivocado afirmar que sistemas políticos que se compreendem como fundamentados na institucionalização de liberdades individuais são indissociáveis da gestão e produção social do medo. A liberdade nas sociedades que inscrevem sujeitos sob a forma de indivíduos é indissociável da criação de uma cultura emergencial da segurança sempre latente, cultura do risco iminente e contínuo de ser violentado. Compreender a vida social para além desse horizonte emergencial será, necessariamente, colocar em questão o modo de reconhecimento que determina os sujeitos como indivíduos e pessoas. Dessa forma, desenvolveu-se uma segunda linha de força a animar este livro. Se a primeira se assenta na articulação entre afetos políticos e corpo social, a segunda diz respeito ao destino da categoria de indivíduo e seu fim necessário.

Com tal tarefa em mente, foi questão de insistir que só nos liberaremos de tais modos de determinação de sujeitos à condição de mostrar a viabilidade de pensar a sociedade a partir de um circuito de afetos que não tenha o medo como fundamento. Pressuposto que explica a importância de Sigmund Freud dentro do projeto que anima este livro. Foi Freud quem insistiu nas consequências transformadoras de compreender não exatamente o medo, mas o desamparo como afeto político central. É verdade, alguém poderia não ver o que se ganha com tal troca e se indignar com a ideia de co-

3 O que Jacques Lacan desenvolveu muito claramente ao insistir na agressividade como o afeto fundamental nas relações intersubjetivas entre sujeitos que tem no Eu a figura principal de suas singularidades. Ver, por exemplo, Jacques Lacan, "A agressividade em psicanálise" [1948], in *Escritos*, trad. Vera Ribeiro. Rio de Janeiro: Jorge Zahar, 1998, pp. 104-26.

meçar a análise dos afetos do político a partir do desemparo. Pode parecer empresa fadada ao fracasso colocar uma "paixão triste" na base dos fundamentos libidinais do campo do político, isto a fim de posteriormente pensar as condições possíveis para transformações profundas em nossas formas de vida. É verdade, os riscos são reais, como seriam também reais os riscos em começarmos pelas "paixões afirmativas", com sua força soberana, para depois não sabermos explicar como paixões aparentemente tão fortes foram tão fracas na constituição do campo político até o presente.

É possível que o primeiro texto moderno de reflexão sobre a ação política radical na tradição ocidental seja o *Discurso da servidão voluntária,* de Etienne de La Boétie. Ele é o primeiro por partir daquela que é a questão fundadora para toda e qualquer teoria da ação e da constituição de sujeitos políticos, a saber: por que a ação não ocorre? De onde vem o desejo de não realizar o desejo por outra coisa? Para ser mais preciso: de onde vem a fonte que dá tanta força a tal desejo? Reprimendas morais a respeito da luta contra "forças reativas" de nada adiantarão. Nesse sentido, a perspectiva freudiana tem a virtude de reconhecer afetos em seu ponto de ambivalência. Pois é da recusa de um desamparo que expressa coordenadas sócio-históricas bastante precisas que vem a mola de tal desejo de alienação social. Mas é da afirmação do desamparo que vem, para Freud, a emancipação. Ou seja, ele não é um afeto a ser esquecido e que, do ponto de vista do ser, seria uma simples ilusão reativa. O desamparo não é algo contra o qual se luta, mas algo que se afirma. Pois, ao menos para Freud, podemos fazer com o desamparo coisas bastante diferentes, como transformá-lo em medo, em angústia social, ou partir dele para produzir um gesto de forte potencial liberador: a afirmação da contingência e da errância que a posição de desamparo pressupõe, o que transforma esses dois conceitos em dispositivos maiores para um pensamento da transformação política. Ou seja, a lição política de Freud consiste em dizer que há uma espécie de aprisionamento do desamparo na lógica neurótica das narrativas de reparações, esperadas por aqueles contra os quais me bato, narrativas de demandas de cuidado, ou, se quisermos utilizar uma palavra que tende a submeter o campo do político, de *care*. Retirar o desamparo dessa prisão é a primeira condição para nossa emancipação. Uma consequência necessária de tal maneira de pensar consiste em dizer que, *no fundo, talvez não exista algo como "paixões tristes" ou "paixões afirmativas". Existem paixões, com sua capacidade de às vezes nos fazer tristes, às vezes felizes.*

## Incorporações

Se quisermos pensar a produtividade do desamparo, talvez uma boa estratégia consista em começar por se perguntar sobre as formas que a existência social comum pode tomar. Isso nos leva, necessariamente, a analisar as relações entre política e corporeidade. Pois se há algo que parece onipresente na filosofia política moderna é a ideia de que a política é indissociável das modalidades de produção de um corpo político que expressa a estrutura da vida social.[4] Não há política sem corpo, dizem, cada um à sua maneira, Rousseau, Hobbes, Spinoza, e não deveríamos nos esquecer de tal premissa. Kafka é só um continuador dessa tradição. Rousseau, por exemplo, ao falar deste princípio de instauração política racional que seria, a seu ver, o contrato social, o descreverá como um "ato de associação [que] produz um corpo moral e coletivo composto de tantos membros quantos são os votos da assembleia, o qual recebe, por esse mesmo ato, sua unidade, seu eu comum, sua vida e sua vontade".[5] A instauração política aparece assim como a constituição de um corpo dotado de unidade, de vontade consciente, de eu comum. Podemos acreditar estar diante de uma mera metáfora que visaria

4 Para uma boa discussão a esse respeito, ver Roberto Esposito, *Le persone e le cose*. Roma: Einaudi, 2014.

5 Jean-Jacques Rousseau, *O contrato social*, livro I, cap. VI, 3ª ed., trad. Antonio de Pádua Danesi. São Paulo: Martins Fontes, 1996, p. 22.

dar à sociedade a naturalidade reificada de um organismo, mas nenhuma metáfora é "mera" ilustração. Ela é uma forma de relacionar sistemas de referências distintos que devem, porém, ser conjuntamente articulados para que um fenômeno determinado possa ser apreendido de modo adequado. Se não é possível pensar a instauração política sem apelar às metáforas corporais é porque, na verdade, constituir vínculos políticos é indissociável da capacidade de ser afetado, de ser sensivelmente afetado, de entrar em um regime sensível de *aisthesis*. As metáforas do corpo político não descrevem apenas uma procura de coesão social orgânica. Elas também indicam a natureza do regime de afecção que sustenta adesões sociais. Há certas afecções orgânicas, e não "deliberações racionais", que nos fazem agir socialmente de determinada forma. Pois um corpo não é apenas o espaço no qual afecções são produzidas, ele também é produto de afecções. As afecções constroem o corpo em sua geografia, em suas regiões de intensidade, em sua responsividade.

Por outro lado, as metáforas do corpo político nos lembram como não é possível haver política sem alguma forma de incorporação. Não há política sem a encarnação, em alguma região e momentos precisos, da existência da vida social em seu conjunto de relações. Pois é tal encarnação que afeta os sujeitos que compõem o corpo político, criando e sustentando vínculos. Encarnação que pode se dar sob a figura do líder, da organização política, da classe, da ideia diretiva, dos vínculos a certos arranjos institucionais, da lavadeira; mas que deve se dar de alguma forma. Ignorar esse ponto é um dos maiores erros de várias formas de teoria da democracia. Uma encarnação não é necessariamente uma representação, mas um dispositivo de expressão de afetos. Sendo assim, podemos pensar a política a partir da maneira como afetos determinados produzem modos específicos de encarnação. Nem todas as corporeidades são idênticas; algumas são unidades imaginárias, outras são articulações simbólicas, outras são dissociações reais. Cada regime de corporeidade tem seu modo de afecção.

O medo como afeto político, por exemplo, tende a construir a imagem da sociedade como corpo tendencialmente paranoico, preso à lógica securitária do que deve se imunizar contra toda violência que coloca em risco o princípio unitário da vida social. Imunidade que precisa da perpetuação funcional de um estado potencial de insegurança absoluta vinda não apenas do risco exterior, mas da violência imanente da relação entre indivíduos. Imagina-se, por outro lado, que a esperança seria o afeto capaz de se contrapor a esse corpo paranoico. No entanto, talvez não exista nada menos certo do que isso. Em primeiro lugar, porque não há poder que se fundamente exclusivamente no medo. Há sempre uma positividade a dar às estruturas de poder sua força de duração. Poder é, sempre e também, uma questão de promessas de êxtase e de superação de limites. Ele não é só culpa e coerção, mas também esperança de gozo. Nada nem ninguém consegue impor seu domínio sem entreabrir as portas para alguma forma de êxtase e gozo. Por isso, como sabemos desde Spinoza, *metis* e *sper* se complementam, há uma relação pendular entre os dois: "não há esperança sem medo, nem medo sem esperança".[6] Daí por que "viver sem esperança", disse uma vez Lacan, "é também viver sem medo".

Mas há ainda uma dimensão estrutural profunda que aproxima medo e esperança. Ela refere-se à dependência que tais afetos demonstram em relação a uma mesma forma de temporalidade, dominada pela expectativa. Pois um corpo é uma maneira de experimentar o tempo. Cada corpo tem seu regime de temporalidade e regimes de temporalidade idênticos aproximarão corpos aparentemente distantes. Seja a expectativa da iminência do dolo que nos amedronta, seja a expectativa da iminência de um acontecimento que nos redima, medo e esperaça conhecerão o mesmo tempo fundado na ordem própria a um horizonte de expectativa, mesmo que se trate de procurar, dependendo do caso, sinais futuros negativos ou positivos. Sempre o tempo da espera que nos retira da poten-

6 Bento Spinoza, *Ética*, trad. Tomaz Tadeu. Belo Horizonte: Autêntica, 2007, p. 221.

cialidade própria ao instante. Talvez, por isso, o corpo político que esperança e medo são capazes de produzir seja sempre modalidade de um corpo político providencial. O corpo constituído pela crença esperançosa em uma providência por vir ou o corpo depressivo e amedrontado de uma providência perdida ou nunca alcançada.

Nesse sentido, pode parecer que deveríamos seguir alguns teóricos sociais, como Claude Lefort, em sua tentativa de descorporificar o social como forma de pretensamente garantir a invenção democrática através da abertura de um espaço simbolicamente vazio no centro do poder. Algo como apostar na crença de que a mobilização libidinal e afetiva que sedimenta os vínculos sociais, em suas múltiplas formas, seria sempre uma regressão a ser criticada, como se a dimensão dos afetos devesse ser purificada para que a racionalidade desencantada e resignada da vida democrática pudesse se impor, esfriando o entusiasmo e calando o medo.

No entanto, há de se insistir ser impossível descorporificar o social, pois é impossível purificar o espaço político de todo afeto. Há algo da crença clássica na separação necessária entre razão e afeto a habitar hipóteses dessa natureza. Como se os afetos fossem, necessariamente, a dimensão irracional do comportamento político, devendo ser contraposta à capacidade de entrarmos em um processo de deliberação tendo em vista a identificação do melhor argumento. Creio, na verdade, que a perspectiva freudiana pode nos auxiliar na crítica desse modelo de confusão entre racionalidade política e purificação dos afetos. Faz-se necessário adotar outra estratégia e se perguntar qual corporeidade social pode ser produzida por um circuito de afetos baseado no desamparo. Pois o desamparo cria vínculos não apenas através da transformação de toda abertura ao outro em demandas de amparo. Ele também cria vínculos por despossessão[7] e

7 Veremos, no primeiro capítulo, como devemos compreender a natureza de tais vínculos de despossessão, tão bem trabalhados por Judith Butler em várias de suas obras.

por absorção de contingências. Estar desamparado é deixar-se abrir a um afeto que me despossui dos predicados que me identificam. Por isso, afeto que me confronta com uma impotência que é, na verdade, forma de expressão do desabamento de potências que produzem sempre os mesmos atos, sempre os mesmos agentes.

Um corpo político produzido pelo desamparo é um corpo em contínua despossessão e des-identificação de suas determinações. Corpo sem *eu* comum e unicidade, atravessado por antagonismos e marcado por contingências que desorganizam normatividades impulsionando as formas em direção a situações impredicadas. Por isso, o desamparo produz corpos em errância, corpos desprovidos da capacidade de estabilizar o movimento próprio aos sujeitos através de um *processo de inscrição de partes em uma totalidade*. Inscrição que, por sua vez, é determinação a partir de atribuições genéricas próprias a elementos diferenciais de um conjunto. No entanto, esse corpo em errância constrói, ele integra o que parecia definitivamente perdido através da produção de uma simultaneidade estranha à noção tradicional de presença. Para entender tal ponto, precisamos de uma noção de temporalidade em sua articulação com a formação de corpos e política. Tal temporalidade é própria de uma *simultaneidade espectral* que, como gostaria de mostrar no capítulo III, nos abre a experiências temporais capazes de nos fazer pensar tempos múltiplos em contração e fornecer uma chave de leitura para a força de des-identificação de conceitos como "historicidade". Por outro lado, esse corpo em errância é capaz de construir "fazendo durar o acaso na origem de toda novidade", como dirá Larissa Agostinho a respeito da função política da contingência como princípio de produção da poesia de Mallarmé. O que entendemos como uma exigência em elevar a contingência não a um acontecimento contra o qual a unidade do corpo político se defende (tema tão forte até mesmo na filosofia política de Spinoza), mas, a princípio, através do qual ele, paradoxalmente, se constrói.

Neste ponto, o problema das modalidades de constituições do corpo político articula-se com o problema do modo de inscrição de sujeitos no interior de estruturas sociais. A "determinação sob a forma de indivíduos" é o nome que damos à produção de modalidades de inscrição no interior de um corpo político unitário, que pretensamente teria superado a dimensão ontológica dos antagonismos. Não apenas dos antagonismos ligados a conflitos sociais, pois indivíduos estão em estado contínuo de conflitos de interesses concorrenciais, mas dos antagonismos formais ligados à instabilidade interna a normatividades próprias ao ordenamento social. Uma perspectiva realmente crítica partirá, necessariamente, da desconstrução desse modo de inscrição de sujeitos políticos em indivíduos. Única maneira de produzir a abertura social à multiplicidade formal própria a um corpo sem *eu* comum e unidade. Ele nos levará a pensar um corpo aberto a sua própria espectralidade.

## A dissolução da ficção da pessoa e suas propriedades

Esse é um ponto fundamental para o projeto deste livro e desdobra-se em direção a uma terceira linha de força de problemas, ligados ao uso da noção de reconhecimento. Pois há de se criticar o fato de a recuperação contemporânea da teoria do reconhecimento mostrar-se hoje dependente de horizontes de avaliação de demandas sociais fundamentados em uma dimensão antropológica profundamente normativa, pois construída a partir de categorias de teor psicológico como "identidade pessoal" e "personalidade". Tais categorias não são mais compreendidas como atribuições de uma *persona ficta* a ser politicamente desconstruída, como seria desejável se não quiséssemos perpetuar as ilusões fundacionistas do indivíduo moderno. Na verdade, se seguirmos a via traçada por Axel Honneth, tais categorias serão naturalizadas através de recursos massivos a uma antropologia psicanaliticamente orientada e remodelada a partir de certas interpretações de dados advindos das psicologias do desenvolvimento. Como resultado, demandas políticas de reconhecimento são atualmente compreendidas, em seu nível mais determinante, como demandas de constituição e reconhecimento de identidades ou, no limite, de potencialidades capazes de permitir o desenvolvimento de predicações da pessoa individualizada. A predicabilidade da pessoa, que aparece então como expressão máxima da autonomia e da autenticidade dos indivíduos, é definida como uma espécie de solo pré-político para toda política possível. O problema fundamental é que tal solo pré-político naturaliza não apenas uma antropologia, mas também um modo geral de relação, já que pensar sujeitos a partir de sua predicabilidade é pensá-los a partir de relações de possessão, um pouco como indivíduos essencialmente definidos como "quem tem uma propriedade em sua própria pessoa".[8] Um predicado é algo que possuo, que é expressão do que faz parte das condições que estabelecem o campo da minha propriedade. Por isso, ao definir a predicação como modo privilegiado de reconhecimento, eleva-se a possessão a um modo naturalizado de relação.

Essa pressuposição de um solo pré-político no qual encontramos a individualidade proprietária é uma decisão politicamente prenhe de consequências por trazer em seu bojo a crença de as lutas sociais serem, em sua compreensão genérica, lutas que visam à constituição de um espaço social de reconhecimento de indivíduos proprietários emancipados. Ela simplesmente desconsidera a força produtiva do reconhecimento daquilo que não se deixa predicar como atributo da pessoa individualizada, força que podemos encontrar, por exemplo, em toda a tradição dialética de Hegel a Marx. Por isso, tal pressuposição ignora solenemente a importância política de uma decisão ontológica como aquela que permite a Hegel desenvolver o conceito de negatividade, com

8 John Locke, *Segundo tratado sobre o governo*. São Paulo: Abril Cultural, p. 51 (col. Os Pensadores, v. XVIII).

suas inúmeras manifestações fenomenológicas ligadas à expressão da indeterminação própria aos sujeitos. Devemos procurar em tal decisão ontológica a razão última que levou Hegel a afirmar que tratar alguém como pessoa era "expressão de desprezo"[9] devido ao caráter abstrato de tal modo de determinação. Ela igualmente ignora como tal ontologia negativa será transplantada para o bojo do conceito marxista de proletariado, com sua despossessão constitutiva de todo atributo identitário e com consequências decisivas para uma política capaz de ainda se perguntar sobre o lugar e a necessidade de horizontes de transformação efetiva. Pois, como gostaria de mostrar neste livro, o proletariado não é apenas um conceito sociológico que descreve determinada classe de trabalhadores, mas também um conceito ontológico que descreve um modelo de emergência de sujeitos políticos com afetos bastante específicos. Ele demonstra como a negatividade dialética é uma operação cuja força política ainda não foi adequadamente mensurada. Neste ponto, encontramos uma quarta linha de força presente neste livro e que consiste em compreender, a partir de uma certa tradição dialética, as condições para a emergência de sujeitos políticos.

Nesse sentido, por querer ser fiel a tal tarefa e não referendar escolhas filosóficas levadas a cabo por teorias hegemônicas do reconhecimento, este livro procura defender que uma política realmente transformadora só pode ser atualmente uma política que não se organize a partir do estabelecimento de institucionalidades e normatividades capazes de permitir o reconhecimento mais exaustivo de predicações dos indivíduos e a consequente ordenação social de diferenças. Ao contrário, ela só pode ser uma política que traga à vida social a potência de um horizonte antipredicativo

9 G. W. F. Hegel, *Fenomenologia do Espírito*, v. II, trad. Paulo Meneses. Petrópolis: Vozes, 1992, p. 33.

e impessoal que, a sua forma, Marx foi capaz de trazer através de seu conceito de proletariado.[10]

Se voltarmos os olhos a uma dimensão mais estrutural do problema, será importante lembrar como a etimologia de "predicar" é bastante clara. Vinda do latim *praedicare,* que significa "proclamar, anunciar", a predicação é aquilo que pode ser proclamado, aquilo que se submete às condições gerais de anunciação. Predicados de um sujeito são aquilo que ele, por direito, pode anunciar de si no interior de um campo no qual a universalidade genérica da pessoa saberia como ver e escutar o que lá se apresenta. No entanto, há aquilo que não se proclama, há aquilo que faz a língua tremer, há aquilo que não se dá a ver para uma pessoa. Expressão do que destitui tanto a gramática da proclamação, com seu espaço predeterminado de visibilidade, quanto o lugar do sujeito da enunciação, que pretensamente saberia o que tem diante de si e como falar do que se dispõe diante de si. Isso que faz a língua tremer e se chocar contra os limites de sua gramática é o embrião de outra forma de existência. Nesse sentido, tal horizonte antipredicativo de reconhecimento não será capaz de se encarnar nas condições de determinação do que pode ser proclamado. Por isso, ele funda uma política que recusa, ao mesmo tempo, a crença na força transformadora tanto da afirmação da identidade quanto do reconhecimento das diferenças. Pois trata-se de um equívoco maior acreditar que a diferença seja a negação não dialética da identidade.

Identidade e diferença convivem em uma oposição radicalmente complementar. Elas são apenas dois momentos do mesmo

10 Nesse sentido, este livro é o desdobramento, no campo da filosofia política, das pesquisas que desenvolvemos, eu, Christian Dunker e Nelson da Silva Jr., sobre o que chamamos de "experiências produtivas de indeterminação" no interior das atividades do Laboratório de Pesquisas em Teoria Social, Filosofia e Psicanálise (Latesfip-USP). Para outras dimensões dessa pesquisa, ver principalmente Christian Dunker, *Mal-estar, sofrimento, sintoma: uma psicopatologia do Brasil entre muros.* São Paulo: Boitempo, 2015, e Vladimir Safatle, *Grande Hotel Abismo: para uma construção da teoria do reconhecimento.* São Paulo: Martins Fontes, 2012.

processo de determinação por predicação, ou, ainda, da determinação por possessão de predicados, por aquilo que indivíduos podem possuir. Possuo predicados que, em um movimento complementar, me identificam, estabelecendo um campo próprio, e me determinam no interior de um campo estruturado de diferenças opositivas. Em todos esses casos, estamos diante de propriedades que determinam, ou ainda de *determinação por propriedade*. Por querer criticar a hipóstase de determinações por propriedades, devemos afirmar que a verdade que nega a identidade não pode ser a diferença, mas a indiferença com sua capacidade antipredicativa, com sua despossessão generalizada de si. "Indiferença" não significa aqui desafecção, mas constituição de uma "zona objetiva de indiscernibilidade"[11] e de indistinção na qual determinações por propriedade desabam em *moto continuo*.

Sujeitos confrontados com uma modalidade antipredicativa de reconhecimento e levados a se afetarem pela indiferença que circula no interior de zonas de indiscernibilidade são sujeitos continuamente despossuídos de suas determinações e, por isso, desamparados, abertos a um modo de afecção que não é simplesmente a

11 Ver Gilles Deleuze, *Logique de la sensation*. Paris: Seuil, 2002, p. 30. Ao falar da maneira como a pintura de Francis Bacon destrói a representação através da violência da sensação produzida pela expressão de uma zona de indiscernibilidade anterior à constituição das determinações representativas da diferença, Deleuze retoma uma importante ideia que estava presente em *Diferença e repetição*: "Quando o fundo sobe à superfície, o rosto humano se decompõe [como vemos na pintura de Bacon] neste espelho em que tanto o indeterminado quanto as determinações vêm confundir-se numa só determinação que 'estabelece' a diferença" (Gilles Deleuze, *Diferença e repetição*, 2ª ed. São Paulo: Graal, 2006, p. 36). Esse fundo que sobe à superfície é o que podemos chamar de processo que in-diferencia, já que desarticula a possibilidade de distinção por determinações representativas e atributivas, essas determinações caracterizadas pela *identidade*, pela *analogia* em relação a conceitos determináveis últimos, pela *oposição* na relação entre determinações no interior do conceito e pela *semelhança*. Mesmo que Deleuze seja radicalmente estranho ao universo dialético que anima este livro, mostrarei em outro lugar como tal estranhamento não elimina um sistema de aproximações inusitadas e relevantes.

expressão da presença do outro no interior do sistema consciente de interesses e vontades que determinariam a minha pessoa. Por isso, volto a insistir, é melhor dizer que se trata de uma afecção que tem a força de construir vínculos a partir do que me despossui de minhas determinações e predicações, por isso afecção do que se desdobra como vínculo inconsciente, com sua temporalidade inconsciente, sua forma de determinação do sujeito estranha à visibilidade da consciência, sua causalidade inconsciente – o que não é simplesmente uma causalidade desconhecida da consciência, mas causalidade formalmente distinta do princípio de causalidade próprio à consciência como modalidade de presença.

Para descrever esse modo de reconhecimento antipredicativo, com suas afecções que produzem despossessões generalizadas de si, desabamentos de sistemas individualizados de identidades e diferenças, recorreremos a uma digressão sobre o conceito de amor, tal como aparece em Jacques Lacan. Maneira de mostrar como um modelo fundamental de reconhecimento primário pode ser completamente reconstruído, para além da ficção filosófica do amor como espaço de "simbiose refratada pela individualização mútua"[12] e, por isso, capaz de pretensamente produzir a segurança emocional de sujeitos autônomos individualizados. Contrariamente à ficção filosófica do amor como uma espécie de afecção que, através do reforço de estruturas cooperativas e de afirmação mútua de interesses particulares, nos leva a construir relações sob a forma do contrato tácito entre pessoas que se afetam de forma consensual e consentida, a reflexão psicanalítica sobre o amor proposta por Lacan nos permite pensar modos não intersubjetivos de reconhecimento, no qual as figuras do contrato das trocas recíprocas, do consentimento consciente ou da afirmação identitária de si saem de cena para compreendermos melhor como o desamparo,

12 Axel Honneth, *Luta por reconhecimento: a gramática moral dos conflitos sociais*, trad. Luiz Repa. São Paulo: Editora 34, 2003, p. 107.

entendido como afeto, pode criar relações. O amor é, segundo Lacan, uma relação que nos desampara, mas que nos recria. A reflexão sobre o amor demonstra seu interesse político na medida em que abre a compreensão para formas de reconhecimento entre sujeitos que, ao menos por um momento, deixam de querer ser determinados como pessoas individualizadas.

Por fim, a discussão sobre modalidades antipredicativas de reconhecimento foi desdobrada tendo em vista igualmente a defesa de um regime de luta política que visa àquilo que poderíamos chamar de "desinstitucionalização da capacidade biopolítica de controle do Estado". Maneira de desdobrar o problema do reconhecimento antipredicativo em direção, por um lado, à reflexão sobre relações horizontais de reconhecimento entre sujeitos e, por outro, sobre relações verticais de reconhecimento entre sujeitos e instituições. Espero que os exemplos apresentados neste livro tenham força de persuasão e nos ajudem a pensar o que pode ser a tarefa política de, como já disse Felip Marti, "mudar de estado".

## Uma biopolítica vitalista transformadora

Por sua vez, essa modalidade antipredicativa de reconhecimento é uma resposta inicial a um problema que anunciei pela primeira vez em *Cinismo e falência da crítica*. Naquele livro defendi a hipótese de estarmos em uma sociedade na qual os processos disciplinares não se dão mais através da exigência de conformação a padrões normativos claramente determinados e identitários. Na verdade, as formas hegemônicas de vida no capitalismo atual fundamentam-se em uma economia libidinal capaz de absorver até mesmo a indeterminação anômica da pulsão e a desarticulação das estruturas identitárias. Ou seja, a anomia não pode mais ser vista como uma patologia social, tal qual ela aparecia em Durkheim, já que ela teria se transformado na condição mesma de funcionamento dos processos de gestão social da vida. Tal diagnóstico foi retomado neste livro através de dois capítulos que versam sobre as modificações da subjetividade nas dimensões do trabalho e da corporeidade, explorando os quadros patológicos que tais modificações trazem. Foi uma maneira de mostrar como a compreensão do processo de formação de corpos políticos deve ser complementada com a discussão sobre a forma como se dá, atualmente, a intervenção política dos corpos. Intervenção não mais produzida, de maneira hegemônica, através das formas da disciplina e da coerção normativa, mas através da internalização da experiência da anomia produzida pela universalização da forma geral da intercambialidade e da equivalência.

Contra tal anomia gerida e gestada no interior das formas do capitalismo, pode parecer que deveríamos recorrer a alguma forma de experiência do Real pensada como disrupção violenta e espetacular. De fato, não seria difícil criticar tal posição como mais uma forma de "estetização da violência" enquanto equívoco político daqueles que se desesperam devido a diagnósticos demasiado totalizantes da inautenticidade das formas de vida no capitalismo. Não nego que, ao tentar construir o campo das potencialidades transformadoras da experiência do desamparo, este livro poderia, à sua maneira, abrir as portas para um certo elogio da violência. Pois, ao final, ficou claro para mim como tudo fora animado pelo desejo de mostrar como uma sociedade para a qual toda forma de violência deve ser igualmente desqualificada é uma sociedade doente. Há uma violência produzida pela vida pulsional que se manifesta através da abertura à contingência, à indeterminação e à despossessão. Uma sociedade cujos sujeitos não se abrem a tal violência é composta de formas de vida divorciadas do que lhes permite se mover. Nem todas as violências equivalem-se em sua destrutividade.

Talvez por isso, este livro procurou explorar várias estratégias locais nas quais aparece uma certa violência do que se serve das potências da indeterminação. Assim, será o caso de procurar reler o conceito de trabalho em Marx como se tal trabalho fosse a "expressão do impróprio" com seus afetos de estranhamento, isso para defender a necessidade de pensarmos como as sociedades neoliberais produzem não apenas a espoliação econômica da mais-valia, mas também a espoliação psíquica do estranhamento (*Unheimlichkeit*), como o poder espolia o estranhamento permitindo que toda negatividade só se manifeste como depressão e melancolia.

Da mesma forma, será o caso de recuperar o conceito de história em Hegel insistindo em sua força de descentramento, tão negligenciada pelas filosofias que criticam a história como forma discursiva da identidade do sujeito moderno (Foucault, Deleuze, Lyotard). Força capaz de constituir uma temporalidade concreta baseada na processualidade da contingência. Temporalidade, por sua vez, que pode nos fornecer coordenadas importantes para pensarmos formas de corporeidade do social para além dos fantasmas de unidade imaginária.

Por fim, será o caso de recorrer à filosofia da medicina de Georges Canguilhem a fim de fazer trabalhar o conceito de errância com sua reabilitação do problema da contingência e da compreensão do organismo como um sistema em perpétuo equilíbrio e desequilíbrio. Maneira de sugerir um fundamento naturalista para a crítica social e para a ancoragem das experiências de negatividade em um processo vital. Pois a reconstrução da noção de normatividade vital operada por Canguilhem fornece o fundamento para um conceito de saúde que não tem direito de cidade apenas no interior de discussões sobre clínica e ciências médicas. Na verdade, tal conceito tem uma forte ressonância para a crítica social, fornecendo uma espécie de horizonte biopolítico que é maior do que a denúncia foucaultiana da administração dos corpos como mola de funcionamento das estratégias do poder. Ele traz em seu bojo a perspectiva positiva de uma biopolítica vitalista transformadora, fundamentando as condições de possibilidade para a renovação da problemática do reconhecimento.

Todos nós conhecemos bem as figuras totalitárias produzidas pela aproximação dos discursos da política e da biologia, com suas metáforas autoritárias da sociedade como um organismo no qual lugares e funções estariam operacionalmente determinados ou ainda através das temáticas do darwinismo social. Mas, em vez de simplesmente cortar toda possibilidade de articulação entre os dois campos, há uma operação mais astuta (e que já fora ensaiada por certa tradição do pensamento francês contemporâneo através de nomes como Georges Bataille, Georges Canguilhem e Gilbert Simondon) que consiste em dar ao conceito de "vida" uma voltagem especulativa renovada. A meu ver, esse é o caminho aberto por Georges Canguilhem. Caminho que nos permite perguntar: sabemos exatamente o que dizer quando aproximamos a sociedade de um organismo, de um corpo orgânico? Principalmente, temos conhecimento da natureza da desorganização imanente própria a um organismo, da abertura à contingência própria às normatividades vitais?

Essa particular guinada naturalista da crítica social é fruto da crítica a uma certa metafísica. Pois a distinção entre sujeito político e individualidade biológica aparece, na verdade, como setor da distinção metafísica entre humanidade e animalidade que, por sua vez, é a expressão da decisão em distinguir ontologicamente o que tem a pretensa dignidade da pessoa e o que porta o caráter reificado das coisas. Nesse sentido, se parece ser promissor derivar uma estratégia crítica a partir do vitalismo de Canguilhem, isso é devido à crença de uma das mais insidiosas dicotomias por nós herdadas do pensamento moderno ser aquela que nos leva a crer em uma distinção estrita entre liberdade e natureza. Ela expressa a distinção metafísica fundamental entre o que é dotado de ação e o que é dotado de estatuto de coisa, entre o que somos nós e o que é radicalmente outra coisa, distinta de nós. Tal dicotomia continua a pulsar em várias estratégias do pensamento contemporâneo e acabou por criar um conceito abstrato de liberdade, já que construído a partir de uma imagem da natureza que simplesmente não corresponde a nada, a não ser a nossos fantasmas mecanicistas e a nossa construção sobre a natureza das coisas. Para realmente começar a pensar a liberdade e reorientar as possibilidades da crítica, há de se seguir o movimento da vida. Para se pensar o corpo político, talvez não exista estratégia melhor do que se apoiar em reflexões sobre a natureza do corpo vivente.

Por fim, há de se insistir que nunca seremos capazes de pensar novos sujeitos políticos sem nos perguntarmos inicialmente sobre como produzir outros corpos. Não será com os mesmos corpos construídos por afetos que até agora sedimentaram nossa subserviência que seremos capazes de criar realidades políticas ainda impensadas. Mais do que novas ideias, neste momento histórico no qual a urgência de reconstrução da experiência política e a necessidade de enterrar formas que nos assombram com sua impotência infinita se fazem sentir de maneira gritante, precisamos de outro corpo. Para começar outro tempo político, será necessário inicialmente mudar de corpo. Pois nunca haverá nova política com os velhos sentimentos de sempre. Isso é o que podemos retirar da lição de Joseph K. e de seus livros da lei.

## CODA

*Grande Hotel Abismo* tratou de apresentar as bases para uma ontologia subtrativa do sujeito e suas consequências para a reflexão sobre os processos de reconhecimento. Ontologia subtrativa porque ela não visa fornecer determinações normativas sobre o ser, descrevendo o regime de sua substancialidade, seus atributos de permanência e estabilidade nocional. Antes, trata-se de conservar a ontologia como pressão subtrativa do que não se esgota na configuração da situação atual de determinação dos entes ou, se quisermos ser mais precisos, do que não se esgota nas determinações gerais de atualidade. Neste modelo, a ontologia pode aparecer, ao mesmo tempo, como crítica das formas atuais de determinação e apresentação de "formas gerais de movimento" que desarticulam o campo das identidades.

Que tal ontologia tenha como categoria central o conceito de sujeito, isso se explica por "sujeito" descrever, na verdade, *um processo de impli-*

*cação com o que é indeterminado do ponto de vista da situação atual.* Ele não é, como muitos gostariam de acreditar, uma entidade substancial e dotada de unidade, identidade e autonomia. Ele é espaço de uma experiência de descentramento (Lacan) e não identidade (Adorno). Há de se lembrar como, desde Descartes, o sujeito expressa essa estrutura de implicação com o impessoal de um puro pensamento não individuado, daí esta pergunta tão singular de Descartes na Segunda Meditação, logo após a primeira enunciação do cogito: o que sou, eu que sei que sou?

Em *Grande Hotel Abismo*, procurei identificar a irredutibilidade de tal processo de descentramento e não identidade através de um movimento triplo no qual se tratava de pensar sínteses não lineares do tempo, conceitos de liberdade como unidade imanente com uma causalidade radicalmente heterônoma e estruturas do desejo como empuxo em direção ao que não se determina por completo na atualidade: o que não deve ser visto como uma fixação na perpetuação da inatualidade, mas como pressão em direção à reconfiguração da presença.

Alguns leitores do livro insistiram no fato de ele parecer convidar a certa acomodação diante do conceito de indeterminação e do cultivo de certa forma de negatividade. Mas, na verdade, tratava-se de redimensionar a potência do pensamento dialético partindo da centralidade de sua articulação necessária entre negatividade e infinitude, articulação que funda a natureza da própria categoria de sujeito em sua matriz hegeliana e em seus desdobramentos posteriores pelas mãos de Lacan e Adorno. Tratava-se ainda de evidenciar a economia pulsional de tal articulação, desdobrando consequências no interior da teoria da ação e dos problemas de reconhecimento.

Na ocasião da publicação do livro, parecia-me que o projeto estava delineado em seus eixos centrais. O que simplesmente não era o caso. Não apenas faltava um desdobramento mais claro de tal tentativa de recuperar dimensões negligenciadas da dialética hegeliana no interior de problemas ligados ao reconhecimento, discutindo de forma mais sistemática problema como: a reconfiguração do conceito de alienação no trabalho (o que me permitiu retornar a Marx), a crítica de uma política que entifica noções de identidade e indivíduo (e que me levou a cunhar o termo de "reconhecimento antipredicativo"), a problematização do amor como estrutura não recíproca de reconhecimento, entre outros. Faltava ainda dois movimentos fundamentais. Primeiro, uma compreensão das dinâmicas processuais da dialética e de seus modelos de produtividade. Processualidade que só poderia ser realmente pensada depois de recolocarmos a negatividade em seu horizonte correto. Ou seja, faltava mostrar como podemos partir da dialética para pensar movimentos de transformação estrutural da experiência e de seu campo. A respeito de tal tarefa, ainda há muito o que fazer, pois muito equívoco foi dito na filosofia contemporânea a esse respeito. Creio que neste livro que agora apresento ela apenas começou a ser delineada. Na verdade, ela é a quinta linha de força do livro, aquela que se encontra em estado mais latente. Sua latência se justifica por ter sido inicialmente necessário apelar ao pensamento psicanalítico a fim de recolocar certos problemas políticos fundamentais em outro plano, de onde se seguiu a necessidade de repensar a corporeidade do vínculo social e sua dinâmica de afetos a fim de nos livrarmos de algumas ilusões e problematizações incorretas próprias de teorias da democracia hegemônicas. As consequências filosóficas de tal reposicionamento de problemas se seguirá em outros livros. Algumas delas já estão aqui presentes.

Mas, no interior do saldo deixado por *Grande Hotel Abismo,* havia também uma série de problemas não tratados que dizia respeito a uma questão, digamos, "psicológica". A questão é: "o que leva os indivíduos que nos tornamos a se implicarem com o que tem a forma de um sujeito? Que afetos podem levar indivíduos a se implicarem com o que não tem a forma da pessoa, do Eu e nem a forma do comum, do que fundaria uma partilha do comum, mas com o que tem a forma do impróprio, do que funda uma partilha baseada no que não se configura nunca como minha propriedade?". Ou seja, que afetos criam sujeitos? Que afetos impulsionam os indivíduos que acreditamos um dia dever ser a esta dilatação produzida pela implicação com a desmesura que funda todo sujeito? Este é o problema central deste livro.

Poderíamos tentar recuperar a beatitude, como um dia falou Spinoza, poderíamos falar do contentamento, tal como um dia falou Kant, ou mesmo tentar recuperar a felicidade, como atualmente faz Badiou, mas essas seriam formas de ignorar que, para criar sujeitos, é necessário inicialmente desamparar-se. Pois é necessário mover-se para fora do que nos promete amparo, sair fora da ordem que nos individualiza, que nos predica no interior da situação atual. Há uma compreensão da inevitabilidade do impossível, do colapso do nosso sistema de possíveis que faz de um indivíduo um sujeito.

Nesse sentido, há de se lembrar que o desamparo não é apenas demanda de amparo e cuidado. Talvez fosse mais correto chamar tal demanda de cuidado pelo Outro de "frustração". Mas há um ponto no qual a afirmação do desamparo se confunde com o exercício da liberdade. Uma liberdade que consiste na não sujeição ao Outro, em uma, como bem disse uma vez Derrida, "heteronomia sem sujeição". Uma não sujeição que não é criação de ilusões autárquicas de autonomia, mas capacidade de se relacionar àquilo que, no Outro, o despossui de si mesmo. Capacidade de se deixar causar por aquilo que despossui o Outro. No desamparo, deixo-me afetar por algo que me move como uma força heterônoma e que, ao mesmo tempo, é profundamente desprovido de lugar no Outro, algo que desampara o Outro. Assim, sou causa de minha própria transformação ao me implicar com algo que, ao mesmo tempo, me é heterônomo, mas me é interno sem me ser exatamente próprio. O que talvez seja o sentido mais profundo de uma heteronomia sem servidão. O que também não poderia ser diferente, já que amar alguém é amar suas linhas de fuga.

POLÍTICA INC.

Yves Klein – *Leap into the Void* (1960)

Saltar no vazio talvez seja atualmente o único gesto realmente necessário. Com a calma de quem se preparou lentamente vestindo terno e gravata, saltar no vazio com a certeza irônica de quem sabia que um dia essa hora chegaria em sua necessidade bruta, que agora não há outra coisa a fazer. A arte tentou durante décadas forçar os limites do possível de várias formas, mas deveria ter tentado saltar mais no vazio. Pois, como dizia Yves Klein: "no coração do vazio, assim como no coração do homem, há fogos que queimam". Não se trata de caminhar em sua direção como quem nos convida ao amparo calmo de uma sessão de ataraxia. Trata-se de lembrar que o vazio nunca foi nem será inerte. Só mesmo uma má metafísica que acreditava, do nada, nada poder ser criado, que se atemorizava diante do silêncio eterno dos espaços infinitos, poderia errar tanto. Da mesma forma que o silêncio é apenas uma abstração conceitual inefetiva, o vazio é apenas o lugar no qual não encontramos nada. Entretanto, um nada determinado, corrigiria Hegel. Porque a boa questão talvez não seja onde está o que não encontramos, mas se não devemos parar de procurar o que nunca se entregará a quem se deixa afetar apenas de forma paralítica. Para os policiais que procuravam a carta roubada, a casa do Ministro estava sempre vazia, mesmo que a carta estivesse lá. Como todos estão cansados de saber, saltar no vazio não é para policiais. Infelizmente, há policiais demais hoje em dia, até mesmo na filosofia.

Há algo do desejo de voar na foto de Klein. De braços abertos, de peito aberto, olhando para o céu como quem acredita ser capaz de voar. Mas ouve-se desde sempre que voar é impossível. Desde crianças tentamos e desde crianças descobrimos nossa impotência. Mesmo que nem todo mundo saiba que talvez a única função real da arte seja exatamente esta, nos fazer passar da impotência ao impossível. Nos lembrar que o impossível é apenas o regime de existência do que não poderia se apresentar no interior da situação em que estamos, embora não deixe de produzir efeitos como qualquer outra coisa existente. O impossível é o lugar para onde não cansamos de andar, mais de uma vez, quando queremos mudar de situação. Tudo o que realmente amamos foi um dia impossível.

Mas, como diz o inimigo, não há almoço de graça. Quem toca o impossível paga um preço. Há o chão à nossa espera, o acidente, a quebra certa e segura como a dureza do asfalto. Dá até para imaginar o riso sardônico de Klein depois de ouvir tal objeção. Como quem diz: mas é para isto que a arte existe em sua força política, para deixar os corpos se quebrarem. Se amássemos tanto nossos corpos como são, com suas afecções definidas e sua integridade inviolável, com sua saúde a ser preservada compulsivamente, não haveria arte. Há momentos em que os corpos precisam se quebrar, se decompor, ser despossuídos para que novos circuitos de afetos apareçam. Fixados na integridade de nosso corpo próprio, não deixamos o próprio se quebrar, se desamparar de sua forma atual para que seja às vezes recomposto de maneira inesperada.

Saltar no vazio era a maneira, tão própria à consciência histórico-política singular de Yves Klein, de se colocar no limiar de um tempo bloqueado pela repetição compulsiva de uma sensibilidade atrofiada. Se a atrofia atingiu nossa linguagem de forma tão completa, a ponto de ela nos impedir de imaginar figuras alternativas, se fizemos a experiência, tão bem descrita por Nietzsche, de nunca nos desvencilharmos de Deus enquanto acreditarmos na gramática, então é hora de ir em direção ao fundamento e bater contra o chão (se falássemos alemão, eu faria um conhecido trocadilho dialético sobre ir ao fundamento). Era um pouco o que Schoenberg dizia a Cage: "Você compõe como quem bate a cabeça contra a parede". Para o quê a única resposta possível era: "Então melhor bater a cabeça até a parede quebrar".

Assim, com esses gestos impossíveis e necessários, se produzirá a abertura ao impercebido do que um dia Klein chamou, de forma precisa, de "sensibilidade imaterial". Sensibilidade que nos faz sermos afetados pelo que parece não ter materialidade possível simplesmente por desarticular a gramática do campo de determinação da existência material presente. Uma lentidão veloz, um tempo sem duração nem instante, um sujeito que se transmuta em objeto de pintura, antropometrias que não servem para medir nada, repetições monocromáticas exatamente iguais, industrialmente iguais, mas com valores diferentes. Como quem diz: Mas o que realmente o valor determina e singulariza? Como quem diz: "Franceses, só mais um esforço para chegarmos ao ponto de indistinção generalizada do valor, a essa zona de indiscernibilidade que faz mundos desabarem e nos mostrar que não precisamos mais do amparo de um mundo." Só mais um esforço para nos livrarmos do que atrofia nossa capacidade de pensar. Só mais um gratuito e impossível salto no vazio em uma rua de subúrbio.

# Medo, desamparo e poder sem corpo

*Minha mãe pariu*
*gêmeos,*
*eu e o medo.*
THOMAS HOBBES

Normalmente, acreditamos que uma teoria dos afetos não contribui para o esclarecimento da natureza dos impasses dos vínculos sociopolíticos. Pois aceitamos que a dimensão dos afetos diz respeito à vida individual dos sujeitos, enquanto a compreensão dos problemas ligados aos vínculos sociais exigiria uma perspectiva diferente, capaz de descrever o funcionamento estrutural da sociedade e de suas esferas de valores. Os afetos nos remeteriam a sistemas individuais de fantasias e crenças, o que impossibilitaria a compreensão da vida social como sistema de regras e normas.[1] Tal distinção não seria apenas uma realidade de fato, mas uma necessidade de direito. Pois, quando os afetos entram na cena política, eles só poderiam implicar a impossibilidade de orientar a conduta a partir de julgamentos racionais, universalizáveis por serem baseados na procura do melhor argumento.[2]

1 Sobre a crítica dessa posição ver, por exemplo: Rebecca Kingston e Leonard Ferry, *Bringing the Passions Back in: The Emotions in Political Philosophy*. Toronto: UBC Press, 2008, p. 11.

2 O argumento padrão dessa necessidade de direito foi criticamente bem descrito por George Marcus: "Do ponto de vista da imparcialidade e da universalidade

No entanto, um dos pontos mais ricos da experiência intelectual de Sigmund Freud é a insistência na possibilidade de ultrapassar tal dicotomia. Freud não cansa de nos mostrar quão fundamental é uma reflexão sobre os afetos, no sentido de uma consideração sistemática sobre a maneira como a vida social e a experiência política produzem e mobilizam afetos que funcionarão como base de sustentação geral para a adesão social. Maneira de lembrar a necessidade de desenvolver uma reflexão social que parta da perspectiva dos indivíduos, não se contentando com a acusação de "psicologismo" ou com descrições sistêmico-funcionais da vida social. O que não poderia ser diferente para alguém que insistia em afirmar: "mesmo a sociologia, que trata do comportamento dos homens em sociedade, não pode ser nada mais que psicologia aplicada. Em última instância, só há duas ciências, a psicologia, pura e aplicada, e a ciência da natureza".[3] Mas, em vez de ver sujeitos como agentes maximizadores de utilidade ou como mera expressão calculadora de deliberações racionais, Freud prefere compreender a forma como indivíduos produzem crenças, desejos e interesses a partir de certos circuitos de afetos quando justificam, para si mesmos, a necessidade de aquiescer à norma, adotando tipos de comportamentos e recusando repetidamente outros.

A perspectiva freudiana não é, no entanto, apenas a expressão de um desejo em descrever fenômenos sociais a partir da intelecção de seus afetos. Freud quer também compreender como afetos são produzidos e mobilizados para bloquear o que normalmente chamaríamos de "expectativas emancipatórias". Pois a vida psíquica que conhecemos, com suas modalidades de conflitos, sofrimentos e desejos, é uma produção de modos de circuito de afetos.

da aplicação, o cidadão emotivo não seria mais capaz de fazer um uso racional de sua inteligência, uso que lhe permitiria, sendo o erro sempre possível, portar um julgamento justo e equânime" (George Marcus, *Le Citoyen sentimental: emotions et politique en démocratie*. Paris: Sciences Po, 2008, p. 41).

3 Sigmund Freud, *Gesammelte Werke*, v. XV. Frankfurt: Fischer, 1999, p. 194.

Por outro lado, a própria noção de "afeto" é indissociável de uma dinâmica de imbricação que descreve a alteração produzida por algo que parece vir do exterior e que nem sempre é constituído como objeto da consciência representacional. Por isso, ela é a base para a compreensão tanto das formas de *instauração sensível da vida psíquica* quanto da natureza social de tal instauração. Fato que nos mostra como, desde a origem: "o *socius* está presente no Eu".[4] Ser afetado é instaurar a vida psíquica através da forma mais elementar de sociabilidade, essa sociabilidade que passa pela *aiesthesis* e que, em sua dimensão mais importante, constrói vínculos inconscientes.

Tal capacidade instauradora da afecção tem consequências políticas maiores. Pois tanto a superação dos conflitos psíquicos quanto a possibilidade de experiências políticas de emancipação pedem a consolidação de um impulso em direção à mutação dos afetos, impulso em direção à capacidade de ser afetado de outra forma. Nossa sujeição é afetivamente construída, ela é afetivamente perpetuada e só poderá ser superada afetivamente, a partir da produção de uma outra *aiesthesis*. O que nos leva a dizer que a política é, em sua determinação essencial, um modo de produção de circuito de afetos,[5] da mesma forma como a clínica, em especial

4 Philippe Lacoue-Labarthe e Jean-Luc Nancy, *La Panique politique*. Paris: Christian Bourgeois Editeurs, 2013, p, 24. Daí se segue que: "para individualistas metodológicos, a ideia de que um sentimento como a angústia ou a culpa possa ser propriedade de um grupo é quase incompreensível. Vendo o indivíduo como unidade básica da sociedade, eles estão dispostos a assumir que sentimentos, assim como significados e intenções, são de certa forma a "propriedade" de indivíduos. Esse conceito de sujeito humano sub-socializado, partilhado por algumas tradições no interior da psicologia hegemônica, é incapaz de compreender como sentimentos sedimentam grupos, contribuindo substancialmente para sua coerência" (Paul Hoggett e Simon Thompson [orgs.], *Politics and the Emotions: The Affective Turn in Contemporary Political Studies*. Nova York: Continuum, 2012, p. 3).

5 Lembremos, a esse respeito, as analogias entre modos de governo e caráter dos indivíduos que aparecem já no livro VIII de *A república*, de Platão. A se perguntar sobre o caráter e a persona própria ao "homem democrático" que vive em uma democracia, ao "homem oligárquico" que vive em uma oligarquia, ao "homem

em sua matriz freudiana, procura ser dispositivo de desativação de modos de afecção que sustentam a perpetuação de configurações determinadas de vínculos sociais. Nesse sentido, o interesse freudiano pela teoria social não é fruto de um desejo de construir teorias altamente especulativas sobre antropogênese, teoria das religiões, origem social dos sentimentos morais e violência. Na verdade, Freud é movido, a sua maneira, por um questionamento sobre as condições psíquicas para a emancipação social e por uma forte teorização a respeito da natureza sensível de seus bloqueios.

Por outro lado, ao tentar compreender as modalidades de circulação social dos afetos, Freud privilegia as relações verticais próprias aos vínculos relativos às figuras de autoridade, em especial às figuras paternas. São basicamente esses tipos de afeto que instauram a vida psíquica através de processos de identificação. O que não poderia ser diferente para alguém que via nesta forma muito peculiar de empatia (*Einfühlung*) chamada "identificação" o fundamento da vida social.[6] Tal privilégio dado por Freud a essas relações verticais foi motivo de críticas das mais diversas tradições.[7] Pois, aparentemente, em vez de dar conta do impacto da autonomização das esferas de valores na modernidade e dos seus mo-

tirânico" que vive em uma tirania, Platão não está fazendo apenas uma analogia engenhosa. Trata-se de, a sua maneira, lembrar como circuitos de afetos fundamentam a racionalidade interna a modalidades específicas de governo. Daí afirmações como: "Sabe você que necessariamente existem tantas espécies de caráteres de homens quanto formas de governo, ou crê por acaso que tais formas saem de carvalhos e de rochedos, ao invés de sair do caráter (*ethos*) dos cidadãos, que leva tudo para o lado ao qual ele tende?" (Platão, *A república*. Lisboa: Calouste Gulbenkian, 2005, 544d). Como se um *ethos* comum, com suas qualidades emocionais, fosse a verdadeira base de uma identidade política coletiva.

6 Pois: "A identificação é, para Freud, o *sentimento* social e é, pois, o domínio do *afeto* como tal [implicado pela identificação] que deve ser interrogado" (P. Lacoue-Labarthe e J.-L. Nancy, op. cit., p. 67).

7 Por exemplo: Mikkel Borch-Jacobsen, *Le Lien affectif*. Paris: Aubier, 1992; Jean-Claude Monod, *Qu'est-ce qu'un chef en démocratie? Politiques du charisme*. Paris: Seuil, 2012.

dos de legitimação, Freud teria preferido descrever processos de interação social que nunca dizem respeito, por exemplo, aos vínculos entre membros da sociedade em relações horizontais, mas apenas a relação destes com a instância superior de uma figura de liderança ou a relações entre membros mediadas pela instância superior do poder. Como se os sujeitos sempre se reportassem, de maneira direta, a instâncias personalizadas do poder, como se as relações sociopolíticas devessem ser compreendidas a partir das categorias de relações individuais entre dois sujeitos em situação tendencial de dominação e servidão. Estratégia que implicaria um estranho resquício de categorias da filosofia da consciência transpostas para o quadro da análise da lógica do poder. O que nos levaria a crer, por exemplo, que a expressão institucional do Estado teria sempre a tendência a se submeter à figura de uma pessoa singular na posição de líder.

No entanto, podemos dizer que Freud age como quem afirma que a relação com a liderança é o verdadeiro *ponto obscuro* da reflexão política contemporânea. Há uma demanda contínua de expressão do poder em liderança, há uma lógica da incorporação que vem da natureza constitutiva do poder na determinação das identidades coletivas. Isso está presente tanto em sociedades ditas democráticas quanto autoritárias. De fato, inexiste, em Freud, uma esfera política na qual a relação com a autoridade não seja poder constituinte das identidades coletivas devido à força das identificações, daí a tendência a fenômenos de incorporação.[8] À primeira vista, como veremos mais à frente, este parece ser o resultado necessário, mas nem por isso menos problemático, da

8 Foi Ernesto Laclau quem melhor desenvolveu as consequências desse papel constituinte da liderança a partir da psicologia das massas em Freud. Ver Ernesto Laclau, *La razón populista*. Buenos Aires: Fondo de Cultura Económica, 2011 [ed. bras.: *A razão populista*. São Paulo: Três Estrelas, 2013].

tendência freudiana em não livrar a figura do dirigente político de analogias político-familiares ou teológico-políticas.[9]

Essa centralidade da discussão sobre a natureza da liderança no interior da reflexão sobre o político não deve ser compreendida, no entanto, como a expressão natural da pretensa necessidade de os homens enquanto animais políticos se submeterem a figuras de autoridade, como se o homem fosse um animal que procura necessariamente um mestre, mesmo que Freud em alguns momentos faça afirmações nesse sentido. Na verdade, Freud intuitivamente percebe como a soberania, seja ela atualmente efetiva ou virtualmente presente enquanto demanda latente, é *o* problema constitutivo da experiência política, ao menos dessa experiência política que marca a especificidade da modernidade ocidental. Contrariamente a teóricos como Michel Foucault, Freud não acredita em alguma forma de ocaso do poder soberano em prol do advento de uma era de constituição de individualidades a partir de dinâmicas disciplinares e de controle social. Ele simplesmente acredita que o poder soberano, mesmo quando não se encontra efetivamente constituído na institucionalidade política,[10] continua em latência como demanda fantasmática dos indivíduos. A recorrência contínua, mesmo em nossa contemporaneidade, de sobreposições entre as representações do dirigente político, do chefe de Estado, do pai de família, do líder religioso, do fundador da empresa deveria nos indicar que estamos diante de um fenômeno mais complexo do que regressões de indivíduos inaptos à "maturidade democrá-

9 O que levou certos comentadores a afirmar que: "a análise freudiana pertence, sem dúvida, sob certos aspectos, a um momento de reafirmação polêmica da metafórica pastoral que participa de uma desilusão histórica quanto ao 'progresso moral da humanidade', de uma decepção face às tendências regressivas da dita civilização 'racional' e de uma problematização das esperanças das Luzes" (J.-C. Monod, op. cit., p. 237).

10 O que não é certamente nosso caso, ao menos se levarmos em conta elaborações como estas apresentadas em Giorgio Agamben, *Estado de exceção*. São Paulo: Boitempo, 2004.

tica". Compreender a natureza dessa demanda pelo lugar soberano do poder, assim como a força libidinal responsável por sua resiliência, é uma tarefa a qual Freud, à sua maneira, se impôs.

No entanto, não se trata apenas de compreendê-la, mas também de pensar caminhos possíveis para desativá-la, caminhos para – se quisermos usar um sintagma analítico – atravessar tal fantasia. Mas, tal como no trabalho analítico, não é questão de crer que, "uma vez desvelada a armadilha libidinal do político, devemos abandoná-la à história caduca de seu delírio ocidental, substituindo-lhe uma estética ou uma moral".[11] Pois tal crença transformaria a psicanálise em um modelo de crítica que crê poder contentar-se com os desvelamentos dos mecanismos de produção das ilusões sociais, na esperança de um desvelamento dessa natureza ter a força perlocucionária capaz de modificar condutas. Seríamos mais fiéis a Freud se compreendêssemos o processo de travessia como indução à mutação interna no sentido e no circuito dos afetos que fantasias produzem. Freud age como quem explora as ambiguidades de nossas fantasias sociais, como quem desconstrói (e a palavra não está aqui por acaso) a aparente homogeneidade de seu funcionamento, permitindo assim que outras histórias apareçam lá onde acreditávamos encontrar apenas as mesmas histórias. Não se trata de uma crítica pela qual ilusões sociais seriam denunciadas a partir de normatividades possíveis, ainda latentes, que serviriam de fundamento para outra forma de vida em sociedade. Como se fosse o caso de desqualificar uma normatividade atual a partir da perspectiva de uma normatividade virtual a respeito da qual Freud seria o enunciador eleito. A crítica freudiana é uma espécie de abertura à possibilidade de transformação das normas através da exploração de sua ambivalência interna – no nosso caso, transformação da soberania através da exploração de efeitos ainda inauditos do poder. Há algo na hipótese do poder so-

11 P. Lacoue-Labarthe e J.-L. Nancy, op. cit., p. 10.

berano que não pode ser completamente descartado como figura regressiva de dominação; há algo em seu lugar que parece pulsar para além dos efeitos de sujeição que tal poder parece necessariamente implicar, bastando lembrar tanto as discussões sobre a soberania *popular* quanto a constituição da soberania como lugar da subjetividade emancipada.[12] Isso talvez explique por que haverá em Freud dois paradigmas distintos de figuras de autoridade. Uma deriva das fantasias ligadas ao pai primevo, enunciada inicialmente em *Totem e tabu*, e que alcançará *Psicologia das massas e análise do eu*. Outra, que é quase a negação interna da primeira e nos abre espaço para uma reavaliação da dimensão política do pensamento freudiano, aparecerá de forma tensa nesta obra palimpsesto e testamentária que é *O homem Moisés e a religião monoteísta*. Gostaria de, neste e no próximo capítulo, dedicar-me a tais elaborações para tentar pensar o tipo de mutação dos afetos que permite o advento da política como prática de transformação.

### O verdadeiro escultor da vida social

Partamos de algumas considerações iniciais sobre um pressuposto freudiano central, a saber, *o afeto que nos abre para os vínculos sociais é o desamparo*. A princípio, essa poderia parecer uma versão modernizada de uma ideia presente, por exemplo, em Thomas Hobbes, a respeito do medo como afeto político central, pois afeto mais forte que nos levaria a aquiescer à norma, constituindo a possibilidade de uma vida em sociedade que permitiria nos afastarmos do estado de natureza. Lembremos, neste contexto, de algumas características importantes da ideia hobbesiana.

"Durante o tempo em que os homens vivem sem um poder comum capaz de mantê-los todos em temor respeitoso", diz Hobbes

12 Georges Bataille, "La Souveraineté", in *Œuvres complètes*, v. VIII. Paris: Gallimard, 1976.

em passagem célebre, "eles se encontram naquela condição a que se chama guerra; e uma guerra que é de todos os homens contra todos os homens."[13] A saída do estado de natureza e de sua guerra de todos contra todos, estado este resultante de uma igualdade natural que não implica consolidação da experiência do bem comum, mas conflito perpétuo entre interesses concorrenciais, se faria pelas vias da internalização de um "temor respeitoso" constantemente reiterado e produzido pela força de lei de um poder soberano. Pois "se os bens forem comuns a todos, necessariamente haverão de brotar controvérsias sobre quem mais gozará de tais bens, e de tais controvérsias inevitavelmente se seguirá o tipo de calamidades, as quais, pelo instinto natural, todo homem é ensinado a esquivar".[14] Proposição que ilustra como as individualidades seriam animadas por algo como uma força de impulso dirigido ao excesso. Não pode haver bens comuns porque há um desejo excessivo no seio dos indivíduos, desejo resultante de a "natureza ter dado a cada um direito a tudo"[15] sem que ninguém esteja assentado em alguma forma de lugar natural. Tal excesso aparece, necessariamente para Hobbes, não apenas através do egoísmo ilimitado, mas também através da cobiça em relação ao que faz o outro gozar, da ambição por ocupar lugares que desalojem aquele que é visto preferencialmente como concorrente. Pois o excesso, como é traço comum de todos os homens, só pode acabar como desejo pelo mesmo. "Muitos, ao mesmo tempo, têm o apetite pelas mesmas coisas."[16] Assim,

13 Thomas Hobbes, *Leviatã*. São Paulo: Martins Fontes, 2003, p. 109. Daí por que: "a origem de todas as grandes e duradouras sociedades não provém da boa vontade recíproca que os homens teriam uns para com os outros, mas do medo recíproco que uns tinham dos outros" (id., *Do cidadão*. São Paulo: Martins Fontes, 2002, p. 28).

14 Id., ibid., p. 7.

15 Id., ibid., p. 30. Como lembrará Leo Strauss, a respeito de Hobbes: "o homem espontaneamente deseja infinitamente" (Leo Strauss, *The Political Philosophy of Thomas Hobbes*. Chicago: University of Chicago Press, 1963, p. 10).

16 Id., ibid., p. 30.

Hobbes descreve como o aparecimento histórico de uma sociedade de indivíduos liberados de toda forma de lugar natural ou de regulação coletiva predeterminada só pode ser compreendido como o advento de uma "sociedade da insegurança total",[17] não muito distante daquela que podemos encontrar nas sociedades neoliberais contemporâneas.

Contra a destrutividade amedrontadora desse excesso que coloca os indivíduos em perpétuo movimento, fazendo-os desejar o objeto de desejo do outro, levando-os facilmente à morte violenta, faz-se necessário o governo. O que demonstra como a possibilidade mesma da existência do governo e, por consequência, ao menos nesse contexto, a possibilidade de estabelecer relações através de contratos que determinem lugares, obrigações, previsões de comportamento, estariam vinculadas à circulação do medo como afeto instaurador e conservador de relações de autoridade.[18] Esse medo teria a força de estabilizar a sociedade, paralisar o movimento e bloquear o excesso das paixões. Isso leva comentadores, como Remo Bodei, a insistir em uma "cumplicidade entre razão e medo", não apenas porque a razão seria impotente sem o medo, mas principalmente porque o medo seria, em Hobbes, uma espécie de "paixão universal calculadora" por permitir o cálculo das consequências possíveis a partir da memória dos danos, fundamento para a deliberação racional e a previsibilidade da ação.[19]

17 Robert Castel, *L'Insécurité sociale: qu'est-ce qu'être protégé?* Paris: Seuil, 2003, p. 13.

18 Ninguém melhor que Carl Schmitt descreve os pressupostos dessa passagem hobbesiana do estado de natureza ao contrato fundador da vida em sociedade: "Esse contrato é concebido de maneira perfeitamente individualista. Todos os vínculos e todas as comunidades são dissolvidos. Indivíduos atomizados se encontram no medo, até que brilhe a luz do entendimento criando um consenso dirigido à submissão geral e incondicional à potência suprema" (C. Schmitt, *Le Léviathan dans la doctrine de l'État de Thomas Hobbes: sens et échec d'un symbole politique*. Paris: Seuil, 2002, p. 95).

19 Remo Bodei, *Geometria delle passioni: Paura, speranza, felicità – filosofia e uso político*. Milão: Feltrinelli, 2003, p. 86. Ou ainda, como dirá Esposito, em Hobbes, o medo "não determina apenas fuga e isolamento, mas também relação e união.

Por isso, o medo ligado à força coercitiva da soberania deve ser visto apenas como certa astúcia para defender a vida social de medo maior:

> porque os vínculos das palavras são demasiado fracos para refrear a ambição, a natureza, a avareza, a cólera e outras paixões dos homens, se não houver o medo de algum poder coercitivo - coisa impossível de supor na condição de simples natureza, em que os homens são todos iguais, e juízes do acerto dos seus próprios temores.[20]

É verdade que Hobbes também afirma: "As paixões que fazem os homens tender para a paz são o medo da morte, o desejo daquelas coisas que são necessárias para uma vida confortável e a esperança de consegui-las por meio do trabalho".[21] Da mesma forma, ele lembra que, sendo a força da palavra demasiado fraca para levar os homens a respeitarem seus pactos, haveria duas maneiras de reforçá-la: o medo ou ainda o orgulho e a glória por não precisar faltar com a palavra. Tais considerações parecem abrir espaço à circulação de outros afetos sociais, como a esperança e um tipo específico de amor-próprio ligado ao reconhecimento de si como sujeito moral.[22] No entanto, a antropologia hobbesiana faz com que tais afetos circulem apenas em regime de excepcionalidade, o que fica claro em afirmações como: "de todas as paixões, a que menos

Não se limita a bloquear e imobilizar, mas, ao contrário, leva a refletir e neutralizar o perigo: não tem parte com o irracional, mas com a razão. É uma potência produtiva. Politicamente produtiva: produtiva de política" (Roberto Esposito, *Communitas: origine e destino della comunità*. Turim: Einaudi, 1998, p. 6).

20 T. Hobbes, *Leviatã*, op. cit., p. 119.

21 Id., ibid., p. 111.

22 Renato Janine Ribeiro, por exemplo, insistirá que "pode-se reduzir a pares a multiplicidade das paixões: medo e esperança, aversão e desejo ou, em termos físicos, repulsão e atração. Mas não é possível escutar a filosofia hobbesiana pela nota só do medo, que não existe sem o contraponto da esperança" (R. J. Ribeiro, *Ao leitor sem medo: Hobbes escrevendo contra seu tempo*. Belo Horizonte: Editora da UFMG, 2004, p. 23).

faz os homens tender a violar as leis é o medo. Mais: excetuando algumas naturezas generosas, é a única coisa que leva os homens a respeitá-las".[23] Faltaria à maioria dos homens a capacidade de se afastar da força incendiária das paixões e atingir essa situação de esfriamento na qual o vínculo político não precisaria fazer apelo nem ao temor nem sequer ao amor (que, enquanto modelo para a relação com o Estado, acaba por construir a imagem da soberania à imagem paterna, modelando a política na família).[24] Ou seja, o esfriamento das paixões aparece como função da autoridade soberana e condição para a perpetuação do campo político, mesmo que tal esfriamento se pague com a moeda da circulação perpétua de outras paixões que parecem nos sujeitar à contínua dependência.

Por isso, mais do que expressão de uma compreensão antropológica precisa, que daria a Hobbes a virtude do realismo político resultante da observação desencantada da natureza humana, seu pensamento possui como horizonte uma lógica do poder pensada a partir de uma limitação política, no caso, de uma impossibilidade de pensar a política para além dos dispositivos que transformam o amparo produzido pela segurança e pela estabilidade em afeto mobilizador do vínculo social.[25] Política na qual "o *protego*

23 T. Hobbes, *Leviatã*, op. cit., p. 253.

24 Ver, por exemplo, R. J. Ribeiro, op. cit., p. 53.

25 Interessante salientar a diferença entre Hobbes e Hegel neste ponto. Para Hegel, a função do poder soberano não pode ser a garantia da segurança, mas a imposição do movimento. Daí por que "Para não deixar que os indivíduos se enraízem e endureçam nesse isolar-se e que, desta forma, o todo se desagregue e o espírito se evapore, o governo deve, de tempos em tempos, sacudi-los em seu íntimo pelas guerras e com isso lhes ferir e perturbar a ordem rotineira e o direito à independência. Quanto aos indivíduos, que afundados nessa rotina e direito se desprendem do todo aspirando ao ser para-si inviolável e à segurança da pessoa, o governo, no trabalho que lhes impõe, deve dar-lhes a sentir seu senhor: a morte. Por essa dissolução da forma da subsistência, o espírito impede o soçobrar do *Dasein* ético no natural, preserva o Si de sua consciência e o eleva à liberdade e à força. A essência negativa se mostra como a potência peculiar da comunidade e como a força de sua autoconservação" (G. W. F. Hegel, *Fenomenologia do Espírito*, v. II. Petrópolis: Vozes, 1992, p. 455). Notemos que

*ergo obligo* é o *cogito ergo sum* do Estado".[26] Difícil não chegar a uma situação na qual esperamos finalmente por "um quadro jurídico no interior do qual não exista realmente mais conflitos - apenas regras a colocar em vigor".[27] Pois o Estado hobbesiano é, acima de tudo, um Estado de proteção social que se serve de todo poder possível, instaurando um domínio de legalidade própria, neutro em relação a valores e verdade, para realizar sua tarefa sem constrangimento externo algum, ou seja, como uma máquina administrativa que desconhece coerções em sua função de assegurar a existência física daqueles que domina e protege. Um Estado construído a partir da dessocialização de todo vínculo comunitário, constituindo-se como o espaço de uma "relação de não relações".[28]

O fato fundamental no interior dessa relação de não relações é a necessidade que tal legitimação da soberania pela capacidade de amparo e segurança tem da perpetuação contínua da imagem da violência desagregadora à espreita, da morte violenta imi-

essa guerra da qual fala Hegel não é a explosão de ódio resultante da lesão da propriedade particular ou do dano a si enquanto indivíduo particular. A guerra é campo de "sacrifício do singular ao universal enquanto risco aceito". Se na Grécia tal guerra era, de fato, movimento presente na vida ética do povo, já que o fazer a guerra era condição exigida de todo cidadão, não deixa de ser verdade que Hegel concebe aqui o Estado como o que dissolve a segurança e a fixidez das determinações finitas. A guerra é o nome do processo que demonstra como a aniquilação do finito é modo de manifestação de sua essência. Essa é a consequência necessária de um pensamento, como o de Hegel, para o qual toda violência é conversível, não em coerção justificada, mas em *processualidade imanente da razão*. O que não poderia ser diferente para alguém que afirmou que as feridas do espírito se curam sem deixar cicatrizes. Perspectiva anti-hobbesiana por excelência.

26 Carl Schmitt, *O conceito do político - Teoria do partisan*. Belo Horizonte: Del Rey, 2008, p. 56.

27 Étienne Balibar, *Violence et civilité*. Paris: Galilée, 2010, p. 56. O que fica claro em afirmações como: "entre os homens são muitos os que se julgam mais sábios e mais capacitados do que os outros para o exercício do poder público. E esses esforçam-se por empreender reformas e inovações, uns de uma maneira e outros doutra, acabando assim por levar o país à perturbação e à guerra civil" (T. Hobbes, *Leviatã*, op. cit., p. 146).

28 R. Esposito, *Communitas*, op. cit., p. 12.

nente caso o espaço social deixe de ser controlado por uma vontade soberana de amplos poderes.[29] Sendo o Estado nada mais que "a guerra civil constantemente impedida através de uma força insuperável",[30] ele precisa provocar continuamente o sentimento de desamparo, da iminência do estado de guerra, transformando-o imediatamente em medo da vulnerabilidade extrema, para assim legitimar-se como força de amparo fundada na perpetuação de nossa dependência. Na verdade, devemos ser mais precisos e lembrar que a autoridade soberana tem sua legitimidade assegurada não apenas por instaurar uma relação baseada no medo para com o próprio soberano, mas principalmente por fornecer a imagem do distanciamento possível em relação a uma fantasia social de desagregação imanente no laço social e de risco constante da morte violenta. Uma fantasia social que Hobbes chama de "guerra de todos contra todos". É através da perpetuação da iminência de sua presença que a autoridade soberana encontra seu fundamento. É alimentando tal fantasia social que se justifica a necessidade do "poder pacificador" da representação política, ou seja, do abrir mão de meu direito natural em prol da constituição de um representante cujas ações soberanas serão a forma verdadeira de minha vontade. Só assim o medo poderá "conformar as vontades de todos"[31] os indivíduos, como se fosse o verdadeiro escultor da vida social.

É importante ainda salientar que essa fantasia pede uma dupla fundamentação. Por um lado, ela apela à condição presente dos

29 Daí uma conclusão importante de Agamben: "A fundação não é um evento que se cumpra uma vez por todas *in illo tempore*, mas é continuamente operante no estado civil na forma da decisão soberana." (Giorgio Agamben, *Homo sacer: o poder soberano e a vida nua*. Belo Horizonte: Editora da UFMG, 2001, p. 115). Esse mecanismo de fundação que necessita ser continuamente reiterado diz muito a respeito da continuidade do medo como força de reiteração da relação do Estado ao seu fundamento.

30 C. Schmitt, *Le Léviathan dans la doctrine de l'État de Thomas Hobbes*, op. cit., p. 86.

31 T. Hobbes, *Leviatã*, op. cit., p. 147.

homens. Não sendo uma hipótese histórica, o estado de natureza é uma inferência feita a partir da análise das paixões atuais.[32] Hobbes pede que lembremos como "todos os países, embora estejam em paz com seus vizinhos, ainda assim guardam suas fronteiras com homens armados, suas cidades com muros e portas, e mantêm uma constante vigilância". Lembra ainda como os "particulares não viajam sem levar sua espada a seu lado, para se defenderem, nem dormem sem fecharem - não só as portas, para proteção de seus concidadãos - mas até seus cofres e baús, por temor aos domésticos".[33] Mas notemos um ponto central. A espada que carrego, as trancas na minha porta e em meus baús, os muros da cidade na qual habito são índices não apenas do desejo excessivo que vem do outro. Eles são índices indiretos do excesso do meu próprio desejo. Como se Hobbes afirmasse: "Olhe para suas trancas e você verá não apenas seu medo em relação ao outro, mas o excesso de seu próprio desejo que o desampara por querer levá-lo a situações nas quais imperam a violência e o descontrole da força". A retórica apela aqui a uma universalidade implicativa.

De toda forma, como não se trata de permitir que configurações atuais sejam, de maneira indevida, elevadas à condição de invariante ontológica, faz-se absolutamente necessária também a produção contínua dessas construções antropológicas do exterior caótico e do passado sem lei. Ou seja, mesmo não sendo uma hipótese histórica, não há como deixar de recorrer à antropologia para pensar o estado de natureza. Assim, aparecem construções como esta que leva Hobbes a acreditar que "os povos selvagens de muitos lugares da América, com exceção do governo de pequenas

32 Isso leva Macpherson a afirmar que, longe de ser uma descrição do ser humano primitivo, ou do ser humano à parte de toda característica social adquirida, o estado de natureza seria: "a abstração lógica esboçada do comportamento dos homens na sociedade civilizada" (C. B. Macpherson, *The Political Theory of Possessive Individualism: Hobbes to Locke*. Oxford: Oxford University Press, 1962, p. 26).

33 T. Hobbes, *Do cidadão*, op. cit., p. 14.

famílias, cuja concórdia depende da concupiscência natural, não possuem nenhuma espécie de governo, e vivem nos nossos dias daquela maneira brutal que antes referi".[34] Na verdade, sempre deverá haver um "povo selvagem da América" à mão, o Estado sempre deverá criar um risco de contaminação da vida social pela violência exterior, independentemente de onde esse exterior esteja, seja geograficamente no Novo Mundo ou no Oriente Médio, seja historicamente em uma cena originária da violência. Ao menos nesse ponto, Carl Schmitt é o mais consequente dos hobbesianos quando afirma que "Palavras como Estado, república, sociedade, classe e ademais soberania, Estado de direito, absolutismo, ditadura, plano, Estado neutro ou total etc. são incompreensíveis quando não se sabe quem deve ser, *in concreto*, atingido, combatido, negado e refutado com tal palavra".[35]

## Política do desamparo

Trata-se de um *tópos* clássico do comentário de textos freudianos insistir em certas proximidades possíveis entre Freud e proposições como essas de Hobbes.[36] Normalmente, começa-se por afirmar que a antropologia freudiana seria tão marcada por uma matriz concorrencial-individualista quanto a hobbesiana, a ponto de aceitar uma figuração belicista das relações sociais em sua ex-

34 Id., ibid., p. 110. Ou ainda: "sabemos disso também tanto pela experiência das nações selvagens que existem hoje, como pelas histórias de nossos ancestrais, os antigos habitantes da Alemanha e de outros países hoje civilizados, onde encontramos um povo reduzido e de vida breve, sem ornamentos e comodidades, coisas essas usualmente inventadas e proporcionadas pela paz e pela sociedade" (T. Hobbes, *Os elementos da lei natural e política*. São Paulo: Martins Fontes, 2010, p. 70).

35 C. Schmitt, *O conceito de político*, op. cit., p. 32.

36 Para a discussão sobre Freud e Hobbes, ver: Abraham Drassinower, *Freud's Theory of Culture: Eros, Loss and Politics*. Lanham: Rowman and Littlefield, 2003; Joel Birman, "Governabilidade, força e sublimação: Freud e a filosofia política". *Revista de Psicologia* USP, v. 23, n. 3, 2010.

pressão imediata. Haveria alguma forma de partilha entre os dois autores no que se refere ao que convencionamos chamar de esfera das reflexões sobre a natureza humana. Lembremos uma afirmação como esta:

> o ser humano não é uma criatura branda, ávida de amor, que no máximo pode se defender quando atacado, mas sim que ele deve incluir, entre seus dotes instintuais, também um forte quinhão de agressividade. Em consequência disso, para ele o próximo não constitui apenas um possível colaborador e objeto sexual, mas também uma tentação para satisfazer a tendência à agressão, para explorar seu trabalho sem recompensá-lo, para dele se utilizar sexualmente contra sua vontade, para usurpar seu patrimônio, para humilhá-lo, para infligir-lhe dor, para torturá-lo e matá-lo. *Homo homini lupus* [O homem é o lobo do homem].[37]

A metáfora hobbesiana utilizada por Freud, que afasta do horizonte toda pressuposição de uma tendência imediata à cooperação, deixaria claro como o vínculo social só poderia se constituir a partir da restrição a essa crueldade inata, a essa agressividade pulsional que parece ontologicamente inscrita no ser do sujeito. Dessa forma, uma "hostilidade primária entre os homens" seria o fator permanente de ameaça à integração social.[38] Tal crueldade não parece ser completamente maleável de acordo com transformações sociais. Daí por que

37 S. Freud, *O mal-estar na civilização*, trad. Paulo César de Souza. São Paulo: Companhia das Letras, 2010, pp. 76-77. Lembremos ainda o tom claramente hobbesiano da descrição da violência do "estado de natureza" que leva Freud a afirmar: "a principal tarefa da cultura, sua razão própria de existência, consiste em nos defender contra a natureza" (S. Freud, "Der zukunft einer Illusion", in *Gesammelte Werke*, v. XIV. Frankfurt: Fischer, 1999, p. 336).

38 O que teria levado alguém como Derrida a afirmar que, "se a pulsão de poder ou a pulsão de crueldade é irredutível, mais velha, mais antiga que os princípios (de prazer ou de realidade, que são no fundo o mesmo, como gostaria eu de dizer, o mesmo na diferença), então nenhuma política poderá erradicá-la" (Jacques Derrida, *Estados de alma da psicanálise*. São Paulo: Escuta, 2001, p. 34).

"Sempre é possível ligar um grande número de pessoas pelo amor, desde que restem outras para que se exteriorize a agressividade".[39] Ou seja, os vínculos cooperativos baseados no amor ou em alguma forma de intersubjetividade primária só são realmente capazes de sustentar relações sociais alargadas à condição de dar espaço à constituição de diferenças intoleráveis alojadas em um exterior que será objeto contínuo de violência. Tais vínculos de amor permitem a produção de espaços de afirmação identitária a partir de relações libidinais de identificação e investimento. Mas a constituição identitária é indissociável de uma regulação narcísica da coesão social, o que explica por que Freud fazia questão de lembrar que, "Depois que o apóstolo Paulo fez do amor universal aos homens o fundamento de sua congregação, a intolerância extrema do cristianismo ante os que permaneceram de fora tornou-se uma consequência inevitável".[40] Não é difícil compreender como tal exteriorização da agressividade, assim como toda e qualquer aceitação de restrições pulsionais, só poderá ser feita apelando ao medo como afeto político central. Medo do exterior, do poder soberano, da despossessão produzida pelo outro ou ainda da destruição produzida por si mesmo.

Lembremos ainda como, em Freud, o amor não aparece como fundamento para a segurança emocional advinda do saber-se amparado pelo desejo do Outro. Antes, ele é marcado por uma consciência de vulnerabilidade expressa no sentimento constante de "angústia da perda do amor".[41] Nesse sentido, tais relações não podem servir de fundamento para a construção de alguma forma de segurança afetiva pretensamente fundamental para a consolidação de vínculos sociais estáveis e capazes de assegurar o desenvolvimento não problemático de identidades.

39 Id., ibid., p. 81.
40 S. Freud, *O mal-estar na civilização*, op. cit., p. 81.
41 Id., ibid., p. 94.

No entanto, se até aqui a posição freudiana parece proto-hobbesiana, há de se lembrar de uma distinção decisiva. Falta a Freud a aceitação hobbesiana da necessidade da soberania como uma espécie de contraviolência estatal legítima que, por isso, seria instauradora do direito e da associação contratual, pois limitadora da violência desagregadora dos indivíduos. Ao contrário, se Freud é atento ao mal-estar na civilização é por saber que a crueldade entre indivíduos tende a ser repetida pela crueldade da pretensa contraviolência soberana. A limitação da violência desagregadora dos indivíduos não é, no seu caso, legitimada como condição necessária para o aparecimento de algo semelhante a um espaço político que não se dissolverá em guerra de todos contra todos pois garantido pela submissão integral a um poder soberano comum. A submissão a tal poder é uma tarefa impossível devido ao excesso irredutível de violência que a vida pulsional representa a toda ordem social que procure integrá-la.[42]

Nesse ponto, Freud poderia parecer prisioneiro de um certo núcleo metafísico da política, presente nessa forma de radicalizar a irredutibilidade da violência como constante antropológica. Podemos falar em "núcleo metafísico" porque a violência irredutível das relações interpessoais, além de ser elevada a paradigma intransponível do político, tal como em Hobbes, pareceria fadada a só se realizar de uma forma, a saber, como experiência da vulnerabilidade diante da agressividade vinda do outro. Tal invariabilidade das figuras da violência parece expressão de uma certa crença metafísica na essência intransponível das relações humanas. No entanto, essa aparência de aprisionamento é um erro. Sem desconsiderar os vín-

42 Daí uma afirmação importante de Mladen Dolar: "A pulsão não é apenas o que preserva uma certa ordem social. Ao mesmo tempo, ela é a razão pela qual tal ordem não pode se estabilizar e fechar-se sobre si mesma, pela qual ela não pode se reduzir ao melhor arranjo entre sujeitos existentes e instituições, mas sempre apresente um excesso que o subverte" (M. Dolar, "Freud and the Political". *Unbound*, v. 4, n. 15, 2008, pp. 15-29).

culos entre antropologia e política, Freud acaba por desconstruir a sobreposição metafísica entre violência e agressividade com sua base afetiva soldada no fogo do medo. Há uma gramática ampla da violência a partir de Freud que não se conjuga apenas como agressividade contra o outro, mas pode aparecer também de forma mais produtiva como desagregação do Eu enquanto unidade rígida, como despersonalização enquanto modo de destituição subjetiva, como despossessão nas relações intersubjetivas entre outros. Como o ser em Aristóteles, a violência se dirá de várias formas, terá várias determinações afetivas e se inscreverá socialmente de modos variados. De certa forma, é do desdobramento possível de tal gramática que a terceira parte deste livro trata.

Talvez devido a tal variabilidade gramatical da violência, a contraviolência repressiva soberana não será apenas impossível, mas também ilegítima por aparecer como puro processo produtor de sofrimento psíquico neurótico através da constituição de figuras de autoridade que retiram sua legitimidade da perpetuação da sujeição sob a máscara da condição necessária para a conservação do vínculo social. Perpetuação da sujeição cujas estratégias Freud descreverá ao discorrer sobre a forma como as figuras modernas da soberania são normalmente marcadas por construções narrativas que tendem a repetir estruturas próximas daquelas que encontramos na paranoia.[43]

Por isso, é difícil aceitar certa leitura corrente que conclui ser simplesmente impossível uma política emancipatória a partir de Freud, assim como seria, na verdade, impossível toda e qualquer política que não se reduzisse a simples gestão do medo social. Tal conclusão não é inelutável. Para qualificar melhor o debate precisamos nos perguntar se é possível, para Freud, desenvolver formas de vínculos sociais não baseados no medo como afeto central. É neste ponto que devemos

43 Ver Vladimir Safatle, "Paranoia como catástrofe social: arqueologia de um conceito clínico". *Revista Trans/form/ação*, v. 34, n. 2, Marília, 2011.

introduzir reflexões sobre o desamparo como modo específico de vulnerabilidade. Gostaria de mostrar como há uma experiência política que se constitui a partir da circulação do desamparo e como tal circulação fornece uma via renovada para pensarmos o político. Na verdade, Freud pode nos mostrar como uma política realmente emancipatória, de certa forma, funda-se na capacidade de fazer circular socialmente a experiência de desamparo e sua violência específica, e não de construir fantasias que nos defendam dela. Pois a política pode ser pensada enquanto prática que permite ao desamparo aparecer como fundamento de produtividade de novas formas sociais, na medida em que impede sua conversão em medo social e que nos abre para acontecimentos que não sabemos ainda como experimentar. Essa é uma maneira possível de lembrar que a política não pode ser reduzida a uma mera gestão do serviço dos bens, ou mesmo de reiteração de teleologias históricas assentadas no necessitarismo do que está previamente assegurado, mas é, na sua determinação essencial, prática de confrontação com acontecimentos que desorientam a *aisthesis* do tempo e do espaço, assim como o caráter regular das normas e dos lugares a serem ocupados. Por isso, ela necessariamente nos confronta com acontecimentos que nos desamparam com a violência do que aparece para nossa forma de pensar como até então impossível, radicalmente fora de lugar, contingente. *Toda ação política é inicialmente uma ação de desabamento e só pessoas desamparadas são capazes de agir politicamente.* Como gostaria de mostrar na última parte deste livro, sujeitos políticos só se constituem a partir da internalização de tais desabamentos.

A respeito da compreensão freudiana do desamparo, lembremos inicialmente como ele não se confunde com o medo. Desde Aristóteles, medo implica preparo e reação diante de um perigo real, iminente ou imaginado.[44] Freud tem, por exemplo, uma

44 Como diz Aristóteles: "o medo consiste numa situação aflitiva ou numa perturbação causada pela representação de um mal iminente ruinoso ou penoso" (Aristóteles, *Retórica*, trad. Edson Bini. São Paulo: Martins Fontes, 2012, 1382a).

distinção clássica a respeito da diferença entre medo e angústia: "A angústia tem uma inconfundível relação com a *expectativa*: é angústia *diante de* algo. Nela há uma característica de *indeterminação* e *ausência de objeto*; a linguagem correta chega a mudar-lhe o nome, quando ela encontra um objeto e o substitui por *medo* [*Furcht*]".[45] Ou seja, podemos dizer que o medo é essa forma de angústia que encontrou um objeto, no sentido de reação ao perigo produzido por um objeto possível de ser representado. Pensando em chave não muito distante, Hobbes verá, no medo, a "expectativa de um mal",[46] ou seja, a projeção futura de uma representação capaz de provocar formas de desprazer e violência. Essa ideia da possibilidade de representação do objeto do afeto é central. É a possibilidade de tal representação que provoca a reação dos pelos que se eriçam como sinal de defesa, da atenção que é redobrada, da respiração que acelera como quem espera por um ataque.

Já o desamparo (*Hilflosigkeit*) tem algo de desabamento das reações possíveis, de paralisia sem reação (como no caso da hipnose de terror dos animais) ou mesmo da extrema vulnerabilidade vinda do fato de se estar fora de si, mas agora dependendo de um Outro que não sei como responderá. Daí por que a situação típica de desamparo na literatura psicanalítica diz respeito aos desdobramentos do estado de prematuração do bebê ao nascer (com sua incompletude funcional e sua insuficiência motora). Por nascer e permanecer durante muito tempo na incapacidade de prover suas próprias exigências de satisfação, incapacidade de saber o que fazer para provê-las, o bebê estaria sempre às voltas com uma situação de desamparo que marca sua abertura à relação com os pais e sua profunda dependência para com os mesmos. Como a vida humana desconhece normatividades imanentes, a afecção

45 S. Freud, "Inibição, sintoma e angústia", in *Obras completas*, v. 17. São Paulo: Companhia das Letras, 2014, p. 114.

46 T. Hobbes, *Os elementos da lei natural e política*, op. cit., p. 38.

originária só pode ser, ao menos para Freud, a expressão da vulnerabilidade do sujeito no interior da relação com o Outro e da ausência de resposta articulada diante das exigências postas pela necessidade. No entanto, o desamparo não será produzido apenas pela consciência da vulnerabilidade do sujeito na sua relação ao Outro, mas também pela própria ausência de resposta adequada às excitações pulsionais internas. Ou seja, há uma dupla articulação entre fontes internas e externas.

Freud, porém, não se contenta em descrever o desamparo como um estado inicial afetivo de impotência a ser ultrapassado no interior do processo de maturação individual, o que explica o uso freudiano do desamparo para falar de fenômenos como o estranhamento (*Unheimlichkeit*), a consciência da vulnerabilidade diante da força do outro, a herança filogenética da memória da vulnerabilidade da espécie na era histórica da glaciação ou, ainda, o sentimento diante da desagregação da visão religiosa de mundo.[47] Paulatinamente, fica claro como o desamparo passa da condição de "dado biológico originário" para uma "dimensão essencial, própria ao funcionamento psíquico".[48] Cada vez fica mais claro como o uso freudiano parece fazer ressoar o sentido concreto do termo alemão *Hilflosigkeit*, ou seja, estar em uma "condição sem ajuda" possível.

Procurando uma definição estrutural, Freud associa então o desamparo à inadequação da "avaliação de nossa força em compa-

47 Mário Eduardo Costa Pereira compreendeu bem como "a evolução teórica de Freud ante a questão do desamparo parece ir no sentido de 'desacidentalizá-lo' em relação ao 'evento traumático', de colocá-lo para além de uma simples regressão a uma fase em que o pequeno ser humano encontrava-se completamente incapaz de sobreviver por seus próprios meios, de encontrá-lo além das figuras aterrorizantes do superego, para conferir-lhe um estatuto de dimensão fundamental da vida psíquica que indica os limites e as condições de possibilidade do próprio processo de simbolização" (Mário Costa Pereira, *Pânico e desamparo*. São Paulo: Escuta, 2008, p. 127).

48 Id., ibid., p. 37.

ração com a grandeza"[49] da situação de perigo ou de excitação. Tal inadequação entre minha capacidade de reação, de controle, em suma, de representação sob a forma de um objeto, e a magnitude do que tenho diante de mim, dá à situação um caráter traumático.[50] A desmesura, pensada principalmente no sentido de ausência de capacidade de medida, é a condição para o desamparo. Assim, Freud pode afirmar: "a angústia é, de um lado, expectativa (*Erwartung*) do trauma, e, de outro, repetição atenuada do mesmo. As duas características que nos chamaram a atenção na angústia têm origens diversas, portanto. Sua relação com a expectativa se liga à situação de perigo; sua indeterminação e ausência de objeto, à situação traumática de desamparo, que é antecipada na situação de perigo".[51]

A indeterminação da qual fala Freud a respeito da situação traumática de desamparo tem, ao menos, duas fontes. Primeiro, ela indica uma experiência temporal específica. Contrariamente ao medo, ou mesmo à esperança, o desamparo não projeta um horizonte de expectativas que permite aos instantes temporais ganharem a forma da continuidade assegurada pela projeção do acontecimento futuro. Medo e esperança são, a sua maneira, dois afetos complementares, pois estão vinculados em sua dependência mútua em relação à temporalidade da expectativa, temporalidade do acontecimento por vir, seja ele positivo ou negativo. É tal temporalidade que o desamparo elimina, inaugurando outra temporalidade, desprovida de expectativa, que se expressa em um caráter fundamental de indeterminação.

49 S. Freud, "Inibição, sintoma e angústia", op. cit., p. 115.

50 A importância da inadequação da medida é o elemento estrutural fundamental na determinação do trauma. Daí uma afirmação como: "somente a grandeza da soma de excitação faz de uma impressão um momento traumático, paralisa a função do princípio do prazer, dá à situação de perigo sua importância" (S. Freud, "Novas conferências introdutórias à psicanálise", in *Obras completas*, v. 18. São Paulo: Companhia das Letras, 2010).

51 S. Freud, "Inibição, sintoma e angústia", op. cit., p. 116.

Por outro lado, a indeterminação provocada pela inadequação entre a avaliação de nossa força e a grandeza da situação própria ao desamparo remete necessariamente ao excesso de força pulsional, em especial ao excesso representado pela excitação pulsional.[52] Em relação aos objetos que possam representar sua satisfação, a pulsão sempre se coloca com potência de excesso. Foi pensando muitas vezes em tal característica que Freud fala do desamparo como experiência de uma "dor que não cessa", de um "acúmulo de necessidades que não obtém satisfação", isso para sublinhar o caráter de desabamento das reações possíveis. Pois estar desamparado é estar sem ajuda, sem recursos diante de um acontecimento que não é a atualização de meus possíveis. Por isso, ele provoca a suspensão, mesmo que momentânea, da minha capacidade de ação, representação e previsão. Estar desamparado é, em uma fórmula feliz do psicanalista Jacques André,[53] estar diante de algo que teve lugar, mas não foi experimentado. Por não ser a atualização de meus possíveis, a situação de desamparo implica sempre reconhecimento de certa forma de impotência, tanto do sujeito em sua agência quanto da ordem simbólica que o suporta, em sua capacidade de determinação.[54] Há uma suspensão da capacidade de ordenamento simbólico que nos aproxima do que Lacan entende por experiência da ordem do Real, daí a função do desamparo na experiência de final de análise.[55]

52 Tópico bem desenvolvido por Joel Birman, "A dádiva e o Outro: sobre o conceito de desamparo no discurso freudiano". *Physis Revista de Saúde Coletiva*, Rio de Janeiro, n. 9, v. 2, 1999, pp. 9-30.

53 Jacques André, "Entre angústia e desamparo". *Ágora: Estudos em Teoria Psicanalítica*, v. 4, n. 2, Rio de Janeiro, 2001.

54 Como colocou bem Costa Pereira: "os grandes textos ditos 'antropológicos' escritos no final da vida de Freud concebem a *Hilflosigkeit* como constituída pela impossibilidade para o aparelho psíquico de apreender pela simbolização o conjunto dos possíveis e de delimitar, de uma vez por todas, o sujeito, seu corpo e seus desejos em um mundo simbolicamente organizado" (Mário Costa Pereira, *Pânico e desamparo*, op. cit., p. 200).

55 Dentre os psicanalistas posteriores a Freud, foi Lacan que mais insistiu na necessidade de afirmação do desamparo como condição para a resolução de uma experiência analítica que, necessariamente, precisaria levar o sujeito a certa

Mas, a princípio, não é evidente por que um afeto dessa natureza poderia ter função política, a não ser no interior de um modelo de "psicologização" das demandas sociais na qual exigências políticas tenderiam a se transformar em procura por formas múltiplas de amparo ou, se quisermos utilizar um termo contemporâneo, de *care*. Nessa psicologização na qual demandas políticas de transformação se inscrevem como demandas de cuidado dirigidas à instância atual do poder, bloqueia-se por completo a possibilidade de a política deixar de ser outra coisa que *o balcão universal das reparações por danos sofridos*. Não há possibilidade para o aparecimento de sujeitos políticos com força de transformação, pois temos apenas representantes de demandas pontuais de reparação diante de um poder constituído e reconhecido enquanto tal. Mas se, para Freud, admitir a vulnerabilidade do desamparo é condição fundamental para a emancipação social, isso ocorre porque não se trata aqui de uma experiência de resignação diante da vulnerabilidade, de demanda de cuidado por figuras protopaternas de autoridade ou uma experiência de exploração política contínua do medo. O que temos em Freud é uma maneira de pensar os caminhos da afirmação do desamparo, com sua *insegurança ontológica*[56] que pode nos

subjetivação da pulsão de morte. Daí uma afirmação importante como: "Eu coloco a questão: o término da análise, o verdadeiro, este que entendo preparar a condição de analista, não deveria a seu final levar este que o suporta a afrontar a realidade da condição humana? Trata-se exatamente disto que Freud, falando da angústia, designou como o fundo no qual se produz seu sinal, a saber, a *Hilflosigkeit*, o desamparo (*détresse*) no qual o homem, nesta relação a si mesmo que é a morte, não espera ajuda de ninguém. Ao final da análise didática, o sujeito deve alcançar e conhecer o campo e o nível de experiência de desnorteamento (*désarroi*) absoluto, contra o qual a angústia já é uma proteção; não *Abwarten*, mas *Erwartung*. A angústia já se desdobra deixando perfilar um perigo, enquanto não há perigo no nível da experiência última de *Hilflosigkeit*" (Jacques Lacan, *Le Séminaire VII*. Paris: Seuil, 1987, p. 351).

56 Esse vínculo entre desamparo e insegurança ontológica aproxima a minha maneira de trabalhar o problema e aquela proposta por Christian Dunker a respeito do conceito de mal-estar. Lembremos sua definição: "O *mal-estar* (*Unbehagen*) remete à ausência desse pertencimento, dessa suspensão no espaço, dessa

levar à consequente redução de demandas por figuras de autoridade baseadas na constituição fantasmática de uma força soberana ou mesmo por crenças providenciais a orientar a compreensão teleológica de processos históricos.[57] O desamparo nos mostra como a ação política é ação sobre o fundo de insegurança ontológica.[58]

Note-se que o desamparo como afeto político não deve ser confundido, ao menos neste contexto, com a aceitação resignada de certo desencantamento ligado ao desinflacionamento de nossas expectativas de reconciliação social. Muito menos deve ser visto como o saldo necessário da aceitação "madura" da inexistência de alguma espécie de providência a nos guiar. Como se fosse o caso de confundir "maturidade política" com alguma forma de afirmação do caráter necessariamente deceptivo da experiência comum. Em todos esses casos, afirmar o desamparo equivaleria a formas de melancolia so-

queda (*Fall*) impossível fora do mundo. Ele é a impossibilidade dessa clareira na qual se poderia estar. Ora, o *mal-estar* está tanto em uma vida feita de cercamentos determinados (construções culturais, leis, formas sociais e condomínios) quanto na experiência do aberto indeterminado, como no deserto (nossa errância desencontrada, familiar-estrangeira, esquizoide)" (Christian Dunker, *Mal-estar, sofrimento, sintoma: uma psicopatologia do Brasil entre muros*. São Paulo: Boitempo, 2015, p. 198). São várias as figuras dos afetos da dissolução da estabilidade dos lugares que constituem mundos com sua segurança ontológica, sua direcionalidade do tempo e espaço, sua identidade dos modelos possíveis de ação. O mal-estar é um deles; o desamparo, outro. O primeiro demonstra relações profundas entre sofrimento social ligado ao processo civilizatório e sofrimento psíquico. O segundo visa principalmente articular, como gostaria de mostrar, gênese individual e estrutura de relações de reconhecimento.

57 Por isso, é para mim difícil concordar com o encaminhamento da reflexão sobre o conceito freudiano de desamparo proposta em Jurandir Freire Costa, *O risco de cada um e outros ensaios de psicanálise e cultura*. Rio de Janeiro: Garamond, 2007.

58 A título de precisão, lembremos que "insegurança ontológica" não é, ao menos neste contexto, o mesmo que insegurança social ou insegurança civil. Insegurança social diz respeito à inexistência de condições necessárias para assegurar que sujeitos não sejam jogados a situações de expoliação econômica e amedrontados pela pauperização. Insegurança social diz respeito à inexistência de condições políticas necessárias para a garantia institucional da liberdade. Já a insegurança ontológica é a expressão da inexistência de uma determinação ontológica positiva e, por isso, normativa de nossa condição de sujeitos.

cial, o que o transformaria no afeto de uma vida democrática pensada como esfriamento geral das paixões de ruptura e como fruto da acomodação à finitude da potência limitada de nossas ações.

Na verdade, trata-se aqui de seguir outra via e compreender o desamparo como condição para o desenvolvimento de certa forma de coragem afirmativa diante da violência provocada pela natureza despossessiva das relações intersubjetivas e pela irredutibilidade da contingência como forma fundamental do acontecimento. Pois, se estar desamparado é estar diante de situações que não podem ser lidas como atualizações de nossos possíveis, situações dessa natureza podem tanto produzir o colapso da capacidade de reação e a paralisia quanto o engajamento diante da transfiguração dos impossíveis em possíveis através do abandono da fixação à situação anterior. Veremos no final deste livro como Georges Canguilhem demonstrou que tal disposição é condição para a produção de um conceito não substancialista de saúde. A compreensão de tal produtividade do desamparo permite que, dele, apareça um afeto de coragem vindo da aposta na possibilidade de conversão da violência em processo de mudança de estado. Algo dessa coragem anima a experiência psicanalítica.

Lembremos ainda que associar o desamparo à despossessão é de certa forma apropriar-se de discussões desenvolvidas inicialmente por Judith Butler a fim de redimensionar os debates contemporâneos a respeito das dinâmicas de reconhecimento social. Como lembra Butler, o Outro não é apenas aquele que me constitui, que me garante através do reconhecimento de meu sistema individual de interesses e dos predicados que comporiam a particularidade de minha pessoa. Ele é aquele que, desde a introdução da sexualidade adulta no universo da criança, tal como descreve Jean Laplanche,[59] me despossui, ele é aquele que me desampara.

59 Sobre a natureza "intrusiva" da sexualidade a partir da teoria da sedução, ver, entre outros, Jean Laplanche, *Le Primat de l'autre en psychanalyse*. Paris: Flammarion, 1997, p. 454.

Somos despossuídos por outros "em um modo que geralmente interrompe a narrativa autoconsciente sobre nós mesmos que procuramos fornecer, em um modo que muda nossa própria noção como autônomos e providos de controle".[60] Tal despossessão expõe minha vulnerabilidade estrutural aos encontros, assim como a opacidade a mim mesmo daquilo que me leva a vincular-me a outros que me despossuem e me descontrolam. Pois

> somos despossuídos de nós mesmos em virtude de alguma forma de contato com outro, em virtude de sermos movidos e mesmo surpreendidos pelo encontro com a alteridade. Tal experiência não é simplesmente episódica, mas pode e revela uma base da relacionalidade – não apenas nos movemos, mas somos movidos por aquilo que está fora de nós, por outros, mas também por algo "fora" que reside em nós.[61]

Ou seja, ligar-se a outros não é apenas confirmar-se em suas predicações supostas, mas é estar em contínua despossessão por ter algo fundamental de mim em um outro que não controlo, que não saberei como responderá ou se responderá. Por isso, a relacionalidade própria à condição humana não pode ser compreendida como garantia de cooperação. Que a despossessão possa aparecer também como expressão máxima de uma vulnerabilidade produzida pela insegurança social e civil a ser politicamente combatida com todas nossas forças, já que produção de um não ser social, isso não elimina a necessidade de uma política capaz de quebrar a substancialização do "individualismo possessivo" através da afir-

60 Judith Butler, *Precarious Life: The Power of Mourning and Violence*. Londres: Verso, 2004, p. 22.
61 J. Butler e Athena Athanasiou, *Dispossession: The Performative in the Political*. Cambridge: Polity Press, 2013, p. 3.

mação da produtividade de situações de insegurança ontológica.[62] As formas de despossessão ligadas à insegurança social e civil são modos de sujeição. Já aquelas vinculadas à insegurança ontológica são modos de liberação.

## Uma figura do poder teológico-político

Podemos começar a abordar a importância política do desamparo se nos perguntarmos como Freud compreende o lugar da autoridade soberana, qual a estrutura fantasmática que o suporta. No caso freudiano, tal lugar tem, de forma bastante peculiar, certa fundamentação teológica. Podemos mesmo dizer que, para Freud, a possibilidade de existência da política como campo de emancipação passa pelo abandono de uma visão de mundo da qual partilharíamos e que ainda se fundamentaria em fantasias impulsionadas pelo peso surdo do universo teológico-político. Isso talvez nos explique por que Freud não cessa de combater o discurso religioso (no seu caso, fundamentalmente judaico-cristão). Longe de ser uma versão retardatária do combate entre as luzes e a superstição, tal temática justifica-se por Freud acreditar ser nossa modernidade ainda profundamente dependente de um núcleo teológico-político que não tem coragem de dizer seu nome ou, como Freud diz, de uma visão religiosa de mundo

62 Sobre o conceito de "individualismo possessivo", lembremos a seguinte afirmação de Macpherson: "A liberdade do homem e, logo, sua qualidade de homem está ligada à liberdade que ele tem de estabelecer com o outro relações fundadas sobre o interesse pessoal; essa liberdade é ela mesma função da faculdade que ele tem de exercer um controle exclusivo (ou de gozar de direitos exclusivos) sobre sua própria pessoa e suas próprias capacidades. Ora, o direito de propriedade é apenas a expressão mais geral desse controle exclusivo. Segue-se então que o indivíduo é, essencialmente, proprietário de sua própria pessoa e de suas próprias capacidades" (C. B. Macpherson, *La Théorie politique de l'individualisme possessif: de Hobbes à Locke*. Paris: Gallimard, 1971, p. 434). Ou seja, o conceito baseia-se em uma noção de agência construída a partir da ficção do interesse como forma justificada da motivação, do controle de si como fundamento da responsabilidade e da disposição de seus próprios predicados sob a forma da propriedade.

(*Weltanschauung*) ainda partilhada que visa construir sistemas de defesa contra a afirmação do desamparo como afeto social.

A princípio, tal posição parece completamente desprovida de sentido. Pois sabemos que a modernidade compreende a si mesma como momento de ruptura com todo fundamento teológico-religioso dos vínculos sociais.[63] Há uma articulação central entre racionalização dos vínculos sociopolíticos e crítica aos fundamentos religiosos do poder que parece indissociável da própria produção da consciência da modernidade com a autonomização de suas esferas sociais de valores, assim como de suas instituições políticas. Articulação que produziu uma noção de modernidade compreendida como momento que está necessariamente às voltas com o problema da sua *autocertificação*, isso devido, entre outras coisas, ao fato de nada lhe aparecer como substancialmente fundamentado em um poder capaz de unificar as várias esferas sociais de valores.[64] Ela não poderia mais procurar em outras épocas, ou em explicações mítico-religiosas de mundo, os critérios para a racionalização e para a produção do sentido socialmente partilhados. Isso significa que a substancialidade que outrora enraizava os sujeitos em contextos sociais aparentemente não problemáticos estaria fundamentalmente perdida.

A perspectiva freudiana é, no entanto, diametralmente oposta a tal diagnóstico. *Para Freud, nossa modernidade não é desencantada, mas, de maneira peculiar, continua fundamentalmente vinculada à secularização de uma certa visão religiosa de mundo.* Freud fornece um *tópos* clássico para compreender a gênese da visão religiosa de mundo. Trata-se da perda das relações de imanência com a natureza devido

63 Basta lembrar aqui o *tópos* sociológico tradicional da modernidade como era do "desencantamento do mundo", cf. Max Weber, *Ensaios de sociologia e outros escritos*. São Paulo: Abril, 1974.

64 Ver Jürgen Habermas, *O discurso filosófico da modernidade*. São Paulo: Martins Fontes, 2000; e Robert B. Pippin, *Idealism as Modernism: Hegelian Variations*. Cambridge: Cambridge University Press, 2001.

ao excesso de sua violência (*Gewalt*) em relação às possibilidades básicas de simbolização por projeção. As estratégias projetivas de "humanização" animista de fenômenos naturais visando a sua posterior dominação, estratégias estas que forneciam a base de uma antropologia do animismo muito em circulação na época de Freud, seriam impotentes diante do estranhamento (*Unheimlichkeit*) irredutível da violência natural. Violência desamparadora que produz angústia psíquica devido à desagregação da experiência de produção de um sentido pensado como totalidade imanente de relações disponíveis à apreensão. Quando a violência expulsa o homem da crença na participação da natureza enquanto horizonte de determinação estável de sentido, aparece-lhe a experiência da *irredutibilidade da contingência de sua posição existencial*. Ou seja, há uma espécie de experiência de insegurança ontológica vinda de uma natureza que aparece agora força superior opressiva (Freud fala em *erdrückende Übermacht*) pois opaca e marcada pelo acaso, natureza do que não está mais em seu lugar.

Ao menos segundo Freud, a visão religiosa de mundo teria por característica fundamental desativar a insegurança absoluta de tal violência através da constituição de figuras de autoridade marcadas por promessas de providência que seguem um modelo infantil próprio àquele que vigora na relação entre a criança e seus pais.[65] Tal visão religiosa seria assim uma forma de funcionamento do po-

65 Daí uma afirmação como: "o motivo do anseio pelo pai equivale à necessidade de proteção contra os efeitos da impotência humana; a defesa contra o desamparo infantil empresta à reação ao desamparo que o adulto tem de reconhecer – que é justamente a formação da religião – seus traços característicos" (S. Freud, "O futuro de uma ilusão", in *Obras completas*, v. 17. São Paulo: Companhia das Letras, 2014, p. 258). Notemos que esse "familiarismo" freudiano na compreensão da natureza dos laços sociais não deixa de ressoar perspectivas fortemente ancoradas na filosofia política, como aquela que encontramos em Rousseau, para quem: "É a família, pois, o primeiro modelo das sociedades políticas, o chefe é a imagem do pai, o povo a dos filhos, e todos, tendo nascido iguais e livres, só alienam sua liberdade em proveito próprio" (Jean-Jacques Rousseau, *O contrato social*, 3ª ed., trad. Antonio de Pádua Danesi. São Paulo: Martins Fontes, 1996, p. 10).

der que se sustenta na generalização social de modos de demandas ligadas à representação fantasmática da autoridade paterna. Promessa de amparo que, para ter força de mobilização, precisa se lembrar a todo momento dos riscos produzidos por um desamparo iminente, deve nos aprisionar nas sendas de tal iminência, nos fazendo sentir, ao mesmo tempo, a perdição e a redenção, a fraqueza e a força, o cuidado paterno e o inimigo que espreita. Ambivalência fundadora de processos de sujeição e dependência, já que me faz depender daquele que se alimenta do medo, que ele mesmo relembra, de poder perdê-lo. O que talvez explique por que Freud precisa afirmar que a religião (basicamente em sua matriz judaico-cristã) seria "a neurose obsessiva universal da humanidade".[66]

Fica claro com isso que o fundamento do interesse freudiano na religião concentra-se não na discussão de sua dogmática, mas nas modalidades de investimento afetivo em suas figuras de autoridade, ou seja, na estrutura libidinal de seu poder pastoral.[67] Pode parecer anacrônica a hipótese freudiana de derivar a compreensão do poder pastoral das dinâmicas libidinais da autoridade paterna na família burguesa. No entanto, devemos avaliá-la a partir de sua motivação propriamente política. A sua maneira, Freud quer compreender por que tal poder pastoral permanece no presente

66 S. Freud, "O futuro de uma ilusão", op. cit., p. 284.

67 Lembremos, a esse respeito, as três características fundamentais do poder pastoral, ao menos segundo Michel Foucault. Primeiro "o poder do pastor se exerce fundamentalmente sobre uma multiplicidade em movimento" (Michel Foucault, *Sécurité, territoire, population*. Paris: Seuil/ Gallimard, 2004, p. 131 [ed. bras.: *Segurança, território, população: curso dado no Collège de France (1977-1978)*. São Paulo: Martins Fontes, 2009]). Os vínculos à territorialidade são frágeis, por isso o pastor é a referência fundamental de pertencimento. Diante da ausência de vínculos naturais de pertencimento, o pastor fornece o suplemento necessário para a constituição do sentimento de comunidade. Se a temática do pastor é tão forte na tradição judaica é porque estamos diante do nomadismo de um povo que anda, que se desloca, que entra em errância. Segundo, o poder pastoral é um poder do amparo. Sua função central é o cuidado do rebanho, é seu bem-estar. Por fim, o poder pastoral é individualizador. Mesmo dirigindo todo o rebanho, o pastor é aquele que pode individualizar suas ovelhas.

como referência maior para a constituição da autoridade política, mesmo que tenhamos as condições materiais de sua superação.[68] O que nos permite tematizar a estrutura necessariamente teológica do poder político nas sociedades modernas, a despeito dos discursos sociológicos sobre processos de modernização como modalidades de desencantamento do mundo. Nesse sentido, vale para Freud a pergunta lançada por Claude Lefort: "não podemos admitir que, a despeito das modificações ocorridas, o religioso se conserva sob o traço de novas crenças, novas representações, de tal maneira que ele pode retornar à superfície, sob formas tradicionais ou inéditas, quando os conflitos são muito agudos a ponto de poder quebrar o edifício do Estado?".[69] Contrariamente a Lefort e sua defesa da especificidade da democracia liberal, a resposta de Freud será, ao final, positiva.

Se esse for o caso, não podemos negligenciar que a presença de um fundamento religioso do poder não se expressa apenas na enunciação evidente da dogmática teológica como referência para questões biopolíticas concernentes à reprodução, à administração dos corpos, às famílias e à moralidade, entre tantas outras. Tal fundamento se expressará na maneira como investimos libidinalmente figuras de autoridade esperando amparo principalmente contra aquilo que faz da vida social o avesso da pretensa paz celestial, ou seja, a insegurança da divisão, do conflito, da irredutibilidade de antagonismos gerados não por alguma intervenção de elementos vindos do exterior, mas pela dinâmica imanente do político. Pois um fundamento religioso do poder é o clamor latente da representa-

68 Problema maior se lembrarmos que "Livrar a ideia do dirigente político da *analogia político-familiar*, da *analogia teológico-política*, assim como da *analogia epistemo-política* (a compreensão do dirigente como detentor do Saber) foi e continua uma tarefa incessante do pensamento crítico, e, se uma perspectiva 'progressista' pode ser derivada da história da filosofia política ocidental, perceberemos que ela consistiu, em larga medida, neste trabalho" (J.-C. Monod, op. cit., p. 86).

69 Claude Lefort, *Essais sur le politique*. Paris: Seuil, 1986, p. 278.

ção primordial do Um, da crença na união pré-política dos homens como efeito da partilha comum do sentido.[70] Clamor contra o desamparo das coisas ontologicamente sem lugar determinado e sem lugar natural. Coisas que trazem escritas em sua fronte a irredutibilidade de sua situação contingente. O poder pastoral é chamado para fazer face à divisão estrutural do social e à dissolução da segurança ontológica da identidade entre as coisas e seus lugares.

A hipótese freudiana a respeito de nosso pertencimento a uma era teológico-política passa assim por insistir como a força do poder pastoral está assentada em sua capacidade de retomar um processo de constituição de individualidades, ainda hegemônico, que se inicia no interior do núcleo familiar. É a repetição entre ordens distintas de socialização, a família e as instituições sociais, que dá ao poder pastoral sua resiliência. Tal continuidade faz do poder pastoral uma forma privilegiada de reforço de modos de produção de individualidades, fortalecendo o processo que inaugurou a vida psíquica através da internalização do que aparecia inicialmente como coação externa. Processo de aquiescência à norma através da internalização da autoridade e da violência que Freud descreve graças a sua teoria do supereu.

Muito haveria a se dizer a respeito do conceito freudiano de supereu, mas para o propósito de nossa discussão basta mostrar como ele é, como disse Balibar em uma fórmula feliz, o representante da política no interior da teoria do inconsciente e o representante do psiquismo inconsciente no interior da teoria política.[71] Pois, primeiro, ele expõe de maneira clara como as relações de poder cons-

70 Lefort lembra como tal recurso ao fundamento religioso do político é feito em nome da religião como "condição da união dos homens, mas então devemos nos perguntar o que guia tal atração pela união e o que ela deve a seu contrário: a repugnância pela divisão e o conflito [...] por que seria necessário que a união se deixe conceber sob o signo do espiritual e a divisão se projete no plano material dos interesses?" (id., ibid., p. 296).

71 É. Balibar, *Citoyen Sujet et autres essais d'anthropologie philosophique*. Paris: Seuil, 2011, p. 384.

tituem sujeitos através da internalização não apenas de normas, mas de uma "instância moral de observação" que nos "pastoreia" ao mesmo tempo que nos julga implacavelmente. Perguntar-se sobre a economia libidinal do poder pastoral é, para Freud, evidenciar o ponto de interseção entre "cuidar" e "culpar", entender como o cuidado pastoral e paterno é indissociável da perpetuação de relações profundas de dependência e sujeição alimentadas não apenas pela reiteração do medo de a paz do rebanho ser, a qualquer momento, destruída pela matilha de lobos, medo que o pastor saberá bem manejar para conservar o rebanho paralisado, mas pela culpabilização do meu próprio desejo de violência contra a norma de igualdade restritiva enunciada pelo poder pastoral. Nesse sentido, se Freud pode dizer que o sentimento de culpa é o "problema mais importante da evolução cultural"[72] é porque, entre outras coisas, ele conhece sua função decisiva na construção da coesão social e na sustentação das relações com a autoridade. Uma função que não se reduz à expressão da responsabilidade consciente diante dos impulsos de transgressão de normas aceitas como necessárias para a perpetuação da vida social. Ela indica principalmente o vínculo libidinal inconsciente com objetos que perdemos, que ainda têm a força de projetar em nós a sombra de reprimendas sem-fim e autodestruição melancólica. A culpa que sustenta os laços sociais sob a égide do poder pastoral tem uma gênese em fantasias inconscientes construídas a partir de objetos que perdemos, e muito pouco tem a ver com a expressão de uma responsabilidade diante da perpetuação da vida institucional assumida de forma consciente.

Freud tentara compreender tal gênese em um texto como *Totem e tabu*, mas, antes de discuti-lo, vale a pena insistir um pouco mais nas consequências afetivas desse modelo de constituição de individualidades. Lembremos a esse respeito como Freud calca a gênese do supereu em uma analítica da melancolia. Partamos,

72 S. Freud, *O mal-estar na civilização*, op. cit., p. 106.

por exemplo, de afirmações como: "foi-nos dado esclarecer o doloroso infortúnio da melancolia, através da suposição de que um objeto perdido é novamente estabelecido no Eu, ou seja, um investimento objetal é substituído por uma identificação [...] Desde então compreendemos que tal substituição participa enormemente na configuração do Eu e contribui de modo essencial para formar o que se denomina seu *caráter*".[73] Se a melancolia deixa evidente dimensões importantes do processo de configuração do Eu em seu caráter próprio, assim como dos resultados da instauração da vida psíquica através da introjeção de identificações que outrora foram investimentos libidinais agora perdidos, é porque as identificações nas quais o poder político se assenta agem produzindo em nós melancolia, fazendo-nos ocupar uma posição necessariamente melancólica.[74] É possível dizer que o poder nos melancoliza e é dessa forma que ele nos submete. Essa é sua verdadeira violência, muito mais do que os mecanismos clássicos de coerção e dominação pela força, pois trata-se aqui de violência de uma regulação social que leva o Eu a acusar a si mesmo em sua própria vulnerabilidade e a paralisar sua capacidade de ação.

Se formos a um texto fundamental de Freud tal qual *Luto e melancolia*, veremos como um dos seus méritos está em sua capacidade de inserir a etiologia da melancolia no interior de uma reflexão mais ampla sobre as relações amorosas. Trata-se de um "mérito" porque Freud sabe que o amor não é apenas o nome que damos a uma escolha afetiva de objeto. Ele é a base dos processos de formação da identidade subjetiva a partir da transformação de investimentos libidinais em identificações. Essa é uma maneira de

73 Id., "O eu e o id", in *Obras completas*, v. 16. São Paulo: Companhia das Letras, 2011, p. 34.

74 Ninguém desenvolveu melhor essa tópica do que Judith Butler em *The Psychic Life of Power: Theories in Subjection* (Stanford: Stanford University Press, 1997). Seu livro parte, inclusive, da exploração dos vínculos profundos entre sentimento religioso e melancolia nas figuras da consciência infeliz hegeliana e do ressentimento nietzscheano.

dizer que as verdadeiras relações amorosas colocam em circulação dinâmicas identificatórias de formação da identidade, já que tais relações fornecem o modelo elementar de laços sociais capazes de socializar o desejo, de produzir as condições para o seu reconhecimento. Isso talvez explique por que Freud aproxima luto e melancolia a fim de lembrar que se trata de duas modalidades de perda de objeto amado, uma consciente, outra inconsciente.

Um objeto de amor foi perdido e nada parece poder substituí-lo: esta é, para Freud, a base da experiência que vincula luto e melancolia. No entanto, o melancólico mostraria algo ausente no luto: o rebaixamento brutal do sentimento de autoestima.[75] Como se, na melancolia, uma parte do Eu se voltasse contra si próprio, através de autorrecriminações e acusações. Há uma "reflexividade" na melancolia através da qual eu tomo a mim mesmo como objeto, clivando-me entre uma consciência que julga e outra que é julgada. Como se houvesse uma agressividade em toda reflexividade. Uma reflexividade que acaba por fundar a própria experiência da vida psíquica, criando assim uma estrutura de topografias interiores.

A tese fundamental de Freud consiste em dizer que ocorreu, na verdade, uma identificação de uma parte do Eu com o objeto abandonado de amor. Tudo se passa como se a sombra desse objeto fosse internalizada por incorporação, como se a melancolia fosse a continuação desesperada de um amor que não pode lidar com suas perdas. Incapacidade vinda do fato de a perda do objeto que amo colocar em questão o próprio fundamento da minha identidade. Mais fácil mostrar que a voz do objeto ainda permanece em mim, através da autoacusação patológica contra aquilo

75 Lembremos a definição freudiana: "A melancolia se caracteriza por um desânimo profundamente doloroso, uma suspensão do interesse pelo mundo externo, perda da capacidade de amar, inibição de toda atividade e um rebaixamento do sentimento de autoestima, que se expressa em autorrecriminações e autoinsultos, chegando até a expectativa delirante de punição" (S. Freud, *Luto e melancolia*, trad. Marilene Carone. São Paulo: Cosac Naify, 2010, p. 47).

que, em mim, parece ter fracassado em conservá-lo ou que permanece em mim como marcas de identificação narcísica com o objeto que me decepcionou. Nesse sentido, uma afirmação importante de Butler diz que "Freud identifica consciência elevada e autorreprimendas enquanto signos da melancolia com um luto incompleto. A negação de certas formas de amor sugere que a melancolia que fundamenta o sujeito expressa um luto incompleto e não resolvido".[76] Assim, a sujeição do desejo pode se transformar em desejo por sujeição. Essa é uma maneira de dizer que a melancolia é o saldo afetivo fundamental de um modelo hegemônico de instauração da vida psíquica.

## A gênese da comunidade e o lugar vazio do poder

Em *Totem e tabu* Freud fornece, de maneira mais bem-acabada, a configuração da gênese de fantasias inconscientes ligadas ao vínculo a objetos perdidos e sua importância para compreendermos os impasses do vínculo social. Lembremos como o ponto fundamental do argumento freudiano nesse livro não tenta fundamentar hipóteses antropogenéticas recorrendo a uma pretensa cena originária da vida social com sua violência primordial. Melhor seria se perguntar qual perspectiva de avaliação da estrutura dos vínculos sociais, no começo do século XX, leva Freud a procurar as bases para a autorreflexão da modernidade em teorias como o totemismo, o festim totêmico e a ideia darwiniana de que o estado social originário do homem estaria marcado pela vida em pequenas hordas no interior das quais o macho mais forte e mais velho (o pai primevo) impediria a promiscuidade sexual, produzindo com isso a exogamia. Por isso, *devemos compreender a criação do mito do assassinato do pai primevo como a maneira, disponível a Freud, de dizer que, em relações sociais atuais, os sujeitos agem como quem carrega o peso do desejo de assassi-*

76 J. Butler, *The Psychic Life of Power*, op. cit., p. 23.

*nato de um pai que nada mais é do que a encarnação de representações fantasmáticas de autoridade soberana.*

Essa dimensão de um "agir como" é o que deve ser salientado aqui. Ela nos leva a modos de representação fantasmática em operação nas relações de sujeitos com instâncias de autoridade e instituições. Muitos já disseram que, com o assassinato do pai primevo, Freud não fez nada mais do que escrever um mito. De nossa parte, podemos ficar com Lévi-Strauss, para quem a "grandeza [de Freud] está, por um lado, num dom que ele possui no mais alto nível: o de pensar à maneira dos mitos".[77] De toda forma, essa não será a primeira vez que a reflexão sobre a natureza dos vínculos sociais modernos apela a um mito para dar conta da figuração do que tem, de fato, a força indestrutível de um mito – se pensarmos no mito como uma construção social que visa dar sentido a um conflito socialmente vivenciado. No caso de Freud, as consequências são enormes, pois "a constituição da cidadania (o pertencimento a uma *politeia*) pede um suplemento mítico que parece vir das constituições mais arcaicas de autoridade e que alimenta as representações patológicas da soberania".[78]

Haveria muito a se dizer a respeito dessa estratégia freudiana, mas nos restrinjamos a alguns pontos gerais. Sabemos como Freud deriva o início da sociedade da ideia de uma violência primordial. Como teríamos vivido inicialmente em pequenas hordas, cada comunidade se viu dominada por um macho mais forte que teria o monopólio das mulheres. Esse macho seria o "pai primevo". Em um dado momento, os irmãos se unem para matar tal figura. No entanto, feito o ato, um sentimento de culpa abate a todos e os leva a preencher o lugar do pai primevo com uma representação totêmica compensatória. Esse sentimento de culpa vem do fato

77 Claude Lévi-Strauss, *A oleira ciumenta*, trad. Beatriz Perrone-Moisés. São Paulo: Brasiliense, 1986, p. 235.

78 É. Balibar, "L'Invention du surmoi". *Revue Incidences*, n. 1, 2006, p. 32.

de o pai não ser apenas responsável pela crueldade e coerção, mas ser também objeto perdido de amor e identificação.[79] Algo de sua força parece assegurar seus filhos, nem que seja a simples crença na existência de um lugar no qual seria possível afirmar o direito natural hobbesiano em sua dinâmica de excesso. A identificação com o *pai* primevo implica crença na transmissão, na possibilidade de ocupar em algum momento o mesmo lugar.[80] Note-se como a mera possibilidade de tal lugar de exceção existir é, de maneira bastante peculiar, fonte de amparo, pois implica alcançar posição na qual as limitações normativas seriam inefetivas, na qual a decisão se afirmaria, como gostava de dizer Carl Schmitt, "em sua pureza absoluta" insubmissa à codificação prévia de suas condições, em sua indivisão teológica entre vontade e ação.[81] Mas, com seu assassinato, instaura-se algo como uma comunidade de iguais na qual todos acabam por abrir mão de ocupar o lugar outrora preenchido pelo pai:

> Os irmãos haviam se aliado para vencer o pai, mas eram rivais uns dos outros no tocante às mulheres. Cada um desejaria, como o pai, tê-las todas para si, e na luta de todos contra todos a nova organização sucumbiria. Nenhum era tão mais forte que os outros, de modo a poder assumir o papel do pai. Assim, os irmãos não tiveram alternativa,

79 A esse respeito, lembremos como "a identificação é ambivalente desde o início; ela pode se voltar tanto para a expressão da ternura quanto para o desejo de eliminação [...] Como se sabe, o canibal permanece nessa posição; ele gosta de devorar seus inimigos, e não devora aqueles de que não poderia gostar de alguma maneira" (S. Freud, "Psicologia das massas e análise do eu", in *Obras completas*, v. 15. São Paulo: Companhia das Letras, 2011, p. 94).

80 Assim: "a imagem do pai ideal se transformou, sem que os filhos assassinos se dessem conta - logo, inconscientemente -, na imagem do ideal amado *e* da instância diretiva de seus desejos" (Bernard Baas, *Y a-t-il des psychanalystes sans-culottes? Philosophie, psychanalyse et politique*. Toulouse: Érès, 2012, p. 211).

81 Difícil discutir tal função da fantasia social do pai primevo sem recorrer à noção de decisão em Carl Schmitt, *Politische Theologie: Vier Kapitel zur Lehre von der Souveranität*. Berlim: Duncker and Humblot, 1934. Como se se tratasse, em Freud, de fornecer a economia libidinal da soberania.

> querendo viver juntos, senão – talvez após superarem graves incidentes – instituir a proibição do incesto, com que renunciavam simultaneamente às mulheres que desejavam, pelas quais haviam, antes de tudo, eliminado o pai.[82]

Notemos inicialmente a recorrência da iminência hobbesiana da "luta de todos contra todos" produzida pela igualdade natural de forças e pela convergência de objetos de desejo. Como se antes do estado de natureza hobbesiano houvesse a soberania do pai primevo. A possibilidade recorrente da luta deve produzir o desejo pela instauração de normas responsáveis pela restrição mútua (no caso, a proibição do incesto) e pela regulação das paixões, garantindo assim as condições de possibilidade para a constituição do espaço político. Aparece, dessa forma, uma espécie de contrato social que permite a renúncia pulsional, o reconhecimento de obrigações e o estabelecimento de instituições. Ele ainda tem, como saldo, a perpetuação da condição feminina como exterior à determinação dos sujeitos agentes, já que, nessa narrativa, as mulheres se perpetuam como mero objeto de contrato.

No entanto, insistamos em outro ponto. No mito freudiano há de se levar em conta como tal constituição do espaço político produz inicialmente a abertura de um "lugar vazio" do poder, já que: "ninguém mais podia nem era capaz de alcançar a plenitude de poder do pai".[83] Tal lugar vazio, que Freud chega a descrever como próprio a uma sociedade sem pais (*vaterlose Gesellschaft*) que parece poder realizar a igualdade democrática, permitiu o aparecimento de laços comunitários baseados em "sentimentos sociais de fraternidade [...] na sacralização do sangue comum, na ênfase na solidariedade de todas as vidas do mesmo clã".[84]

82 S. Freud, *Totem e tabu*, in *Obras completas*, v. 11. São Paulo: Companhia das Letras, 2012, p. 220.
83 Id., ibid., p. 226.
84 Id., ibid., p. 222.

Mas essa comunidade de iguais, essa sociedade sem pais, tem uma fragilidade estrutural: tal lugar vazio é suplementado por uma elaboração fantasmática. A fantasia do pai primevo não foi abolida, já que ele permanece na vida psíquica dos sujeitos sob a forma de um sentimento comum de culpa como fundamento de coesão social, que denuncia, por outro lado, o desejo que tal lugar seja ocupado. Assim, o afeto de solidariedade que a comunidade dos iguais permite circular é também responsável pela paralisia social de quem continua sustentando a "nostalgia pelo pai" (*Vatersehnsucht*) agora elevado à condição de objeto perdido. Esse pai que não está lá, mas que faz sua latência ser sentida, retornará sob uma forma sublimada. Pois sua morte se revelará posteriormente não um simples assassinato, mas "o primeiro grande ato sacrificial" capaz de estabelecer relações simbólicas de vínculo e obrigação para com um pai morto.

A sociedade sem pais deverá assim converter-se gradualmente em uma sociedade organizada de forma patriarcal. Pois o lugar vazio do poder é, ao mesmo tempo, um lugar pleno de investimento libidinal em uma figura de exceção que se coloca em posição soberana. Isso leva Freud a afirmar que "houve pais novamente, mas as realizações sociais do clã fraterno não foram abandonadas, e a efetiva distância entre os novos pais de família e o ilimitado pai primevo da horda era grande o suficiente para garantir a continuação da necessidade religiosa, a conservação da insaciada nostalgia pelo pai".[85]

"Houve pais novamente." Mas agora pais que poderiam cuidar, individualizar, pregar a renúncia pulsional, em suma, aplicar o poder pastoral e nos lembrar da importância do respeito à norma e às exigências restritivas das instituições. Pais que precisavam lembrar que estavam lá para enunciar mais uma vez a Lei porque, caso não estivessem mais lá, estaríamos vulneráveis a figuras como o pai primevo. Medo que apenas ativa a memória da identificação

85 Id., ibid., p. 227.

arcaica com um direito natural de que abri mão, mas que constituiu em minha vida psíquica os laços melancólicos com um objeto perdido, enredado nas sendas da transmissão. Assim, houve pais novamente, mas pais assombrados pela inadequação em relação a figuras de soberania que se fundamentam em posição de excepcionalidade em relação à Lei. O que nos permite pensar que a autoridade desses pais precisará reavivar periodicamente os traços do pai primevo e seu lugar de excepcionalidade, dando espaço para um jogo de reiteração constante entre a Lei e sua transgressão, pulsação pendular de retorno e distância em relação à cena primitiva, pulsação afetiva que vai da mania à depressão. Assim, se esses pais souberem como trazer periodicamente o pai primevo, a revolta contra a civilização poderá servir de elemento para a perpetuação de uma ordem que todos sentem de forma restritiva.

## Lefort e poder sem corpo

Essa pulsação entre lugar vazio e complemento fantasmático é uma das mais importantes contribuições de Freud à teoria do político. Ela pode nos servir atualmente para insistir no ponto cego que acomete algumas de nossas mais bem estruturadas teorias da democracia. Pensemos, por exemplo, nas reflexões de Claude Lefort. Partindo, entre outros, de certas elaborações de Jacques Lacan a respeito do simbólico, do real e do imaginário,[86] ou seja, inscrevendo suas discussões nas sendas de um debate entre filosofia política e psicanálise, Lefort afirmará que a revolução política propriamente moderna se encontra no "fenômeno de desincorporação do poder e de desincorporação do direito"[87] representado pela

86 Para a relação entre Lefort e Lacan, ver Bernard Flynn, *The Philosophy of Claude Lefort: Interpreting the Political*. Evanston (IL): Northwestern University Press, 2005.

87 C. Lefort, *A invenção democrática: os limites do totalitarismo*. São Paulo: Brasiliense, 1983.

desaparição do "corpo do rei" (ou, se quisermos, de sua representação teológico-familiar) como encarnação da unidade imaginária da sociedade e de seus ideais de totalidade orgânica incorporados em uma autoridade soberana. "Essa sociedade revela-se doravante impossível de ser circunscrita, pelo fato de que não poderia se relacionar consigo mesma em todos os seus elementos e representar-se como um só corpo, uma vez que foi privada da mediação de um poder incorporado."[88] Tal desincorporação, tal "dissolução da corporeidade do social" – que colocaria em xeque inclusive todas as representações orgânicas do Estado como expressão da unidade ontológica da vontade geral e todos os recursos à existência de um povo-Uno que têm na metáfora hobbesiana do *Leviatã* seu momento decisivo – permitiria a abertura à potência de "indeterminação do social" que nos forneceria um forte princípio de distinção entre a democracia e todas as formas variadas de totalitarismo. Pois a democracia seria o governo que impede o preenchimento do exercício simbólico do poder por construções imaginárias de completude. Daí por que "Estado, Sociedade, Povo, Nação são, na democracia, entidades indefiníveis".[89] Ou seja, a substancialização identitária de tais identidades (denunciada pelo uso de maiúsculas) é estranha à indeterminação própria a um governo cujo motor consiste em colocar continuamente em questão aquilo que procura esconder a natureza profundamente antagônica da vida social. A democracia seria, assim, "uma sociedade sem determinação positiva, irrepresentável na figura de uma comunidade"[90] que, por funcionar a partir da institucionalização do conflito, precisaria ser capaz de suportar uma "quase dissolução das relações sociais" nos momentos de manifestação da vontade popular.

88 Id., ibid., p. 54.
89 Id., ibid., p. 68.
90 Id., *Essais sur le politique*, op. cit., p. 292.

Servindo-se da ideia lacaniana do universo simbólico como composto de significantes puros – que são a expressão da ausência de denotação exterior e, por isso, reenviam a estabilização do processo de produção de sentido a significantes contíguos no interior de uma cadeia, até que sejam basteados por um significante-mestre que é expressão de um lugar vazio –,[91] Lefort afirmará que a democracia se caracteriza por conservar o lugar simbólico do poder como um lugar vazio. Dessa forma,

> A legitimidade do poder funda-se sobre o povo; mas a imagem da soberania popular se junta à de um lugar vazio, impossível de ser ocupado, de tal modo que os que exercem a autoridade pública não poderiam pretender apropriar-se dele. A democracia alia estes dois princípios aparentemente contraditórios: um, que o poder emana do povo; outro, que esse poder não é de ninguém.[92]

O vazio simbólico do poder permite à autoridade política não se transformar em uma parte que procura encarnar o todo, que vale no lugar do todo, como a cabeça que sintetiza todas as funções do corpo social. Processo fetichista de incorporação que constitui retroativamente aquilo que a parte deveria representar. É tal lugar vazio que demonstrará como a democracia seria o governo no qual "não há poder ligado a um corpo",[93] no qual nos confrontaríamos com a "indeterminação que nasce da perda da substância do corpo político".[94]

De fato, a perspectiva de Lefort parece, à primeira vista, guardar ressonâncias importantes com o que poderíamos derivar, até

91 Lembremos, por exemplo, a definição lacaniana do Falo, significante-mestre, como "significante do ponto onde o significante falta/ fracassa [seguindo aqui a duplicidade de sentido do termo *manque*]" (J. Lacan, *Séminaire*, v. VIII. Paris: Seuil, 2001, p. 277 [ed. bras.: *O seminário*, v. VIII, trad. Dulce Duque Estrada. Rio de Janeiro: Jorge Zahar, 1992]).

92 C. Lefort, *A invenção democrática*, op. cit., p. 76.

93 Id., ibid., p. 118.

94 Id., ibid., p. 121.

agora, da reflexão freudiana. Sua compreensão do papel produtivo dessa "indeterminação do social" que não se deixa representar em nenhuma configuração acabada do poder de Estado poderia muito bem ser vista como expressão possível de uma sociedade cuja experiência política fundamental funda-se na circulação do desamparo. Um desamparo advindo da consciência de que não há poder em *um corpo pensado como totalidade imaginária que fornece a cada membro seu lugar natural* e que garante a legitimidade da partilha de lugares através da relação libidinal a uma figura soberana.

No entanto, falta a Lefort um passo freudiano fundamental, a saber, compreender como as democracias liberais sustentam o lugar vazio apenas através de um suplemento fantasmático. O que é outra maneira de dizer: falta compreender *por que tal democracia que conserva o lugar vazio do poder como inscrição simbólica simplesmente nunca existiu nem nunca poderá existir*. Falta compreender o que a impede continuamente de existir, a fim de mostrar como a democracia liberal não é um governo sem fundamento fantasmático. Da mesma forma, trata-se de lembrar, contra Lefort, que não há poder sem corpo, mas nem todo corpo social e político se encarna através da lógica de uma corporeidade imaginária. Uma sociedade que, "em sua forma, acolhe e preserva a indeterminação"[95] não é necessariamente uma sociedade descorporificada, mas, antes, aquela na qual é possível, como gostaria de mostrar mais à frente, incorporar o que é indeterminado do ponto de vista da representação.

A mera afirmação do pretenso caráter dessacralizador do sufrágio universal, que abstrai a rede de vínculos sociais ao instaurar uma multiplicidade numerável, deixando a decisão à "enigmática arbitragem do Número",[96] tal como o faz Lefort, assim como a defesa do fim dos vínculos entre poder, saber e tradição para legiti-

95 Id., *Essais sur le politique*, op. cit., p. 26.
96 Id., ibid., p. 293.

mar a decisão sobre quem ocupará o lugar vazio do poder, não bastam para definir nossos atuais horizontes liberais de representação como realmente democráticos. Pois ser parte de uma multiplicidade numerável de indivíduos não é expressão da afirmação da produtividade da indeterminação do social, nem é acolhimento do "irrepresentável".[97] Ao contrário, é algo com o qual só podemos nos conformar à condição de quebrar tal indeterminação naquilo que ela tem de mais transformador, a saber, sua anormatividade representativa, sua força de destituição de normas e de conformações a unidades de conta. Mas a determinação do sujeito como unidade de contagem em uma multiplicidade numerária não é uma figura do lugar vazio em sua potência produtiva. Ela é uma figura da determinação indiferente em sua reificação mortificada da estrutura. Ela é a perpetuação de um espaço político só legível através da representação, a tradução da "institucionalização do conflito" em uma forma de "competição regulada".[98] Fato ainda mais grave se lembrarmos como tal multiplicidade numerável nunca se apresenta em sua pureza instauradora. Ao contrário, no interior da competição regulada das democracias liberais, sua eclosão eleitoral é sempre mediada pelo peso institucional-econômico das forças sociais que organizam as condições de representação dos atores políticos. Forças que se dispõem em silêncio. E o controle das condições de representação é, ao mesmo tempo, o controle da cena do político. Há uma zona de sombra em todo campo de representação, composta do peso de atores que trabalham no controle da definição do que é representável. A crença tão presente ainda hoje de que, fora da representação política com seus mecanismos de sufrágio, só haverá o caos acaba por naturalizar o fato de que as condições de possibilidade da representação impõem um modo de presença na cena política, um modo de constituição dos "atores

97 Id., ibid., p. 30.
98 Id., ibid., p. 28.

políticos" que se paga com a invisibilidade de uma multiplicidade de sujeitos políticos possíveis.

Mais consequente para a perspectiva de Lefort seria, por exemplo, apelar não à multiplicidade numerável do sufrágio universal, mas às potências deliberativas do acaso e ao uso do acaso para a escolha dos que deverão decidir, com sua capacidade de quebrar a crença de que sujeitos políticos só podem subir à cena ao se transformarem em suportes de representações em competição, o que ele não o faz. Aposta escandalosa se seguirmos a posição de Jacques Rancière:

> um escândalo para as pessoas de bem que não podem admitir que sua nascença, antiguidade ou ciência deva se inclinar diante da lei da sorte; escândalo também para os homens de Deus que até querem que sejamos democratas, à condição de que reconheçamos termos, para isso, matado um pai ou pastor e ser então infinitamente culpados, em dívida inexpiável em relação a tal pai.[99]

Mas essa confiança no acaso, que nos lembra como "o bom governo é o governo dos que não desejam governar" e que levaria ao extremo a força da indeterminação do social, é desconhecida de nossas democracias liberais.[100]

Notemos ainda que a maneira usada por Lefort para definir a democracia através de sua apropriação de temáticas lacanianas é bastante sintomática. Em certo momento, ele dirá:

> A democracia moderna é o único regime a significar a distância do simbólico e do real através da noção de um poder que ninguém, nem príncipe nem grupo reduzido, saberia tomar para si; sua virtude é de referir a sociedade à prova de sua instituição; lá onde se desenha um lugar vazio não há conjunção possível entre o poder, a

99 Jacques Rancière, *La Haine de la démocracie*. Paris: La Fabrique, 2005, p. 47.
100 Id., ibid., p. 50.

> lei e o saber, não há enunciado possível de seu fundamento comum; o ser social se esquiva, ou melhor, se dá sob a forma de um questionamento interminável (o que dá testemunho o debate incessante, móvel, das ideologias).[101]

Mas não é claro por que a democracia deveria ser um regime capaz de sustentar a distância entre Simbólico e Real. Melhor seria dizer que ela sustenta a distância entre a estrutura simbólica e o Imaginário com suas figuras da unidade e coesão; essa sobreposição lefortiana entre Imaginário e Real é sintomática. O reconhecimento da sociedade como uma "totalidade antagônica" que coloca em questão a necessidade de um fundamento comum do social não implica que o lugar vazio seja a configuração mais adequada de tal ser social que se dá sob a forma de um questionamento interminável. Pois devemos nos perguntar: como delibera aquele que ocupa o lugar vazio do poder? Não deveria ele colocar-se à distância do debate incessante e móvel das ideologias a fim de remeter cada um dos lados à sua pretensa parcialidade e à parcialidade de seus afetos, já que quem ocupa o lugar vazio do poder não pode ser feito da mesma matéria que aqueles que perpetuam o embate constante a respeito do fundamento do poder. Nesse sentido, a teoria do lugar vazio do poder não seria ainda dependente da ideia de que a deliberação racional pressupõe o esfriamento das paixões, com seus questionamentos intermináveis, e a abertura de um espaço para além dos conflitos das paixões com suas parcialidades? Teoria dependente da ideia clássica de que "o corpo intervém para perturbar-nos de mil modos, causando tumulto e inquietude em nossa investigação, até deixar-nos incapazes de perceber a verdade",[102] mesmo que essa "verdade" seja a verdade da ausência de enunciado possível para o fundamento comum da vida social.

101 C. Lefort, *Essais sur le politique*, op. cit., p. 294.
102 Platão, *Fédon*. Belém: Edufpa, 2013, 66b.

Contra essa compreensão, talvez devamos insistir na possibilidade de experiências políticas que, ao contrário, quebrem a distância entre Simbólico e Real, permitindo subir à cena do político um real que não pode ser confundido com a projeção de unidades fortemente normativas, mas que é a própria encarnação do colapso das identidades coletivas. *A democracia efetiva não saberia colocar-se na distância em relação ao Real.* Pois não precisamos de uma política sem corpo, nem é possível existir uma política sem corpo. Na verdade, precisamos da possibilidade de formas radicalmente não identitárias de encarnação, como gostaria de mostrar no próximo capítulo através de um retorno a Freud e seu *O homem Moisés e a religião monoteísta*.

# Da arte de ser afetado por corpos que quebram

> *Cortando a cabeça de Luís* XVI*,*
> *a revolução cortou a cabeça de todos os*
> *pais de família.*
>
> DUC DE CHAULIEU

No capítulo anterior, apresentei a possibilidade de pensarmos, a partir de Freud, um circuito político de afetos que tenha por fundamento o desamparo. A crítica do medo como afeto político central nos levou a descrever o lugar funcional de fantasias de amparo e segurança no horizonte teológico-político que Freud compreende como próprio à nossa época. Agora, trata-se de aprofundar a tese de que a aceitação das posições de Freud descritas no capítulo anterior nos leva necessariamente a uma crítica de teorias de democracia que definem sua especificidade a partir da teoria da natureza simbólica do lugar vazio do poder. Há de se insistir que a democracia como lugar vazio do poder nunca existiu por que, até agora, *não houve democracia que não necessitasse de regressões autoritárias periódicas.* Afirmação que nos levará a compreender por que a periodicidade dessas regressões autoritárias faria parte do funcionamento normal da democracia liberal. Por ser parte do "funcionamento normal", elas não são sequer regressões, mas momentos da dinâmica própria às democracias liberais. Nesse sentido, trata-se de perguntar sobre o fundamento fanstasmático das relações de poder na democracia liberal, assim como sobre as condições para sua superação.

Essa é uma tese importante que podemos derivar de uma leitura possível de *Psicologia das massas e análise do eu*. Sabemos qual é a tese fundamental de Freud nesse texto a respeito do processo de constituição das massas, sejam "massas artificiais" próprias a grupos organizados fortemente hierarquizados, como o Exército e a Igreja, sejam organizações políticas próprias ao Estado em nossas democracias liberais (aproximação que, como veremos, provocava a aversão de alguém como Hans Kelsen). *Essa tese fundamental freudiana é uma proposição geral sobre o processo de formação de identidades coletivas*. Ela está enunciada em uma afirmação como "tal massa primária é uma quantidade (*Anzahl*) de indivíduos que colocaram um único e mesmo objeto no lugar de seus ideais do eu e que, por conseguinte, identificaram-se uns com os outros em seus eus".[1] Ou seja, o que transforma uma quantidade amorfa de indivíduos em identidade coletiva é a força afetiva de identificação a um líder capaz de se colocar no espaço próprio aos ideais do eu que serão individualmente partilhados, segundo a noção de que "o indivíduo abandona seu ideal do eu (*Ichideal*) e o troca pelo ideal da massa, encarnado pelo líder (*Führer*)".[2] Se essa troca é possível, é porque há algo nesse ideal encarnado pelo líder que atualiza vínculos a objetos perdidos que ainda ressoam na vida psíquica dos sujeitos. Pois identidades coletivas sempre se constituem a partir de relações gerais a fantasias. Uma identidade coletiva não é apenas uma unidade social constituída a partir da partilha de um mesmo ideal do eu, com seus sistemas conscientes de valores. Ela é uma unidade social constituída a partir da partilha funcional do mesmo núcleo fantasmático, com suas representações inconscientes.

Mas notemos como a lógica da incorporação que caracteriza a liderança pede circuitos específicos de afetos. Freud parece con-

1 Sigmund Freud, *Psicologia das massas e análise do eu*, in *Obras completas*, v. 15. São Paulo: Companhia das Letras, 2011, p. 112.

2 Id., ibid., p. 144.

centrar-se nos casos em que a incorporação se dá através da circulação reiterada do medo social, o que pode explicar as descrições freudianas do "pânico" que explode no interior da massa que perdeu seus líderes produzindo a regressão à situação de atomização amórfica. Poderíamos nos perguntar sobre o que outros circuitos de afetos seriam capazes de produzir, que outras formas de encarnação da vontade seriam possíveis. No entanto, perderíamos de vista o fato de que sociedades que se servem do medo como elemento decisivo da constituição de sua coesão social tendem a aproximar suas dinâmicas de incorporação do poder. Se admitirmos que tal circuito de afetos é próprio não apenas de sociedades totalitárias, mas também de nossas sociedades de democracia liberal, então poderemos compreender melhor tanto a atualidade de tal discussão como a funcionalidade do modelo de leitura do texto freudiano proposto, entre outros, por Theodor Adorno.

Adorno começa por aproximar as descrições freudianas e a fenomenologia das lideranças fascistas, para ao final mostrar o quão vulneráveis seríamos ao retorno periódico de tais figuras. Ele percebe assim, no livro de Freud, o quadro teórico fundamental para uma teoria do totalitarismo pensada como fenômeno interno à própria elaboração das estruturas de interação social na democracia liberal. Isso nos explica por que Adorno precisa lembrar, sobre o escopo do texto freudiano *Psicologia das massas...*, que "os membros das massas contemporâneas são, ao menos *prima facie*, indivíduos, as crianças de uma sociedade liberal, competitiva e individualista, condicionados a manter a si mesmos como unidades independentes e autossustentáveis".[3] Ele ainda deve afirmar que a propaganda fascista "apenas toma os homens por aquilo que eles são: verdadeiras crianças da cultura de massas atualmente estereotipada". Assim, ela

3 Theodor Adorno, "Freudian Theory and the Pattern of Fascist Propaganda", in *Soziologische Schriften I*. Frankfurt: Suhrkamp, 2003, p. 412 [ed. bras.: "A teoria freudiana e o padrão da propaganda fascista". *Ensaios sobre a psicologia social e psicanálise*, trad. Verlaine Freitas. São Paulo: Editora da Unesp, 2015].

necessita apenas "reproduzir a mentalidade existente para seus próprios propósitos".[4] Pois "a tarefa da propaganda fascista é facilitada na medida em que o potencial antidemocrático já existe na grande massa de pessoas".[5] O que não poderia ser diferente para alguém que insistirá em compreender o fascismo como uma patologia social de traços paranoides[6] e encontra os mesmos traços de patologia social na ideologia das sociedades de democracia liberal, especialmente através das produções da indústria cultural. Lembremos, entre vários exemplos possíveis, a maneira como Adorno termina seu ensaio a respeito das colunas de astrologia do *Los Angeles Times*: "Nas eras de declínios dos sistemas sociais, com sua deflagração de insegurança e ansiedade, as tendências paranoicas dos indivíduos são evidenciadas e muitas vezes canalizadas por instituições que pretendem distrair tais tendências de suas razões objetivas".[7] Maneira indireta de afirmar que, longe de um fenômeno exterior, a dinâmica paranoide que animou o fascismo é, para Adorno, uma latência interna às sociedades democráticas e, a seu ver, teria sido isso o que Freud demonstrara. Na verdade, *pensar política não pode ser outra coisa que explorar as latências fantasmáticas da democracia.*

Através de sua teoria do desamparo, Freud insistira que as sociedades modernas estariam abertas ao retorno de figuras superegoicas de autoridade vindas em linha direta do mito do pai primevo ou que permitem a identificação com tais tipos ideais que prometem *a encenação de um lugar de excepcionalidade no qual a transgressão da lei é possível.* Pois uma das ideias centrais de Freud a respeito do pai primevo é que a figura de autoridade funda um lugar de exceção a

4 Id., ibid., p. 429.

5 Id., "Studies in the Authoritarian Personality", in *Gesammelte Schriften*, v. 9. Frankfurt: Suhrkamp, 1975, p. 162.

6 Como vemos em Theodor Adorno e Max Horkheimer, *Dialética do esclarecimento*. Rio de Janeiro: Jorge Zahar, 1991, pp. 174-86.

7 T. Adorno, *As estrelas descem à Terra: a coluna de astrologia do* Los Angeles Times *- um estudo sobre superstição secundária*. São Paulo: Editora da Unesp, 2007, p. 189.

partir do qual seu ocupante pode se colocar, ao mesmo tempo, fora da lei (porque ele precisa aparecer como dotado de potência suficiente, de vontade forte para mostrar um caminho para minha própria vontade) e dentro da lei (já que ele é seu fiador), colocando em circulação um esquema que lembra aquele bem descrito por Giorgio Agamben. *O mito do pai primevo funciona assim como uma espécie de representação mítica do lugar de exceção próprio a toda soberania.* Graças a isso, a Escola de Frankfurt (pensemos principalmente em textos como "Teoria freudiana e a estrutura da propaganda fascista", de Adorno, e "A rebelião da natureza", de Horkheimer)[8] desenvolveu análises originais dos líderes fascistas, ao mostrar que não estávamos diante de líderes que pregavam alguma forma de sistema repressivo *law and order*. Antes, eles eram encarnações de sistemas sociopolíticos voltados à mobilização contínua de exigências libidinais e à canalização de transgressões controladas. Essa é, no fundo, a verdadeira dinâmica a alimentar lideranças superegoicas.

Na verdade, devemos compreender tais estudos como uma espécie de desdobramento das discussões frankfurtianas a respeito do declínio da autoridade paterna, estudos que insistiam em como a autoridade paterna era cada vez mais fragilizada nas sociedades modernas ocidentais do século XX devido, principalmente, às mutações do mundo do trabalho que fizeram do pai de família não mais o artesão ou o camponês reconhecido em sua autoridade de iniciador do filho em habilidades específicas, mas o funcionário despersonalizado e impotente das corporações.[9] No entanto, em uma era de declínio da autoridade paterna, as figuras sociais de autoridade não desaparecem simplesmente. Antes, elas devem ser capazes de se sustentar a partir da internalização de uma situação de crise de legitimidade na qual regras e leis não são mais levadas

8 Ver T. Adorno, "Freudian Theory and the Pattern of Fascist Propaganda", op. cit., pp. 408-30, e M. Horkheimer, 2004.

9 Ver, por exemplo, M. Horkheimer, 2000.

a sério.[10] Haveria uma maneira própria aos líderes fascistas de resolver essa equação. Inicialmente, o líder fascista se constituiria a partir da imagem arcaica de um pai primevo que não se submete aos imperativos de repressão do desejo, conseguindo mobilizar uma revolta contra a civilização e sua lógica de socialização. Ele mobilizaria representações vinculadas à fantasia de que a demanda de amor que suporta os processos sociais de identificação seja direcionada e ouvida por figuras marcadas pela onipotência, figuras pretensamente capazes de garantir segurança.

No entanto, essa soberania não é fundadora de lei e regras. Ela é antes a certeza de que leis e regras poderão ser suspensas por um princípio de soberania. Dessa forma, *os líderes fascistas permitiriam a manifestação do ressentimento contra uma Lei que, em larga medida, fora compreendida como a repressão paga com a moeda da perpetuação da culpabilidade.* Esse ressentimento é a astúcia da conservação que se alimenta da força da revolta. Assim, a suspensão periódica da culpabilidade que sustenta o vínculo social poderá equivaler a uma espécie de festa, como lembra Freud ao afirmar que

> seria perfeitamente imaginável que a separação entre ideal do eu e eu não fosse suportada de maneira permanente e tivesse que regredir temporariamente. Apesar de todas as renúncias e restrições que são impostas ao eu, a violação periódica das proibições é regra, como mostra, afinal, a instituição das festas, que originariamente não são

10 Daí uma afirmação maior como: "Da mesma forma que as pessoas não acreditam no fundo de seus corações que os judeus são o mal, elas não acreditam completamente no líder. Elas não se identificam realmente com ele, mas atuam essa identificação, representam seu próprio entusiasmo e assim participam da performance do líder" (T. Adorno, "Freudian Theory and the Pattern of Fascist Propaganda", op. cit., p. 432). Essa estrutura, típica de uma "falsa consciência esclarecida, será usada várias vezes por Adorno a fim de descrever a dinâmica da ideologia nas democracias liberais. Trabalhei esse tema no terceiro capítulo de Vladimir Safatle, *Cinismo e falência da crítica*. São Paulo: Boitempo, 2008.

outra coisa senão excessos ordenados pela lei e que também devem seu caráter alegre a essa libertação (*Befreiung*).[11]

Adorno é bastante consciente das idiossincrasias desses "excessos ordenados pela lei", o que o leva a afirmar que, "como uma rebelião contra a civilização, o fascismo não é simplesmente a recorrência do arcaico, mas sua reprodução na e pela civilização",[12] ou ainda a falar em "regressão artificial",[13] como se tal regressão fosse um momento interno da própria repressão, uma libertação que apenas reforça a lógica da sujeição. O que nos explica por que o ressentimento contra a civilização não deve se afirmar como destruição simples da normatividade. *Sem ser o mero culto da ordem, o que o fascismo permite é um paradoxal gozo da desordem acompanhado da ilusão de segurança.*[14] Esse paradoxo de um regime rígido que permite a circulação controlada da desordem pede uma geografia dos modos de aplicação da Lei na qual possamos ser o veículo da Lei, mas sem que seu peso repressivo caia sobre nossos ombros.[15] A história da modernidade nos

11 S. Freud, "Psicologia das massas e análise do eu", op. cit., p. 137.

12 T. Adorno, "Freudian Theory and the Pattern of Fascist Propaganda", op. cit., p. 414.

13 Id., ibid., p. 430.

14 Sobre o fascismo como gestão da desordem (e não como imposição unitária da ordem), lembremos a famosa descrição do não Estado nazista fornecida por Franz Neumann: "é passível de dúvida que o Nacional Socialismo possua uma máquina coercitiva unificada, a não ser que aceitemos a teoria da liderança como doutrina da verdade. O partido é independente do Estado em questões relativas à polícia e à juventude, mas no resto o Estado está acima do partido. O exército é soberano em vários campos, a burocracia é fora do controle e a indústria lutou para conquistar várias posições [...] sob o Nacional Socialismo o todo da sociedade é organizado em quatro grupos sólidos, centralizados, cada um operando sob um princípio de liderança, cada um com um poder legislativo, administrativo e judiciário" (Franz Neumann, *Behemoth: The Structure and Practice of National Socialism, 1933-1944*. Chicago: Ivan R. Dee, 2009, p. 468).

15 O que explica por que, ao forjar a noção de personalidade caracterial fascista, Adorno insista em um traço fundamental de caráter: "Ele é a combinação entre adulação e submissão à força com agressividade e desejo sádico de punição contra o fraco. Tal síndrome caracterial fascista é mais claramente ligada a atitudes discriminatórias e antiminoritárias do que a ideologias políticas; em

mostrou que sempre há novos ombros nos quais esse peso cai (os judeus que "estariam por trás" do sistema econômico explorador, os árabes e imigrantes que "estariam por trás" do déficit da seguridade social e da crise do Estado-providência, isso quando não são vistos como meros terroristas potenciais etc.). Daí a necessidade profunda de atualizar constantemente práticas de segregação, não importa com quais atores.[16]

Tais práticas são fundamentais, já que elas permitem transformar a impossibilidade de o poder garantir a *segurança fantasmática* desejada em identificação de um elemento que, no interior da vida social, impediria a realização de tal garantia, quebrando a coesão social prometida e fornecendo uma representação localizada para o medo cuja mobilização permitirá a nossas sociedades se transformarem em "sociedades da segurança". Esse elemento acaba por encarnar, por representar a impossibilidade de as demandas de amparo social serem realizadas e direciona a frustração. Ele será o objeto para o qual o medo social será dirigido. Na verdade, a dinâmica do político será reduzida à simples construção e gestão desse objeto de "fobia social". *A política se transforma assim na gestão da fobia.* Por isso, é fundamental que esse objeto se perpetue, que ele permaneça como uma contínua ameaça a "aterrorizar" nossa segurança e nossas possibilidades de controle social.

Da mesma forma, é fundamental que a segurança seja elevada à questão política central, como se fosse possível, após algumas

outras palavras, a suscetibilidade a *stimuli* fascistas é estabelecida em um nível psicológico, caracterial em vez de através da superfície do sistema de crenças do sujeito" (T. Adorno, "Democratic Leadership and Mass Manipulation", in *Gesammelte Schriften,* v. 20.1. Frankfurt: Suhrkamp, 1986, p. 274).

16 Como dirão Adorno e Horkheimer em uma afirmação premonitória: "A cólera é descarregada sobre os desamparados que chamam a atenção. E como as vítimas são intercambiáveis segundo a conjuntura: vagabundos, judeus, protestantes, católicos, cada uma delas pode tomar o lugar do assassino, na mesma volúpia cega do homicídio, tão logo se converta na norma e se sinta poderosa enquanto tal" (T. Adorno e M. Horkheimer, *Dialética do esclarecimento*, op. cit., p. 160).

eliminações e ações mais duras, construir uma espécie de sociedade da segurança total, um "paraíso da tolerância zero", como se nosso objetivo fosse uma verdadeira "democracia de condomínio fechado".[17] Não seria vão se perguntar sobre a estrutura libidinal dos que precisam acreditar nesse tipo de sociedade, de paraíso e de democracia. Só que, atualmente, há poucos atores sociais dispostos a lembrar que não há sociedade da segurança total (a não ser nas ficções científicas mais distópicas), nem a tolerância zero é um paraíso.

Por fim, percebamos como estamos a falar não apenas do fascismo como fenômeno político determinado, mas de uma lógica autoritária que assombra nossas sociedades de democracia liberal, constituindo algo como a latência de nossa democracia. Lógica essa que nada tem a ver com a exigência de conformação cega à Lei, mas com o respeito pelo jogo paradoxal entre transgressão e ordem, entre norma e exceção. Não por acaso, as novas lideranças autoritárias que parecem periodicamente emergir de "democracias consolidadas" (Sarkozy, Berlusconi, George W. Bush, entre vários outros) são uma mistura bricolada de pai severo e bufão desajeitado, alguém que parece ter as mesmas fraquezas e desejos de transgressão que nós. Pois a condição de ser, ao mesmo tempo, o ideal do eu e a representação de um mesmo objeto internalizado – que permite a construção de relações gerais de equivalência na massa – faz o líder tender a aparecer como "o alargamento da própria personalidade do sujeito, uma projeção coletiva de si mesmo, em vez da imagem de um pai cujo papel durante a última fase da infância do sujeito pode bem ter decaído na sociedade atual".[18] Adorno explora tal traço ao afirmar que "uma das características

17 Para um belo uso do "condomínio fechado" como paradigma de modelo disciplinar político-social e seu preço psíquico, ver Christian Dunker, *Mal-estar, sofrimento, sintoma: uma psicopatologia do Brasil entre muros*. São Paulo: Boitempo, 2015.

18 T. Adorno, "Democratic Leadership and Mass Manipulation", op. cit., p. 418.

fundamentais da propaganda fascista personalizada é o conceito de 'pequeno grande homem', uma pessoa que sugere, ao mesmo tempo, onipotência e a ideia de que ele é apenas mais um do povo, um simples, rude e vigoroso americano, não influenciado por riquezas materiais ou espirituais".[19] Pois as identificações não são construídas a partir de ideais simbólicos. Elas são basicamente identificações narcísicas que parecem compensar o verdadeiro sofrimento psíquico do "declínio do indivíduo e sua subsequente fraqueza",[20] um declínio que não é apenas apanágio de sociedades abertamente totalitárias. Isso talvez explique por que esse "mais um do povo" possa ser expresso não apenas pela simplicidade, mas às vezes pelas mesmas fraquezas que temos ou que sentimos, pela mesma revolta impotente que expressamos.[21]

Nesse sentido, Adorno é um dos primeiros a compreender a funcionalidade do narcisismo enquanto modo privilegiado de vínculo social em uma sociedade de enfraquecimento da capacidade de mediação do eu, adiantando em algumas décadas problemas

19 Id., ibid., p. 421.

20 Id., ibid., p. 411. Adorno dirá a respeito: "A fragilidade do eu [tema que Adorno traz do psicanalista Hermann Nunberg] que retrocede ao complexo de castração, procura compensação em uma imagem coletiva e onipotente, arrogante e, assim, profundamente semelhante ao próprio eu enfraquecido. Esta tendência, que se incorpora em inumeráveis indivíduos, torna-se ela mesma uma força coletiva, cuja extensão até agora não se estimou corretamente" (T. Adorno, *Ensaios sobre psicologia social e psicanálise*. São Paulo: Editora da Unesp, 2015). No entanto, como desenvolvi em outra ocasião, Adorno não defende, contra tal realidade psicológica, alguma forma de "fortalecimento do eu" nos moldes do que podíamos encontrar na psicologia do ego de sua época. Para este debate, e para a proximidade de Adorno e Lacan neste ponto, ver o quinto capítulo de Vladimir Safatle, *Grande Hotel Abismo: por uma reconstrução da teoria do reconhecimento*. São Paulo: Martins Fontes, 2012.

21 Pois "o líder pode adivinhar as necessidades e vontades psicológicas desses suscetíveis à sua propaganda porque ele se assemelha a eles psicologicamente, e deles se distingue pela capacidade de expressar sem inibição o que está latente neles, isso em vez de encarnar uma superioridade intrínseca" (T. Adorno, "Democratic Leadership and Mass Manipulation", op. cit., p. 427).

que levarão às discussões sobre a "sociedade narcísica".[22] Ele sabe como tal fraqueza permite, através da consolidação narcísica da personalidade com suas reações diante da consciência tácita da fragilidade dos ideais do eu, aquilo que chama de expropriação do inconsciente pelo controle social, em vez de transformar o sujeito consciente de seu inconsciente. O que serve para nos lembrar como essas apropriações frankfurtianas de considerações freudianas se prestam, entre outras coisas, para nos mostrar como o autoritarismo em suas múltiplas versões não é apenas uma tendência que aparece quando a individualidade é dissolvida. Ele é potencialidade inscrita na própria estrutura narcísica dos indivíduos modernos de nossas democracias liberais. O que não poderia ser diferente para alguém que afirma: "Quanto mais nos aprofundamos na gênese psicológica do caráter totalitário, tanto menos nos contentamos em explicá-lo de forma exclusivamente psicológica, e tanto mais nos damos conta de que seus enrijecimentos psicológicos são um meio de adaptação a uma sociedade enrijecida".[23] Por ter que lidar com uma sociedade enrijecida, a constituição moderna do indivíduo é potencialmente autoritária, pois ela é narcísica, com tendência a projetar para fora o que parece impedir a constituição de uma identidade autárquica e unitária, além de continuamente aberta à identificação com fantasias arcaicas de amparo e segurança. Conhecemos a ideia clássica segundo a qual situações de anomia, famílias desagregadas e crise econômica são o terreno fértil para ditaduras. Como quem diz: lá onde a família, a prosperidade e a crença na lei não funcionam bem, lá onde os esteios do indivíduo liberal entram em colapso, a voz sedutora dos discursos totalitários está à espreita. No entanto, se realmente quisermos pensar a extensão do totalitarismo, *seria interessante perguntar por*

22 A respeito do narcisismo como modo de vínculo social hegemônico nas sociedades liberais, ver Alain Ehrenberg, *La Société du malaise: le mental et le social*. Paris: Odile Jacob, 2010.

23 T. Adorno, *Ensaios sobre psicologia social e psicanálise*, op. cit.

*que personalidades autoritárias aparecem também em famílias muito bem ajustadas e sólidas, em sujeitos muito bem adaptados a nossas sociedades e a nosso padrão de prosperidade.*

Com tais colocações, Adorno não está disposto a simplesmente criticar o indivíduo moderno, nem a simplesmente defendê-lo. Ele sabe que "a crítica ao indivíduo não visa sua aniquilação, pois senão o curso do mundo, segundo um idealismo por demais realista, transforma-se em tribunal do mundo e o primitivismo institucionalmente estabelecido é confundido com a realização do *zoon politikon*".[24] No entanto, o que deve ser conservado no *principium individuationis* é exatamente aquilo que se afirma contra o processo civilizatório tal como atualmente se dirige e, por consequência, contra os processos hegemônicos de socialização e constituição de personalidade no interior de nossas democracias liberais.

## Federn, Kelsen, Laclau e a dimensão anti-institucional da democracia

Até aqui, a teoria freudiana parece adaptada à descrição de experiências políticas autoritárias, assim como de movimentos periódicos de retorno a fantasias arcaicas depositadas no interior do poder soberano em latência nas sociedades de democracia liberal. Mas ela não parece dar conta das múltiplas formas da potência produtiva de emancipação social. Na verdade, críticas a respeito dessa pretensa limitação da teoria freudiana não demoraram a aparecer. Já à sua época encontramos dois modelos importantes de crítica: um vindo de Paul Federn, outro de Hans Kelsen.

Alguns anos antes de Freud escrever *Psicologia das massas e análise do eu*, um de seus mais antigos colaboradores, Paul Federn, escrevera "Sobre a psicologia da revolução: a sociedade sem pai" (1919). Nesse texto, que Freud certamente conhecia, pois seus ar-

24 T. Adorno, *Escritos de psicologia social e psicanálise*, op. cit.

gumentos principais foram apresentados na Sociedade Psicológica das Quartas-Feiras, Federn via no fim do Império Austro-Húngaro e na queda da figura do Imperador, assim como na vitória da Revolução Soviética, a possibilidade do advento de sujeitos políticos que não seriam mais "sujeitos do Estado autoritário patriarcal". Para tanto, tais sujeitos deveriam apelar à força libidinal das relações fraternas, relações distintas e que não se derivam completamente da estrutura hierárquica de uma relação com o pai que até então havia marcado a experiência política de forma hegemônica. Para que novas formas de identidade coletivas fossem possíveis, não bastaria apenas transmutar a identificação com o pai em recusa de seu domínio. Seria necessária a existência de um modelo alternativo de identificações que se daria de maneira horizontal e com forte configuração igualitária. Daí uma afirmação maior como:

> Dorme em nós, igualmente herdada ainda que em uma intensidade inferior ao sentimento de filho, um segundo princípio social, esse da comunidade fraterna cujo motivo psíquico não está carregado de culpabilidade e temor interior. Seria uma liberação imensa se a revolução atual, que é uma repetição das revoltas antigas contra o pai, tivesse sucesso.[25]

O modelo de Federn, baseado na defesa de que as relações fraternas poderiam constituir um "segundo princípio social" relativamente autônomo e não completamente dedutível das relações verticais entre filhos e pais, inscreve-se no horizonte de reflexões sobre estruturas institucionais pós-revolucionárias. A partir desse modelo, Federn tentará pensar o fundamento libidinal de organizações políticas não hierárquicas como, por exemplo, os sovietes e

25 Paul Federn, "La Société sans père". *Figures de la psychanalyse*, v. 2, n. 7, 2002, pp. 217-38.

os conselhos operários que procuravam se disseminar na nascente república austríaca graças às propostas dos social-democratas. A sociedade sem pais a que Federn alude tem a forma inicial de uma república socialista de conselhos operários.

É fato que Freud não seguirá essa via. Para tanto, seria necessária a defesa de uma dimensão de relações intersubjetivas naturalmente cooperativas baseada na reciprocidade igualitária. Tal dimensão não existe nos escritos de Freud, que, nesse sentido, estaria mais à vontade lembrando a agressividade própria às relações fraternas com suas estruturas duais baseadas em rivalidade, tópico profundamente explorado por Lacan ao reduzir tais relações à dimensão imaginária e narcísica,[26] ou lembrando a natureza de "despossessão" própria às relações entre iguais libidinalmente afetadas, tópico abordado por Judith Butler. Por isso, as relações de cooperação tipificadas em confrarias ou comunidades de iguais só podem se consolidar, dentro de um paradigma freudiano, apoiando-se na exclusão violenta da figura antagônica. Isso talvez explique por que, mesmo dizendo-se interessado pelos desdobramentos da revolução bolchevique, Freud pergunta-se sobre o que os soviéticos farão com sua violência depois de acabarem com os últimos burgueses.

Outra forma de crítica à ideia de Federn aparecerá quatro décadas mais tarde, com o livro de Alexander Mitscherlich, *Auf dem weg zur vaterlose Gesellschaft* [*Em direção a uma sociedade sem pais*], de 1963. Partindo do diagnóstico frankfurtiano do declínio da autoridade paterna devido às mutações na sociedade capitalista do trabalho, à generalização do modelo burocrático de autoridade e à insegurança produzida pela ausência de "seguranças de caráter paternalista" (*paternistischer Sicherung*)[27] na constituição de mode-

26 Ver, por exemplo, Jacques Lacan, "A agressividade em psicanálise" [1948], in *Escritos*. Rio de Janeiro: Jorge Zahar, 1998, pp. 104-26.

27 Alexander Mitscherlich, *Auf dem Weg zur vaterlosen Gesellschaft*, in *Gesammelte Schriften*. Frankfurt: Suhrkamp, 1983, p. 250.

los para processos de decisões a serem tomadas pelos indivíduos (o que suscitará décadas depois a temática da "sociedade de risco"), Mitscherlich poderá afirmar que o advento de uma sociedade sem pais já teria sido, à sua maneira, realizado pelo capitalismo. A desaparição do pai é um destino, não cansará de dizer Mitscherlich. No entanto, a comunidade de irmãos não teria redundado em novas formas de organização política, como Federn imaginara. Na verdade, à estrutura da rivalidade edípica entre pai e filho substitui-se um comportamento de afirmação de si entre irmãos, expresso através de ciúme e concorrência com suas patologias ligadas ao culto da performance e à pressão narcísica dos ideais.[28] Mesmo as figuras paternas no interior do núcleo familiar seriam cada vez menos representantes de modelos patriarcais de autoridade e cada vez mais próximas de figuras fraternas concorrentes. Dessa forma, a sociedade capitalista teria sido capaz de sobreviver ao se transformar em uma sociedade sem pais organizada em chave narcísica, cujas patologias deixarão de se constituir a partir dos conflitos neuróticos com as interdições da Lei para se constituírem a partir dos conflitos narcísicos diante da impotência de realizar ideais.

Mitscherlich termina o livro retomando a hipótese de Federn e se perguntando pela razão da experiência dos sovietes e dos conselhos operários ter redundado, em vários casos, em culto à personalidade e no retorno a figuras paternas de autoridade ainda mais brutais. Sua resposta passa pela hipótese de tal retorno ser uma forma de defesa contra a angústia diante da destruição das "representações de identidade" ligadas aos modelos de conduta e de papéis sociais fornecidos pela identificação paterna. Com a destruição das identi-

28 Daí afirmações como "a necessidade de performance, o medo de ser ultrapassado e de ficar para trás são componentes fundamentais da vivência do indivíduo na sociedade de massa. O medo de envelhecer toma proporções de pânico; a própria velhice se transforma em um estágio da vida no qual experimentamos grande abandono sem reciprocidade por gerações seguintes" (id., ibid., p. 324).

dades e a consequente abertura a novos circuitos dos afetos e desejos (Mitscherlich fala, por exemplo, de vínculos homossexuais em uma comunidade de irmãos, vínculos esses que não podem mais ser socializados a partir do modelo de sublimação produzido pela identificação paterna), sujeitos se viram desamparados e, por isso, vulneráveis à reprodução da identidade através da internalização de um ideal social do eu que expressava nada menos que a "força de aço das leis inexpugnáveis da História". Resta saber como a destruição das representações de identidade produzida pelo colapso do caráter normativo das identificações paternas poderia não redundar em reações defensivas, mas em afirmações produtivas.

Tal problema pareceria a princípio não ter espaço adequado de desdobramento na obra de Freud, pois a predominância das relações verticais em relação às relações horizontais acabaria por colocar uma barreira intransponível para toda política de transformação social possível. No entanto, o problema pode começar a ser encaminhado de outra forma a partir da reconsideração sobre a natureza das relações verticais. Pois se tais relações puderem ser vistas como potencialmente desestabilizadoras de identidades, e não apenas como fortalecedoras de papéis sociais estabelecidos, então teremos espaço para pensar o político em suas dinâmicas de transformação institucional.

Nesse sentido, vale a pena lembrar como Ernesto Laclau forneceu uma releitura da potencialidade política do pensamento freudiano enquadrando essas discussões no interior do projeto de reconstrução do que se convencionou chamar de "populismo". Laclau chega a ver no populismo "a via real para compreender algo relativo à constituição ontológica do político enquanto tal".[29] Isso a ponto de defender não haver "nenhuma intervenção política que não seja,

29 Ernesto Laclau, *La razón populista*. Buenos Aires: Fondo de Cultura Económica, 2011, p. 91 [ed. bras.: *A razão populista*. São Paulo: Três Estrelas, 2013].

até certo ponto, populista".[30] Partindo das mesmas descrições do advento da sociedade de massas que influenciaram Freud (Le Bon, Tarde e McDougall) a fim de deixar evidente seu caráter de reação ao aparecimento de identidades populares no campo político, Laclau retorna ao texto freudiano para explorar a dubiedade do fenômeno identificatório no qual sua psicologia das massas se baseia:

> Se nossa leitura está correta, tudo gira em torno da noção-chave de identificação e o ponto de partida para explicar uma pluralidade de alternativas sociopolíticas deve basear-se no *grau* de distância entre o eu e o ideal do eu. Se tal distância aumenta, encontraremos a situação centralmente descrita por Freud: a identificação entre os pares como membros do grupo e a transferência do papel de ideal do eu para o líder. [...] Se, ao contrário, a distância entre o eu e o ideal do eu é menor, o líder será o objeto eleito pelos membros do grupo, mas também será parte deste, participando do processo geral de identificação mútua.[31]

Mas, como vimos na leitura de Adorno, a mera proximidade entre eu e ideal do eu nos processos de identificação entre líder e povo não é suficiente para determinarmos uma natureza não autoritária dos vínculos políticos. A fim de salientar o fundamento democrático de sua hipótese, Laclau descreverá a especificidade de certa forma de alçar a particularidade do líder à condição de apresentação de uma totalidade composta pelo povo. Ela consiste em mostrar como "uma particularidade assume uma significação universal incomensurável consigo mesma",[32] transformando-se no corpo de uma totalidade inalcançável. É importante para Laclau insistir no caráter inalcaçável da totalidade a fim de impedir que ela se coloque como funda-

30 Id., ibid., p. 195.
31 Id., ibid., p. 87.
32 Id., ibid., p. 95.

mento a ser recuperado em um retorno autoritário à essencialidade original dos vínculos sociais, aparecendo ao contrário como fundamento de um horizonte de transformação continuamente aberto. Para tanto, tal particularidade deve se tornar um "significante vazio". Ou seja, não basta, como disse Lefort, que o lugar simbólico do poder esteja vazio. Faz-se necessário que aquele que ocupa esse lugar também apareça como um significante vazio e que tal vacuidade seja decisiva na constituição de sujeitos políticos. Há aqui uma diferença importante bem salientada por Slavoj Žižek, segundo a qual

> O vazio do "povo" é o vazio do significante hegemônico que totaliza a cadeia de equivalência, isto é, cujo conteúdo particular é "transubstanciado" numa incorporação do todo social, enquanto o vazio do lugar do poder é uma distância que torna "deficiente", contingente e temporário todo portador empírico do poder.[33]

Só assim o vazio poderia preencher o papel que lhe cabe: instaurar o povo como um modelo de identidade coletiva baseado na multiplicidade. No caso, multiplicidade de demandas concretas de diferentes grupos distintos, muitas vezes contraditórias entre si, mas capaz de ser agenciada em uma rede de equivalências que permite, ao mesmo tempo, a constituição de uma identidade popular-coletiva e a determinação de linhas antagônicas de exclusão (agora politizadas). Assim, Laclau poderá afirmar:

> Não há totalização sem exclusão, e sem que tal exclusão pressuponha a cisão de toda identidade entre, de um lado, sua natureza diferencial que a vincula / separa de outras identidades e, de outro, seu laço equivalencial com todas as identidades restantes a partir do elemento excluído. A totalização parcial que o vínculo hegemônico

33 Slavoj Žižek, *Em defesa das causas perdidas*. São Paulo: Boitempo, 2011, p. 247.

consegue criar não elimina a cisão, mas, ao contrário, deve operar a partir das possibilidades estruturais que derivam dela.[34]

Freud não falaria outra coisa ao denunciar a dinâmica autoritária da psicologia das massas, mas Laclau não vê tal cisão como expressão necessária de práticas segregacionistas. Vários movimentos populistas, em especial os latino-americanos, se servem dessa totalização por exclusão para operar no âmbito político da luta de classes, de modo que é incorreta a crítica de que Laclau desconheceria a luta de classes. Dessa forma, o populismo pode dividir a sociedade em dois campos antagônicos no interior do qual o povo, mesmo não se confundindo com a totalidade dos membros da comunidade, coloca-se como parte que procura ser concebida como única totalidade politicamente legítima, *plebs* até então não representada que reclama ser o único *populus* legítimo.

No entanto, sob o populismo, a constituição do campo popular, quanto maior for, pede cada vez mais a suspensão do caráter contraditório de demandas particulares que ele precisa mobilizar. Por isso, só cabe à liderança ser um significante vazio que parece operar como ponto de unidade entre interesses aparentemente tão distintos. Tal caráter vazio dos significantes que unificam o campo popular não é resultado de algum arcaísmo político próprio a sociedades prenhes de ideias fora do lugar. Ele "simplesmente expressa o fato de que toda unificação populista tem lugar em um terreno social radicalmente heterogêneo".[35] Laclau fornece vários exemplos para dar conta de um fenômeno que, em seu caso, certamente tem expressões profundas no peronismo e em outras formas de populismo latino-americano reformista, capazes de permitir a constituição de identidades coletivas. Nesses exemplos, o populismo demonstrou tal função pelo fato de a defesa da ordem

34 Id., ibid., p. 104.
35 Id., ibid., p. 128.

institucional nesses países ter sempre estado, em larga medida, vinculada às demandas hegemônicas de setores conservadores da sociedade. O que pode não ser o caso. Tal indeterminação de resultados relativos a fenômenos populistas permite a Laclau ver no papel unificador de Nelson Mandela, na política *cosa nostra* do governador paulista Adhemar de Barros ou nos projetos de Mao Tsé-Tung exemplos do anti-institucionalismo populista. Pois "existe em toda sociedade um reservatório de sentimentos anti-*status quo* puros que se cristalizam em alguns símbolos de *maneira relativamente independente da forma de sua articulação política* e é sua presença que percebemos intuitivamente quando denominamos 'populista' um discurso ou uma mobilização".[36] Tais símbolos são "significantes flutuantes" cujo caráter de "flutuação" vem do fato de poderem aparecer organizando o discurso de perspectivas políticas muitas vezes radicalmente distintas entre si.

As elaborações de Laclau são precisas em mais de um ponto. Elas mostram como a perspectiva freudiana e seus desdobramentos permitem compreender, com clareza, os processos identificatórios no campo político não apenas como regressivos, mas também como constitutivos da própria dinâmica transformadora das lutas sociais. Não há política democrática sem o reconhecimento de dinâmicas constituídas no ponto de não sobreposição entre direito e demandas sociais, entre legalidade e legitimidade. Não há política democrática sem um excesso de antagonismo em relação às possibilidades previamente decididas pela estrutura institucional, e é isso que a experiência populista nos mostra, embora Slavoj Žižek lembre com propriedade que o populismo não é o único modo de existência do excesso de antagonismo na estrutura democrático-institucional.[37] De toda forma, Laclau nos permite compreender como a reflexão política freudiana pode nos ajudar a sublinhar a

36 Id., ibid., p. 136.
37 Cf. id., *Em defesa das causas perdidas*, op. cit., p. 287.

complexidade da relação entre institucionalidade e demandas que se alojam em um espaço anti-institucional. A irredutibilidade da posição da liderança implica reconhecimento de um lugar, não completamente enquadrado do ponto de vista institucional, marcado pela presença da natureza constituinte da vontade política. Tal lugar pode tanto impedir que a política se transforme na gestão administrativa das possibilidades previamente determinadas e constrangidas pelo ordenamento jurídico atual quanto pode ser o espaço aberto para a recorrência contínua de figuras de autoridade e liderança que parecem periodicamente se alimentar de fantasias arcaicas de segurança, de proteção e de medo. Essa ambivalência lhe é constitutiva, pois ela é, na verdade, a própria ambivalência da incorporação em política.

No entanto, Laclau deveria explorar com mais sistematicidade a natureza profundamente ambígua das estratégias populistas e sua necessária limitação. Ambiguidade entendida não no sentido da polaridade, sempre alimentada pelo pensamento conservador, entre democracia com instituições fortes e autoritarismo personalista, mas no sentido de uma oscilação contínua, interna a todo movimento populista, entre *transformação* e *paralisia*. Por sustentar *a necessidade de sujeitos políticos se expressarem como povo* constituído através de cadeias de equivalências entre demandas concretas muitas vezes contraditórias, o populismo é assombrado continuamente pelo risco da paralisia dos processos de transformação social devido ao fato de alcançarmos rapidamente um ponto de equilíbrio no qual demandas conflitantes começam a se vetar mutuamente. O populismo avança em situações nas quais há um cálculo possível que permite a várias e determinadas demandas mais fortes serem, em algum nível, contempladas. No entanto, ele depara rapidamente com uma situação na qual processos de transformação se estancam devido ao equilíbrio impossível entre demandas conflitantes, o que faz do processo de liderança uma gestão contínua do imobilismo e da inércia, desviada pela construção pontual de antagonismos setorizados com grupos exteriores. Faz parte da dinâmica do populismo a presença desses momentos nos quais o imobilismo se justifica pela transformação da luta de classes em mero fantasma a assombrar, com ameaças de regressões a condições antigas de vulnerabilidade, os setores submetidos à liderança. Assim, consolida-se a dependência às figuras de liderança que já não são capazes de fazer o processo de transformação avançar, mas que tentam nos fazer acreditar que, se desaparecerem, elas poderiam nos levar à situação de perda das conquistas geradas. Figuras que a partir de então se perpetuarão através do retorno fatídico à mobilização libidinal do medo como afeto político. O caso brasileiro recente do esgotamento do lulismo é um exemplo quase didático nesse sentido.

De toda forma, a leitura de Laclau pode nos fornecer uma boa resposta a críticas a Freud feita ainda nos anos 1920 por Hans Kelsen. Em "O conceito de Estado e a psicologia social, com especial referência à teoria da massa de Freud", Kelsen se volta contra a possibilidade de as hipóteses fundamentais de *Psicologia das massas e análise do eu* valerem também para sociedades democráticas insistindo, no seu caso, na irredutibilidade da norma jurídica à crença ou amor por uma pessoa ou ideia personificada. Ao acreditar na relação fundamental entre norma e fantasia, Freud generalizaria indevidamente o comportamento das massas e dos "grupos transitórios" fortemente dependentes de móbiles psicológicos para todo e qualquer ordenamento jurídico. Freud não apenas indicaria a gênese das ilusões substancialistas que afetam a representação da autoridade do Estado, mostrando como tais ilusões significariam o retorno de uma mentalidade arcaica a ser combatida por inviabilizar uma concepção democrática da vida política incapaz de sobreviver ao conflito particularista das paixões. Nesse sentido, a perspectiva freudiana não é eminentemente crítica, o que para Kelsen seria bem-vindo. Ao contrário, ao insistir em compreender todo e qualquer vínculo social a partir "dos processos de ligação e associação libidinal" em sua multiplicidade empírica, ele pareceria expor a necessidade dessas ilusões tanto para a própria sobrevida da soberania do Estado quanto para a legitimidade da ordem jurídica. "Freud, portanto, vê o Estado como uma mente de grupo",[38] dirá Kelsen insistindo que uma linha vermelha teria sido atravessada, já que o Estado, para o jurista austríaco,

> Não é um dos vários grupos transitórios de extensão e estrutura libidinal variáveis; é a *ideia diretora*, que os indivíduos pertencentes aos grupos variáveis colocaram no lugar de seu ideal de ego, para poderem, por meio dela, identificar-se uns com os outros. As diferentes combinações ou grupos psíquicos que se formam quando da realização de uma única ideia de Estado não incluem, de modo algum, todos os indivíduos que, num sentido inteiramente diverso, pertencem ao Estado. A concepção inteiramente jurídica do Estado só pode ser entendida na sua conformidade jurídica específica, mas não psicologicamente, ao contrário dos processos de ligação e associação libidinal, que são o objeto da psicologia social.[39]

Ou seja, a existência de uma concepção inteiramente jurídica exigiria uma universalidade genérica que não pode ser assegurada se creio que todas as instituições devem necessariamente encontrar seu fundamento em processos de identificação e investimento libidinal, tal como quer Freud. Pois não haveria identificações universalmente re-

38 Hans Kelsen, *A democracia*. São Paulo: Martins Fontes, 2000, p. 323.

39 Id., ibid., p. 327. Não deixa de ser sintomática a proximidade entre a vertente formalista kelseniana e leituras "republicanas" como a crítica a Freud sugerida por Bernard Baas: "O agrupamento do povo para o exercício do poder soberano, ou seja, do poder de fazer leis às quais todos aceitam obedecer, é a ereção dos cidadãos que formam o *bando* político republicano. É claramente a ideia republicana que é aqui objeto de amor unificando os cidadãos em um mesmo corpo: mas se trata de um corpo sem cabeça, sem 'chefe' no sentido freudiano do termo" (Bernard Baas, *Y a-t-il des psychanalystes sans-culottes? Philosophie, psychanalyse et politique*. Toulouse: Érès, 2012, p. 217).

correntes, já que elas dependem das particularidades empíricas das relações familiares em sua contextualidade específica. No entanto, é fato que, para o psicanalista, a "concepção inteiramente jurídica do Estado" da qual fala Kelsen seria simplesmente uma hipóstase que nos impediria de compreender as dinâmicas próprias à estrutura fantasmática da autoridade em nossas sociedades. Se Freud se vê obrigado a afirmar o caráter filogenético de sua fantasia social do pai primevo, é por entender que os vínculos à ordem jurídica procuram se legitimar através da reiteração retroativa de um modelo de demanda de autoridade. Esses vínculos não se alimentam apenas da especificidade de relações familiares, mas assentam-se em outros "aparelhos de Estado" como a Igreja ou o Exército, aparelhos mais gerais que incitam continuamente a certas formas de vínculos libidinais. Com esta crítica, Freud recusa até mesmo a legitimidade de um ordenamento jurídico para além do Estado, já que se trata de criticar o fundamento fantasmático da autoridade. De fato, a esfera de direita da qual fala Kelsen exige uma espécie de "purificação política dos afetos" através da defesa da validade ideal da norma que só pode nos levar à crença na imunidade à problematização política do quadro jurídico com seu ordenamento e seus mecanismos previamente estabelecidos de revisão. Como bem demonstrou Laclau, a teoria freudiana da psicologia das massas fornece uma crítica a tal positivismo jurídico ao insistir na dimensão radicalmente anti-institucional da experiência política.

### Pode a razão implantar uma ditadura?

Se aceitarmos as discussões colocadas em circulação por Laclau, poderíamos nos perguntar se não haveria, em Freud, a possibilidade de pensar a experiência política sem nos chocarmos com as múltiplas formas de impasse populista, com seu retorno a uma dinâmica de afetos baseada no medo social. Aqui, podemos retomar a hipótese do desamparo como afeto político central. Para tanto, exploremos um ponto aparentemente distante das discussões sobre política, a saber, a contraposição freudiana entre a visão religiosa de mundo e aquela marcada pelo advento da ciência com suas consequências aparentemente liberadoras. Ele nos indicará como ultrapassar modelos teológico-políticos de constituição de autoridade. Partamos, a esse respeito, de uma afirmação importante de Freud:

> O espírito científico gera uma maneira específica de nos colocarmos diante das coisas deste mundo; ante as coisas da religião ele se detém por um instante, hesita e, afinal, também aí cruza o limiar. Nesse processo não há interrupção, quanto mais pessoas têm acesso aos tesouros do nosso conhecimento, tanto mais se dissemina o afastamento da fé religiosa, primeiro apenas de suas roupagens antiquadas e chocantes, depois também de suas premissas fundamentais.[40]

Difícil não ler atualmente afirmações dessa natureza sem ter a impressão de estarmos diante de uma crença na força emancipadora do progresso científico, capaz de retirar o homem de sua "minoridade" e que não fez ainda a autocrítica das interversões da racionalidade instrumental em princípio de dominação ou das ilusões realistas do discurso científico com sua pretensa "conformidade (*Übereinstimmung*) com o mundo exterior real".[41] Ainda mais quando Freud compara o afastamento da religião à "fatal inexorabilidade de um processo de crescimento". Afastamento que o leva a afirmar que "é a hora de, como acontece no tratamento analítico, substituir os efeitos da repressão pelo trabalho racional do espírito (*rationellen Geistarbeit*)".[42]

De fato, há uma mudança significativa de tom na escrita de Freud, normalmente marcada por um certo desencanto comedido. Como não lembrar, por exemplo, de afirmações edificantes como

40 S. Freud, "O futuro de uma ilusão", in *Obras completas*, v. 17. São Paulo: Companhia das Letras, 2014, p. 278.
41 Id., *Gesammelte Werke*, v. XV. Frankfurt: Fischer, 1999, p. 184.
42 Id., "O futuro de uma ilusão", op. cit., p. 286.

"o primado do intelecto está, sem dúvida, a uma distância muito grande, mas não infinita"?[43] Defesa do primado do intelecto que o leva, no entanto, a pensar seu advento como momento no qual

> O ser humano se verá então numa situação difícil, terá de admitir seu completo desamparo, sua irrelevância (*Geringfügigkeit*) na engrenagem do universo, já não será o coração da Criação, o objeto da carinhosa atenção de uma Providência bondosa. Estará na mesma situação de um filho que deixou a casa do pai, que era aquecida e confortável. Mas não é inevitável que o infantilismo seja superado?[44]

Uma afirmação dessa natureza é sintomática por mostrar como Freud não vê o discurso científico como produtor de alguma forma de "dominação da natureza" através da submissão integral de seus fenômenos a um pensamento de causalidade determinada. Na verdade, o discurso científico em sua versão freudiana quebra a ilusão da providência por não assumir perspectivas teleológicas finalistas, produz o desamparo por não fornecer totalidades funcionais estáveis (como seria, ao menos segundo Freud, o objetivo do discurso filosófico) e nos colocar, necessariamente, diante da irredutibilidade do contingente.

É nesse contexto que devemos interpretar a aposta freudiana em uma política baseada na "ditadura da razão", como vemos em textos como as "Novas conferências introdutórias à psicanálise" e "Por que a guerra?". Uma temática que, a princípio, nos preocuparia. Afinal, não seria irracional que a razão procurasse se impor como poder ditatorial? Pois talvez seria mais racional se a razão se impusesse por convencimento e argumentação, em vez de procurar se impor à força, como normalmente se faz em ditaduras. Não seria esse apelo à ditadura da razão a prova maior do

43 Id., ibid., p. 297.
44 Id., ibid., p. 292.

fracasso freudiano em nos fornecer uma política emancipatória? Nesse sentido, não é difícil desconfiar do caráter autocrático de tarefas políticas como esta defendida por Freud: "educar uma camada superior de indivíduos de pensamento autônomo, refratários à intimidação e buscadores da verdade, à qual caberia a direção das massas subordinadas [...] uma comunidade de indivíduos que tivessem sujeitado a sua vida instintual à ditadura da razão".[45] Como se, no lugar da liderança carismática com seus motivos teológicos e familiares, Freud fizesse apelo ao governo da tecnocracia esclarecida (como se uma aberração parecida fosse possível).

Mas notemos o quão de ponta-cabeça está tal temática sobre a ditadura no interior do pensamento freudiano. Ditadura da razão não significa luta contra as pulsões e suas exigências de satisfação, nem implica crença na força dirigista de um poder que se legitima a partir do pretenso saber técnico de uma "camada superior de indivíduos". Ditadura da razão é luta contra as ilusões produzidas por demandas de amparo dirigidas a figuras teológico-políticas de liderança e, principalmente, forma de desativar a agressividade imaginária como expressão fundamental da inadequação das pulsões à norma social, assim como expressão da imagem da "sociedade da insegurança total" própria a indivíduos que têm, na agressividade, a manifestação privilegiada do Eu enquanto instância identitária. A ideia de Freud sequer significa retirar os conflitos e antagonismos do campo político, como em uma pretensa crença na tarefa política de esfriamento das paixões, mas simplesmente impedir que a violência política, eminentemente simbólica e transformadora, resolva-se como agressividade imaginária e desejo paralisante de destruição do outro. O que implica impedir que a "guerra de todos contra todos" continue a funcionar como fantasia social e legitimar as formas de violência estatal. Ou seja, "*dita-*

45 S. Freud, "Por que a guerra?", in *Obras completas*, v. 18. São Paulo: Companhia das Letras, 2010, p. 428.

*dura da razão" significa operar sobre si um trabalho que nos permita ser afetados de outra forma*, conjugar a violência de outra maneira, produzir novos afetos, sensibilidades insensíveis a certas excitações sensíveis ao que, em outras condições, seria imperceptível. Isso fica claro quando Freud diz que tal ditadura se faz sentir não através da internalização de normatividades com o peso de imperativos, mas através da constituição de "razões orgânicas", de uma "intolerância constitucional" a afetos como a agressividade contra o outro que se teatraliza na guerra.

A ideia de "razões orgânicas" é, nesse contexto, de grande importância. Freud apela à possibilidade de outro regime de circulação de afetos capaz de produzir impulsos corporais que nos façam ter não apenas recusas éticas, mas aversões estéticas a certos usos políticos da destrutividade pulsional e de suas forças de desligamento. Aversões porque submetemos nossa sensibilidade à outra estética, não menos cruel, mas prenhe de outra crueldade muito mais aterradora capaz de satisfazer a pulsão de morte. Uma "crueldade de artista" que só poderia ser realmente descrita pelo mais artista dos filósofos:

> No fundo é a mesma força ativa, que age grandiosamente naqueles organizadores e artistas da violência e constrói Estados, que aqui, interiormente, em escala menor e mais mesquinha, dirigida para trás, no "labirinto do peito", como diz Goethe, cria a má consciência e constrói ideais negativos, é aquele mesmo instinto de liberdade (na minha linguagem, a vontade de poder): somente que a matéria na qual se extravasa a natureza conformadora e violentadora dessa força é aqui o homem mesmo, o seu velho Eu animal - e não, como naquele fenômeno maior e mais evidente, o outro homem, outros homens. Essa oculta violentação de si mesmo, essa crueldade de artista, esse deleite em dar uma forma, como a uma matéria difícil, recalcitrante, sofrente, em se impor a ferro e fogo uma vontade, uma crítica, uma contradição, um desprezo, um Não, esse inquietante e

> horrendamente prazeroso trabalho de uma alma voluntariamente cindida, que a si mesma faz sofrer, essa "má consciência" ativa também fez afinal - já se percebe -, como verdadeiro ventre de acontecimentos ideais e imaginosos, vir à luz uma profusão de beleza e afirmação nova e surpreendente, e talvez mesmo a própria beleza.[46]

Nesse "ventre de acontecimentos ideais e imaginosos" capaz de dar à luz a uma profusão de beleza e afirmação, Freud encontrou a mais inusitada de todas as figuras políticas, a saber, Moisés. Talvez a melhor representação do que Freud entendia por "ditadura da razão".

## Moisés e o colapso do povo como categoria política

> Privar um povo do homem a quem enaltece como o maior de seus filhos não é algo que uma pessoa empreenda com gosto ou de maneira leviana, sobretudo quando ela mesma pertence a esse povo. Porém, não nos deixemos persuadir por nenhum exemplo a preterir a verdade em favor de supostos interesses nacionais, e também podemos esperar que o esclarecimento de um estado de coisas nos proporcione um ganho de conhecimento.[47]

É assim que começa *O homem Moisés e a religião monoteísta*. O objetivo do texto freudiano parece claro: quebrar a ilusão que funda os vínculos entre política e produção de identidades coletivas, revelando no cerne das identificações com a autoridade soberana que constituem o povo enquanto unidade algo que lhe priva da segu-

46 Friedrich Nietzsche, *Genealogia da moral*. São Paulo: Companhia das Letras, 2006, p. 76.

47 S. Freud, *O homem Moisés e a religião monoteísta: três ensaios*. Porto Alegre: L&PM, 2014, p. 33.

rança fundamental das relações de filiação.[48] Freud não recua de sua ideia do caráter constitutivo das relações verticais de identificação entre autoridade e identidades coletivas. Recuar dessa ideia seria colocar em questão sua tese sobre a natureza produtiva dos vínculos libidinais. Em seu livro, ele chegará a afirmar ter sido "o homem Moisés que criou os judeus".[49] No entanto, há identificações imaginárias que permitem a determinação do repertório de imagens ideais que guiarão o Eu ideal, há identificações simbólicas que definirão o modo de inscrição de sujeitos em funções simbólicas. Mas há o que devemos chamar de "identificações reais", pois confrontam os sujeitos com um núcleo inassimilável e irrepresentável do Outro. Tais identificações, que permitem a efetivação de *uma lógica da incorporação que, de certa forma, nega-se a si mesma*, têm algo de insuportável na medida em que desamparam os sujeitos de determinações estáveis e seguras. Eles os despossuem, produzindo um desencontro que, mesmo sendo violentamente recusado de início, continua ressoando até ser capaz de criar laços políticos completamente novos. É dessas identificações reais e de sua força de criação de sujeitos políticos que, à sua maneira, fala Freud.

A base do argumento de Freud consiste na defesa de Moisés ter sido um egípcio que transmitiu aos judeus a religião monoteísta de Ikhnaton, a religião de Aton. Um líder estrangeiro, como um corpo estranho e inassimilável no lugar do poder.[50] Não há identi-

48 Em um importante ensaio sobre o texto freudiano, Edward Saïd lembra como estamos diante de uma crítica de toda tentativa de fundamentação social ou secular de identidades coletivas (ver Edward Saïd, *Freud and the Non-European*. Londres: Verso, 2003, p. 45).

49 Id., ibid., p. 149.

50 Como sabemos, Freud desconfiava radicalmente das veleidades identitárias do sionismo. Basta lembrar sua carta de 1930 a Chaim Koffler, membro da fundação para a reinstalação dos judeus na Palestina, na qual diz deplorar "o fanatismo estranho à realidade próprio de nossos compatriotas" que elevam pedaços do muro de Herodes à condição de relíquia nacional sem se preocupar com os sentimentos dos habitantes árabes da região. Como não ver nessa teoria de um Moisés estrangeiro e de um Deus idem uma resposta àquilo que Freud

ficação narcísica possível aqui. Moisés não é como seu povo, não fala a mesma língua materna, não tem a mesma história nem age a partir dos mesmos afetos. A religião por ele pregada não possui imaginário, avessa a todo ritual, sacrifício e magia; universalista e abstrata como um quadro de Maliévich. Expressão de um Deus pacifista que nada diz quando perguntado sobre quem é, a não ser a tautologia vazia do: "Eu sou o que sou" (*Ehyeh Asher Ehyeh*).

Por isso, não pode haver especularidade alguma entre o egípcio Moisés e os judeus. Estamos diante de uma lógica da incorporação que nega a si mesma. Moisés era tão estranho aos judeus que não lhe foi possível deixar nenhuma determinação a ser transmitida na segurança de uma língua comum de representações. Tudo o que ele deixou foi da ordem do traço, do que aparece nos textos apenas como distorção (*Entstellung*). Traço que descompleta textos, apontando para "outra cena" na qual encontramos a confissão do intolerável de "uma religião tão altamente espiritualizada", incapaz de acolher os judeus com o amparo e "a satisfação de suas necessidades".[51] Um desamparo intolerável que só pode produzir a violência do assassinato de Moisés pelo próprio povo que ele irá fundar. Assassinato que será, no fundo, o início de uma relação indestrutível.

Lembremos ainda que Moisés tem outra característica decisiva. Ele é aquele que impõe aos judeus o deslocamento, fazendo-lhes errar durante trinta anos no deserto. Um líder não será quem de fato fundará o vínculo a um território, mas quem imporá ao povo uma errância que exprime as perdas dos laços a um lugar. Moisés, o egípcio que coloca um povo estrangeiro diante da errância do nomadismo e do irrepresentável, é a figura necessária de uma li-

criticava no sionismo, assim como a expressão de uma política desprovida de identidades coletivas que seria a verdadeira contribuição freudiana à questão judaica? Uma contribuição completamente esquecida e recalcada em dias de identidades israelenses militarizadas.

51 E. Saïd, op. cit., p. 81.

derança que permite ao povo se identificar coletivamente com um desejo que não se aquieta na conformação atual das normas, que nos inquieta na procura de ser afetado de outra forma, de ser criado em outro material. Ninguém melhor do que o Móisés de Freud nos demonstra como "o que 'sutura' a identidade de uma totalidade social como tal é o próprio elemento 'livre-flutuante' que dissolve a identidade fixa de todo elemento intrassocial".[52] Isso talvez nos explique por que o assassinato, no caso do Moisés de Freud, é só uma forma específica de vínculo e de repetição. O que parecia perdido retorna, mas agora não sob a forma da melancolia, e sim sob a forma do vínculo a uma ideia de transformação. Daí por que tal assassinato é qualitativamente distinto do que marca a relação ao pai primevo. *Não se matam pais sempre da mesma forma.*

Do assassinato de Moisés, segue a adoção de outra religião e de outro deus pelos judeus, um deus vulcânico sinistro e violento, que vaga pela noite e teme a luz do dia, um deus da tribo árabe dos midianitas, a saber, Jeová. Esse deus novo, estranho aos judeus, é anunciado por outro profeta, um midianita chamado também de Moisés. Mas em uma impressionante formação de compromisso e de jogo de duplos que lembra a força de descentramento das afinidades miméticas, o deus da religião de Aton será paulatinamente integrado a Jeová, assim como o Moisés egípcio será fundido ao Moisés midianita. Nesse processo de fusão mimética na qual as identidades opositivas se interpenetram em quiasma, a tendência originária irá aos poucos desfigurar os limites estreitos dos vínculos presentes. O passado explode os limites do presente em uma espécie de trabalho bem-sucedido de luto. Contrariamente ao pai primevo de *Totem e tabu*, o que vem agora do passado recalcado não é uma regressão, mas a fidelidade a um acontecimento transforma-

52 S. Žižek, *Menos que nada: Hegel e a sombra do materialismo dialético*, trad. Rogério Bettoni. São Paulo: Boitempo, 2013, p. 283.

dor que, por um momento, cessa de não se inscrever, mesmo que fragilize continuamente a estabilidade da situação atual:

> Então, do meio do povo, numa série que não acabaria mais, se levantaram homens que não estavam ligados a Moisés por sua origem, mas que foram arrebatados pela grande e poderosa tradição que pouco a pouco crescera na obscuridade, e foram esses homens, os profetas, que pregaram incansavelmente a antiga doutrina mosaica de que a divindade desdenha sacrifício e cerimonial, exigindo apenas fé e uma vida na verdade e na justiça.[53]

Dessa forma, os traços da religião insuportável do egípcio Moisés continuarão presentes, de forma distorcida, como uma tendência subterrânea a ser escavada e como o princípio motor de uma transformação que pode avançar ou simplesmente ficar por muito tempo soterrada. Maneira freudiana de mostrar como a crítica opera não através da tentativa de construir princípios completamente novos, mas através da exploração da ambiguidade do que parecia, até então, familiar. A crítica é construção do estranhamento no interior do que até então fora familiar e bem conhecido, ela opera ao desintrincar o Real no interior do Imaginário. Extração de fragmentos de outro tempo, um tempo das promessas ainda não realizadas, mas nunca completamente esquecidas. Uma porta de confiança na política foi aberta para Freud a partir da crença de que traumas sempre permanecem em pulsação e de que em alguns desses traumas se encontram nossas experiências mais valiosas. Confiança que se alimenta de uma crítica que opera com as estratégias do estranhamento, que escava o tempo com a certeza de que os desejos de transformação que nos habitam vêm de longe e que, dessa forma, fornecem a base de uma política que descobre a força transformadora do desamparo.

53 S. Freud, *O homem Moisés e a religião monoteísta: três ensaios*, op. cit., p. 85.

Notemos ainda que o gesto político de Freud não deve ser compreendido como o retorno à identidade coletiva produzida pelo segundo Moisés. Ele se encarna na abertura ao irrepresentado de um Moisés egípcio que faz da origem algo desde sempre atravessado por um impossível, algo que impede assim a constituição de toda e qualquer identidade coletiva. O texto de Freud tem uma função maior, a saber, mostrar como o político não é o espaço da constituição do povo como totalidade funcional, com suas ilusões belicistas de segurança, mas o movimento de desconstrução do povo como unidade autorreferencial. No lugar desse povo que se dissolve não aparecem *indivíduos* pretensamente autônomos e caracterizados por seus sistemas particulares de interesses. Aparece algo completamente diferente, a saber, *sujeitos políticos* atravessados por identificações que os despossuem e que os descentram em um movimento elíptico contínuo. Identificações que transmutam o sentido dos nomes antes usados por eles para nomearem a si mesmos, que descompletam as narrativas fundacionistas ou redentoras que sustentam ou deveriam sustentar identidades coletivas. Sujeitos políticos não constituem um povo, essa será a última lição de Freud. *Eles desconstituem o povo como categoria política*, sem para tanto cair na ilusão da sociedade como uma mera associação de indivíduos. Assim, se o estudo de Freud sobre Moisés parece inicialmente preencher a função de expor o importante caso histórico da constituição de uma identidade coletiva sem Estado, capaz de resistir às mais impressionantes forças de destruição física, diria que há uma função subterrânea mais fundamental, a saber, mostrar como a tomada de consciência do fundamento pode ser a dissolução do fundado, como a compreensão da origem da formação do povo equivale à dissolução de sua identidade coletiva.

Nesse ponto, há de se insistir como o povo não é uma categoria ontológica do político, mas uma categoria provisória, pois uma categoria de construção provisória de identidades. Só assim ela pode ainda ser utilizada. Como a política não é questão apenas de ontologia, mas também de estratégias pragmáticas, sendo que essa natureza híbrida é, ao mesmo tempo, a dificuldade e a beleza de seu campo, é possível pensar em usos localizados e estratégicos da constituição do povo como sujeito político, em uma chave não muito distante daquela proposta por Laclau.[54] No entanto, essa não é a condição ontológica de existência da política. Essa é, na verdade, uma das estratégias de que ela pode se servir em condições específicas.

Se há condição ontológica, gostaria de insistir na proposição contrária, a saber, no movimento de *desconstituição do povo como categoria política* para que a negatividade de *sujeitos políticos* possa propriamente advir. Pois a perpetuação do povo como modo de encarnação de sujeitos políticos tende a naturalizar determinações identitárias. Quando o povo sobe à cena e lá permanece de forma não provisória, é impossível impedir que seus eixos de convergência não se cristalizem sob a figura da nação e se institucionalizem sob a figura do Estado. Pensando nesse problema, gostaria de mostrar mais à frente como a riqueza do conceito marxista de proletariado vem de o proletariado ser, de certa forma, maior do que o povo, funcionando muitas vezes como uma espécie de antipovo. Não é possível criticar a colonização do campo político pelo Estado-nação e tentar conservar uma compreensão ontológica do povo. O povo induz necessariamente ao Estado e à nação, a não ser que ele só se encarne em momentos nos quais as sociedades precisam concentrar sua potência em uma linha de fuga a fim de que rupturas e mudanças qualitativas sejam possíveis. Por isso, *o povo não deve aparecer como substância social, mas como potência de emergência*. Uma potência de emergência que ampliará sua força se for capaz de se encarnar em um corpo social des-idêntico e inquieto, em vez do corpo unitário do imaginário social. Pois a política é a emergência do que não se estabiliza nos regimes atuais de existência. Ela é uma aposta no que só existe como traço. Essa é

54 Ver Alain Badiou et al. *Qu'est-ce qu'un Peuple*? Paris: La Fabrique, 2013.

a política que Freud, usando vozes que falam baixo, mas nunca se calam, nos legou e que nunca foi tão atual.

## CODA

A tensão central que perpassa esses dois primeiros capítulos e que serviu de motor geral para toda a reflexão pode ser descrita da seguinte forma: em situações históricas variadas, sujeitos políticos já se transfiguraram em povo, em classe, até mesmo em nação e indivíduo. Essa *polifigurabilidade* de sujeitos políticos é sua característica fundamental, característica própria da natureza situacional da ação política e da ausência de uma ontologia positiva que a fundamente. Tal polifigurabilidade dá à política seu caráter plástico, mutante, o que muitas vezes foi visto como o germe da corruptibilidade essencial de seu discurso. É incômodo conjugar um discurso cujas categorias parecem mudar de valor de acordo com o advento de novas situações históricas.

No entanto, atualmente estamos diante de uma situação singular. Pois talvez nossa época seja a primeira na qual sujeitos políticos podem e devem aparecer sem figurabilidade alguma, em sua radical característica não identitária de sujeitos. Aqueles que tematizaram a democracia como lugar vazio do poder pressentiram a emergência de tal tempo, mas creio que eles erraram ao voltarem os olhos para cima, horrorizados com toda e qualquer política de incorporação. Há de se insistir que *não há política sem incorporação, pois só um corpo pode afetar outro corpo.* Habitamos o campo político como sujeitos corporificados e, por isso, como sujeitos em regime sensível de afecção. Esquecer isso é tomar a política por aquilo que ela não é, nunca foi, nem nunca será. Principalmente, é ignorar a racionalidade de seus fenômenos e a importância de suas relações verticais. Inexistir política sem incorporação não significa, no entanto, que tal incorporação deva se dar necessariamente através de um líder personalizado. Pode haver incorporação em um grupo, em uma estrutura de organização política, até mesmo em uma linha de fuga. Basta que haja circuito de afetos para que haja corpos em relação, mas o que não pode existir é política sem corpos.

Há de se insistir nesse ponto porque a política não opera no vazio instaurador. Várias teorias da ação política, algumas delas psicanaliticamente bem inspiradas, erram por tentar imaginar a política como uma questão de potencialidade de ações no interior de uma espécie de espaço vazio. Assim, por exemplo, as temáticas do ato como corte, como ruptura aparecem enquanto promessa de instauração de novas formas de vida fundadas, muitas vezes, na aposta na força absoluta da recusa, na possibilidade de o ato instaurar realidades a partir de si mesmo, como quem conquista um espaço vazio incondicionado. Mas o problema real não se encontra em saber se temos a força de cortar e romper. Antes, trata-se de compreender por que, em um impressionante número de casos históricos, o que foi cortado e rompido retorna sob formas inauditas no interior de situações que deveriam ser completamente diferentes.

Talvez devamos lembrar, diante desse problema, que *a política não opera em um espaço vazio, mas em um espaço saturado de representações, construções, fantasias, significações postas, trajetos de afetos corporais.* É nesse espaço saturado que ela cria. Mas criar em espaços saturados implica identificar onde estão os pontos duros de saturação, ou seja, os pontos fantasmáticos que sustentam a coesão estrutural do espaço, a fim de transformá-los, explorando suas instabilidades e fazendo-os produzir novos afetos e efeitos. Por isso, podemos dizer que a primeira estratégia política consiste em identificar onde está o corpo fantasmático que sustenta a adesão sensível ao poder para, em uma duplicação mimética desestabilizadora, construir um corpo outro no mesmo lugar (um pouco como Freud fez com seus dois Moisés). Dessa forma, a política pode desativar corporeidades que sempre se repetem.

Por essa razão, é importante lembrar que a desincorporação própria às democracias liberais não são verdadeiras desincorporações. Sua falsidade é paga na moeda de incorporações fantasmáticas, sempre latentes, com seu cortejo periódico de regressões sociais. Essa é a primeira lição fundamental de Freud. No entanto, há uma desincorporação necessária, condição para a reabertura do campo político. Trata-se de desincorporação da natureza fantasmática do corpo do poder. Desincorporação dessa natureza que até agora constituiu nossas noções de Estado, de liderança, de partido. Mas isso só pode ser feito através de uma outra incorporação, outra constituição de soberania, essa que não se baseia no imaginário do corpo pleno, unitário e, acima de tudo, próprio, mas que se baseia no real do corpo despedaçado, no sentido de campo de afecções que não permitem a constituição de unidades, mesmo que permita a constituição de vínculos. Incorporação não identitária, diríamos nós. Por isso, corpo capaz de produzir afetos que nos despedaçam ou ao menos que nos levam a pensar sínteses de maneira completamente nova. Esse era, ao menos para Freud, o verdadeiro corpo de Moisés, um corpo político soterrado pelo corpo banal de um outro Moisés. Corpo que devia ser soterrado porque não especular, despedaçador em seus afetos inauditos, quebrado, como se fosse, se pudermos parafrasear uma fórmula clássica de Ernst Kantorowicz, um "terceiro corpo do rei". Não o corpo natural material, nem o corpo místico e imaterial que, do ponto de vista de sua natureza, "assemelha-se muito aos anjos e ao Espírito Santo porque representa, como os anjos, o Imutável no Tempo"[55] e sustenta simbolicamente a representação da unidade e perenidade do Estado, mas um corpo turbulento e des-orgânico, por isso único e verdadeiro corpo político. Corpo real que, como veremos no próximo capítulo, instaura algo cujo melhor nome talvez seja "temporalidade espectral", como a espectralidade do primeiro Moisés que se incorpora em um segundo corpo para fazê-lo suporte de tempos que até então ficaram em latência. Saber desenterrar esse terceiro corpo e sua potência inesperada de sínteses temporais talvez seja a segunda lição fundamental de Freud, e a mais importante. Uma lição que, por mais contraintuitivo que possa parecer, nos remete a Hegel.

55 Ernst Kantorowicz, *Les Deux corps du roi: essai sur la théologie politique au moyen age,* in *Œuvres*. Paris: Gallimard, 2000, p. 658.

## Esperar: tempo e fogo

*Viver sem esperança é também*
*viver sem medo.*
JACQUES LACAN

*... um fogo que se extingue em si mesmo*
*consumindo seus materiais.*
HEGEL [*SOBRE O DEVIR*]

Durante o século XIX e boa parte do século XX a história foi a forma privilegiada de produção de corpos políticos. Para pensadores do porte de Hegel e Marx, a história aparecia como a destinação necessária da consciência. Não apenas por ela ser o campo no qual se daria a compreensão do sentido das ações dos indivíduos com suas determinações causais a serem reconstruídas, mas principalmente por impedir o isolamento da consciência na figura do indivíduo atomizado, construindo identidades coletivas ao mostrar como a essência da consciência encontra-se na reconciliação de seu ser com um tempo social rememorado. Através da história, ser e tempo se reconciliariam no interior de uma memória social que deveria ser assumida reflexivamente por todo sujeito em suas ações. Memória que seria a essência orgânica do corpo político, condição para que ele existisse nas ações de cada indivíduo, como se tal corpo fosse sobretudo um modo de apropriação do tempo, de construção de relações de remissão no interior de um campo temporal contínuo, capaz de colocar momentos dispersos em sincronia a partir das pressões do presente.

Desse momento em diante, a consciência não podia mais ser, como era para Descartes, simplesmente o nome do ato de reflexão através do qual posso apreender as operações de meu próprio pensamento. Ato através do qual poderia encontrar as operações de meu pensar quando me volto para mim mesmo no interior de um tempo sem história, tempo instantâneo e pontilhista que dura o momento de uma enunciação, como vemos na segunda meditação cartesiana.[1] A partir de então, a consciência será fundamentalmente "consciência histórica", ou seja, modo de atualização de um complexo de relações que parecem se articular a partir de uma unidade em progresso.

A consistência do corpo político seria dada por esse caráter vetorial de um tempo que dá a impressão de progredir e acelerar em direção a um encontro consigo mesmo. Pois essa era a forma de a consciência reconciliar sua essência com uma destinação que parece se realizar como pulsação temporal capaz de unificar, em uma rede causal contínua, origem e destino, passado e futuro. Mesmo quando o caráter vetorial do tempo histórico for pensado sob o signo da revolução e sua nova ordem do tempo, ele nunca deixará de operar como uma recuperação de dimensões esquecidas do passado, de promessas que haviam ficado à espera de outro tempo. Lênin se via como a ressurreição dos *communards*, a Revolução Francesa não cansou de constituir seu imaginário através da rememoração da República romana. Ou seja, mesmo a descontinuidade será a efetivação de outra forma de continuidade.[2] Nesse sentido, a tarefa política revolucionária será definida a

1 Ver, a esse propósito, as relações entre criação contínua e tempo descontínuo em Jean Wahl, *Du Rôle de l'idée d'instant dans la philosophie de Descartes*. Paris: Alcan, 1920.

2 Ninguém melhor que Benjamin explorou tal característica de certo tempo revolucionário ao afirmar que "O passado traz consigo um índice misterioso, que o impele à redenção. Pois não somos tocados por um sopro do ar que foi respirado antes? Não existem, nas vozes que escutamos, ecos de vozes que emudeceram? Não têm as mulheres que cortejamos irmãs que elas não chegaram a conhecer? Se assim é, existe um encontro secreto, marcado entre as gerações precedentes e a nossa. Alguém na terra está à nossa espera. Nesse caso, como a cada geração, foi-nos concedida uma frágil força messiânica para a qual o passado dirige um

partir de certa *politização da temporalidade* que obedecerá a duas estratégias: a *aceleração* do tempo em direção a seu destino teleológico e a *repetição* das lutas que ficaram para trás à espera de uma recuperação liberadora. Aceleração e repetição como dois vetores indissociáveis de uma mesma estratégia que visa ao advento de um "corpo político por vir", ou seja, corpo político que promete uma unidade semanticamente distinta daquela que se impõe na atualidade. Corpo que recupera e projeta, que desterra e constrói.

## Spinoza, esperança e contingência

Mas o advento de tal corpo foi, na maioria dos casos, dependente da circulação de um afeto que ganhou dimensões políticas decisivas, a saber, a esperança. É a esperança que sustentará tal corpo por vir, que produzirá sua ossatura. Pois esperança é, acima de tudo, uma forma de ser afetado pelo tempo, afeto indissociável do que poderíamos chamar de "temporalidade da expectativa".[3] Ela é um modo de síntese do tempo que partilha com outro afeto, a saber, o medo, uma relação com o que teóricos da história chamarão de "horizonte de expectativa".[4]

Vem de Spinoza essa compreensão de medo e esperança como relações ao tempo de valência invertida: "a esperança é uma alegria instável, surgida da ideia de uma coisa futura ou passada, de cuja realização temos alguma dúvida. O medo é uma tristeza instável, surgida da ideia de uma coisa futura ou passada, de cuja realização temos alguma dúvida".[5] Pois se medo é a expectativa de

apelo. Esse apelo não pode ser rejeitado impunemente. O materialista histórico sabe disso" (Walter Benjamin, "Sobre o conceito da História", in *Obras escolhidas*, v. 1: *Magia e técnica, arte e política*. São Paulo: Brasiliense, 1985, p. 223).

3 Ver Remo Bodei, *Geometria delle passioni: Paura, speranza, felicità - filosofia e uso político*. Milão: Feltrinelli, 2003, pp. 72-82.

4 Reinhart Koselleck, *Futuro passado: contribuição à semântica dos tempos históricos*. Rio de Janeiro: Contraponto/ PUC-Rio, 2006, pp. 306-27.

5 Bento Spinoza, *Ética*. Belo Horizonte: Autêntica, 2007, p. 243.

um dano futuro que nos coloca em risco, esperança é expectativa da iminência de um acontecimento que nos colocaria no tempo da imanência potencialmente desprovida de antagonismos insuperáveis. Imanência própria à expectativa da concórdia da multiplicidade no seio da comunidade. No entanto, se o medo é fonte da servidão política por ser "o que origina, conserva e alimenta a superstição"[6] da qual se serve o poder de Estado para impedir o exercício do desejo e da potência de cada um como direito natural, a esperança mostrará seus limites por perpetuar um "fantasma encarnado da imaginação impotente"[7] aprisionada nas cadeias da espera. Nesse sentido, ganha importância uma afirmação como:

> Supõe-se que quem está apegado à esperança, e tem dúvida sobre a realização de uma coisa, imagina algo que exclui a existência da coisa futura e, portanto, dessa maneira, entristece-se. Como consequência, enquanto está apegado à esperança, tem medo de que a coisa não se realize. Quem, contrariamente, tem medo, isto é, quem tem dúvida sobre a realização de uma coisa que odeia, também imagina algo que exclui a existência dessa coisa e, portanto, alegra-se. E, como consequência, dessa maneira, tem esperança de que essa coisa não se realize.[8]

A compreensão precisa de Spinoza sobre a impossibilidade de haver esperança sem medo, assim como medo sem esperança, vem da natureza linear do tempo submetido a uma estrutura de expectativas.[9] A interversão da esperança em medo é afecção necessá-

6 Id., *Tratado teológico-político*. Lisboa: Imprensa Nacional, 1988, p. 112.
7 R. Bodei, op. cit., p. 78.
8 B. Spinoza, *Ética*, op. cit., pp. 243-45.
9 Embora não exista esperança sem medo, isso não implica afirmar que os dois afetos se equivalham, como fica claro em afirmações como: "a multidão livre conduz-se mais pela esperança que pelo medo, ao passo que uma multidão subjugada conduz-se mais pelo medo que pela esperança: aquela procura cultivar a vida, esta procura somente evitar a morte" (B. Spinoza, *Tratado político*. São

ria de um tempo pensado sob o paradigma da linearidade. Pois expectativa é abertura em relação a possíveis, realização iminente de possíveis que não são necessários no momento de sua enunciação e projeção pelos sujeitos. Há uma distância linear, uma relação descontínua de sucessão entre a localização temporal na qual o possível torna-se efetivo, e esta na qual ele é inicialmente enunciado como possibilidade. Essa temporalidade linear não pode escapar da aporia própria à "ideia de uma coisa futura ou passada, de cuja realização temos alguma dúvida". Pois a ideia de uma coisa futura ou passada é ideia de uma ausência, de uma não presença atual, ideia do que nos afeta inicialmente pela sua distância. Por ter sido gerada na distância, por ter sido enunciada na ausência, a realização do possível nunca poderá superar por completo a condição do que pode a qualquer momento não mais ser, voltar a sua condição inicial de não ser.[10] O que passou uma vez pode passar novamente: essa é a regra fundamental da descontinuidade pontilhista do tempo linear. Por isso, esse tempo só poderá ser o tempo da ânsia.

Devemos falar em "tempo da ânsia" porque ele será assombrado pela possibilidade de dominar a contingência e, com isso, garantir as condições de possibilidade para a realização da ideia de uma coisa futura ou passada, quando for objeto de esperança, ou seu afastamento, quando for objeto de medo. Talvez por isso Spinoza contraponha a esperança e o medo a afetos mais fortes como

Paulo: Martins Fontes, 2009, p. 145). De fato, a multidão livre conduz-se mais pela esperança, mas não é possível à esperança não se interverter continuamente em medo.

10 Como dirá Marilena Chauí: "medo e esperança são paixões inseparáveis, expressão máxima de nossa finitude e de nossa relação com a contingência, isto é, com a imagem de uma temporalidade descontínua, imprevisível e incerta, pois, escreve Spinoza, jamais podemos estar certos do curso das coisas singulares e de seu desenlance. Viver sob o medo e a esperança é viver na dúvida quanto ao porvir" (Marilena Chauí, *Desejo, ação e paixão na ética de Espinosa*. São Paulo: Companhia das Letras, 2011, p. 175).

o contentamento e a segurança (*securitas*). "Se, desses afetos, excluímos a dúvida", dirá Spinoza, "a esperança torna-se segurança."[11] O que o leva a afirmar que o fim último do Estado deve ser "libertar o indivíduo do medo a fim de que ele viva, tanto quanto possível, em segurança, isto é, a fim de que mantenha da melhor maneira, sem prejuízo para si ou para outros, o seu direito natural a existir e a agir".[12] Desparecido o medo e a esperança, ficamos enfim sob a jurisdição de nós mesmos, ficamos livres e seguros.

Compreendida nesse contexto como "alegria nascida de uma coisa passada ou futura da qual foi afastada toda causa de dúvida",[13] a segurança pressupõe ausência de dúvida que só pode aparecer quando "a contingência é dobrada por nosso poder sobre as circunstâncias".[14] Ou seja, se a segurança é o afeto mais forte capaz de superar o medo e a esperança, ela só se afirma quando a ação que se desdobra na temporalidade é capaz de controlar a violência da contingência. Nesse sentido, a segurança não pode ser pensada aqui como a racionalidade política que se alimenta da imagem fantasmática da dissolução iminente do vínculo social devido à violência das relações entre indivíduos ontologicamente inscrita em seus seres, como vimos em Hobbes. Em Hobbes, é mais correto dizer que o Estado não se coloca como garantia da segurança, mas como gestor da insegurança social, já que, como vimos no primeiro capítulo, seu poder será sempre dependente da capacidade de fazer circular o medo como afeto social imanente às relações entre indivíduos. Já na obra de Spinoza, a segurança é

11 B. Spinoza, *Ética*, op. cit., p. 187. Ou ainda: "da esperança provém a segurança, e do medo, o desespero, o que ocorre porque o homem imagina que a coisa passada ou futura está ali e a considera como presente, ou porque imagina outras coisas que excluem a existência daquelas que a colocavam em dúvida. Pois, embora jamais possamos estar certos da realização das coisas singulares, pode ocorrer, entretanto, que não duvidemos de sua realização" (id., ibid., p. 245).

12 B. Spinoza, *Tratado teológico-político*, op. cit., p. 367.

13 Id., *Ética*, op. cit., p. 245.

14 M. Chauí, op. cit., p. 191.

o resultado de duas operações centrais: a moderação das paixões em relação aos bens incertos da fortuna, ou seja, o controle dos que "desejam sem medida" (*cupiant sino modo*), e a conservação e ampliação das circunstâncias que estão sob nosso poder, o que fornece: "os instrumentos de estabilização da temporalidade, ou seja, instituições políticas que estão e permanecem em poder dos cidadãos e da coletividade".[15] Segurança é, assim, indissociável da maneira como o corpo político, pensado como *multitudo*, desarma a sujeição produzida pelos afetos de medo e esperança, enfrentando a contingência através da partilha entre aquilo que não pode ser submetido ao engenho humano e aquilo que pode a ele ser submetido graças à institucionalização das condições que permitem a essa mesma *multitudo* a estabilização da temporalidade. Daí uma afirmação clara como: "quanto mais nos esforçamos por viver sob a condição da razão, tanto mais nos esforçamos por depender menos da esperança e por nos livrar do medo, por dominar, o quanto pudermos, o acaso (*fortunae*), e por dirigir nossas ações de acordo com o conselho seguro da razão".[16]

Notemos como o tempo aparece assim como a potência fundamental do que nos desampara. Medo e desamparo são, em seu

15 Id., ibid., p. 172.

16 Id., ibid., p. 321. Esta não é a posição de Deleuze, que lembrará como Spinoza encontrará, mesmo na segurança, "este grão de tristeza suficiente para fazê-la um sentimento de escravo. A verdadeira cidade propõe aos cidadãos o amor da liberdade em vez da esperança das recompensas ou mesmo a segurança dos bens" (Gilles Deleuze, *Spinoza: philosophie pratique.* Paris: Minuit, 2003, p. 39). Para tanto, Deleuze nos remete à proposição 47 do livro IV da *Ética*. Lá, de fato, Spinoza afirma ser a segurança sinal de um ânimo impotente já que pressupõe a tristeza que o precedeu. Mas nada nos permite afirmar que a segurança não desempenha papel decisivo nos afetos da cidade. Basta lembrar o que diz claramente Spinoza em seu *Tratado político*: "a liberdade da alma, ou seja, a coragem, é uma virtude privada, a virtude necessária ao Estado é a segurança" (B. Spinoza, *Tratado político,* op. cit., p. 9 [tradução modificada]. Ou ainda, de maneira mais explícita: "a finalidade do Estado civil não é nenhuma outra senão a paz e a segurança de vida, pelo que o melhor Estado é aquele onde os homens passam a vida em concórdia e onde os direitos se conservam inviolados" (id., ibid., p. 44).

sentido mais profundo, afetos produzidos pela expectativa de amparo diante da temporalidade produzida por uma contingência que nos despossui de nossa condição de legisladores de nós mesmos. Mas que a contingência apareça aqui como problema central da dinâmica política dos afetos, eis algo necessário para uma filosofia que não terá medo de afirmar que "nada existe na natureza das coisas que seja contingente",[17] já que tudo seria determinado, pela necessidade da natureza divina, não apenas a existir, mas a existir e a operar de uma maneira definida, só havendo determinação necessária. A noção de contingência seria, na verdade, expressão de uma "deficiência de nosso conhecimento"[18] que, ou não compreende a ordem das causas, ou não percebe como a essência em questão comporta contradição e que, por isso, sua existência é impossível. Assim, só a imaginação faz com que consideremos as coisas como contingentes. Do ponto de vista da razão, as relações são sempre necessárias.[19]

Esse esvaziamento da dignidade ontológica da contingência leva a razão a perceber as coisas sob a perspectiva da eternidade, já que "os fundamentos da razão são noções que explicam o que é comum a todas as coisas e que não explicam a essência de nenhuma coisa singular; portanto, essas noções devem ser concebidas sem qualquer relação com o tempo, mas sob uma certa perspectiva da eternidade".[20] É pela recusa da temporalidade que o comum se desvela, que ele se apresenta como "totalidade infinita imóvel

17 Id., ibid., p. 53. Como lembrará Deleuze: "o necessário é a única modalidade do que é: tudo o que é, é necessário, ou por si, ou por sua causa. A necessidade é pois a terceira figura do unívoco (univocidade da modalidade, após a univocidade dos atributos e a univocidade da causa" (G. Deleuze, op. cit., p. 121).

18 Id., ibid., p. 57.

19 "É da natureza da razão perceber as coisas verdadeiramente, a saber, como são em si mesmas, isto é, não como contingentes, mas como necessárias" (id., ibid., p. 139).

20 Id., ibid., p. 141.

de coisas singulares em movimento".[21] E, se Spinoza afirma que o amor excessivo por coisas que estão sujeitas a variações e da qual nunca podemos dispor (*possumus*) só pode ser fonte de infortúnio, a razão nos leva a ideias claras e distintas de afetos, colocando-nos mais próximos do conhecimento de Deus: "conhecimento que gera um amor por uma coisa imutável e eterna, e da qual podemos realmente dispor".[22]

## Um devir sem tempo

Tais proposições não deixarão de ter consequências políticas claras. Pois é um verdadeiro *devir sem tempo* que a razão, segundo Spinoza, nos propõe. Há devir porque a vida política conhece movimento e processo, haja vista a compreensão anticontratualista de que leis e acordos que se demonstraram necessários sejam abandonados por não serem mais úteis. Ou seja, viver de acordo com a razão não implica eternidade das instituições e normas. "Um pacto não pode ter qualquer força a não ser em função de sua utilidade e, desaparecida esta, imediatamente o pacto fica abolido e sem eficácia."[23] Há de se lembrar aqui como a definição spinoziana de eternidade pressupõe o que pode ser a própria causa daquilo que a transforma, aquilo cuja existência sgue necessariamente de sua definição ou da definição de sua essência. A eternidade que a política procura está ligada à autonomia de ser causa de sua própria transformação, ser a causa de seus próprios devires.

No entanto, há de se tirar as consequências de não ser a partir da contingência que se cria, mas contra ela, já que a contingência só poderia aparecer inicialmente, como bem compreendeu Hegel, como uma "necessidade exterior". Transpondo para o campo

21 Alain Badiou, *L'Être et l'évènement*. Paris: Seuil, 1982, p. 135.
22 B. Spinoza, *Ética*, op. cit., p. 389.
23 B. Spinoza, *Tratado teológico-político*, op. cit., p. 312.

político, isso significaria que a política em Spinoza desconhece a necessidade de integrar o reconhecimento do caráter impredicável da contingência como motor contínuo da transformação política, já que a contingência não poderia produzir outra coisa que as paixões que mobilizam a imaginação a criar suas fantasias de amparo. Aqui, mesmo que a política não seja feita para eliminar a contingência, ela virá controlá-la, como que se defende continuamente. O que nos permite afirmar que há ao menos um ponto no qual Spinoza e Hobbes se unem, a saber, na compreensão da *política como a forma humana de esvaziar o tempo*, mesmo que, em Hobbes, como o Estado depende da perpetuação do medo para justificar sua soberania, o esvaziamento produzido pelo esfriamento das paixões seja pressuposto para nunca estar completamente posto.

Podemos falar na função da política como esvaziamento porque, para haver tempo, faz-se necessário que as mudanças sejam impredicáveis, que as transformações não sejam o efeito imanente de uma causa eternamente presente. Para haver tempo em um sentido estrito, não basta que fatos ocorram, que corpos entrem em movimento permitindo-me perceber um estado anterior e outro posterior, que devires se desdobrem de uma causa imanente retroativamente apreensível. Faz-se necessário que o *modo estrutural de compreensão das relações* também obedeça a mudanças e rupturas, tendo uma gênese e um perecimento advindo do impacto da contingência como acontecimento. A ideia, tão bem sintetizada por Kant, de que as coisas passam dentro do tempo enquanto o tempo, como forma, não passa, esconde a crença equivocada de que a forma do tempo não estaria submetida a mudanças, que ela não teria gênese nem esgotamento. Isso significa pensar o tempo como totalidade imóvel devido à estabilidade formal do que permite a intelecção genérica do devir. Se o tempo é uma totalidade imóvel, então tudo o que ocorre em seu interior, todos os seus devires, todos os ritmos de suas sucessões, só podem ser, em seu nível formal, expressão de tal imobilidade. Por mais que coisas singulares se transformem, elas apenas desdobrarão os possíveis de uma totalidade formalmente já assegurada em sua eternidade. Por isso, pensar a mudança fundadora da experiência temporal sob a forma da "sucessão de determinações opostas",[24] como o faz Kant seguindo uma tradição aristotélica, será pensar o movimento a partir da estabilidade do princípio de contagem aplicado ao que se sucede, como Aristóteles, que falava do tempo como "o número do movimento segundo o anterior-posterior".[25] É essa estabilidade que se expressa em afirmações como: "Toda mudança só é possível por uma ação contínua da causalidade".[26]

De certa forma, podemos dizer que é isso o que acontece na obra de Spinoza, para quem todas as relações, temporais ou não, devem ser pensadas sob a estabilidade estrutural da causalidade e seu desvelamento retroativo imanente da univocidade da substância[27] ou, ainda, da conveniência (*convenientiam*) entre ideia e ideado.[28] Isso implica afirmar que o modo da causalidade com suas ordens e sua constituição de relações necessárias não mudará com o tempo, não será afetado por ele, não perderá sua centralidade na determinação das relações e dos argumentos que a razão reconhece como legítimos. Tal como a defesa da ordem *more geometrico* enquanto método de exposição, que causava tanta aversão para Hegel, o pensamento parece lidar com a estaticidade de objetos matemáticos. Muito diferente seria se as coisas singulares modificassem em continuidade a totalidade, operando mutações

24 Immanuel Kant, *Crítica da razão pura*. Lisboa: Calouste Gulbenkian, 1989, B 291/ A461.

25 Aristóteles, *Physique - livres I-IV*. Paris: Belles Lettres, 2012, 219b [ed. bras.: *Física I e II*, trad. Lucas Angioni. Campinas: Editora da Unicamp, 2009].

26 Paulo Arantes, *Hegel: a ordem do tempo*. São Paulo: Hucitec, 2000, p. 114.

27 Como dirá Badiou, na obra de Spinoza "a estrutura é legível retroativamente: o um do efeito valida o um-múltiplo da causa. O tempo de incerteza quanto a tal legibilidade distingue os indivíduos, cujo múltiplo, supostamente inconsistente, recebe o selo da consistência desde que se indica a unidade de seu efeito" (A. Badiou, *L'Être et l'évènement*, op. cit., p. 129).

28 B. Spinoza, *Ética*, op. cit., p. 79.

qualitativas na forma do tempo.[29] Nesse caso, como veremos mais à frente, não teríamos apenas tempo formal, mas um regime muito específico de tempo concreto.

Por isso, é correto dizer que *a imanência própria ao governo da multitude é um devir sem tempo.*[30] É esse devir sem tempo que aparece como contraposição ao tempo linear do medo e da esperança. A sua maneira, esse devir sem tempo trará ainda outra consequência política importante por fundamentar o horizonte de concórdia prometido pela paz social. Pois "a paz não consiste na ausência da guerra, mas na união ou concórdia dos ânimos".[31] Uma concórdia que permite a expressão da organicidade unitária do corpo social, já que, "no estado civil, todos os homens devem ser considerados como um homem no estado natural",[32] ou ainda: "o corpo social deve ser conduzido como que por uma só mente".[33] Lembremos, nesse contexto, de uma importante colocação de Spinoza a respeito do contrato de fundação do Estado:

29 Nesse sentido, há de se aceitar a afirmação de Badiou, segundo a qual "O acontecimento é também o que funda o tempo, ou melhor, acontecimento por acontecimento, o que funda tempos. Mas Spinoza não queria saber disso, ele queria pensar, segundo sua própria expressão, 'sem relação alguma ao tempo', vendo a liberdade em 'um amor constante e eterno a Deus'. Deixemos claro: na pura elevação do matema" (A. Badiou, *Court traité d'ontologie transitoire*. Paris: Seuil, 1998, p. 92).

30 O que não poderia ser diferente se aceitarmos a ideia de que impera em Spinoza "uma concepção estritamente imanente de causalidade histórica na qual os únicos fatores que intervêm são potências individuais, potências compostas encontradas em potências individuais e a ação recíproca entre esses tipos de potências" (Étienne Balibar, *Spinoza and Politics*. Londres: Verso, 1998, p. 66).

31 B. Spinoza, *Tratado político*, op. cit., p. 49.

32 Id., ibid., p. 76.

33 Id., ibid., p. 27. Lembremos como Spinoza afirmará que "os homens não podem aspirar nada que seja mais vantajoso para conservar o seu ser do que estarem, todos, em concordância em tudo, de maneira que a mente e corpos de todos componham como que uma só mente e um só corpo, e que todos, em conjunto, se esforcem, tanto quanto possam, por conservar o seu ser, e que busquem, juntos, o que é de utilidade comum para todos" (B. Spinoza, *Ética*, op. cit., p. 289).

> A única coisa a que o indivíduo renunciou foi ao direito de agir segundo a sua própria lei, não ao direito de raciocinar e de julgar. Por isso, ninguém pode, de fato, atuar contra as determinações do poder soberano sem lesar o direito destes, mas pode pensar, julgar e, por conseguinte, dizer absolutamente tudo, desde que se limite só a dizer ou a ensinar e defenda o seu parecer unicamente pela razão, sem fraudes, cólera, ódio ou intenção de introduzir por sua exclusiva iniciativa qualquer alteração no Estado.[34]

Spinoza continua suas afirmações lembrando que todo cidadão pode exercer sua liberdade de pensamento ao demonstrar que determinada lei é contrária à razão e submeter sua opinião à apreciação dos poderes soberanos. Pois argumentar a partir da razão significa introduzir a política em um campo tendencial de concórdia, afastar-se da instabilidade das paixões para aproximar-se da perenidade de determinações normativas encarnadas na estabilidade de instituições capazes de garantir a procura comum pelo melhor argumento a partir de ideias claras e distintas. Novamente há devir, pois há dinâmica de revisão das leis a partir do uso da razão em um quadro institucional imanente à *multitudo*, mas esse devir pressupõe a razão como horizonte formal consensual de legitimidade dos enunciados. Ele pressupõe uma generalidade intemporal como fundamento da unidade do corpo político. O que talvez seja o verdadeiro sentido da afirmação de Balibar, para quem, em Spinoza, "a vida em sociedade é uma atividade comunicacional".[35] Importância do tópico da comunicação que pode explicar, entre outros, a importância dada por Spinoza à transparência do poder

34 B. Spinoza, *Tratado teológico-político*, op. cit., p. 367.

35 É. Balibar, *Spinoza and Politics*, op. cit., p. 98. De fato, Balibar compreenderá o problema principal do *Tratado político* como um problema passível de ser expresso da seguinte forma: "Como pode alguém produzir um *consenso,* não apenas no sentido da comunicação de opiniões pré-existentes, mas acima de tudo no sentido de condição de criação de *opiniões comunicáveis* (ou seja, opiniões que não são mutuamente exclusivas)?"(id., ibid., p. 119).

como estratégia de construção de sua imanência com a *multitudo*, contrariando assim a tradição dos segredos de Estado.[36]

Seria o caso de se perguntar então se a política é de fato uma atividade que poderia guiar-se pela idealidade da razão como horizonte formal capaz de fundamentar a procura do melhor argumento. Pois talvez ela seja, ao contrário, a exposição da ausência de uma gramática comum de argumentação, de um antagonismo inextirpável advindo da existência da multiplicidade própria a um corpo político fragmentado por experiências históricas que não são traduzíveis em uma gramática geral. Nesse sentido, a política desconhece paz como concórdia, e as instituições que nascem dos conflitos políticos não poderão esperar impô-la. Na verdade, a política sabe que os períodos de paz são, como já se disse, páginas em branco da história. Daí por que ela nos ensina, ao contrário, que o pior erro talvez seja procurar a paz lá onde ela nunca poderá estar.

## À espera da revolução

Há, no entanto, ainda outra forma de devir sem tempo, esta por sua vez incrustada em teorias que dão importância explícita ao tempo histórico. Uma forma aprisionada pela pulsação contínua de afetos entre esperança e medo, tão bem descrita por Spinoza. Trata-se de certa perspectiva fundada na procura em pensar a experiência revolucionária como horizonte teleológico do político. Nessa perspectiva, por trás da aparência de abertura ao acontecimento sustentada pela esperança na revolução e sua força de projeção temporalizada, pulsa uma fuga contínua em direção à suspensão do tempo, uma sustenta-

36 "Não é para admirar que não exista na plebe nenhuma verdade ou juízo, quando os principais assuntos de Estado são tratados nas suas costas e ela não faz conjecturas senão a partir das poucas coisas que não podem ser escondidas. Suspender o juízo é, com efeito, uma virtude rara. Querer, portanto, tratar de tudo nas costas dos cidadãos e que eles não façam sobre isso juízos errados nem interpretem tudo mal é o cúmulo da estupidez" (B. Spinoza, *Tratado político*, op. cit., pp. 80-81).

ção contínua de expectativas feitas apenas para fornecerem um horizonte de transcendência negativa que não pode se encarnar. Pois, aqui, revolução é algo que se espera. Mas a espera da revolução tem a característica de ser expressão maior de um tempo histórico pressionado pela expectativa e animado pelas interversões incessantes entre esperança e medo. Nesse sentido, não foram poucos os que lembraram como, no interior da experiência moderna, a revolução adquiriu "um sentido transcendental, tornando-se um princípio regulador tanto para o conhecimento quanto para a ação de todos os homens envolvidos na revolução"[37], ou seja, ela se transformou em condição de possibilidade para a produção de sentido do tempo histórico em geral, sendo apenas isto, a saber, uma condição categorial de possibilidade para a produção de sentido e, consequentemente da experiência histórica, isto por descrever a forma geral do tempo em movimento de aceleração e repetição. Mas, por ser forma geral, ela não poderá em momento algum ser encarnação de um tempo concreto. É essa impossibilidade de encarnação que lhe dá o caráter de uma transcendência negativa.[38]

Um conceito transcendental é expressão da determinação categorial de predicados em geral. Ele não define previamente quais objetos lhe convêm, qual a extensão de seu uso, mas definirá quais as condições para que algo seja um objeto, que predicados algo pode portar. Nessa definição, decide-se previamente a extensão da forma do que há a ser experimentado, pois a determinação categorial transcendental ignorará acontecimentos que exigiriam mudanças na estrutura geral da predicação e que imporiam uma gênese de novas categorias. Tal determinação formal acaba por se transformar, assim, na expressão da impossibilidade de todo e qualquer processo no qual a experiência produza categorias

37 R. Koselleck, op. cit., p. 69.

38 Para o conceito de "transcendência negativa", ver Vladimir Safatle, *A paixão do negativo: Lacan e a dialética*. São Paulo: Editora da Unesp, 2006.

estranhas àquelas que pareciam previamente condicioná-la. Experiências que, do ponto de vista das condições de possibilidade *temporalmente situadas no presente*, produzem necessariamente acontecimentos impredicáveis.

No entanto, nada que tenha sido afetado pela esperança com seu sistema de projeções pode operar com o desamparo produzido por acontecimentos impredicáveis. Pois a impredicação é o que mostra a inanidade de toda expectativa, não no sentido de mostrar seu equívoco de previsão, mas seu erro categorial. A temporalidade concreta dos acontecimentos é impredicável pois sem referência com o horizonte de expectativas da consciência histórica. Por isso ela é expressão de um tempo desamparado, marcado exatamente pela contingência. Talvez isso explique por que, por exemplo, várias tentativas de encarnação da Revolução, com sua maiúscula de rigor, no processo revolucionário concreto, ou seja, várias tentativas de encarnação da força insurgente da esperança em políticas de governo serão indissociáveis de certa imunização produzida pela necessidade de apelar à circulação social do medo, compondo com ele uma dualidade afetiva indissociável. Ela se transforma em prova do corolário "não haverá esperança sem medo". Medo que expressa a impossibilidade da encarnação, pois expressão do desvio e da traição sempre à espreita contra o corpo social produzido pela esperança. Medo do retorno do tempo e dos atores que já deveriam estar mortos. O corpo social por vir da esperança não se sustenta, por isso, sem a necessidade de imunização constante, sem a necessidade de ações violentas periódicas de "regeneração do corpo social",[39] em suma, sem a transmutação contínua da esperança em medo. A história das grandes revoluções, seja a francesa com seu "grande medo",[40] seja a russa com seus "expurgos", apenas para ficar em dois dos melhores exemplos, nos mostra isso bem.

39 R. Bodei, op. cit., p. 426.
40 Georges Lefevre, *La Grande peur de 1789*. Paris: Armand Colin, 1970.

Contra a passagem incessante nos opostos complementares da esperança e do medo, muitos acreditaram dever retirar a política de toda dimensão do porvir, produzindo um esfriamento das paixões através da recusa de qualquer ruptura desestabilizadora profunda de nossos conceitos de democracia já em circulação. Como se o tempo histórico das revoluções fosse uma simples aporia tão bem descrita por Hegel quando, ao falar da passagem da insurreição e da mobilização ao governo no jacobinismo, lembrava que "o [simples] fato de ser governo o torna facção e culpado";[41] resultado necessário de uma liberdade que não é capaz de superar seu primeiro impulso negativo.

Mas talvez seja possível liberar a política transformadora de toda atividade de projeção temporal, dando-lhe uma temporalidade concreta irredutível às formas de devir sem tempo. Nesse sentido, gostaria de voltar os olhos para uma referência que inicialmente pareceria, ao contrário, nos fornecer o modelo mais bem-acabado de um devir sem tempo, a saber, a dialética hegeliana. O mesmo Hegel afirmará que "o próprio tempo é, em seu conceito, eterno"[42] e parece nos fornecer a mais monstruosa figuração da corporeidade unitária do social através do conceito de "Espírito do mundo", expressão máxima daquilo que a contemporaneidade gostará de chamar de "metanarrativa", parecendo fundir a multiplicidade das identidades coletivas em uma unidade compacta.

Trata-se de mostrar, por um lado, como encontraremos em Hegel um importante impulso de recusa em elevar a esperança e seus cortejos paralisantes de utopias à condição de afeto político central. Como se fosse questão de, paradoxalmente, criticar esse "dado antropológico prévio" segundo o qual "todas as histórias foram constituídas pelas experiências vividas e pelas expectativas das pessoas

41 G. W. F Hegel, *Fenomenologia do Espírito*, v. II. Petrópolis: Vozes, 1992.

42 Id., *Enzyklopädie der philosophische Wissenschaft im Grundrisse* – v. II. Frankfurt: Suhrkamp, par. 258.

que atuam ou que sofrem".[43] Ou melhor, como se fosse questão de falar que é por essa razão que toda história presa entre experiências recordadas e expectativas projetadas seria ao final desprovida de acontecimentos. Há um presente absoluto que o Espírito constrói, no qual esperança, expectativa e medo já não desempenham papel algum. Há de se entender melhor o que ele pode significar, que forma de corpo político nasce nesse ponto. E uma maneira de compreendê-lo consiste em mostrar como o impulso de recusa em elevar a esperança à condição de afeto político central é fruto da maneira como a reflexão hegeliana sobre a filosofia da história abre espaço a um conceito de temporalidade concreta no qual a contingência é integrada como motor móbil das transformações da forma do tempo.

## A crítica da duração

> No tempo, costuma-se dizer, tudo nasce e perece. Quando dele é abstraído tudo, a saber, o que preenche o tempo, assim como o que preenche o espaço, então resta o tempo vazio, como resta o espaço vazio, ou seja, estas abstrações da exterioridade estão postas e representadas como se fossem algo para si. Mas no tempo não nasce e perece tudo, antes o próprio tempo é o devir, o nascer e o perecer, a abstração existente, Cronos que tudo engendra e destrói seus filhos.[44]

É claro aqui como Hegel recusa a noção de que haveria uma forma pura do tempo, assim como uma forma pura do espaço, estabelecidas como condição geral de possibilidade para o movimento e a mudança. Tomadas como formas puras da intuição, tempo e espaço são, segundo Hegel, abstrações da exterioridade ou, se quisermos pecar por certo anacronismo, são reificações. Não pode haver de-

43 R. Koselleck, op. cit., p. 306.
44 G. W. F. Hegel, *Enzyklopädie*, op. cit., par. 258.

dução transcendental das categorias de tempo e espaço, o que não é de se estranhar para uma filosofia na qual "toda constituição transcendental é uma instituição social".[45] O que aparentemente é confirmado quando Hegel diz que a temporalidade (*Zeitliche*) é uma determinação objetiva das coisas, e não uma determinação subjetiva do sujeito que as apreende. "O processo das próprias coisas efetivas produz o tempo"[46] (*macht also der Zeit*), não apenas no sentido de a mudança que percebemos nas coisas, sua geração e destruição, nos revelar a existência do tempo: um *tópos* clássico que insiste como, se as coisas não mudassem nem se movessem, não seria para nós possível perceber o tempo que passa. Se devemos afirmar que o processo das próprias coisas efetivas produz o tempo, é por esse processo concreto fazer o tempo nascer e perecer, modificar seu modo de passagem, paralisá-lo ou acelerá-lo, tirá-lo, por exemplo, do regime da sucessão para colocá-lo no interior de uma dinâmica de simultaneidades. O tempo é engendrado pelo processo das coisas porque o próprio tempo é uma processualidade formalmente cambiante. Há uma plasticidade fundamental do tempo, o que talvez nos explique por que Hegel se vê na necessidade de afirmar que o próprio tempo é o devir, o nascer e o perecer. Problema de plasticidade cuja centralidade não deve nos estranhar, já que é o problema da estrutura de um tempo em revolução que se coloca no centro da reflexão filosófica de Hegel. Se é fato que "a Revolução Francesa permanecerá o centro decisivo da filosofia hegeliana: o evento que cristaliza a intemporalidade da experiência histórica",[47]

45 Robert Brandom, *Tales of the Mighty Death: Historical Essays in the Metaphysics of Intentionality*. Cambridge/ Londres: Harvard University Press, 2002.

46 G. W. F. Hegel, op. cit., par. 258. Essa frase deve ser lida na contramão de ideias como "O tempo não é um conceito empírico que derive de uma experiência qualquer. Porque nem a simultaneidade, nem a sucessão surgiriam na percepção se a representação do tempo não fosse seu fundamento *a priori*" (Immanuel Kant, *Crítica da razão pura*. Lisboa: Fundação Calouste Gulbenkian, 1989, B 46).

47 Rebecca Comay, *Mourning Sickness: Hegel and the French Revolution*. Stanford: Stanford University Press, 2010, p. 5.

há de se lembrar que um tempo em revolução é, no seu ponto de vista estrutural, tempo que abandonou a ilusão da estaticidade de suas determinações formais, que engendra outras categorias de movimento e mudança a partir do processo efetivo das coisas. Revolução é retirar o tempo de seu ritmo e de seu princípio. Pois a natureza mais profunda do tempo é sair de seu próprio ritmo.

Mas, se assim for, o que dizer desta tendência muda da dialética hegeliana em procurar superar o tempo em direção à eternidade do conceito; movimento que, ao menos exteriormente, parece recuperar a defesa spinozana de que a razão concebe necessariamente sob a perspectiva da eternidade? Pois não é possível esquecer como Hegel afirma claramente que "o próprio tempo é eterno em seu conceito", assim como ele não temerá construir uma aparente oposição entre tempo e conceito já presente em célebre passagem do capítulo final da *Fenomenologia do Espírito*:

> O tempo é o próprio conceito que é aí e que é representado pela consciência como intuição vazia. Por isso, o Espírito aparece (*erscheint*) necessariamente no tempo, e ele aparece no tempo enquanto não apreende seu puro conceito; o que significa, enquanto não elimina (*tilgen*) o tempo. O tempo é a intuição exterior do puro Si não apreendido pelo Si, ele é apenas o conceito intuído. Quando o conceito se autoapreende, ele supera (*aufheben*) sua forma temporal (*Zeitform*), conceitua o intuir e é intuição conceituada e conceituante.[48]

Notemos, no entanto, a especificidade dessa eternidade do conceito. Duas características devem nos chamar a atenção, a saber, a distinção entre eternidade e duração, assim como a definição da eternidade como "presente absoluto".[49] Sobre a primeira característica, Hegel dirá que "a duração é por isso distinta da eternidade,

48 G. W. F. Hegel, *Phänomenologie des Geistes*. Hamburgo: Felix Meiner, 1988, p. 324.
49 Id., *Enzyklopädie*, op. cit., par. 247.

pois ela é apenas a superação (*Aufhebung*) relativa do tempo. Mas a eternidade é infinita, ou seja, não relativa, uma duração em si refletida".[50] A duração é apenas uma superação relativa do tempo porque a eternidade não pressupõe estaticidade ou permanência. Se Hegel afirma que na autoapreensão do conceito ocorre a superação do tempo, há de se lembrar que algo da inquietude do tempo é conservado pelo eterno movimento do conceito.

A esse respeito, não é mero acaso a insistência na desqualificação da permanência própria às reflexões hegelianas sobre o tempo e a história. Basta lembrarmos do sentido de uma afirmação segundo a qual "Os persas são o primeiro povo histórico, porque a Pérsia é o primeiro império que desapareceu [*Persien ist das erste Reich, das vergangen ist*]"[51] deixando atrás de si ruínas. Essa frase de Hegel diz muito a respeito daquilo que ele realmente entende por "progresso" no interior de sua filosofia da história. O progresso é a consciência de um tempo que não está mais submetido à simples repetição, mas que está submetido ao desaparecimento. "Progresso" não diz respeito, inicialmente, a uma destinação, mas a uma certa forma de pensar a origem. Pois, sob o progresso, a origem é o que, desde o início, aparece marcada pela impossibilidade de permanecer. "Origem" é, na verdade, o nome que damos à consciência da impossibilidade de permanecer em uma estaticidade silenciosa. Por isso, a verdadeira origem, essa que surge na Pérsia, é caracterizada por um espaço pleno de ruínas, por uma mistura entre tempo e fogo que tudo consome.

O ato de desaparecer é assim compreendido como a consequência inicial da história. Colocação importante por nos lembrar que as ruínas deixadas pelo movimento histórico são, na verdade, modos de manifestação do Espírito em sua potência de irrealiza-

50 Id., ibid., par. 259.

51 Id., *Vorlesungen über die Philosophie der Weltgeschichte*, v. 1: *Die Vernunft in der Geschichte*. Hamburgo: Felix Meiner, 1994, p. 215.

ção. Se os persas são o primeiro povo histórico é porque se deixam animar pela inquietude e negatividade de um universal que arruína as determinações particulares.[52] Notemos como esse desaparecimento não é a afirmação sem falhas da necessidade de uma superação em direção à perfectibilidade. Na verdade, há uma pulsação contínua de desaparecimento no interior da história. Essa pulsação contínua faz parte, de certa forma, do próprio *télos* da história. Assim, ela realiza sua finalidade quando esse movimento ganha perenidade, quando ele não é mais vivenciado como perda irreparável, mas quando a desaparição, paradoxalmente, nos abre para uma nova forma de presença, liberada do paradigma da presença das coisas no espaço. O que explica por que Hegel dirá que "Deve-se inicialmente descartar o preconceito segundo o qual a duração seria mais valiosa do que a desaparição". Só as coisas com a força de desaparecer permitem que se manifeste um Espírito que só constrói destruindo continuamente suas determinações finitas.

Isso fica claro se fizermos uma leitura atenta do capítulo dedicado ao Espírito na *Fenomenologia do Espírito*. Nele vemos como a história do Espírito é um peculiar movimento de explicitação das rupturas e insuficiências. Não por acaso, o Espírito hegeliano se manifesta através de figuras como Antígona (com sua exposição da desagregação da substância normativa da polis), o sobrinho de Rameau (com sua exposição da desagregação da substância normativa do *ancien régime*), o jacobinismo (com sua afirmação de uma liberdade meramente negativa) e a bela alma (com sua exposição trágica dos limites da moralidade). Se elas desempenham papéis centrais na narrativa da história do Espírito é porque tal narrativa é fascinada pelos momentos nos quais o próprio ato de narrar de-

52 Nesse sentido, podemos afirmar que "O abismo da negatividade revolucionária sem travas é apenas a condensação e demonstração hiperbólica da vacuidade torturante do Espírito desde o começo. Tal vacuidade revela, ao mesmo tempo, o poder inaugural do Espírito em se autoinventar e a medida de seu desespero" (R. Comay, op. cit., p. 80).

para-se com sua impossibilidade, depara-se com a desagregação da língua, com a violência seca de uma morte indiferente e com o impasse sobre a norma. Nesse sentido, vale a compreensão de Gérard Lebrun segundo a qual

> Se temos a certeza de que o progresso não é repetitivo, porém explicitador, é porque o Espírito não se autoproduz produzindo suas formações finitas mas, no gesto contrário, no de renegá-las uma após outra. Não é o poderio dos impérios, mas sua morte que dá a "razão" da História [...] do ponto de vista da História-do-Mundo, os Estados não passam de momentos evanescentes.[53]

Pode parecer que, com isso, ficamos vulneráveis à crítica de Heidegger, para quem "Hegel mostra a possibilidade da realização histórica do Espírito 'no tempo' recorrendo à *mesmidade* (Selbigkeit) *da estrutura formal do tempo e ao Espírito como negação da negação*".[54] Como se o movimento de negação da negação fosse simplesmente a estrutura formal, a base normativa genérica das formas possíveis do tempo e do Espírito. A forma geral do movimento como sucessão daria lugar às superações dialéticas produzidas pela negação da negação. No entanto, podemos insistir que a negação da negação, nesse contexto, não expressa força alguma de determinação normativa. Ela é a pressuposição da existência de relações entre processos que a consciência enxerga como desconexos. Ela é a exigência de que a consciência pense relações "impensáveis" pois contraditórias. Mas não se trata de pensá-las sob a forma de modos prévios de relação, como a causalidade, a relação entre substância e seus acidentes ou mesmo como ação recíproca. A lógica hegeliana é o processo de esgotamento de todas essas formas prévias de re-

53 Gérard Lebrun, *O avesso da dialética: Hegel à luz de Nietzsche*, trad. Renato Janine Ribeiro. São Paulo: Companhia das Letras, 1988, pp. 22 e 27.
54 Martin Heidegger, *Ser e tempo*. Campinas: Editora da Unicamp. 2006, p. 1171.

lação para que as relações se constituam formalmente a partir da contingência de suas situações. Daí por que a negação da negação não poderá ser definida, contrariamente ao que defende Heidegger, como estrutura formal do tempo. Daí por que, também, é difícil concordar com Adorno quando ele afirma que, "Na medida em que sua versão dialética estende-se até o próprio tempo, esse é ontologizado: de uma forma subjetiva, ele se transforma em uma estrutura do ser enquanto tal, ele mesmo algo eterno [...] Em Hegel, a dialética do tempo e do temporal transforma-se de maneira consequente em uma dialética da essência do tempo em si".[55]

## A temporalidade concreta

Tentemos responder melhor a tais críticas analisando o conceito de presente absoluto, tão bem descrito em passagens segundo as quais "A eternidade não está nem antes nem depois do tempo, nem antes da criação do mundo, nem depois de o mundo passar. A eternidade é o presente absoluto, o agora sem antes e depois".[56] De fato, o tempo, enquanto aquilo que, não sendo, é, e enquanto aquilo que, sendo, não é, ignora a presença absoluta, tal como poderíamos encontrá-la, por exemplo, no tempo instantaneísta cartesiano, este sim um tempo de pura presença por desconhecer potência e ser plenamente ato.[57] Mas uma eternidade que supera o tempo, conservando-o – ou seja, recusando uma negação simples do tempo e de suas latências –, também não poderá estabelecer o presente absoluto como presença absoluta. Presente absoluto é tempo sem expectativa, sem medo nem esperança por não ter mais

55 T. Adorno, *Dialética negativa*. Rio de Janeiro: Jorge Zahar, 2012, p. 274.

56 G. W. F. Hegel, *Enzyklopädie*, op. cit., par. 247.

57 Como dirá Jean Wahl, a respeito do tempo em Descartes, nele não há nada que não esteja em ato, "pois a ideia de potência nada tem de claro e distinto; ela é nada. Tudo o que é, é dado em cada instante. O idealismo de Descartes é um atualismo" (Jean Wahl, op. cit., p. 10).

elevado a contingência a processo que pode quebrar a imanência com a eternidade. Presente absoluto não é tempo da pura presença, que implicaria absorção integral do instante sobre si mesmo. Presente absoluto é a expressão da temporalidade concreta, expressão de como "o presente concreto é resultado do passado e está prenhe de futuro",[58] temporalidade que é a produção do processo concreto das coisas. Podemos procurar compreender sua estrutura se partimos de uma importante afirmação de Hegel, segundo a qual

> A vida do espírito presente é um círculo de degraus que, por um lado, permanecem justapostos [*nebeneinander*] e apenas por outro lado aparecem como passados. Os momentos que o espírito parece ter atrás de si, ele também os tem em sua profundidade presente.[59]

O presente como um círculo de degraus que aparecem, ao mesmo tempo, como justapostos e como passados. Momentos que estão, ao mesmo tempo, atrás e presentes.[60] Como vemos, trata-se de

58 G. W. F. Hegel, *Enzyklopädie*, op. cit., par. 259.

59 Id., *Vorlesungen über die Philosophie der Geschichte*, op. cit., p. 104.

60 Essa maneira hegeliana de compreender o tempo talvez encontre sua melhor figuração na imagem fornecida por Freud a respeito do tempo psíquico. Assim, "Tomemos como exemplo a evolução da Cidade Eterna. Os historiadores ensinam que a mais antiga Roma foi a *Roma quadrata*, um povoamento rodeado de cerca no monte Palatino. Seguiu-se então a fase dos *Septimontium*, uma federação das colônias sobre os respectivos montes, depois a cidade foi cercada pelo muro de Sérvio Túlio, e ainda mais tarde, após todas as transformações do tempo da república e dos primeiros césares, a cidade que o imperador Aureliano encerrou com seus muros. [...] Façamos agora a fantástica suposição de que Roma não seja uma morada humana, mas uma entidade psíquica com um passado igualmente longo e rico, na qual nada que veio a existir chegou a perecer, na qual, juntamente com a fase de desenvolvimento, todas as anteriores continuam a viver. [...] Quando queremos representar espacialmente o suceder histórico, isso pode se dar apenas com a justaposição no espaço; um mesmo espaço não admite ser preenchido duas vezes. Nossa tentativa parece uma brincadeira ociosa; ela tem uma justificação apenas: mostra-nos como estamos longe de dominar as peculiaridades da vida psíquica por meio da representação visual" (S. Freud, *O mal-estar na civilização*, trad. Paulo César de Souza. São Paulo: Companhia das Letras, 2011, pp. 21-23).

uma experiência temporal contraditória para a perspectiva do entendimento, mas que pode ser compreendida se lembrarmos como o conceito, enquanto expressão da eternidade, é uma forma de movimento que faz todos os processos desconexos se transfigurarem em momentos de uma unidade que não existia até então, ou seja, que é criada a posteriori mas (e este é o ponto fundamental) só pode ser criada porque coloca radicalmente em xeque a forma da unidade e da ligação tal como até então vigorou. O que não poderia ser diferente, já que o conceito não é expressão de uma substância ontologicamente assegurada em sua eternidade, mas um operador de adequação pragmática.[61] Por ser um operador pragmático, ele pode produzir performativamente formas de síntese completamente novas, implodindo as impossibilidades da linguagem com a força da confissão de outra língua que nasce. O conceito obriga o mundo a falar outra língua.

Nessa sua força de colocar em justaposição o que até então era radicalmente disjunto, de criar a contemporaneidade do não contemporâneo, o conceito pode instaurar o tempo de um presente absoluto no qual não há mais nada a esperar.[62] Mas o fato de não haver nada mais a esperar não significa que, a partir de agora, acontecimentos serão desprovidos de história ou a história será desprovida de acontecimentos. Não há nada mais a esperar porque os impossíveis podem agora se tornar possíveis, já que relações contraditórias foram reconstruídas no interior de um mesmo pro-

61 Desenvolvi o problema da natureza pragmática do conceito em Vladimir Safatle, "Linguagem e negação: sobre as relações entre pragmática e ontologia em Hegel", in *Revista doispontos*, Curitiba, São Carlos, v. 3, n. 1, 2006, pp. 109-46.

62 É isto que devemos ter em mente ao ler afirmações segundo as quais "A história tem diante de si o objeto concreto que reúne em si todos os lados da existência: seu indivíduo é o espírito do mundo [...] Mas o universal é a concretude infinita que apreende tudo em si, que é em toda parte presente, porque o Espírito é eterno consigo, pois não tem passado, permanecendo sempre o mesmo em sua força e potência" (G. W. F. Hegel, *Vorlesungen über die Philosophie der Weltgeschichte*, op. cit., p. 33).

cesso em curso. De certa forma, "a história chega por fim à sua essência propriamente dita"[63] transformando-se na cena da luta pela liberdade. Nesse sentido, podemos lembrar o que está pressuposto na própria construção hegeliana do conceito de "história universal", dessa história que é o progresso na consciência da liberdade.

A aceitação de algo como uma "história universal" parece implicar que a multiplicidade de experiências históricas e temporais deva se submeter a uma medida única de tempo. Como dirá Koselleck, trata-se da consequência necessária da definição da história como "coletivo singular". Definição que teria permitido que "se atribuísse à história aquela força que reside no interior de cada acontecimento que afeta a humanidade, aquele poder que a tudo reúne e impulsiona por meio de um plano, oculto ou manifesto, um poder frente ao qual o homem pôde acreditar-se responsável ou mesmo em cujo nome pôde acreditar estar agindo".[64] Parece ser de fato algo dessa natureza que Hegel teria em mente ao falar do espírito do mundo como "alma interior de todos os indivíduos", como um corpo social unificado na multiplicidade de seus espaços nacionais pela força da Providência.

No entanto, a figura do círculo de degraus, ao mesmo tempo justapostos e passados, não permite pensar unificações temporais redutíveis a um plano geral unívoco a partir do qual todos os devires se extrairiam. Melhor pensar no advento de um tempo definido como a relação entre tempos que são incomensuráveis sem ser indiferentes entre si. Tal concepção de tempo não é sem relação com o fato de os espaços nacionais animados pelo espírito do mundo não poderem, segundo Hegel, ser submetidos a um plano comum de paz perpétua, já que o campo das relações entre os espaços nacionais está sempre sujeito a decisões soberanas marcadas pela contingência. Os espaços nacionais que compõem

63 Hans-Gerg Gadamer, *Hegel, Husserl, Heidegger*. Petrópolis: Vozes, 2012.
64 R. Koselleck, op. cit., p. 52.

a história universal entram em relação sem garantia alguma de paz e estabilidade.[65]

Da mesma forma, tempos incomensuráveis mas não indiferentes interpenetram-se em um processo contínuo de mutação. Algo muito diferente da universalidade produzida pelo primado do tempo homogêneo, mensurável e abstrato da produção capitalista global, tão bem descrita por Marx. Nesse sentido, falar em "história universal" implica simplesmente defender que temporalidades incomensuráveis não são indiferentes. Tal interpenetração de temporalidades incomensuráveis significa abertura constante àquilo que não se submete à forma previamente estabilizada do tempo, o que faz da totalidade representada pela história universal, do presente absoluto que ela instaura, uma processualidade em contínua reordenação, por acontecimentos contingentes, da forma das séries de elementos anteriormente postos em relação. Daí sua plasticidade cambiante.[66]

Nesse sentido, podemos dizer que as relações entre os momentos obedecem a um processo de transfiguração da contingência em necessidade, o que não implica negação simples da contingência.

65 Cf. a conhecida crítica de Hegel à paz perpétua de Kant em G. W. F. Hegel, *Grundlinien der Philosophie des Recht*. Frankfurt: Suhrkamp, 1986, par. 333.

66 Nesse sentido, se tal plasticidade temporal pode incorporar-se no espírito de um povo, são sempre povos, de certa forma, devotados à sua autodesaparição porque têm a coragem de dar forma ao que irá arruiná-los, pois já fizeram o luto de sua duração. São povos que vivem pela pulsação de suas próprias contradições, que sabem no fundo que essas contradições irão explodir e levá-los junto, mas que mesmo assim continuam por saberem que só desta maneira constroem-se novas formas. Por isso, só podemos concordar com Žižek quando pergunta: "Deveríamos conceber a sucessão de grandes nações 'históricas' que, passando a tocha uma para a outra, incorporaram o progresso de uma era (Irã, Grécia, Roma, Alemanha...) não como uma benção pela qual uma nação é temporariamente elevada a determinada categoria histórico-universal, mas antes como a transmissão de uma doença espiritual contagiosa, uma doença da qual uma nação só pode se livrar passando-a para outra nação, uma doença que traz sofrimento e destruição para o povo contaminado?" (S. Žižek, *Menos que nada*, op. cit., p. 292).

Em Hegel, a contingência não é vista como fruto de um "defeito de nosso conhecimento", mas é integrada como momento de um processo de constituição da necessidade a partir de uma historicidade retroativa. Hegel procura compreender como o necessário se engendra *a partir* da efetividade (*Wirklichkeit*), como a efetividade produz a necessidade, produz um "não poder ser de outra forma". O que não significa que a realidade atual deva ser completamente justificada em termos filosóficos, como já se criticou em Hegel mais de uma vez. Antes, significa compreender como fenômenos contingentes, por não encontrarem lugar na determinação necessária da realidade atual, por aparecerem inicialmente como existência em "situação dispersa" (*zerstreuter Umstände*), transfiguram-se em necessidade ao inaugurar processualidades singulares.

Hegel determina inicialmente a contingência como uma "necessidade exterior",[67] já que é acontecimento que aparece como causado por outra coisa que si mesmo, não se integrando na imanência de uma "necessidade interior" que põe suas próprias circunstâncias. "O fundamento de seu ser não está em si mesmo, mas em outro",[68] confundido-se assim com a pura possibilidade, com o poder ser sempre outro, dirá Hegel. No entanto, essa exterioridade não é um erro que devemos abstratamente negar, mas um momento necessário resultante do fato de a imanência não estar imediatamente posta, de ser construída retroativamente a partir da liberalidade da razão em procurar integrar retroativamente o que se produziu a partir de acontecimentos contingentes.[69] Dessa forma, há de se compreender, e esta é a questão fundamental para Hegel, como a "efetividade imediata" representada pela contingência pode se transformar em pressuposto (*Voraussetzung*) para a

67 G. W. F. Hegel, *Vorlesungen über die Philosophie der Weltgeschichte*, op. cit., p. 29.

68 Id., *Enzyklopädie*, op. cit., par. 145.

69 Daí por que é difícil seguir o paralelismo entre Hegel e Spinoza a respeito do problema da contingência tal como sugerido por Gilles Marmasse, "Raison et déraison dans l'histoire". *Revista Eletrônica de Estudos Hegelianos*, ano 8, n. 14, v. 1.

emergência de uma "nova efetividade", fazendo da contingência um momento do "automovimento da forma".[70]

Tal liberalidade exige, no limite, pensar a totalidade posta pela história universal como um sistema aberto ao desequilíbrio periódico, pois a integração contínua de novos acontecimentos inicialmente experimentados como contingentes e indeterminados reconfigura o sentido dos demais anteriormente dispostos. Podemos afirmar que um belo exemplo desse movimento é a maneira como Hegel lembra que o Espírito pode "desfazer o acontecido" (*ungeschehen machen kann*)[71] reabsorvendo o fato em uma nova significação. É só em uma totalidade pensada como processualidade em plasticidade formal contínua que o acontecido pode ser desfeito e que as feridas do Espírito podem ser curadas sem deixar cicatrizes.[72] Nesse ponto, é difícil não concordar mais uma vez com Lebrun, para quem: "Se a História progride é para olhar para trás; se é progressão de uma linha de sentido é por retrospecção [...] a 'Necessidade-Providência' hegeliana é tão pouco autoritária que mais parece aprender, com o curso do mundo, o que eram os seus desígnios".[73]

70 Processo descrito por Hegel da seguinte forma: "este automovimento da forma é *atividade,* ativação da coisa como fundamento *real* que se supera na efetividade e ativação da efetividade contingente, das condições (*Bedingungen*), a saber, da reflexão-em-si e de sua autossuperação em direção a uma outra efetividade, à efetividade da *coisa*" (G. W. F. Hegel, *Enzyklopädie*, op. cit., par. 147).

71 G. W. F. Hegel, *Fenomenologia do Espírito*, v. II. Petrópolis: Vozes, 1992, p. 139.

72 "As feridas do espírito são curadas sem deixar cicatrizes. O fato não é o imperecível, mas é reabsorvido pelo espírito dentro de si; o que desvanece imediatamente é o lado da singularidade (*Einzelnheit*) que, seja como intenção, seja como negatividade e limite próprio ao existente, está presente no fato" (id., ibid., p. 140 – tradução modificada).

73 G. Lebrun, *O avesso da dialética*, op. cit., pp. 34-36. Levando em conta tal leitura, Žižek dirá, de maneira justa, que "É assim que deveríamos ler a tese de Hegel de que, no curso do desenvolvimento dialético, as coisas 'tornam-se aquilo que são': não que um desdobramento temporal simplesmente efetive uma estrutura conceitual atemporal preexistente – essa estrutura conceitual é em si o resultado de decisões temporais contingentes" (S. Žižek, *Menos que nada*, op. cit., p. 59).

Por outro lado, isso pode nos explicar por que não há tempo formal nem mero devir sem tempo em Hegel, mas uma espécie muito específica de temporalidade concreta. Pois não se trata de definir as formas gerais da experiência do tempo com sua normatividade imanente limitadora dos modos possíveis de experiência da consciência. Trata-se de explicar *como as formas temporais são empiricamente engendradas e modificadas* através da interpenetração contínua e da integração retroativa de temporalidades descontínuas que foram, por sua vez, produzidas pelo "processo das coisas efetivas". O tempo não aparece assim como uma normatividade transcendental. Ele é um campo de relações plasticamente reconfigurado (nas suas dimensões de passado, presente e futuro) a partir do impacto de acontecimentos inicialmente contingentes.

### A contradição na história

Não é difícil perceber como essa forma de compreender a temporalidade concreta em Hegel anda na contramão absoluta da maneira como Althusser define a dialética hegeliana e seu conceito de contradição. Não se trata aqui de fazer a análise extensiva dessa crítica, mas apenas de indicar os pontos que demonstram a matriz de certos equívocos a respeito da forma hegeliana de pensar a historicidade. Althusser afirma que Hegel tem apenas um conceito simples e unificador de contradição que opera por interiorização cumulativa:

> Com efeito, a cada momento de seu devir, a consciência vive e prova sua própria essência (que corresponde ao grau que ela alcançou) através de todos os ecos das essências anteriores que ela foi e através da presença alusiva de formas históricas correspondentes [...] Mas tais figuras passadas da consciência e seus mundos latentes (correspondentes a tais figuras) nunca afetam a consciência presente enquanto determinações diferentes dela mesma. Tais figuras e mundos só a concernem como ecos (lembranças, fantasmas de

sua história) do que ela se tornou, ou seja, como antecipações de si ou alusões a si.[74]

Althusser pode dizer que as figuras do passado nunca afetam a consciência como uma determinação diferente, que o passado foi desde sempre "digerido previamente",[75] porque Hegel pensaria o movimento a partir de uma contradição simples própria à noção de uma unidade originária simples que se cindiria em dois contrários, unidade: "desenvolvendo-se no seio de si mesma graças à virtude da negatividade e sempre restaurando-se, em todo seu desenvolvimento, cada vez em uma totalidade mais 'concreta' que tal unidade e simplicidade originárias".[76] Para tanto, seria necessário que todos os elementos da vida concreta de um mundo histórico fossem reduzidos a um princípio único compreendido como a exteriorização e alienação da forma abstrata da consciência de si referida a tal mundo, tal como Roma reduzida por Hegel à manifestação do princípio da personalidade jurídica abstrata. Daí a ideia althusseriana de falar em uma "contradição simples" a animar a dialética hegeliana. Como se a totalidade hegeliana possuísse uma unidade no interior da qual todas as diferenças seriam postas apenas para serem negadas enquanto a expressão do mesmo princípio espiritual transcendente. Pois, na totalidade hegeliana: "cada elemento é *pars totalis,* e as esferas visíveis são apenas o desdobramento alienado e restaurado do dito princípio interno".[77]

Tais elementos não seriam condições concretas da sobredeterminação causal do campo da experiência, mas desenvolvimentos de uma interioridade que se exteriorizou, que batizou de "contingência" o que tem por destino ser apenas a expressão da necessidade reinstaurada e reconhecida posteriormente pela consciência.

74 Louis Althusser, *Pour Marx*. Paris: La Découverte, 1986, p. 101.
75 Id., ibid., p. 115.
76 Id., ibid., p. 202.
77 Id., ibid., p. 210.

Pois: "é devido às condições de existência, naturais ou históricas, serem para Hegel 'contingentes' que elas não determinam em nada a totalidade espiritual da sociedade".[78] Na verdade, o destino de tal contingência é ser apenas uma figura da negatividade que move a imobilidade da totalidade já que, sendo "o que se mantém a si-mesmo em seu ser outro", o movimento dialético é um movimento do mesmo ao mesmo.

No entanto, Althusser desconhece a natureza da contradição hegeliana. Ao falar que: "O que em geral move o mundo é a contradição",[79] Hegel está a dizer que "movimento" não é o desenvolvimento progressivo de uma identidade previamente assegurada, de uma unidade simples originária, nem pode ser simplesmente pensado a partir da dinâmica de passagem da potência ao ato. Pois não haveria nada de contraditório no fato de algo em potência tornar-se ato ou no fato de uma unidade simples originária cindir-se em dois contrários. Contrariedade não é contradição e não há de se imaginar que Hegel teria feito equívoco tão elementar. No entanto, a princípio parece que é da passagem entre potência e ato que Hegel fala ao tematizar contradições como: "Algo move-se a si mesmo não enquanto está aqui neste agora e em outro agora lá, mas enquanto neste agora está e não está aqui, enquanto está e não está ao mesmo tempo neste aqui".[80] Pois estar em movimento parece ser ocupar potencialmente o outro agora, o outro aqui; logo, por me projetar em direção ao outro aqui, já o conteria em mim mesmo. No entanto, volto a insistir, se assim fosse, não haveria razão alguma para falar em contradição, no máximo deveríamos falar de contrariedades. Na verdade, estaremos mais próximos de Hegel se aceitarmos que a contradição não é entre este agora e o agora posterior, mas entre a compreensão representacional da

78 Id., ibid., p. 214.
79 G. W. F. Hegel, *Enziklopädie*, op. cit., par. 119.
80 Id., ibid., p. 76.

presença e a compreensão dialética da presença. A compreensão representacional da presença a define a partir de oposições, identidades próprias à disponibilidade de sucessões vinculadas às determinações do espaço. Já a compreensão dialética da presença tem uma profunda relação de contradição com o pensar representativo, já que implica pensar a presença a partir daquilo que podemos chamar, como gostaria de mostrar mais à frente, de simultaneidade espectral do tempo. Compreender que, agora, estou e não estou aqui implica transformar essencialmente o que entendemos por presença, como pensamos a presença.

Por isso, podemos dizer que *o movimento dialético não é mera modificação, mas é a destruição da identidade inicialmente posta*. Daí por que: "a diferença em geral é a *contradição* em si",[81] ou seja, a contradição é a determinação do ser a partir do primado da diferença. Pois contradição não é mera oposição, mas negação da totalidade da identidade inicial através do movimento de a identidade realizar-se como exceção de si, de a totalidade encarnar-se em um termo que a nega; de onde se segue a função decisiva da contingência. O que não poderia ser diferente para alguém que define o movimento da essência como uma autonegação. Definir tal autonegação como atualização do movimento da essência significa que a destruição da identidade posta não é fruto de um acidente, mas a realização da essência, ou mesmo a integração do acidente no interior da essência. Se fosse um acidente meramente exterior, não haveria contradição. O que se move, move-se por destruição de si e por inscrição dessa destruição em um movimento de "retorno em si" (*Rückkehr in sich selbst*) que modifica retroativamente o termo inicial finito e limitado, em vez de assegurá-lo em sua identidade inicial. Essa é a maneira hegeliana de afirmar que algo tem em si a própria causa do que o transforma. Ter em si a própria causa do que o transforma não é expressar a imanência de um de-

81 G. W. F. Hegel, *Wissenschaft der Logik II*. Frankfurt: Suhrkamp, 1996, p. 65.

vir que se desdobra no interior da totalidade da substância. Antes, ter em si a própria causa do que o transforma é integrar uma exceção que só poderá ser encarnada pela totalidade, uma contingência que só pode ser integrada pelo todo à condição de a totalidade modificar o que determina seu regime de relações. Daí por que é necessário falar em contradição como condição para o movimento.

Não sendo a cisão de uma unidade simples originária, a contradição em Hegel também não é própria de um princípio único que se desdobra sob a forma de uma determinação simples. Primeiro, porque isso implica desconhecer por completo a natureza produtiva das negações determinadas. As negações determinadas têm por característica assumir que a posição de dois termos em relação, por mais incomensuráveis que sejam inicialmente, *produz a modificação recíproca na natureza das identidades de ambos.* A negação determinada não aparece assim apenas como passagem de um conteúdo a outro que visaria mostrar o caráter limitado dos momentos parciais da experiência. Ela é principalmente a reconfiguração posterior de conteúdos já postos tomados como conjunto. O movimento que a negação determinada produz é um movimento de mutação para a frente, mas também para trás. Adorno compreendeu isso muito bem ao afirmar que aquilo que Hegel denomina como síntese "não é apenas a qualidade emergente da negação determinada e simplesmente nova, mas o retorno do negado; a progressão dialética é sempre também um recurso àquilo que se tornou vítima do conceito progressivo: o progresso na concreção do conceito é a sua autocorreção".[82] Mas para que essa processualidade, que Althusser insiste em ignorar, seja apreendida é necessário que a própria ideia de determinação mude e abandone sua natureza representacional. Ela advém de uma determinação infinita.

Por fim, há de se lembrar que as figuras da consciência que Althusser compreende como princípios únicos do processo de progres-

82 T. Adorno, *Dialética negativa*, op. cit., p. 276.

são histórica não são em hipótese alguma determinações simples. Antes, elas são como essas construções oníricas sobredeterminadas, pois compostas de condensação de vários tempos, situações e contextos. Situações jurídicas, literárias, cognitivas, de subjetividade política e mesmo morais, são figuradas no que não tem nem pode ser intepretado como uma determinação simples. Pois tais figuras são a dramatização de uma multiplicidade de processos que, mesmo temporalmente dispersos, compõem uma simultaneidade sobredeterminada. O que a "consciência infeliz" realmente representa? A moralidade kantiana, a experiência religiosa pré-reforma protestante, a consciência cognitiva diante do desvelamento da parcialidade relativista de seus modos de apreensão ou a sobredeterminação de tais processos temporalmente dispersos em uma pressão de transformação? E a dialética do senhor e do escravo? Uma antropogênese das relações sociais, a relação entre Napoleão e Toussaint L'Ouverture, a cisão entre consciência aperceptiva e consciência conceitual, a matriz elementar de alienação do desejo ou a sobredeterminação de todos esses processos? Se esse for o caso, então a crítica althusseriana simplesmente perde seu objeto.

## Glorificar o existente

Mas voltemos a esta força do Espírito de "desfazer o acontecido", pois ela pode nos fornecer mais orientações sobre o que está em jogo no conceito de presente absoluto. Muitas vezes pareceu, com tal força, estarmos diante da defesa de uma teoria do fato consumado que transfigura as violências do passado em necessidades no caminho de realização da universalidade normativa de um Espírito que conta a história a partir da perspectiva de quem está a: "deificar aquilo que é".[83] A confiança no Espírito seria a senha para um certo quietismo em relação ao presente. Melhor seria definir o es-

83 Id., ibid., p. 252.

pírito do mundo como "objeto digno de definição, como catástrofe permanente",[84] ou seja, consciência crítica do que foi necessário perder, e do que ainda é necessário, no interior do processo histórico de racionalização social. Pois pode parecer que uma filosofia à procura de explicar como os "homens históricos" [*geschichtlichen Menschen*], ou, ainda, os "indivíduos da história mundial" [*welthistorischen Individuen*], serão aqueles cujos fins particulares não são postos apenas como fins particulares, mas que submeteram tais fins à transfiguração, permitindo que eles contenham a "vontade do espírito do mundo" [*Wille des weltgeistes*], só poderia nos levar a alguma forma de justificação do curso do mundo, como temia Adorno em sua *Dialética negativa*, repetindo uma crítica já feita por Nietzsche em sua *Segunda consideração intempestiva* e por Marx quando acusa Hegel de "glorificar o existente".[85] Pois sendo a vontade do Espírito do mundo aquilo que se manifesta através do querer dos homens históricos, então como escapar da impressão de que, retroativamente, a filosofia hegeliana da história constrói a universalidade a partir daquelas particularidades que conseguiram vencer as batalhas da história? Como dirá Nietzsche: "quem aprendeu inicialmente a se curvar e a inclinar a cabeça diante do 'poder da história' acaba, por último, dizendo 'sim' a todo poder".[86]

Escapa-se dessa impressão, entretanto, explorando melhor duas características fundamentais da ação histórica em Hegel, a saber, sua natureza inconsciente e sua força de recuperar o que parecia perdido, de reativar oportunidades que pareciam petrificadas, através da reabertura do que está em jogo no presente. Nessa recuperação, não se trata de simplesmente justificar a configuração atual do presente, mas de modificar suas potencialidades ao desrealizar o que parecia realidade completamente determinada. Essas duas

84 Id., ibid., p. 266.
85 Karl Marx, *O capital*, v. 1. São Paulo: Boitempo, 2013, p. 91.
86 Id., ibid., p. 73.

características se vinculam, já que a compreensão da existência de uma dimensão inconsciente da ação quebra a ilusão de o presente ser apenas aquilo que se determina sob a forma estabelecida de representação acessível à configuração histórica atual da consciência. Sobre o primeiro ponto, lembremos afirmações como:

> Na história mundial, através das ações dos homens, é produzido em geral algo outro do que visam e alcançam, do que imediatamente sabem e querem. Eles realizam seus interesses, mas com isto é produzido algo outro que permanece no interior, algo não presente em sua consciência e em sua intenção.[87]

Ou seja, a história é feita por ações nas quais os homens não se enxergam, nas quais eles não se compreendem. Há uma dimensão aparentemente involuntária que constitui o campo da história. Ou, melhor dizendo, há um motor da história que para a consciência individual aparecerá necessariamente como algo da ordem do inconsciente. É a confiança nesse involuntário, nesse inconsciente que constitui os "homens históricos". Algo no mínimo estranho se continuarmos aceitando que há uma espécie de reconciliação entre consciência e tempo rememorado no interior da história. Reconciliação peculiar na qual a consciência deve se reconhecer na dimensão daquilo que ela mesma não enxerga, pois se trata de reconciliação com aquilo com o qual ela não saberia como dispor, não saberia como colocar diante de si em um regime de disponibilidade. De certa forma, homens históricos não estão sob a jurisdição de si mesmos, pois estão continuamente despossuídos por suas próprias ações (e, a sua maneira, poderíamos dizer que Hegel leva ao extremo esta contradição: *ser despossuído pelo que me é próprio*).

Ao levarmos isso em conta, podemos compreender, entre outras coisas, por que não são os indivíduos, aferrados na finitude de seus

87 G. W. F. Hegel, *Vorlesungen über die Philosophie der Geschichte*, op. cit., p. 42.

sistemas particulares de interesses, aqueles que fazem a história. Por isso, não são eles que podem narrá-la. Para Hegel, quem narra a história não são os homens, mas o Espírito.[88] Sem entrar aqui no mérito do que descreve exatamente o conceito de "Espírito" (uma entidade metafísica, um conjunto de práticas de interação social apropriado reflexivamente e genealogicamente por sujeitos agentes), gostaria de salientar ainda outro ponto, a saber, no momento em que o Espírito sobe à cena e narra a história, sua prosa é radicalmente distinta da prosa dos indivíduos que testemunham fatos. Em primeiro lugar, porque o Espírito não testemunha; ele totaliza processos revendo o que se passou às costas da consciência. Ele é a coruja de Minerva que rememora, que só alça voo depois do ocorrido. Uma totalização que não é mera recontagem, redescrição, mas construção performativa do que, até então, não existia. Pois um relato não é apenas um relato. Ele é uma decisão a respeito do que terá visibilidade e do que será percebido daqui para a frente, por isso as acusações que veem na filosofia hegeliana uma forma de "passadismo" erram completamente de alvo.

A esse respeito, lembremos, por exemplo, Vittorio Hösle, para quem o passadismo de Hegel mostraria como

> filosofia é recordação, olhar retrospectivo ao passado, não prolepse e projeto do que há de vir, do que há de se tornar realidade. E, na medida em que o que deve ser não está ainda realizado, não pode interessar à filosofia; ela apenas deve compreender o que é e o que foi. A pergunta kantiana "Que devo fazer?" não tem, assim, nenhum

88 Há de se lembrar de uma colocação de Derrida segundo a qual "a *Fenomenologia do Espírito* não se interessa por qualquer coisa a que possamos chamar simplesmente o homem. Ciência da experiência da consciência, ciência das estruturas da fenomenalidade do espírito relacionando-se com ele mesmo, ela distingue-se rigorosamente da antropologia. Na *Enciclopédia*, a seção intitulada *Fenomenologia do Espírito* vem depois da *Antropologia* e excede muito explicitamente os limites desta" (Jacques Derrida, *Margens da filosofia*. Campinas: Papirus, 1986, p. 156).

lugar dentro do sistema hegeliano. Uma resposta a ela poderia no melhor dos casos rezar assim: "Reconheça o racional na realidade".[89]

Nada mais distante da perspectiva que gostaria de defender, pois tal posição pressupõe que "recordar" equivale a redescobrir fatos que foram arquivados na memória social. Se é verdade que, para Hegel, filosofia é recordação, vale lembrar que todo ato de rememoração é uma reinscrição do que ocorreu a partir das pressões do presente.[90] Rememorar é ainda agir, e não simplesmente chegar depois que a realidade já perdeu a sua força. Antes, é mostrar como o passado está em perpétua reconfiguração, redefinindo continuamente as possibilidades do presente e do futuro. Nesse sentido, ignorar a força de decisão da descrição do passado é operar com a ficção da história como um quadro estável "do que realmente ocorreu", "*wie es eigentlich gewesen*", como dizia Ranke. No entanto, seremos mais fiéis a Hegel se afirmarmos que o passado é o que está perpetuamente ocorrendo, pois ele não é composto de uma sucessão de instantes que são desconexos entre si. Ele é composto de momentos em retroação.

## Fenomenologia do Espírito, ou melhor, Fenomenologia dos Espectros

Podemos compreender melhor a força performativa da rememoração se explorarmos a maneira como a narrativa da história em

89 Vittorio Hösle, *O sistema de Hegel: O idealismo da subjetividade e o problema da intersubjetividade*. São Paulo: Loyola, 2006, p. 468.

90 Desenvolvi este ponto em Vladimir Safatle, *Grande Hotel Abismo: para uma construção da teoria do reconhecimento*. São Paulo: Martins Fontes, 2012. Lembremos ainda que é por essa razão que devemos concordar com Žižek quando afirma que "o processo dialético hegeliano não é o Todo necessário, 'saturado' e autocontido, mas *o processo aberto e contingente pelo qual esse Todo se forma*. Em outras palavras, a crítica confunde ser com devir; ela percebe como uma ordem fixa do Ser (a rede de categorias) o que, para Hegel, é o processo do Devir, que engendra retroativamente sua necessidade" (S. Žižek, *Menos que nada*, op. cit., p. 69).

Hegel se assemelha, em certos pontos importantes, à elaboração de um trabalho de luto,[91] fato difícil de negligenciar em alguém que descreve a sequência de experiências da consciência em direção ao saber absoluto como um caminho do desespero. Nesse sentido, talvez não haja momento mais claro do que esta passagem canônica de *A razão na história*:

> Tudo parece passar, nada permanecer. Todo viajante já sentiu tal melancolia. Quem esteve diante das ruínas de Cartago, Palmira, Persépolis, Roma sem entregar-se a observações sobre a transitoriedade dos impérios e dos homens, sem cobrir-se de tristeza por uma vida passada, forte e rica?[92]

De novo, as ruínas, cuja descoberta aparece agora inicialmente como signo de melancolia. Uma melancolia que parece expressar fixação em um passado arruinado que aparentemente poderia ter sido outro, que deveria ter permanecido em seu esplendor. Fixação que desqualifica o existente por pretensamente não estar à altura das promessas que as ruínas das grandes conquistas um dia enunciaram. O que poderia essa melancolia produzir além do circuito da perda e da reparação, além da crença de que a transitoriedade nos revela o sofrimento de nossa vulnerabilidade extrema diante da contingência e do gosto amargo do presente? Ainda mais se lembrarmos que "a história universal não é o lugar de felicidade". Posição melancólica na qual a rejeição do existente (o que poderia ter sido o presente se Cartago, Palmira, Roma não tivessem tal destino?) pode facilmente se transmutar em acomodação conformista com o que é.[93]

91 Sobre este tema ver, por exemplo, R. Comay, op. cit.; P. Arantes, *Hegel: a ordem do tempo*, op. cit.; e G. Lebrun, *O avesso da dialética*, op. cit.

92 G. W. F. Hegel, *Vorlesungen über die Philosophie der Weltgeschichte*, op. cit., p. 35.

93 "A dialética explica a versatilidade ideológica de uma descompromissada rejeição do existente (nada menos que a transformação total é tolerável) ligada a uma acomodação fácil com o que ocorre (tudo é igualmente terrível, logo,

Contudo, é para nos livrar da fixação melancólica no passado, abrindo uma processualidade retroativa, que o conceito trabalhará. Daí por que, no mesmo trecho, Hegel não deixará de dizer que "a essa categoria da mudança liga-se igualmente a um outro lado, que da morte emerge nova vida". Como lembrará Paulo Arantes:

> O trabalho conceitual de luto culmina, também, numa liberação que igualmente torna possível outros investimentos; liberta-nos da tristeza da finitude por uma ruptura da ligação com o objeto suprimido, mas essa ruptura assume aqui a forma da dupla negação, pois é o desaparecimento da desaparição.[94]

É importante lembrar, no entanto, como esse trabalho de luto não opera por mera substituição do objeto perdido através do deslocamento da libido. Dar a tal deslocamento o estatuto de uma substituição equivaleria a colocar os objetos em um regime de intercambialidade estrutural, regime no interior do qual a falta produzida pelo objeto perdido poderia ser suplementada em sua integralidade pela construção de um objeto substituto que ocupe seu lugar. Um mundo de balcão de trocas sem prazo de vencimento. Se, como diz Freud, o homem não abandona antigas posições da libido mesmo quando um substituto lhe acena é porque não se trata simplesmente de substituição. O tempo do luto não é o tempo da reversibilidade absoluta. O desamparo que a perda do objeto produz não é simplesmente revertido. Por isso, vincular o luto a uma operação de esquecimento seria elevar a lobotomia a ideal de vida.

Nem substituição, nem esquecimento, o luto não significa deixar de amar objetos perdidos. A respeito do luto, Freud fala de um tempo de latência no qual "Uma a uma, as lembranças e

por que tomar partido?). Aceitando nada, tolero tudo: o impasse formalista" (R. Comay, op. cit., p. 120).

94 P. Arantes, *Hegel: a ordem do tempo*, op. cit., p. 210.

expectativas pelas quais a libido se ligava ao objeto são focalizadas e superinvestidas e nelas se realiza o desligamento da libido".[95] Tal desligamento não é um esquecimento, mas uma "operação de compromisso" a respeito da qual Freud não diz muito, da mesma forma como não diz muito a propósito de um processo estruturalmente semelhante ao luto, a saber, a sublimação. Talvez seja o caso de afirmar que tal operação de compromisso própria ao trabalho de luto é indissociável da abertura a uma forma de existência entre a presença e a ausência, entre a permanência e a duração. Uma *existência espectral* que, longe de ser um flerte com o irreal, é existência objetiva do que habita em um espaço o qual força as determinações presentes através de ressonâncias temporais.[96]

Como Derrida compreendeu bem, a respeito de Marx: "A semântica do *Gespenst* assombra a semântica do *Geist*".[97] Essa proximidade, à sua maneira, vale também para Hegel. Pois a existência do Espírito é descritível apenas em uma linguagem de espectros que animam os vivos, que dão à realidade uma espessura espectral pois é vida daquilo que, nos objetos mortos, nunca estava destinado à desaparição, vida do que ainda pulsa tomando o espírito de outros objetos em uma metamorfose contínua. Metamorfose que Hegel não temeu ao encontrar sua primeira elaboração imperfeita na representação oriental da transmigração das almas (*Seelenwanderung*).[98] Nada melhor que o Espírito hegeliano mostra, mesmo que Derrida não queira aceitar, como:

95 S. Freud, *Luto e melancolia*, trad. Marilene Carone. São Paulo: Cosac Naify, 2011, p. 49.

96 Ver, por exemplo, os ensaios de Jeanne Marie Gagnebin sobre a "experiência liminar" em Jeanne Marie Gagnebin, *Limiar, aura e rememoração: ensaios sobre Walter Benjamin*. São Paulo: Editora 34, 2014.

97 J. Derrida, *Spectres de Marx*. Paris: Galilée, 1993, p. 175 [ed. bras.: *Espectros de Marx: o estado da dívida, o trabalho do luto e a nova internacional*. Rio de Janeiro: Relume-Dumará, 1994].

98 G. W. F. Hegel, *Vorlesungen über die Philosophie der Weltgeschichte*, op. cit., p. 35.

> Se há algo como a *espectralidade*, há razão para duvidar dessa ordem asseguradora de presentes e sobretudo dessa fronteira entre o presente, a realidade atual ou o presente do presente e tudo o que podemos lhe opor: a ausência, a não presença, a inefetividade, a inatualidade, a virtualidade ou mesmo o simulacro em geral etc. Há de se duvidar inicialmente da contemporaneidade a si do presente. Antes de saber se podemos diferenciar o espectro do passado e este do futuro, do presente passado e do presente futuro, faz-se necessário talvez perguntar se o *efeito de espectralidade* não consistiria em desmontar tal oposição, mesmo tal dialética, entre o presente efetivo e seu outro.[99]

Derrida infelizmente não percebeu como, na obra de Hegel, é através desse efeito de espectralidade que desaparece a desaparição. É assim que o Espírito se afirma como processo de conversão absoluta da violência das perdas e separações em ampliação do presente. Pois esse espaço de metamorfoses produzido pelo luto é uma imagem privilegiada da linguagem de temporalidades múltiplas que se interpenetram. Por isso, podemos dizer que o trabalho de luto não é uma construção de processos de substituição próprias a uma lógica compensatória. Ele é produção de uma temporalidade que pode se dispor em um presente absoluto. Não se trata assim de justificar a realidade, mas, de certa forma, desrealizá-la mostrando como os espectros do passado ainda estão vivos e prontos a habitar outros corpos, a abrir outras potencialidades. Um pouco como o Moisés de Freud que, como um espectro que morreu apenas para ser mais forte, reincorpora-se em um segundo Moisés, fazendo com que o que parecia perdido recupere sua potência de ação sob nova figura. *O corpo político só pode ser um peculiar corpo espectral* com suas temporalidades em mutação.

99 J. Derrida, *Spectres de Marx*, op. cit., p. 72.

Notemos, a esse respeito, que um corpo espectral não é um corpo fantasmático. Um corpo político fantasmático, como deve ter ficado claro nos dois primeiros capítulos, constitui-se através da produção de uma unidade imaginária capaz de assegurar a consistência do sentido das normas sociais e de suas injunções graças à construção de uma autoridade soberana fantasmaticamente assegurada. Um corpo político espectral desconhece unidade imaginária. Ele é o espaço de remissão constante de experiências temporalmente irredutíveis que produzem mutações formais impredicáveis.

Por isso, o trabalho de luto do conceito, trabalho capaz de construir tal corporeidade, nunca poderia ser compreendido como uma astuta operação de resignação, como várias vezes foi sugerido, de Marx até Deleuze. Ele é uso da força do desamparo na dissolução dos bloqueios do presente, na transformação concreta da experiência do tempo a fim de produzir uma forma inaudita de confiança e abertura. Tendo isso em vista, podemos compreender os parágrafos finais da *Fenomenologia do Espírito*, dedicados ao saber absoluto, estes que, ao falarem da história como devir do Espírito, afirmam:

> Este devir apresenta uma sucessão de espíritos e um movimento lento, uma galeria de imagens na qual cada uma é dotada com toda a riqueza do Espírito e ele se move de forma tão lenta para que o Si possa assimilar e penetrar toda riqueza de sua substância. Como a realização do Espírito consiste em saber integralmente o que ele é, saber sua substância, este saber é seu ir-para-si (*In-sich-gehen*) através do qual o Espírito deixa sua existência (*Dasein*) e transfere sua figura (*Gestalt*) à rememoração. Em seu ir-para-si, o Espírito é absorvido pela noite da consciência-de-si, mas sua existência desaparecida conserva-se nele, e sua existência superada (*aufgehobne*) – esta precedente, mas que renasceu pelo saber – é a nova existência, um novo mundo e uma nova figura do Espírito. Nela, o Espírito deve recomeçar desprevenido (*unbefangen*) em sua imediatez desde o início

> e daí recuperar novamente sua grandeza, como se todo precedente fosse para ele perdido e ele nada houvesse aprendido da experiência dos espíritos anteriores. Mas a rememoração (*Erinnerung*) lhes conservou; ela é o interior e, na verdade, a forma mais elevada da substância. Se este espírito recomeça sua formação desde o início, como se partisse apenas de si, é na verdade de um nível mais elevado que ele começa.[100]

Assim, a história é uma rememoração na qual as formações do Espírito passam como uma galeria de imagens diante das quais é necessário demorar-se, passar mais de uma vez, como quem está diante da perlaboração de um luto. Dessa forma, o Espírito transfere a existência à rememoração. No entanto, tal transferência é bastante singular por parecer inicialmente um esquecimento, por nos fazer adentrar na noite da consciência de si. Pois o Espírito recomeça como se nada houvesse aprendido, como se houvesse tudo perdido, desamparado por ter tudo perdido. Mas tal perda total é uma necessidade, pois ela significa simplesmente que esse "novo mundo", que essa "nova existência" é resultado da força do Espírito em abrir novos começos com a naturalidade de quem nada tem mais a carregar nas costas, com a naturalidade de quem cura suas feridas sem deixar cicatrizes, desfazendo o acontecido.[101] Ao agir como se houvesse esquecido, o Espírito pode reencontrar as experiências passadas em uma forma mais elevada, retomá-las de um ponto mais avançado, pois ele perceberá que simplesmente deixou a profundidade inconsciente das experiências agir através de seus gestos, deixou seus espectros habitarem seus gestos. Nunca

100 G. W. F. Hegel, *Phänomenologie des Geistes*, op. cit.

101 No que é impossível não concordar com a colocação precisa de Rebbeca Comay, segundo a qual "Apagamento, não comemoração, é a última palavra da *Fenomenologia do Espírito* – ao mesmo tempo sua promessa iconoclasta e seu vazio (*blank*) repressivo. Tal vazio é ambíguo: ele testemunha tanto a abertura radical ao futuro quanto o apagamento das oportunidades perdidas do passado" (R. Comay, op. cit., p. 149). Mas só se rompe tal ambiguidade apostando em um dos polos.

se perde nada, apenas se termina um mundo que já não pode ser sustentado, que já deu tudo o que podia dar, para que outro mundo comece reconfigurando o tempo das experiências passadas em outro campo de existência, em outro modo de existência. Assim, o Espírito reencontra o destino produtivo das experiências que o desampararam. Nenhum passadismo, nenhuma glorificação do existente. Apenas a crença de que nenhum fato poderá nos fazer perder, de uma vez por todas, a possibilidade de recomeçar. Pois:

> O cosmo, o mesmo para todos, não o fez nenhum dos deuses nem nenhum dos homens, mas sempre foi, é e será fogo sempre vivo, acendendo-se segundo medidas e segundo medidas apagando-se.[102]

### *FERMATA*

Se não há política sem incorporação, sem a criação de um corpo político, uma tarefa fundamental consistirá em pensar como é possível um corpo não mais assombrado pela afirmação da coesão imaginária e da unidade encarnada em figuras de soberania. Um corpo espectral com sua temporalidade múltipla, sua potência de desrealização dos limites da efetividade e sua processualidade contínua será forma capaz de abrir a produtividade da indeterminação e nos liberar de um pensamento ainda preso aos fantasmas da identidade coletiva ou mesmo do povo como unidade orgânica. Há de se levar até o extremo a liberação dos sujeitos políticos da procura em construir identidades coletivas, mas mostrando ao mesmo tempo a potencialidade de tais sujeitos em produzir um corpo político capaz de responder, para além das determinações identitárias, por demandas gerais de reconhecimento.

A incorporação que constitui corpos dessa natureza não é produzida pelos afetos de medo e esperança, mas é impulsionada pelas múltiplas formas de afirmação do desamparo e das relações de despossessão que

102 Heráclito, *Fragmentos contextualizados*. Rio de Janeiro: Odysseu, 2012, p. 135.

ele gera. No entanto, para que o desamparo possa produzir um corpo, e não apenas marcar o colapso catatônico de toda ação, faz-se necessário que ele seja a expressão de um processo de transfiguração que tem na negação das representações naturais e da estabilidade das determinações atributivas da pessoa seu momento gerador. Ou seja, tal negatividade se desvela como momento da conversão das violências do desamparo em trabalho processual.

Este é o momento de lembrar que a indeterminação, conceito que procurei recuperar para uma teoria do reconhecimento em outro livro, não é nem poderia ser uma forma abstrata de negação e de ausência de relações. Em certo sentido, ela se aproxima do conceito de sobredeterminação (*Überdeterminierung*), enquanto multiplicidade de relações simultâneas que são incomensuráveis entre si sem serem indiferentes, criando um *sistema* de conexões em processualidade perpétua. O que é sobredeterminado só se determina *a posteriori*, pois não pode ser submetido a relações de causalidade capazes de assegurar níveis relevantes de previsibilidade. Mesmo demonstrando uma espécie de determinação retroativa ele continua indeterminado no que diz respeito a seus desdobramentos necessários. O que é sobredeterminado obedece a causalidades formais múltiplas que equivalem à experiência da indeterminação. Por isso, uma indeterminação produtiva é uma indeterminação dinâmica no sentido de ser a descrição de um processo dinâmico de relações múltiplas em contínua interpenetração. Algo diferente de uma indeterminação improdutiva, que é o colapso de todo movimento e o perpetuar a situação de decomposição.[103] Um caso que ocorre quando estamos diante de sistemas que só conseguiram se preservar através da defesa insistente da estabilidade de suas estruturas normativas.

Essa indeterminação espectral que compõe corpos políticos é a resposta mais adequada à estrutura disciplinar da biopolítica em sua nova versão, a saber, essa que transformou a disciplina em forma de gestão in-

103 Para essa distinção entre experiências produtivas e improdutivas de indeterminação, ver Christian Dunker, *Mal-estar, sofrimento, sintoma*, op. cit.

finito ruim da anomia. Gere-se a anomia, como veremos agora, através da flexibilização das identidades, da depressividade e da constituição de espaços de intercambialidade geral. Podemos apostar que é possível desativá-la através da pulsação de rupturas que impedem a intercambialidade graças à experiência da contingência, que se contrapõem à depressividade através do trabalho do negativo e que superam a flexibilidade através da espectralidade e da despossessão.

Há de se admirar a ironia de uma época que descobre que só alcançaremos nossa liberdade quando reanimarmos todos os fantasmas a ponto de não haver nada completamente vivo nem mais nada completamente morto. Quando abrirmos as portas do tempo com suas pulsações descontroladas e anômalas, suas múltiplas formas de presença e existência, então conseguiremos mais uma vez explodir os limites da experiência e fazer o que até então apareceu como impossível tornar-se possível.

LEBENSFORM

Anselm Kiefer – *Falling Stars* (2007)

Vija Kinski é a "chefe de teoria" de Eric Packer. Dentro da limusine de Packer, sua chefe de teoria disserta sobre o caráter fascinante da dinâmica contemporânea do capitalismo. Ao mesmo tempo, do lado de fora, uma revolta anticapitalista enche o ar das ruas de Nova York com gás lacrimogêneo, sangue extraído por cassetetes e gritos da polícia. Um homem acaba por se autoimolar, acrescentando ainda o odor de carne queimada. Nada disso, no entanto, parece mudar o curso das ideias de Kinski, seu ritmo pausado de quem descobriu as maravilhas do zen-budismo estilo-celebridade-de-Hollywood, assim como seu interesse pelo mundo do ponto de vista especulativo dos especuladores. Para ela "o dinheiro sofreu uma mudança. Toda riqueza virou seu próprio objeto. Toda riqueza enorme agora é assim. O dinheiro perdeu sua qualidade narrativa, tal como a pintura antes".[1] Dentro da limusine de Packer, cercada por computadores com informações das bolsas de valores ao redor do mundo: é desta forma que Kinski celebra o novo estágio do capitalismo financeiro.

1 Don Delillo, *Cosmópolis*. São Paulo: Companhia das Letras, 2003, p. 79.

Que o dinheiro tenha tido qualidade narrativa algum dia, eis algo que só poderia ser defendido à condição de ignorar como o capitalismo sempre foi animado pela referencialidade das dinâmicas de autovalorização cada vez mais abertamente autônomas do Capital. Mas há de se conceder à chefe de teoria do jovem especulador Packer que as máscaras se tornaram completamente obsoletas. Não, não precisamos mais imaginar que o dinheiro tenha qualidade narrativa, que ele conte a saga da produção material de bens e de seu crescimento, da criatividade visionária e sua recompensa pelo mérito, do empenho ascético do trabalho animado pela ética protestante. Não. É a ausência destrutiva de toda qualidade narrativa que deveria nos fascinar na circulação contemporânea da riqueza monetária. Ao menos essa é a cantilena a ser ensinada. Como se fosse possível transformar a pulsão de morte em fluxo financeiro desimpedido. Devemos, no sentido moral-superegoico do dever, *Wir sollen*, nos deixar fascinar por esta autonomia que parece ser dotada da capacidade de tudo descorporificar em um fluxo contínuo, que fala apenas dela mesma, que parece seguir a voz encantatória de um Clement Greenberg das finanças. Voz que canta: "Propriedade não tem mais ligação alguma com poder, personalidade e autoridade. Nem com exibicionismo, vulgar ou de bom gosto. Porque não tem mais peso nem forma. Você mesmo, Eric, pense. O que você comprou por 104 milhões de dólares? Não foram dezenas de cômodos, vistas incomparáveis, elevadores privados. Nem o quarto rotativo nem a cama computadorizada. Nem a piscina nem o tubarão. O espaço aéreo? Os sensores de controle e o software? Não, nem os espelhos que dizem como se sente quando olha para eles de manhã. Você gastou esse dinheiro pelo número em si. Cento e quatro milhões. Foi isso que você comprou. E valeu a pena".[2]

2 Id., ibid., p. 80.

Sim, Eric, valeu a pena gozar da pura abstração. Gozar dessa soberania simulada construída através da redução de todos os corpos à segurança da medida que se impõe como única experiência de sentido. Única, porém pretensamente segura como uma axiomática. Há afetos que só o capitalismo produz e é deles que o sistema econômico tira sua força, como esse gozo do cálculo enquanto forma de domínio, da equivalência enquanto controle que aprendemos ouvindo nossa "chefe de teoria". Todos os corpos reduzidos à condição de suportes intercambiáveis de um processo contínuo de circulação fetichista da equivalência. "Cento e quatro milhões. Foi isso que você comprou." Sim, Eric, cada um tem a grandeza que merece. Isso até as estrelas começarem a cair.

## Ascensão e ascensão da plasticidade mercantil do corpo

*Eu creio que o corpo é obsoleto.*
ORLAN

*Economics are the method.*
*The object is to change the heart and soul.*
MARGARET THATCHER

Há de se sentir a queda das máscaras que nos faziam acreditar na qualidade narrativa do dinheiro. Há de senti-las até mesmo, ou talvez principalmente, no corpo, nesses corpos cujos desejos seguem uma economia libidinal que celebra, "como princípio básico do pensamento capitalista", "a vontade de destruir como impulso criativo".[3] Pois a corporeidade não poderia ficar intacta à destruição mercantil das formas estáticas. Sobretudo, ela não poderia ficar intacta à *incitação mercantil da destruição*. Um tipo muito específico e controlado de violência (pois, como já foi dito, nem todas as violências se equivalem, nem todas as destruições produzem os mesmos resultados) que celebra a unidade de uma forma muito específica de incorporação, a saber, a produzida por um corpo social sintetizado pela dinâmica contínua de fluxos equivalentes cada vez mais amplos. Violência que sintetiza unidades através da destruição de tudo o que não se deixa configurar em fluxo codificado pela forma-mercadoria. Por isso, violência que desconhece o tempo, não como unidade de medida, mas como qualidade; que desconhece a morte,

3 Don Delillo, *Cosmópolis*. São Paulo: Companhia das Letras, 2003, p. 93.

não como culto da finitude, mas como experiência da impredicação. "As pessoas não vão morrer. Não é este o credo da nova cultura? As pessoas vão ser absorvidas em fluxos de informação."[4] Em vez de trabalho de luto do conceito, o trabalho de luto asséptico patrocinado pelo fluxo do Capital.

Seria então necessário perguntar sobre o impacto dessas transformações na corporeidade, ou seja, perguntar *como as modificações do corpo social produzem mutações na corporeidade dos sujeitos, como corpo social e corpo subjetivo nunca foram indiferentes*. Seria o caso de aceitar a premissa de Michel Foucault, para quem a natureza disciplinar do poder exprime "certa modalidade, bem específica da nossa sociedade, do que poderíamos chamar de contato sináptico corpo-poder",[5] pois não haveria como recusar a ideia de que "O homem de que nos falam e que nos convidam a liberar já é em si mesmo o efeito de uma sujeição bem mais profunda que ele. Uma 'alma' o habita e o leva à existência que é, ela mesma, uma peça no domínio exercido pelo poder sobre o corpo. A alma, efeito e instrumento de uma anatomia política".[6] Uma anatomia política que faz com que não exista poder sem uma forma de regulagem dos corpos e de seus regimes de desejo. Não há poder que não crie uma "vida psíquica" através das marcas que deixa nos corpos. Mas há de se compreender a especificidade dos contatos sinápticos corpo-poder de nossa era histórica, já que muitos gostariam de acreditar que estaríamos em uma fase de desregulamentação genérica dos modos de si e de fortalecimento do campo de decisões individuais a respeito das configurações libidinais da subjetividade.

No entanto, melhor seria dizer que, no estágio atual do capitalismo, temos um deslocamento dos regimes disciplinares e de controle que pode ser esclarecido se nos atentarmos à forma peculiar

4 Id., ibid., p. 103.
5 Michel Foucault, *O poder psiquiátrico*. São Paulo: Martins Fontes, p. 51.
6 Id., *Vigiar e punir*, trad. Raquel Ramalhete. Petrópolis: Vozes, 2010, p. 32.

como identidades subjetivas são atualmente produzidas. De certa forma, a noção liberal do individualismo possessivo ainda é conservada, como veremos em vários momentos da terceira parte deste livro, mesmo após mutações que a desproveram de suas ilusões de coerência e fixidez identitária. Na verdade, perguntar-se sobre as mutações na corporeidade dos sujeitos seria uma forma de determinar o que são aquilo que poderíamos chamar de "identidades flexíveis", ou seja, identidades que absorvem a dissolução mercantil das determinações de conteúdo (por isso são "flexíveis"), que flertam com a indeterminação mesmo sendo capazes de conservar a *determinação formal de predicação por propriedades* (por isso ainda são "identidades"). Identidades que se expressam em corpos não mais pensados como *locus* de determinações estáveis de conteúdo.[7] Corpos em mutação e reconfiguração contínua, mas que determinam cada uma de suas figuras sob a forma geral da propriedade, do próprio, da extensão do domínio consciente da vontade. Nossos corpos perderam a qualidade narrativa, eles são habitados pela violência dos fluxos contínuos codificados pela forma-mercadoria, mas eles ainda sabem contar. Para as sociedades neoliberais, isso basta.

## A expropriação da economia libidinal

O neoliberalismo não é apenas um modo de regulação dos sistemas de trocas econômicas baseado na maximização da concorrência e do dito livre-comércio. Ele é um regime de gestão social

7 Foi Deleuze um dos primeiros a salientar essa modificação ao compreender como a matriz de socialização repressiva denunciada em *O anti-Édipo* tenderia a dar lugar a um modo de controle onde este é "uma modulação, como uma moldagem autodeformante que mudasse continuamente, a cada instante, ou como uma peneira cujas malhas mudassem de um ponto a outro" (Gilles Deleuze, *Conversações*, trad. Peter Pál Pelbart. São Paulo: Editora 34, 2008, p. 221). Essa era sua forma de indicar o advento da flexibilização como disciplina, advento dessa modulação normativa constante que pressupõe ausência de determinações fixas às quais os sujeitos devam se conformar.

e produção de formas de vida que traz uma corporeidade específica, uma corporeidade neoliberal. Margareth Thatcher mostrou ao menos a virtude da honestidade ao afirmar que "a economia é o método. O objeto é modificar o coração e a alma".[8] Se Thatcher tivesse lido Foucault, ela complementaria afirmando que o coração e a alma são peças na dominação que o poder exerce sobre o corpo. Pois, como foi dito anteriormente, há uma instauração sensível da vida psíquica cujos mecanismos precisam ser compreendidos. É necessário ter isso em mente quando se perguntar o que seria então esse novo homem neoliberal, qual sua economia libidinal.

Nesse sentido, toda reflexão sobre o neoliberalismo talvez tenha de partir de um paradoxo aparente. Poderíamos começar lembrando como o desmantelamento neoliberal do sistema de seguridade social construído pelos ditos Estados de Bem-Estar a partir dos anos 1970 provocou a liberação de um processo de expropriação da mais-valia absoluta, ou seja, de acumulação econômica através de uma expropriação baseada na intensificação dos regimes de trabalho e na redução dos salários.[9] No entanto, tal processo ocorreu paradoxalmente a partir do momento em que as sociedades capitalistas não podiam mais constituir sua coesão social e sua adesão psicológica através do recurso aos modelos de internalização psíquica de uma ética do trabalho de moldes weberianos. O desenvolvimento exponencial da sociedade de consumo e suas exigências de mobilização total dos desejos, de enunciação integral dos desejos no interior da esfera da multiplicação da satisfação mercantil inviabilizam

8 Margaret Thatcher, *Interview*. Disponível em: http://www.margaretthatcher.org/document/104475.

9 Os números são claros nesse sentido: por exemplo, enquanto o PIB norte-americano por habitante cresceu 36% entre 1973 e 1995, o valor da hora de trabalho de não executivos (que constitui a maioria dos empregos) caiu 14%. No ano 2000, o salário real de não executivos nos Estados Unidos retornou ao que era há cinquenta anos. Ver, a esse respeito, Lester Thurow, *Les Fractures du capitalisme*. Paris: Village Mondial, 1997.

o recurso a tal modelo de *ethos*.[10] Nesse momento, em que um novo *éthos* do capitalismo se fazia necessário,[11] o neoliberalismo conseguiu consolidá-lo através de certa expropriação direta da economia libidinal dos sujeitos.

A disciplina neoliberal não pode ser compreendida como simples conjunto de condições para a internalização de dinâmicas repressivas capazes de determinar sujeitos em individualidades rígidas e funcionalizadas, como vemos nas "sanções psicológicas" da moralidade própria ao espírito protestante do capitalismo, tal como descrito por Weber. Por serem repressivas, tais estruturas disciplinares produziam subjetividades clivadas entre exigências de conformação social e uma "outra cena" na qual se alojava a potência desreguladora do desejo. A uniformização disciplinar criava uma matriz de conflito claramente presente na fratura entre princípio de realidade e desejo recalcado cujo modelo de sofrimento psíquico era tão claramente expresso nas neuroses, tais como descritas por Freud. Mas regimes de gestão social que se queiram realmente eficazes não podem permitir clivagens dessa natureza com a consequente constituição de um polo alternativo de motivações para o agir. Motivações que encontrariam muitas vezes expressão em atividades normalmente dissociadas do universo compulsivo do trabalho alienado, atividades nele vistas como improdutivas (como o sexo, a experiência amorosa, o fazer estético, dar aulas sobre o problema da contradição em Hegel etc.). Ele deve expropriar todas as motivações que poderiam fornecer espaço para experiências que não se deixam ler a partir da lógica em operação na esfera econômica, eliminando os afetos que essas experiências geram. Processo

10 Desenvolvi esse ponto em Vladimir Safatle, "Por uma crítica da economia libidinal", in *Cinismo e falência da crítica*. São Paulo: Boitempo, 2008. A contradição entre desenvolvimento da sociedade de consumo e o *ethos* do trabalho weberiano foi inicialmente descrita por Daniel Bell, *The Cultural Contradiction of Capitalism*. Nova York: Basic Books, 1996.

11 Como bem lembrou Luc Boltanski e Eve Chiapello, *Le Nouvel esprit du capitalisme*. Paris: Gallimard, 1999.

de expropriação cujas bases foram pela primeira vez descritas através do conceito frankfurtiano de "dessublimação repressiva".[12] Expropriar, no entanto, só é possível através da absorção da própria dinâmica pulsional pela lógica econômica, ou seja, através de uma socialização das pulsões que não passe mais, de forma hegemônica, pelas clivagens organizadas sob a forma do recalque.[13] Uma socialização que não é simplesmente retorno à temática da integração das demandas particulares de satisfação por uma sociedade cada vez mais "hedonista", tópos clássico de uma crítica moral da sociedade de consumo, mas que se refere à maneira como a estrutura polimórfica e disruptiva da ordem das pulsões, sua potência de indeterminação é traduzida em um novo papel socioeconômico através de uma forma renovada de gerir conflitos psíquicos.

O neoliberalismo conseguiu resolver essa equação através da constituição de um "ideal empresarial de si" como dispositivo disciplinar.[14] Assim, se nos perguntarmos sobre como foi possível

12 Através da integração mercantil do que provocava o mal-estar da "consciência infeliz", Marcuse descreverá um processo através do qual "a liberação da sexualidade (e da agressividade) liberta os impulsos instintivos de muito da infelicidade e do descontentamento que elucidam o poder repressivo do universo de satisfação estabelecido" (Herbert Marcuse, *A ideologia da sociedade industrial: o homem unidimensional*, 4ª ed., trad. Giasone Rebuá. Rio de Janeiro: Zahar, 1973, p. 86).

13 Sobre a obsolescência do recalque como operador hegemônico de conflitos psíquicos, ver o último capítulo de Vladimir Safatle, *Fetichismo: colonizar o Outro*. Rio de Janeiro: Jorge Zahar, 2010.

14 Tema desenvolvido de maneira sistemática por Michel Foucault, *O nascimento da biopolítica*. São Paulo: Martins Fontes, 2006, e Pierre Dardot e Christian Laval, *La Nouvelle raison du monde*. Paris: La Découverte, 2010. Foi Wendy Brown que compreendeu como "lá onde o liberalismo clássico mantinha uma distinção e às vezes mesmo uma tensão entre critérios da moral individual ou coletiva e as ações econômicas (de onde se seguem as diferenças impressionantes de tom, de tipos de questões e mesmo de prescrições entre *A riqueza das nações* de Adam Smith e sua *Teoria dos sentimentos morais*) o neoliberalismo produz normativamente os indivíduos como atores empreendedores, endereçando-se a eles como tais, em todos os domínios de suas vidas" (Wendy Brown, *Les Habits neufs de la politique mondiale: néolibéralisme et néo-conservatisme*. Paris: Les Prairies Ordinaires, 2007, p. 54).

colocar em marcha um processo de recentragem da acumulação através da extração da mais-valia absoluta no momento em que não havia mais condições para apelar à ética protestante do trabalho, responderemos que devemos estar atentos à maneira como um certo "consentimento moral"[15] a tal expropriação, vindo exatamente daqueles que dela mais sofrem, constitui-se graças ao impacto psíquico da internalização de um "ideal empresarial de si". Graças à internalização desse ideal, o risco de insegurança social produzido pela desregulamentação do trabalho foi suplantado pela promessa de plasticidade absoluta das formas de vida, ou seja, tal desregulamentação se traduziu em liberação da potencialidade de constituir projetos conscientes de formas de vida, da mesma maneira que a intensificação do desempenho e das performances exigida pelo ritmo econômico neoliberal se transformou em um peculiar modo subjetivo de gozo. Assim, o medo do risco provocado pela insegurança social pode aparecer como covardia moral.

O ideal empresarial de si foi o resultado psíquico necessário da estratégia neoliberal de construir uma "formalização da sociedade com base no modelo da empresa",[16] o que permitiu à lógica mercantil, entre outras coisas, ser usada como tribunal econômico contra o poder público. Pois é fundamental ao neoliberalismo "a extensão e disseminação dos valores do mercado à política social e a todas as instituições".[17] A generalização da forma-empresa no interior do corpo social abriu as portas para os indivíduos se autocompreenderem como "empresários de si mesmos" que definem a racionalidade de suas ações a partir da lógica de investimentos e retorno de "capitais"[18] e que compreendem seus afetos como

15 Bem percebido, como veremos no próximo capítulo, por Axel Honneth em *Das recht der Freiheit*. Frankfurt: Suhrkamp, 2013.

16 M. Foucault, *O nascimento da biopolítica*, op. cit., p. 222.

17 W. Brown, op. cit., p. 50.

18 Fundamental para isso foi a consolidação do uso da noção de "capital humano" tal como podemos encontrar em Gary Becker, *Human Capital: A Theoretical and*

objetos de um trabalho sobre si tendo em vista a produção de "inteligência emocional"[19] e otimização de suas competências afetivas. Ela permitiu ainda a "racionalização empresarial do desejo",[20] fundamento normativo para a internalização de um trabalho de vigilância e controle baseado na autoavaliação constante de si a partir de critérios derivados do mundo da administração de empresas. Essa retradução das dimensões gerais das relações inter e intrassubjetivas em uma racionalidade de análise econômica baseada no "cálculo racional" de custos e benefícios abriu uma nova interface entre governo e indivíduo, criando modos de governabilidade muito mais enraizados psiquicamente.

Notemos ainda que a internalização de um ideal empresarial de si só foi possível porque a própria empresa capitalista havia paulatinamente modificado suas estruturas disciplinares a partir do final dos anos 1920. A brutalidade do modelo taylorista de administração de tempos e movimentos, assim como a impessoalidade do modelo burocrático weberiano haviam paulatinamente dado lugar a um modelo "humanista" desde a aceitação dos trabalhos pioneiros de Elton Mayo, fundados nos recursos psicológicos de uma engenharia motivacional na qual "cooperação", "comunicação" e "reconhecimento" se transformavam em dispositivos de otimização da produtividade.[21] Essa "humanização" da empresa capitalista, responsável pela criação de uma zona intermediária entre técnicas de gestão e regimes de intervenção terapêutica, com um vocabulá-

*Empirical Analysis with a Special Reference to Education*. Chicago: University of Chicago Press, 1994.

19 Cf. Daniel Goleman, *Inteligência emocional*. Rio de Janeiro: Objetiva, 1996.

20 P. Dardot e C. Laval, op. cit., p. 440.

21 O que permitiu a uma socióloga como Eva Illouz lembrar que: "a esfera econômica, longe de ser desprovida de sentimentos, tem sido, ao contrário, saturada de afeto, um tipo de afeto comprometido com o imperativo da cooperação e com uma modalidade de resolução de conflitos baseada no 'reconhecimento' bem como comandada por eles" (Eva Illouz, *O amor nos tempos do capitalismo*. Rio de Janeiro: Jorge Zahar, 2011, p. 37).

rio entre a administração e a psicologia, permitiu uma mobilização afetiva no interior do mundo do trabalho que levou à "fusão progressiva dos repertórios do mercado com as linguagens do eu".[22] As relações de trabalho foram "psicologizadas" para serem mais bem geridas, até chegar ao ponto em que as próprias técnicas clínicas de intervenção terapêutica começaram por obedecer, de forma cada vez mais evidente, a padrões de avaliação e de gerenciamento de conflitos vindos do universo da administração de empresas.[23] Sem esse movimento prévio, não teria sido possível ao neoliberalismo reconstruir processos de socialização, em todas as esferas sociais de valores, através da internalização de um ideal empresarial de si.

É fato, no entanto, que a internalização de ideais exige uma mobilização cruzada de regimes de identificação. Se, por um lado, ela apoia-se na constituição positiva de padrões de comportamento, por outro, é inegável que esse processo deve ser impulsionado, entre outros, por uma parcela significativa de medo. Há uma produção neoliberal da adesão social através da circulação do medo que não deve ser menosprezada, mesmo que ela não sirva de causalidade suficiente. Como já foi dito, é do manejo conjunto do medo e da esperança, do temor e do desejo, que estruturas de poder se fundamentam.

A dimensão psicológica do medo foi claramente compreendida por Adorno em suas reflexões sobre o capitalismo tardio e as modificações na economia psíquica que ele implica. Enquanto instância psíquica de auto-observação submetida ao impacto das transformações sociais, o supereu mesclaria atualmente o medo arcaico de aniquilação física com "o medo muito posterior de não mais

22 Id., ibid., p. 154.

23 Exemplar nesse sentido são as técnicas de psicoterapias breves, como a Terapia Cognitivo-Comportamental (TCC). Várias dessas técnicas são baseadas em práticas comuns em administração de empresas, como a organização das intervenções em um conjunto limitado de *steps*, o foco no aqui e agora, a definição clara e prévia de resultados a serem alcançados, o estabelecimento de padrões de mensuração para a tomada de decisões, entre outras.

pertencer ao conjunto humano"[24] devido ao fracasso de não ser bem-sucedido como sujeito econômico. Assim, é importante que o discurso social produza a circulação incessante do risco de morte social devido à degradação econômica iminente daqueles que resistem a reconstruir sua vida psíquica a partir da racionalidade econômica vigente. Pois, "quem não se comporta segundo as regras econômicas, hoje em dia raramente naufraga imediatamente, mas no horizonte delineia-se o rebaixamento socioeconômico [...] O medo de ser excluído, a sanção social do comportamento econômico, internalizou-se há muito através de outros tabus, sedimentando-se no indivíduo".[25] Uma mobilização contínua do medo advindo do risco de morte social só é efetivamente possível a partir do momento em que o desmantelamento do Estado-providência se impôs como realidade inelutável e consensual. A partir de então, o naufrágio imediato devido ao desrespeito das regras econômicas foi possível.

Esse medo se funde com outros medos produzidos no interior da sociedade neoliberal, como a insegurança advinda de um estado contínuo de guerra, sem distinção possível entre situação de guerra e de paz.[26] Insegurança impulsionada pela violência espetacular de pretensas "comunidades arcaicas" refratárias à lógica neoliberal de valores e de modos de circulação de desejos. Peça fundamental da adesão social às sociedades neoliberais a ponto de estas serem, cada vez mais, sociedades que se deixam transpassar por formas militares de controle, criando uma oscilação sintomática entre liberalidade e restrição securitária. Pois o amálgama produzido pela lógica de confronto entre "nossos valores e modos de vida liberais" e tudo aquilo que é descrito como fruto de uma mentalidade baseada na recusa à nossa liberdade visa alimentar

24 T. Adorno, *Escritos de psicologia social e psicanálise*. São Paulo: Editora da Unesp, 2015, p. 76.

25 Id., ibid., p. 75.

26 Tópico abordado, principalmente, em Giorgio Agamben, *Estado de exceção*. São Paulo: Boitempo, 2004.

a sensibilidade social contra a possibilidade de nos afastarmos da racionalidade econômica que funda a esfera dos nossos valores. Os medos funcionam como um sistema de vasos comunicantes.

## O infinito ruim do neoliberalismo

Voltemos agora os olhos para a estrutura interna dos ideais empresariais de si a fim de compreender melhor a natureza de suas disposições normativas. Lembremos, nesse sentido, como tais ideais se baseiam na racionalização das ações a partir de uma dinâmica de maximização de performances.[27] Ações que visam à pura maximização de performances devem se organizar de maneira similar a atividades econômicas baseadas na extração da mais-valia e, por consequência, nos processos de autovalorização circular do Capital. Esse é o sentido fundamental da estratégia lacaniana em insistir na homologia entre a forma pela qual objetos que causam o desejo (objetos *a*) circulam socialmente no interior das sociedades capitalistas contemporâneas e o estatuto da mais-valia em Marx, criando com isso o sintagma "mais-gozar" (*plus-de-jouir*).

Lacan se interessa pelo fato de a mais-valia poder ser extraída a partir do momento em que o trabalho social inscreve-se no mercado como trabalho abstrato, mensurável como puro *quantum* de trabalho, permitindo com isso que o capitalismo se sirva da dessimetria entre valor pago pelo tempo de trabalho e valor dos objetos produzidos durante tal tempo quantificado. Assim, se Lacan pode afirmar que "o que Marx denuncia na mais-valia é a espoliação do gozo", é para lembrar que a renúncia ao gozo produzida pela abstração do tempo de trabalho (tema batailliano por excelência que nos lembra como o tempo do gozo e o tempo do trabalho não

27 Ver Alain Ehrenberbg, *Le Culte de la performance*. Paris: Fayard, 2011.

se confundem),[28] essa "redução do próprio trabalhador a não ser nada mais que valor",[29] ou seja, a não ser mais que suporte do processo de produção do valor, permite a produção de um mais-valor que inaugura a circulação incessante da autovalorização do Capital. Circulação que pressupõe um "é absolutamente urgente gastar. Se não se gasta, isso produz toda forma de consequência".[30]

Essa racionalidade própria a uma sociedade organizada a partir da circulação do que não tem outra função a não ser se autovalorizar, que determina as ações dos sujeitos a partir da produção do valor, precisa socializar o desejo levando-o a ser causado pela *pura medida da intensificação*, pelo puro empuxo à ampliação que estabelece os objetos de desejo em um circuito incessante e superlativo chamado por Lacan de mais-gozar. Como diríamos no mundo de Cosmópolis: "Você gastou esse dinheiro pelo próprio número em si. Cento e quatro milhões. Foi isso que você comprou, Eric". Você não comprou objetos, Eric. Você comprou o empuxo à ampliação financeiramente mensurável que destrói todo e qualquer objeto, que faz com que objetos sejam apenas os suportes de sua própria mensuração. Assim é possível afirmar que "subjetivação 'contábil' e subjetivação 'financeira' definem em última análise uma subjetivação do excesso de si sobre si ou ainda pela ultrapassagem inde-

28 Como dirá Bataille, a verdadeira inspiração de Lacan nessa discussão: "A atividade humana não é inteiramente irredutível a processos de reprodução e de conservação, e o consumo deve ser dividido em duas partes distintas. A primeira, redutível, é representada pelo uso do mínimo necessário para os indivíduos de uma dada sociedade, à conservação da vida e ao prosseguimento da atividade produtiva: trata-se, portanto, simplesmente da condição fundamental desta última. A segunda parte é representada pelos dispêndios ditos improdutivos: o luxo, os enterros, as guerras, os cultos, as construções de monumentos santuários, os jogos, os espetáculos, as artes, a atividade sexual perversa (isto é, desviada da finalidade genital) representam atividades que, pelo menos nas condições primitivas, têm em si mesmas seu fim" (Georges Bataille, *A parte maldita - precedida de "A noção de dispêndio"*. Belo Horizonte: Autêntica, 2013, p. 21).

29 Jacques Lacan, *Séminaire XVII*. Paris: Seuil, 1991, p. 93.

30 Id., ibid., p. 19.

finida de si".[31] Essa estrutura psíquica, cujo desejo é causado pela pura medida da intensificação, pede uma economia psíquica não mais assentada em um supereu repressivo, mas em um supereu que eleva o gozo à condição de imperativo transcendente, impossível de ser encarnado sem destruir sua própria encarnação, o que Lacan compreendeu muito bem através de sua teoria do supereu como injunção contínua ao gozo.[32]

Como se trata, porém, de uma lógica contábil e financeira, em momento algum o excesso deve colocar em questão a normatividade interna do processo capitalista de acumulação e desempenho. Em momento algum o excesso implica quebra das ilusões de autonomia que orientam os indivíduos empresariais em suas relações por propriedade. Pois esse é um excesso quantitativo que não se transforma em modificação qualitativa. Sob a forma-empresa, ao contrário, todo excesso é financeiramente codificável, é confirmação do código previamente definido.[33] Como diria Hegel a respeito de outros fenômenos, esse excesso é marca de uma má infinitude, pois não passa ao infinito verdadeiro do que muda sua própria forma de determinação a partir de si, do que é infinito por realizar-se produzindo paradoxalmente a exceção de si. Uma exceção que, ao ser integrada, modifica processualmente a estrutura da totalidade anteriormente pressuposta. Antes, ele é o infinito ruim do que é sempre assombrado por um *para além* que nunca se encarna, um *para além* cuja única função é marcar a efetividade com o selo da inadequação, do gosto amargo do "ainda não". A análise do capitalismo sempre precisou de uma teoria dos dois infinitos.

31 P. Dardot e C. Laval, *La Nouvelle Ordre du monde*, op. cit., p. 437.

32 Desenvolvi esse ponto em Vladimir Safatle, *Cinismo e falência da crítica*, op. cit.

33 Dessa forma, "não se trata de assegurar aos indivíduos uma cobertura social dos riscos, mas de conceder a cada um uma espécie de espaço econômico dentro do qual podem assumir e enfrentar riscos" (Michel Foucault, *O nascimento da biopolítica*, op. cit., p. 198).

Por fim, é importante salientar que um ideal empresarial de si baseado na dinâmica de maximização de performances exige a flexibilização contínua de normas tendo em vista o crescimento de quem vence relações de concorrência. O sujeito neoliberal é muito mais um agente calculador de custos e benefícios do que um sujeito de quem se espera a conformação às normas sociais. Ele não segue normas positivas, mas calcula resultados e, por isso, flexibiliza normas continuamente. Pois, sendo a concorrência o valor moral fundamental do laço social, uma versão mercantil da luta hobbesiana entre os indivíduos, cabe ao Estado assegurar as condições de possibilidade no interior das quais sua violência possa desdobrar-se. Tais condições fundamentam-se, por sua vez, na tradutibilidade geral, na conversão sempre possível da violência da concorrência em flexibilização contínua de normas e formas. A violência contra o outro se converte em violência contra as formas e normas que pareciam determinar o outro e que permite ultrapassá-lo.

Dessa maneira, através da flexibilização normativa, a forma de vida neoliberal traduz a violência da estrutura pulsional polimórfica e fragmentária – que anteriormente parecia ser o fundamento libidinal da revolta – em crítica à funcionalização e à fixidez das identidades sociais. Esse é um ponto importante, pois é necessário que os sujeitos aprendam a desejar a flexibilização, não apenas devido às promessas de realização e de ganho presentes no capitalismo, mas também devido à tentativa de transformação da flexibilidade em expressão natural da dinâmica pulsional dos sujeitos, à variabilidade estrutural de seus objetos. Se o neoliberalismo pode contar com o consentimento moral ao risco ligado à precarização resultante de processos de flexibilização próprios a modos intermitentes de trabalho baseados em "projetos", deslocalizações contínuas e reengenharias infinitas, é porque tal flexibilização parece traduzir a pulsão em seu ponto mais insubmisso. Todo consentimento moral fundamenta-se em um consentimento pulsional mais profundo.

Assim fica mais fácil marcar toda recusa a ela como covardia moral e infantilismo.

Insistamos em um ponto central. Não se trata mais de regular através da determinação institucional de identidades, mas através da internalização do modo empresarial de experiência, com seu regime de intensificação, flexibilidade e concorrência. A regulação passa assim do conteúdo semântico dos modelos enunciados pela norma ao campo de produção plástica dos fluxos que se conformam ao modo empresarial de experiência. A regulação social poderá, dessa forma, produzir uma das mais impressionantes características do modelo disciplinar neoliberal, a saber, sua capacidade de construir espaços de "anomia administrada", isso ao assumir situações de anomia na enunciação das conformações normativas, mesmo guardando a capacidade de administrá-lo através da regulação do modo geral de experiência. A biopolítica das sociedades capitalistas contemporâneas transforma-se, assim, em uma peculiar gestão da anomia.

É com esses processos em mente que podemos entender as mutações da corporeidade na era neoliberal. Tais mutações poderão nos mostrar como a biopolítica própria ao neoliberalismo não poderia, de fato, ser compreendida por meio do impacto de estruturas normativas disciplinares que funcionariam a partir de exigências de conformação a mandatos simbólicos claramente determinados. Ela estaria vinculada à conformação dos sujeitos a certa forma de indeterminação, absorvida pelo modo de funcionamento padrão do capitalismo atual, através dessa forma de circulação financeira da indeterminação. É necessário que a experiência subjetiva seja organizada naquilo que ela tem de mais decisivo, a saber, seu modo de relação com a diferença. É necessário que tal organização seja corporalmente sentida, que ela tenha uma realidade corporal.

Ao levar em conta a exigência de pensar a constituição de uma corporeidade neoliberal a partir de modelos concretos, desenvolvi, em 2006, um estudo sobre as mutações dos ideais de corpo e sexualidade na retórica global de consumo entre os anos 1990 e 2000.[34] Esse estudo, cujos resultados gostaria de retomar aqui, é uma peça na compreensão das relações entre economia libidinal e economia política.[35]

## Conglomerados

Há uma década, o fotógrafo italiano Oliviero Toscani acusava a publicidade global de sustentar um ideal ariano de beleza capaz de sintetizar apenas corpos harmônicos, saudáveis e jovens. Sua crítica também não poupava uma noção falocêntrica de sexualidade que guiaria a produção de representações sociais na comunicação de massa. Mas, durante o decorrer da década de 1990, percebemos

34 Pesquisa desenvolvida através de um financiamento do Centro de Pesquisas em Altos Estudos da Escola Superior de Propaganda e Marketing.

35 A metodologia de tal estudo implicou a determinação de redes de importação entre as diversas esferas da cultura de consumo: cinema, games, moda, publicidade. Essa rede foi o resultado da aplicação de uma abordagem histórico-social visando estabelecer uma cartografia capaz de identificar as mutações mais substanciais das representações hegemônicas do corpo e da sexualidade na publicidade de veiculação mundial. Dessa maneira, procurou-se organizar uma abordagem sistêmica dos fatos culturais capaz de identificar a origem e os processos de migração dessas representações sociais que, a partir dos anos 1990, comportar-se-ão como hegemônicas. Por outro lado, a metodologia também consistiu em pesquisas qualitativas baseadas em entrevistas diretas com consumidores brasileiros e europeus de algumas marcas escolhidas como representativas. Tais entrevistas procuraram não apenas constituir constelações semânticas do ponto de vista das individualidades, mas também identificar a maneira como a comunicação dessas marcas insere-se em reflexões mais amplas, fornecendo referenciais para as experiências subjetivas relacionadas ao corpo e à sexualidade. Foram realizadas 34 entrevistas com consumidores brasileiros, franceses, romenos e letãos (o que configura uma amostra formada por consumidores de países centrais em relação à inserção no capitalismo global e de países periféricos, sendo que dois – Romênia e Letônia – são países retardatários cuja inserção no capitalismo global se deu no exato momento de produção das campanhas que analisaremos). Na escolha da amostra, as variáveis fundamentais foram idade, sexo e tipo de consumo das marcas (*hard sell* ou *soft sell*). A variável classe social não foi considerada porque quase todos os consumidores se concentram nas classes A e B.

um lento processo de reconfiguração de representações sociais midiáticas vinculadas ao corpo e à sexualidade. Processo que, aos poucos, colocou em circulação imagens do corpo e da sexualidade em que a publicidade até então nunca havia investido libidinalmente. Graças às campanhas mundiais de marcas como Benetton, Calvin Klein, Versace e PlayStation, corpos doentes, mortificados, des-idênticos, portadores de uma sexualidade ambígua, autodestrutiva e muitas vezes perversa marcaram a trajetória da publicidade nos anos 1990. Compreender a lógica imanente ao processo de reconstrução de tais representações sociais na mídia globalizada é fundamental para a caracterização das mutações da retórica contemporânea do consumo, tendo em vista a compreensão mais precisa da economia libidinal no neoliberalismo.

A escolha em centrar a análise na publicidade mundial a partir dos anos 1990 deve-se a uma razão que se articula com um problema próprio à economia política da mídia. A partir dessa década, a mídia mundial adquiriu mais claramente a forma de grandes conglomerados multimídia transnacionais nos quais convergem o controle dos meios de comunicação, o dos processos de produção de produtos midiático-culturais e o das pesquisas tecnológicas em novas mídias. Centros de tecnologia-entretenimento-informação formam hoje um tripé basilar da economia mundial. Na história da mídia, os anos 1990 serão lembrados pela criação de conglomerados como AOL-Time Warner, Vivendi Universal e a News Corporation, de Rupert Murdoch; além da consolidação de outros como Sony, Viacom, Disney e General Electric.[36] Podemos insistir, por exemplo, que, já no início da década, quatro grandes grupos de mídia controlavam cerca de 92% da circulação de jornais diários e cerca de 89% da circulação dos jornais de domingo na In-

36 Alan Albarran, *Global Media Economics: Commercialization, Concentration and Integration of World Media Markets*. Iowa State University Press, 1998.

glaterra.[37] Longe de uma pulverização das instâncias de produção de conteúdo midiático, como alguns esperaram devido ao desenvolvimento exponencial de novas mídias, vimos uma convergência cada vez maior de produção de conteúdo, canais de distribuição e de gestão de recepção em escala global, principalmente depois do advento das televisões a cabo, da internet e da transformação de telefones celulares em provedores de conteúdo, produtos e entretenimento. Esse é um dado de extrema relevância, pois muitos insistiram na obsolescência de conceitos como "indústria cultural" para descrever a situação dos processos de produção cultural e de controle dos modos de difusão nas mídias. No entanto, uma análise da economia política da mídia demonstra como a natureza oligopolista descrita por Adorno e Horkheimer, no momento da criação do conceito de indústria cultural, apenas aprofundou-se através da globalização e da criação de centros de tecnologia-entretenimento-informação. Valem mais do que nunca afirmações segundo as quais "Tudo está tão estreitamente justaposto que a concentração do espírito atinge um volume tal que lhe permite passar por cima da linha de demarcação entre as diferentes firmas e setores técnicos. A unidade implacável da indústria cultural atesta a unidade em formação da política".[38] Nesse sentido, o caráter sistêmico é de tal

37 John Thompson, *Mídia e modernidade*. São Paulo: Makron Books, 1998, p. 74. A título de exemplo, um conglomerado como AOL Time Warner é composto das empresas: AOL, Home Box Office (HBO), Time Inc., Time Warner Cable e Warner Bros Entertainment. Ou seja, ela detém toda a "cadeia econômica" da cultura, desde a produção, até a difusão e os meios onde a avaliação dos produtos é veiculada. O mesmo vale para Vivendi Universal, composta de Universal Music Group, Canal Plus, SFR (telefonia celular), Maroc Telecom e Activision Blizzard (games).

38 Theodor Adorno e Max Horkheimer, *Dialética do esclarecimento*. Rio de Janeiro: Jorge Zahar, 1991, p. 116. Lembremos ainda que "para Horkheimer e Adorno é sintomático o fato de que o momento de consolidação da indústria cultural, com o funcionamento dos grandes estúdios de Hollywood, seja também o da ascensão do totalitarismo na Europa [...] Para estes autores, não se trata de mera coincidência: indústria cultural e totalitarismo são apenas duas versões, respectivamente 'liberal' e autoritária, do mesmo movimento histórico que engendrou

ordem que mesmo as linguagens midiáticas são produtos de linguagens midiáticas anteriores, inaugurando um processo que hoje chamamos de "remediação" e que acaba por fortalecer ainda mais a padronização das linguagens. Assim,

> Os próprios meios técnicos tendem cada vez mais a se uniformizar. A televisão visa uma síntese do rádio e do cinema, que é retardada enquanto só interessados não se põem de acordo, mas cujas possibilidades ilimitadas prometem aumentar o empobrecimento dos materiais estéticos a tal ponto que a identidade mal disfarçada dos produtos da indústria cultural pode vir a triunfar abertamente já amanhã – numa realização escaninha do sonho wagneriano da obra de arte total.[39]

Esse processo de globalização das mídias, que talvez mostre como em nenhuma outra área os resultados claramente monopolistas da dita livre-concorrência neoliberal, chegou rapidamente ao mercado publicitário, produzindo durante os anos 1990 numerosas fusões e *joint ventures* as quais, em muitos casos, centralizaram boa parte do processo e decisão criativa na matriz mundial, cabendo às filiais regionais apenas a tradução de campanhas e pequenas adaptações.[40] A conjugação desses fatores, impulsionada pelo desenvolvimento tecnológico da comunicação global (TV a cabo, internet etc.) consolidou o reaparecimento de uma publicidade produzida e veiculada mundialmente, direcionada a um "público global".

a fase monopolista, não concorrencial, do capitalismo no seu primeiro movimento de mundialização" (Rodrigo Duarte, *Indústria cultural: uma introdução*. São Paulo: Editora da FGV, 2010, p. 43).

39 T. Adorno e M. Horkheimer, op. cit., p. 116.

40 M. De Mooij, *Advertising Worldwide: Concepts, Theories and Practice of International, Multinational and Global Advertising*. Nova York: Prentice Hall, 1994.

## A mercantilização da recusa à publicidade

No entanto, o que primeiro salta aos olhos é que o processo de constituição de um imaginário global de consumo, com suas identidades coletivas, não se deixa ler a partir da noção de repetição massiva de estereótipos e tipos ideais de conformação do corpo e da sexualidade, tal como ocorreu em outros momentos do desenvolvimento da retórica de consumo – por exemplo, nos anos 1950. Ao contrário, tudo indica que os anos 1990 foram o período no qual, de certa forma, a publicidade mercantilizou o discurso da dissolução do Eu como unidade sintética (embora o Eu enquanto instância psíquica seja conservado como objeto do fantasma).

Sabemos como o Eu está profundamente vinculado à imagem do corpo próprio, a ponto de as desarticulações na imagem do corpo próprio afetarem necessariamente a capacidade de síntese do Eu.[41] O processo de formação do Eu como instância de autorreferência e como unidade sintética de percepções é fundamentalmente dependente da constituição de uma imagem do corpo próprio capaz de servir como matriz imaginária para distinções entre ipseidade e alteridade, entre interior e exterior, entre o que é submetido à minha vontade e o que me é heterônomo. De fato, há uma proeminência da imagem do corpo sobre os "dados e sensações imediatas" do corpo. Para que existam sensações localizadas e percepções, é necessário que exista um esquema corporal (fundamentalmente vinculado às capacidades organizadoras da imagem) capaz de operar a síntese dos fenômenos ligados ao corpo. A imagem aparece assim em posição transcendente e unificadora.

Se, contudo, voltarmos os olhos para a retórica do consumo e a da indústria cultural, veremos como elas passaram por mutações profundas que afetaram o regime de disponibilização das imagens ideais de corpo. Em vez de *locus* da identidade estável e da fixação de conteúdo, o corpo fornecido pela indústria cultural e pela retó-

41 Jacques Lacan, *Escritos*, trad. Vera Ribeiro. Rio de Janeiro: Jorge Zahar, 1998.

rica do consumo aparece cada vez mais como matéria plástica, espaço de afirmação da multiplicidade. Isso levou um sociólogo como Mike Featherstone a afirmar que, "no interior da cultura do consumo, o corpo sempre foi apresentado como um objeto pronto para transformações".[42] Essa afirmação é importante por nos lembrar que, através do culto midiático a dietas, ginástica, cosméticos, lipoesculturas e cirurgias plásticas, uma espécie de *retórica da reconfiguração plástica de si a baixo custo* foi se consolidando como peça central do discurso social contemporâneo. Retórica que se mostrou fundamental para a sustentação dos vínculos subjetivos com uma ordem econômica (o neoliberalismo) marcada exatamente pela transformação da indeterminação e da anomia, de patologias sociais a condição normal de funcionamento da vida social.

A sua maneira, essa retórica pode ser compreendida como uma resposta ao desamparo advindo da radicalização contemporânea da dissolução dos horizontes estáveis de determinação de identidades e da aceleração da ruptura com modos tradicionais de vida. Podemos seguir aqueles que falam de certa "insegurança ontológica" a respeito da autoidentidade e da identidade corporal que teria nos impulsionado a "sermos responsáveis pelo design do nosso próprio corpo".[43] Pois, "Na afluência ocidental, há uma tendência de o corpo ser visto como uma entidade em um devir contínuo, um *projeto* que deve ser trabalhado e realizado como parte de uma autoidentidade individual".[44] A responsabilização pelo design do nosso próprio corpo em um devir contínuo denuncia, no entanto, a compreensão da corporeidade como espaço de um "empreendimento de si" que visa, principalmente, à intensificação dos prazeres que se dispõem a mim no interior de um projeto individual conscientemente medido e enunciado. O objetivo é a conforma-

42 Mike Featherstone (org.), *Body Modifications*. Londres: Sage, 2000, p. 4.
43 Anthony Giddens, *Modernity and Self-Identity*. Cambridge: Polity Press, 1991, p. 102.
44 Chris Schilling, *The Body and Social Theory*. Londres: Sage, 1993, p. 5.

ção final do corpo a uma consciência empreendedora que vê a corporeidade como propriedade a ser cuidada a partir da lógica dos investimentos e das rentabilizações, como expressão básica de um individualismo possessivo. Um "cuidado empresarial de si" que elimina toda heteronomia e estranhamento na relação do sujeito com o corpo, tão importante para o que Lacan chama de dimensão real da experiência do corpo.[45] Cuidado que reduz toda heteronomia a uma incapacidade de apropriação reflexiva do próprio desejo sob a forma de um projeto consciente. Pois, para o modo de vida neoliberal, é possível dissolver o Eu em sua vinculação à estabilidade da imagem do corpo próprio desde que as condições gerais da experiência estejam garantidas em sua estabilidade formal.

De toda maneira, situações como essa pareciam marcar com o selo da obsolescência, por exemplo, a ideia frankfurtiana da indústria cultural como negação absoluta da individualidade. Pois, em vez das operações de socialização através da exigência de identificação com um conjunto determinado de imagens ideais, estaríamos agora diante de uma indústria cultural que incita a reconfiguração contínua e a construção performativa de identidades. Na verdade, o setor mais avançado da cultura do consumo não forneceria mais ao Eu a positividade de modelos estáticos de identificação. Ele forneceria apenas a *forma vazia* da reconfiguração contínua de si que parece aceitar, dissolver e passar por todos os conteúdos.[46] Isso poderia nos

45 Ver, por exemplo, Jacques Lacan, *Autres écrits*. Paris: Seuil, 2001, p. 409 [ed. bras.: *Outros escritos*, trad. Vera Ribeiro. Rio de Janeiro: Jorge Zahar, 2003], onde Lacan insiste em uma dimensão "incorporal" do corpo refratária a toda incorporação extensiva na dimensão dos significantes. Maneira de insistir naquilo que, no corpo, não se dispõe como o que se inscreve no interior do universo simbólico nem se deixa configurar como imagem de si.

46 Cindy Sherman forneceu a melhor representação estética desse processo. A esse respeito, ver V. Safatle, "O que vem após a imagem de si? Os casos Cindy Sherman e Jeff Koons", in Fátima Milnitzky (org.). *Narcisismo: o vazio na cultura e a crise de sentido*. Goiânia: Dimensão Editorial, 2007.

explicar por que teríamos cada vez menos necessidade de padrões claros de conformação do corpo a ideais sociais.

Com esse processo em vista, a pesquisa se debruçou analiticamente sobre o posicionamento mundial de comunicação de quatro marcas nos anos 1990: Benetton, Calvin Klein, Versace e PlayStation. Esse conjunto se impôs porque essas marcas influenciaram de maneira decisiva o desenvolvimento da publicidade a partir dessa década, ao combinarem novidade estilística e veiculação de novas representações sociais. A estética *heroína chic* da Calvin Klein, assim como a androginia e a indeterminação sexual, que encontramos também nas campanhas de Versace; a publicidade que questiona os parâmetros da linguagem publicitária da Benetton e o corpo maquínico, fusional e mutante da PlayStation modificaram sensivelmente os limites e as estratégias da retórica publicitária. Outro dado importante a lembrar é que todas essas campanhas foram criadas por fotógrafos e agências internacionais. Agências nacionais decidiam apenas a veiculação. No caso da PlayStation, sequer a veiculação é feita no Brasil. Os espaços são comprados em veículos internacionais (TV a cabo, revistas de circulação internacional etc.).

No que diz respeito ao nosso objeto de estudo, podemos dizer que essas marcas estruturaram três representações sociais mais abrangentes que serão hegemônicas na retórica de consumo. A primeira é o corpo doente e mortificado como objeto do desejo (Calvin Klein, Benetton).[47] Tal representação já havia aparecido

47 Lembremos a provocação de Oliviero Toscani, segundo a qual "A publicidade não conhece a morte" (em O. Toscani, *A publicidade é um cadáver que nos sorri*. Rio de Janeiro: Objetiva, 1998, p. 5). Devemos acrescentar, nessa mercantilização do corpo doente e mortificado, a transformação de certo "sadomasoquismo chique" em paradigma do comportamento sexual socialmente aceito e veiculado pela publicidade. Ao analisar certas publicidades de moda dos anos 1990, Diane Barthel afirma: "Nesses anúncios, o sadismo torna-se compreensível e a agressão é apresentada como uma parte da vida cotidiana, inclusive, como uma parte desejável da vida cotidiana" (D. Barthel, *Putting on Appearances: Gender and Advertising*. Filadélfia: Temple University Press, 1988, p. 81).

anteriormente na estética dos videoclipes e da moda, assim como no cinema de entretenimento. A beleza anoréxica de Kate Moss, por exemplo, tinha necessariamente algo dessa ordem de representação do corpo doente. Desde os anos 1980, era possível encontrar setores da indústria fonográfica que constituíam certo imaginário de morbidez e estilização de uma apologia à doença. Devemos lembrar aqui de expoentes hegemônicos da produção fonográfica europeia que sintetizaram uma estética gótica (Bauhaus, Siouxsie & the Banshees, Xmal Deutschland etc.) que, a sua maneira, acabaram por influenciar esferas mais amplas da produção cultural, como o cinema, a publicidade e mesmo os desenhos animados e os quadrinhos. No entanto, não é difícil mostrar como tal apologia da doença e da autodestruição é uma peça constitutiva das representações da indústria fonográfica desde os anos 1960 (Velvet Underground). Lembremos como o mercado fonográfico é uma peça fundamental para a constituição de tendências estilísticas para a retórica de consumo durante os últimos vinte anos.

Tomemos como exemplo a estratégia de comunicação da Calvin Klein com sua estética *heroína chic*. Modelos magras com olhar fixo e distante, corpo jogado em um canto, pele embebida em suor frio e luz desbotada. Em um lado da peça de publicidade, a assinatura do anunciante e nada mais. Criados pelo fotógrafo de moda Juergen Teller, os anúncios para mídia impressa da Calvin Klein Jeans, a partir de 1995, seguiam esse figurino. A semelhança visível das modelos com usuários de heroína mostrava uma lógica de aproximação entre *glamour* e auto*destruição* estilizada.

A importância dessas campanhas para a reconfiguração da retórica publicitária não deve ser menosprezada. Na mesma época, a Benetton havia colocado em circulação fotos que expunham a morte, a intolerância e a violência, representações aparentemente estranhas ao mundo publicitário. Aidéticos em estado terminal, tensões raciais, cargueiros abarrotados de imigrantes ilegais e carros queimados foram alguns dos temas escolhidos por Toscani.

Por um lado, tratava-se de produzir uma identificação com a marca através de apelos dirigidos ao sujeito no seu papel de *cidadão*, e não apenas no seu papel de *consumidor.* Maneira astuta de pensar a comunicação publicitária aproveitando-se dessa "característica estrutural da mídia contemporânea em que a imagem de um gênero é apropriada por outro".[48] Mas, por outro lado, tratava-se principalmente de *dar forma mercadológica ao mal-estar diante das representações publicitárias* e seu universo artificial.

Os anúncios em questão da Calvin Klein seguiram a mesma estratégia. Eles deram forma mercadológica a algo no corpo que não se identificava mais com a imagem que guiara a lógica publicitária por tanto tempo. Algo que só poderia aparecer como imagem da destruição da imagem do corpo. Ou seja, deram forma mercadológica para a recusa à publicidade. Contra os corpos saudáveis e harmônicos, contra a "nova aliança" entre natureza e consumo prometida pela sociedade de consumo do final dos anos 1980, com seus produtos transparentes, seus cosméticos orgânicos e sua biotecnologia, a Calvin Klein investiu libidinalmente em *corpos doentes.*

A segunda modalidade de representação diz respeito ao corpo como interface e superfície de reconfiguração que coloca o sujeito diante da instabilidade de personalidades múltiplas e da des-identidade subjetiva. É o caso das campanhas da PlayStation, nas quais o corpo deixa de ser concebido com um *limite* entre o sujeito e o mundo para ser uma *interface de conexão.* A questão da autoidentidade, tão ligada à noção de integridade do corpo, modifica-se necessariamente.

Por exemplo, em uma peça publicitária da PlayStation para mídia impressa (Supermarket, TBWA\Paris), vemos apenas a foto de um corpo diante de prateleiras com várias cabeças à disposição e a assinatura do anunciante. Um corpo que escolhe com qual ca-

48 Pasi Falk, "The Benetton-Toscani Effect: Testing The Limits of Conventional Advertising", in Mica Nava e outros (orgs.). *Buy This Book.* Londres: Routledge, 1997, p. 61.

beça sair demonstra perfeitamente como a questão da autoidentidade, tão ligada à noção de integridade do corpo, modifica-se necessariamente no interior desse jogo de máscaras prometido pelo virtual. O premiado comercial "Double Life", de 1999, segue a mesma lógica. A estrutura é simples: um texto é declamado de maneira sequencial durante um minuto por várias pessoas (ou por uma pessoa que se transforma a todo momento). Enquanto essa multiplicidade de *personas* vai se desdobrando, o consumidor ouve um texto envolto em música apoteótica que diz: "Durante anos, eu vivi uma vida dupla. Durante o dia, faço meu trabalho, pego o ônibus [...] Mas perdi adrenalina e demonstrei desprezo pela vida [...] Por isso, comecei a levar uma vida dupla [...] Eu comandei exércitos e conquistei mundos. Não tenho arrependimentos - ao menos posso dizer: 'Eu vivi'". Para além da constatação catastrófica de que o único espaço de experiência real na contemporaneidade é exatamente o virtual (já que o espaço da vida prosaica seria dominado pela alienação no trabalho e pelo tédio), o filme coloca claramente em cena um desejo de multiplicidade necessariamente vinculado à possibilidade de reconfiguração plástica do corpo e de flexibilização contínua das identidades.

Mas há ainda um outro ponto interessante nas campanhas da PlayStation. Pois a possibilidade de mutação contínua pressupõe, entre outras coisas, que o corpo deixe de ser concebido com um *limite* entre o sujeito e o mundo para ser uma *interface de conexão* reconfigurável a qualquer momento. Em outro filme publicitário, "Can You See it?", vemos uma garota em uma bicicleta cross diante de uma decida íngreme. Enquanto ela olha a descida, a câmera perfaz um zoom in que fecha em seu olho e seguem-se cenas de um game de cross. Ou seja, entramos no olho da protagonista do filme publicitário e descobrimos que ela vê os desafios da realidade como se estivesse em um game, como os soldados norte-americanos que anos depois destruirão o Iraque ao som de Motörhead e visualizando alvos em telas de game.

Nesse sentido, podemos ver aí o esforço publicitário de incorporação mercantil da lógica corporal de interface desenvolvida por artistas como Orlan, Stelarc e por cineastas como David Cronenberg (em filmes como *exsistenz* [1999] e *Videodrome: a síndrome do vídeo* [1983]). De fato, temos a partir dos anos 1980 a presença de uma profusão de representações de uma tecnologia orgânica e mista que se adapta ao corpo, potencializando suas transformações. Elas são uma constante na produção de ficção científica para o cinema e televisão. Todas estão vinculadas ao aparecimento de um corpo protético, corpo reconfigurado por próteses ou ciborgues vitalizados pela presença de algo corporal.[49]

Por fim, a terceira representação social hegemônica refere-se ao corpo sexualmente ambivalente (Versace, Calvin Klein) que aparentemente questiona as imagens da sexualidade falocêntrica que sempre dominaram a publicidade. A diferença sexual nunca colocou problemas para a retórica publicitária. Mas os anos 1990 viram a proliferação de imagens de ambivalência, e também certa feminização de representações masculinas em produtos cujo *target* nada tem a ver com públicos homossexuais. De novo, a presença da ambivalência e da androginia é facilmente identificada em setores hegemônicos da indústria fonográfica com seu *star system* (David Bowie, Lou Reed, Marilyn Mason etc.), assim como a indústria da moda flerta constantemente com a androginia. O universo techno, cuja forte presença foi definidora da produção cultural de massa dos anos 1990, foi extremamente marcado por uma apologia da androginia e da ambivalência sexual, permitindo que *drag queens* e *queers* aparecessem, ao menos durante um tempo,

49 No interior da inesgotável literatura futurológica de *megatrends*, a fusão entre homem e máquina é uma das figuras mais presentes da ideologia da reconciliação entre orgânico e tecnológico patrocinada pelo último estágio do capitalismo. Ver, entre os múltiplos exemplos possíveis, Pascale Weil, *A Quoi Rêvent les années 90: les nouveaux imaginaires, consommation et communication*. Paris: Seuil, 1994.

em setores mais amplos da indústria cultural. Isso certamente foi fundamental para a constituição de uma nova receptividade a questões de gênero no interior da retórica de consumo, assim como para a constituição de uma imagem de "modernidade" em torno dessas questões ligadas à sexualidade.

Notemos, apenas a título indicativo, que, ao trabalhar representações publicitárias do corpo marcado pela doença, pela ambiguidade e pela des-identidade, estamos falando de um processo de *mercantilização do que aparentemente seria o avesso da forma-mercadoria*. Pois estamos diante da mercantilização midiática de representações do corpo aparentemente avessas à imagem ideal do corpo fetichizado que circulava de maneira hegemônica na própria publicidade. Insistamos neste fato: os anos 1990 foram palco de um fenômeno único na história da sociedade de consumo, a saber, a transformação da autodestruição da imagem do corpo em peça maior da retórica publicitária.

Esse fato acabou por indicar uma nova etapa da retórica do consumo, prestes a flertar com noções aparentemente desarmônicas do desejo e que abriu as portas para o advento de novos processos de mercantilização da negatividade da autodestruição e da revolta contra as imagens ideais do corpo. Talvez valha, neste caso, o dito premonitório de Debord segundo o qual "À aceitação dócil do que existe pode juntar-se a revolta puramente espetacular: isso mostra que *a própria insatisfação tornou-se mercadoria*, a partir do momento em que a abundância econômica foi capaz de estender sua produção até o tratamento desta matéria-prima".[50] Ou seja, nada impede que a frustração com o universo fetichizado da forma-mercadoria e de suas imagens ideais possa se transformar também em uma mercadoria. Na verdade, essa era a base do posicionamento das campanhas mundiais da Benetton, só para ficar no exemplo mais visível. Ao questionar consumidores da marca a respeito das estra-

50 Guy Debord, *A sociedade do espetáculo*. Rio de Janeiro: Contraponto, 2002, p. 40.

tégias de comunicação da Benetton, percebemos os resultados de uma lógica na qual a frustração com o universo publicitário vira a mola do próprio discurso publicitário. Afirmações feitas por entrevistados como "Aquilo é o mundo real", "Não gosto de ser tratado como alguém absolutamente à parte dos problemas do mundo" e "A Benetton foi importante por trazer problemas mundiais para o horário comercial" indicam que as rupturas formais e de conteúdo próprias às campanhas da Benetton permitiram a mercantilização publicitária da frustração com o universo publicitário.

Podemos mesmo colocar como hipótese que, a partir do momento em que a saturação do público consumidor em relação aos artifícios corriqueiros da retórica publicitária motivou certa invalidação de representações sociais normalmente vinculadas à positividade do universo das mercadorias, a publicidade viu-se obrigada a, digamos, "flertar com o negativo", a mimetizar o trabalho do negativo. Assim, "a crítica ao capitalismo tornou-se, de forma bem estranha, o sangue salvador do capitalismo".[51] A publicidade enquanto estrutura retórica tem uma dinâmica própria de investimento e desinvestimento de estratégias persuasivas. A repetição contínua de certas estratégias impõe uma *lógica de desgaste* de determinados conteúdos retóricos.

## Posicionamento bipolar de marca

Esse processo de mercantilização publicitária da frustração com o universo publicitário serviu de base para analisar as campanhas da Versace e da Calvin Klein, para linhas de produtos como Escape, Obsession, Eternity, CK One e Calvin Klein Jeans. Nesses casos, a hipótese inicial consistia em afirmar que ideias vinculadas à ambivalência sexual e ao desconforto com imagens ideais de corpo estariam

51 Tom Frank, "O marketing da libertação do Capital". Cadernos *Le Monde Diplomatique*, n. 1, 2003, p. 44.

migrando para o cerne da cultura de consumo. Uma migração que levaria consumidores a se identificarem cada vez mais com essas representações sociais. Tal hipótese parecia corroborar uma certa forma cada vez mais hegemônica de afirmar a obsolescência de lógicas próprias a uma sociedade repressiva, em prol do advento de uma época de flexibilização e "construção" de papéis sexuais. Poderíamos, assim, esperar que os consumidores das marcas Versace e Calvin Klein tivessem, de uma forma ou de outra, esse ideal de conduta. No entanto, essa hipótese não se confirmou através das entrevistas realizadas.

Sobre as campanhas da Calvin Klein, com modelos no limiar da anorexia e com corpos des-vitalizados, algumas afirmações de entrevistados diziam que "As campanhas da Calvin Klein mostravam pessoas que não existem. Ninguém tem aqueles corpos magros e estilosos", "Aquele não é meu padrão de beleza. Gosto de mulher com carne". Ou ainda, a respeito do forte erotismo das campanhas: "O mundo pede mais, sempre mais. Não gosto deste caminho". Sobre a Versace, encontramos afirmações como: "Hoje em dia as pessoas são cada vez mais bissexuais, as mulheres querem copiar o que há de pior nos homens", "A marca é tão chique que pode ser vulgar", "Não é o tipo de situação na qual me vejo. Mas hoje é *cool* tratar sexo como o jogo". Tais afirmações foram muito ilustrativas da média do que foi encontrado pela pesquisa.

A conclusão aparente indicava que parte significativa dos consumidores da Versace e da Calvin Klein não se reconhecia nos padrões de corpo e sexualidade apresentados pelas próprias marcas. O que nos deixava com a questão: o que de fato sustentava o processo de identificação entre consumidor e marca? Notemos, por outro lado, que, mesmo não se identificando com tais padrões, a grande maioria dos entrevistados reconhecia esses mesmos padrões como tendências hegemônicas: "Cada vez mais os adolescentes jogam com a ambivalência sexual", afirma um entrevistado de 33 anos a quem foi pedida uma projeção social a respeito das representações de sexualidade em um conjunto de peças publicitárias da Calvin Klein.

Ainda sobre essas peças, outra entrevistada afirmou que "As campanhas de *gay style* da Calvin Klein não são necessariamente para gays. Pois a questão aí não é sua orientação sexual, mas quão sexy você pode ser. Você deve ser sexy de uma forma gritante (*screaming sexy*)". Essas opiniões indicam a capacidade da marca em se colocar como referência de interpretação da vida social.

Mas o dado inusitado consistia na posição de consumidores de marca com a qual não se identificam. A chave para o problema consistia em uma aparente contradição. Na mesma época em que a Calvin Klein colocava em circulação suas campanhas *heroína chic* e suas representações de corpo doente, mortificado, sexualmente ambivalente (por exemplo, para CK One, CK Be, Obsession e Escape),[52] ela disponibilizava campanhas (como as criadas para Eternity) com valores exatamente contrários, valores que exaltavam a família moderna e "classicamente definida", o retorno à natureza, o equilíbrio. Lembremos que se tratava de campanhas que alcançavam o mesmo *target* por serem veiculadas, a partir de determinado momento, na mesma época e nas mesmas revistas (*Details*, *Vanity Fair*, *Vogue*, *gq*, *Rolling Stones* etc.). O mesmo valia para Versace e sua ambiguidade entre campanhas "clássicas" e representações de situações de ambivalência sexual.

A resposta para tal contradição aparente consiste em insistir que o posicionamento dessas marcas não tem valores "exclusivos", é um posicionamento "bipolar". Ou seja, ele é assentado em valores contrários um ao outro. O que, à primeira vista, seria um erro crasso de posicionamento revela-se uma astúcia. Por um lado, isso permite ao consumidor identificar-se com a marca sem, necessariamente, identificar-se com um de seus polos. Mas esse posicionamento bipolar pode funcionar, sobretudo, porque os pró-

52 No caso de Escape, vale o que disse Susan Bordo: "As campanhas para Escape caracterizam o homem que transcende, elide ou confunde 'masculinidade'" (S. Bordo, "Gay Men's Revenge". *The Journal of Aesthetics and Art Criticism*, v. 57, n. 1, inverno 1999, p. 24).

prios consumidores são incitados a não se identificarem mais com situações estáticas.

A publicidade contemporânea e a cultura de massa estão repletas de padrões de conduta construídos através de figuras para as quais convergem disposições aparentemente contrárias. Mulheres, ao mesmo tempo, lascivas *e* puras; crianças, ao mesmo tempo, adultas *e* infantis; marcas tradicionais *e* modernas. Essa lógica foi bem sintetizada no *teaser* de uma campanha da própria Calvin Klein, que dizia: "Be bad, be good, just be". Ou seja, um modo de ser próprio a uma era da flexibilização de padrões de identificação. Uma época como essa permite marcas que tragam, ao mesmo tempo, a enunciação da transgressão e da norma. Até porque os sujeitos estão presos a uma lógica de aceitação simultânea da norma e do desejo de sua transgressão. A publicidade compreendeu isso. Por isso atualmente ela visa a esse ponto em que transgressão e norma se imbricam. O que não poderia ser diferente. Basta lembrarmos que vivemos hoje em uma sociedade na qual os vínculos com os objetos (incluindo aqui os vínculos com a imagem do próprio corpo) são frágeis, mas que, ao mesmo tempo, alimenta-se dessa fragilidade. Até porque não se trata de disponibilizar conteúdos determinados de representações sociais através do mercado. Trata-se de disponibilizar a pura forma da reconfiguração incessante que passa por e anula todo conteúdo determinado, justamente o que essas marcas procuram fazer.

## CADÊNCIA

Tais figuras da corporeidade com suas identidades flexíveis cuja errância se deixa codificar no interior dos fluxos de autovalorização do Capital, errância baseada na ampliação contínua de processos de intercambialidade e des-sensibilização, são figuras da adaptação subjetiva a uma economia libidinal calcada na governamentabilidade neoliberal. Elas permitem a inscrição mercantil da polimorfia pulsional, assim como a tradução da negatividade em impulso de destruição de imagens de si através da estilização da mortificação. Possibilitam igualmente uma dissociação entre determinações normativas específicas e injunções de gozo, abrindo espaço para uma espécie de gozo da pura forma que anula toda aderência a conteúdos determinados, toda fixação a objetos sensíveis, permitindo o enraizamento do gozo na intercambialidade do que, no fundo, nunca muda; mimetizando com isso uma lógica de indiferença às determinações sensíveis que podemos encontrar nas reflexões de Jacques Lacan sobre as perversões.[53] Esses são corpos que se dobram ao infinito para que nada dobre a racionalidade econômica que os anima, com seus processos de intercambialidade e de disponibilização geral da experiência sob a forma da propriedade, de expressão do meu próprio projeto, ou, ainda, do "próprio" como projeto último.

Tais colocações apenas demonstram como a indústria cultural e o universo da retórica de consumo sabem que sua força não vem de sua capacidade de conformação forçada da multiplicidade de sujeitos a estereótipos gerais de conduta e de disciplina corporal – temática ligada a uma compreensão clássica dos processos de alienação social no interior da indústria cultural e da retórica de consumo. Há uma mutação dos dispositivos disciplinares cujo eixo fundamental diz respeito a uma transformação da indeterminação, de patologia social a dispositivo de funcionamento normal dos processos de reprodução material da vida. Daí a força da indústria cultural e da retórica de consumo vir da capacidade em administrar a insatisfação com os estereótipos que eles mesmos veiculam, da capacidade de fazer circular a perda da qualidade narrativa do corpo, sem nunca colocar em questão o fato de a multiplicidade disponível dobrar-se docilmente à autoafirmação do indivíduo e de sua capacidade de sempre poder dispor

53 A esse respeito, remeto a Vladimir Safatle, *A paixão do negativo: Lacan e a dialética*. São Paulo: Editora da Unesp, 2006. Para além das aproximações entre sociedade capitalista e generalização da lógica das perversões, tão presente em certas críticas profundamente moralizadoras contra o pretenso "hedonismo" de nossas formas contemporâneas de vida, o tema da perversão como patologia social pode ser recuperado por meio de discussões a respeito da estrutura fetichista das sociedades capitalistas e sua lógica de constituição de objetos da experiência.

de outra coisa, de sempre poder transformar "outra coisa" na reiteração contínua de uma forma geral da experiência – expressão maior do infinito ruim das formas de vida hegemônicas no neoliberalismo. Como se fosse o caso de entrar em movimento apenas para reiterar uma certa "estética transcendental" do Capital, como viram claramente Adorno e Horkheimer.[54] Dessa maneira é que se gerencia a indeterminação no interior da forma-mercadoria. Dessa maneira, constrói-se a ascensão irresistível da plasticidade mercantil do corpo. Uma ascensão que, como veremos no próximo capítulo, não ocorre sem que novas formas de sofrimento sejam configuradas.

54 "A função que o esquematismo kantiano ainda atribuía ao sujeito, a saber, referir de antemão a multiplicidade sensível aos conceitos fundamentais, é tomada ao sujeito pela indústria cultural. O esquematismo é o primeiro serviço prestado por ela ao cliente" (T. Adorno e M. Horkheimer, op. cit., p. 103).

## O trabalho do impróprio e os afetos da flexibilização

*Fazer coisas que não sabemos o que são.*
THEODOR ADORNO

Há uma conhecida história narrada por Heródoto a respeito de certa rebelião de escravos do povo cita. Na ausência de seus senhores, os escravos se rebelaram, demonstrando grande bravura nas lutas de resistência. Sua força e desejo de liberdade pareciam intransponíveis, até que um dos citas inventou o moderno Departamento de Recursos Humanos e as primeiras técnicas de psicologia do trabalho. Munido de seu conhecimento recém-adquirido, o cita gritou no meio da luta:

> Vedes, homens da Cítia, o que fazemos! Lutando assim com nossos escravos, eles nos matam e nos tornamos menos numerosos, e nós os matamos e, portanto, nos restam menos escravos às nossas ordens. Opino, portanto, no sentido de abandonarmos nossas lanças e arcos e irmos combatê-los empunhando cada um de nós um chicote dos que usamos com os cavalos. Enquanto eles nos virem armados, julgar-se-ão iguais a nós; vendo-nos com chicotes em vez de armas, eles compreenderão que são nossos escravos; percebendo isto, não resistirão.[1]

E assim foi. Ao verem os chicotes e ouvirem seu barulho, o medo desfaz a revolta dos escravos e estes fogem, para acabar por retornar à antiga condição.

1 Heródoto, *História*. Brasília: Editora da UnB, 1985, p. 202.

O que esse cita descobriu em situação de guerra foi o uso político da força disciplinar do trabalho, a maneira como o instrumento de trabalho era a encarnação de um princípio de sujeição capaz de quebrar vontades e perpetuar a condição de servidão. Não era possível combater os escravos rebelados, mas era possível explorar a potência da internalização da sujeição, do desejo mudo de submeter-se à disciplina e preservar a autoridade encarnada na visão de um instrumento capaz de sintetizar as relações servis. Esses sujeitos foram produzidos por relações determinadas de trabalho e autoridade; a partir delas constituíram suas fantasias, seu universo psíquico e seu circuito de afetos. Mesmo lutando pela liberdade, algo neles nunca poderia se voltar contra o que não era exatamente a imagem de seus senhores, mas o instrumento que organiza o tempo do trabalho, bem como o lugar que cada um deveria ocupar com suas funções específicas, o ritmo do corpo, a sensação psicológica de dever cumprido e o regime de atenção. Mesmo revoltando-se contra a figura imaginária da autoridade, continuavam presos à determinação simbólica da disciplina. Eles poderiam se rebelar contra as representações da autoridade, mas não contra a estrutura, com sua ordem, suas determinações. Bastou que tal determinação simbólica se encarnasse no chicote para que o ímpeto da rebelião desaparecesse. Se o cita que teve tal intuição pode ser elevado a patrono dos Departamentos de Recursos Humanos de nossas grandes empresas é por compreender como a verdadeira sujeição se constrói, principalmente, através da mobilização libidinal das estruturas disciplinares em circulação no universo do trabalho.

## Dominação pelo trabalho

Sendo assim, há de se perguntar se o trabalho seria completamente indissociável da expressão dessas estruturas disciplinares.[2] Faria sentido organizar a crítica do trabalho alienado assumindo como pressuposto a possibilidade de pensar um trabalho vivo portador de promessas emancipatórias? Ou seria o caso de dar um passo além a fim de, pura e simplesmente, criticar o trabalho como figura historicamente específica da ação social, figura a ser superada em uma sociedade reconciliada? Sabemos como, no interior da filosofia social moderna, o trabalho nunca foi apenas uma questão de produção de riqueza e de valor. Ao menos desde Hegel, ele é compreendido como uma estrutura fundamental de reconhecimento social, mas não foram poucos os que colocaram radicalmente em questão a possibilidade de o trabalho ser um modelo de ação que não se reduziria à simples expressão de sujeição disciplinar à lógica utilitarista que nos aprisiona indefinidamente nas sendas da racionalidade instrumental. Lembremos, por exemplo, dessa maneira de definir o trabalho vinda de um de seus críticos mais consequentes, a saber, Georges Bataille:

> O trabalho exige uma conduta em que o cálculo do esforço, relacionado à eficácia produtiva, é constante. Exige uma conduta razoável, em que os movimentos tumultuosos que se liberam na festa e, geralmente, no jogo, não são admitidos. Se não pudéssemos refrear esses movimentos, não poderíamos trabalhar, mas o trabalho introduz justamente a razão de refreá-los.[3]

2 A respeito do universo do trabalho, dirá Foucault que "Esses métodos que permitem o controle minucioso das operações do corpo, que realizam a sujeição constante de suas forças e lhes impõem uma relação de docilidade-utilidade, são o que podemos chamar as 'disciplinas'. Muitos processos disciplinares existiam há muito tempo: nos conventos, nos exércitos, nas oficinas também. Mas as disciplinas se tornaram no dercorrer dos séculos XVII e XVIII fórmulas gerais de dominação" (Michel Foucault, *Vigiar e punir*, trad. Raquel Ramalhete. Petrópolis: Vozes, 2010, p. 133).

3 Georges Bataille, *O erotismo*. Belo Horizonte: Autêntica, 2013, p. 64.

Nessa citação, vemos Bataille insistir na existência de um modelo de cálculo, de mensuração, de quantificação derivado da lógica do trabalho e estranho à "improdutividade" de modos de relação social como a festa e o jogo. Tal modelo é indissociável da noção de "utilidade", assim como de um tempo no qual as atividades são medidas tendo em vista o cálculo dos esforços e investimentos, a "eficácia produtiva", com sua recusa ao desperdício enquanto horizonte supremo de moralidade de nossas ações. Há uma capacidade de controle a partir da possibilidade de prever resultados e grandeza que funda o trabalho como modo de apropriação de minha força e dos objetos. Controle encarnado no primado da utilidade.

Mas, se nos perguntarmos sobre o que devemos entender por "utilidade" nesse contexto, teremos que apelar a um texto do início dos anos 1930, intitulado "A noção de dispêndio". Nele, lemos:

> A utilidade tem teoricamente como finalidade o prazer – mas somente sob uma forma moderada, pois o prazer violento é tido como *patológico* – e se deixa limitar, por um lado, à aquisição (praticamente à produção) e à conservação dos bens e, por outro, à reprodução e à conservação das vidas humanas [...] No conjunto, qualquer julgamento geral sobre a atividade social subentende o princípio de que todo esforço particular deve ser redutível, para ser válido, às necessidades fundamentais da produção e da conservação.[4]

Ou seja, fica claro como a utilidade aparece não apenas enquanto modo de descrição da racionalidade própria a um sistema socioeconômico determinado, mas principalmente como o princípio fundamental de definição moral da natureza dos sujeitos inerente a tal sistema. Os sujeitos racionais no interior do capitalismo são aqueles que organizam suas ações tendo em vista sua autoconservação, a

4 Id., *A parte maldita – precedida de "A noção de dispêndio"*. Belo Horizonte: Autêntica, 2013, p. 20.

manutenção de seus bens, o cálculo econômico de seus esforços e a fruição de formas moderadas de prazer, ou seja, formas de prazer que não nos coloquem fora de nosso próprio domínio. Eles são aqueles que se julgam racionais por sempre submeterem sua afetividade à reflexão sobre a utilidade e a medida. Dessa forma, as relações entre pessoas acabarão por se submeterem à racionalidade instrumental das relações entre coisas: "a humanidade, no tempo *humano, antianimal* do trabalho é em nós o que nos reduz a coisas".[5] Tempo antianimal porque tempo que se acumula, que conta, que se dispõe como unidade bruta de contagem, tempo disciplinar do cálculo dos meios em relação a fins. Dessa forma, vale o dito de Lúkacs, para quem "o tempo perde o seu caráter qualitativo, mutável e fluido: ele se fixa num *continuum* delimitado com precisão, quantitativamente mensurável, pleno de 'coisas' quantitativamente mensuráveis".[6]

Essas questões são importantes por nos lembrar que a dominação no trabalho não está ligada apenas à impossibilidade de os produtores imediatos disporem de sua própria produção e dos produtos por eles gerados. Não se trata apenas de uma questão de apropriação e dominação consciente, através da "cooperação histórico-universal dos indivíduos" - apropriação desses "poderes que, nascidos da ação de alguns homens sobre os outros, até agora se impunham sobre eles, e os dominavam na condição de potências absolutamente estranhas".[7] Pois, se não nos perguntarmos

5 Id., *O erotismo*, op. cit., p. 184. Nesse sentido, marxistas como Moishe Postone acabam por se aproximar, mesmo a contragosto, de tal tipo de crítica do trabalho colocada em circulação por Bataille quando insistem que "O trabalho social não é somente o objeto da exploração e dominação, mas é, ele próprio, o terreno da dominação. A forma não pessoal, abstrata, 'objetiva' de dominação característica do capitalismo está aparentemente relacionada à dominação dos indivíduos por seu trabalho social" (Moishe Postone, *Tempo, trabalho e dominação social*. São Paulo: Boitempo, 2014, p. 150).

6 György Lukács, *História e consciência de classe*. São Paulo: Martins Fontes, 2003, p. 205.

7 Karl Marx e Friedrich Engels, *A ideologia alemã*. Rio de Janeiro: Civilização Brasileira, 2007, p. 61.

sobre a extensão real desse domínio, correremos o risco de deixar dois problemas intocados, a saber, o fato de a produção do valor, como forma de riqueza e de determinação de objetos, permanecer no centro das estruturas de dominação abstrata[8] e, principalmente, o fato de a relação sujeito-objeto continuar a ser pensada sob a forma do próprio (como expressão da consciência, seja ela falsa ou histórico-universal) e da propriedade (seja ela individual ou comunal, injusta ou justamente distribuída). O problema relativo à reflexão do trabalho acaba por definir-se como um problema de "redistribuição de propriedade", redistribuição do que se dispõe diante de mim como aquilo que tem, na sua identidade para comigo, sua verdadeira essência. Nesse sentido, é difícil não aceitar que "o sujeito histórico seria nesse caso uma versão coletiva do sujeito burguês, constituindo-se e constituindo o mundo por meio do 'trabalho'".[9] Por isso, ao menos dentro de tal perspectiva, não faria sentido falar do trabalho como categoria de contraposição ao capitalismo, já que ele estaria organicamente vinculado às estruturas disciplinares de formação da natureza utilitária das relações próprias à individualidade liberal e seus direitos de propriedade, expressando apenas amplos processos de reificação.

Insistamos nesse ponto. As discussões a respeito do trabalho e sua alienação raramente estiveram dissociadas da estrutura de determinação da relação sujeito-objeto sob a forma da propriedade. Mesmo quando essas discussões estiveram ligadas às exigências de apropriação da produção e seus produtos pelos produtores imediatos, elas se limitavam a debater os destinos da propriedade.[10] Para além da inegável importância política do

8 Cf. M. Postone, op. cit., p. 151.

9 Id., ibid., p. 99.

10 No fundo, vale neste caso a afirmação precisa de Esposito: "Que se deva apropriar do nosso comum (através do comunismo e do comunitarismo) ou comunicar o nosso próprio (através da ética comunicativa) o resultado não muda: a comunidade continua duplamente vinculada à semântica do *próprio*" (Roberto

problema da espoliação, se faz urgente uma discussão sobre a estrutura dos processos de reconhecimento no interior do trabalho. Normalmente, pensamos o trabalho como a produção do que me é próprio, do que é a confirmação especular de minhas próprias determinações, mesmo que tal próprio não seja o indivíduo isolado, mas o "ser social", a "consciência de classe".[11] Nesse sentido, passar do indivíduo ao ser social, à consciência de classe, não implica necessariamente uma mudança ontológica se a crítica ao trabalho na sociedade capitalista limitar-se à crítica à destinação da propriedade ou sua forma de manifestação. Pois, sendo propriedade privada ou coletiva, cooperação de indivíduos livres ou sujeição de trabalhadores assalariados, não se muda o fator fundamental: *minha atividade deve produzir o que me confirma no interior da esfera do próprio.* Ela me assegura no espaço do familiar. Assim, proletário ou capitalista, são os afetos do sujeito burguês e suas exigências de identidade que continuam a nos guiar e a guiar, inclusive, os móbiles da crítica.[12] Como o burguês que dispõe, no interior de sua

Esposito, *Communitas: origine e destino della comunità*. Turim: Einaudi, 1998, p. IX).

11 De nada adianta afirmar, por exemplo, "que a consciência de classe não é a consciência psicológica de cada proletário ou a consciência psicológica de massa no seu conjunto, mas *o sentido, que se tornou consciente, da situação histórica de classe*" (György Lukács, *História e consciência de classe*, op. cit., p. 179). A pergunta correta é: qual a distinção formal entre a *consciência do sentido* na consciência de classe e na consciência psicológica? O que é o "sentido" nesses dois casos, a não ser a apropriação reflexiva do regime de causas no interior de uma totalidade de relações representáveis, onde a representação determina a forma geral do que há a ser apreendido? Não seria prova de ingenuidade dialética deixar de começar por se questionar sobre os limites da experiência impostos pela forma da representação?

12 Daí, por exemplo, este horizonte de transparência absoluta que opera no recurso à crítica do desvelamento da totalidade em Lukács. Lembremos, nesse sentido, o peso determinista de afirmações como: "Ao se relacionar a consciência com a totalidade da sociedade, torna-se possível reconhecer os pensamentos e os sentimentos que os homens *teriam tido* numa determinada situação de sua vida, *se tivessem sido capazes de compreender perfeitamente* essa situação e os interesses dela decorrentes, tanto em relação à ação imediata, quanto em

*home*, os objetos que contam seus feitos pessoais, suas pequenas idiossincrasias, viagens exóticas e lembranças, a consciência que trabalha parece querer transformar a natureza à sua volta em uma grande *home* decorada por objetos que são a expressão de sua própria história. Ela quer o afeto da segurança do reencontro. Pois *a propriedade é, no fundo, um afeto; um afeto de segurança e amparo.* Assim, quando o trabalho aliena-se de seu trabalho, submetendo-o à dominação de uma força estranha, a crítica insistirá que tal estranhamento precisaria desaparecer por completo. Nada deve ser estranho ao homem que reencontra a si mesmo no interior do trabalho. Como dizia o liberal Locke, que parece ter nesse debate a palavra final, aquilo no qual trabalho é meu, é-me próprio.[13]

Melhor seria, no entanto, compreender como *o trabalho é a produção do impróprio*, como há um estranhamento que não é simplesmente alienação, mas abertura ao que não se dispõe diante de mim como aquilo que se submete a meu tempo, meu espaço, minha forma, minhas relações de causalidade. Eliminar toda forma de estranhamento, ou compreender todo estranhamento como alienação a ser superada, é transformar o trabalho em forma maior de domínio de um mundo no qual tudo se transforma à semelhança da consciência. Nesse caso, melhor começar por meditar por que alguém como Adorno afirmava que a identidade era a forma originária da ideologia. Por mais paradoxal que isso possa parecer, superar o trabalho alienado é indissociável da

relação à estrutura de toda a sociedade conforme esses interesses" (G. Lukács, *História e consciência de classe*, op. cit., p. 141.)

13 Lembremos da afirmação canônica de Locke, segundo a qual, "Embora a terra e todas as criaturas inferiores sejam comuns a todos os homens, cada homem tem uma *propriedade* em sua própria *pessoa*; a esta ninguém tem qualquer direito senão ele mesmo. O *trabalho* [*labour*] do seu corpo e a obra [*work*] das suas mãos, pode dizer-se, são propriamente dele. Seja o que for que ele retire do estado que a natureza lhe forneceu e no qual o deixou, fica-lhe misturado ao próprio *trabalho*, juntando-se-lhe algo que lhe pertence, e, por isso mesmo, tornando-o *propriedade* dele" (*Segundo tratado sobre o governo*. São Paulo: Abril Cultural, p. 51 [col. Os Pensadores, v. XVIII]; grifo meu).

capacidade de permitir que o estranhamento circule como afeto do mundo do trabalho. Estranhamento não como *Entfremdung* (uma péssima escolha de tradução, dessas que é difícil perdoar), mas como *Unheimlichkeit*. Há uma espoliação no mundo do trabalho que não é apenas a *espoliação econômica do mais-valor*, mas é *espoliação psíquica do afeto de estranhamento*. O mesmo afeto que define a possibilidade de relação do sujeito consigo para além das ilusões de transparência reconquistada pela consciência.

## A gênese psicológica da disciplina do trabalho

Tentemos fundamentar melhor as estratégias de discussão começando por compreender de forma mais sistemática a gênese psicológica das estruturas disciplinares próprias ao trabalho. Isso nos permitirá, mais à frente, definir a configuração tradicional dessas estruturas, assim como suas mutações contemporâneas. Lembremos que, nas sociedades capitalistas, o trabalho foi pensado como uma das versões mais bem-acabadas de certo processo moral de formação em direção ao autogoverno. Pois, através do trabalho, aprendemos a impor uma lei à vontade, lei que deve ser reconhecida por mim como expressão de meu ser mais próprio. Essa vontade que submete outras vontades e que aparece assim para o sujeito como um dever que ele mesmo põe para si, dever que lhe permite relativizar as exigências imediatas de autossatisfação, é um fator decisivo na constituição da noção moderna de autonomia. Por isso, só aqueles capazes de trabalhar são autônomos; não apenas no sentido material de serem capazes de prover seus próprios sustentos, mas no sentido moral de serem capazes de impor para si mesmo uma lei de conduta que é a expressão de sua própria vontade.[14] Existe uma profunda relação entre trabalho

14 Para uma discussão a respeito da natureza disciplinar da autonomia, remeto a Vladimir Safatle, *O dever e seus impasses*. São Paulo: Martins Fontes, 2013.

e formação moral já há muito explorada. E se lembramos da ideia de Rousseau,[15] para quem a verdadeira liberdade é a capacidade de dar para si mesmo a própria lei, ser legislador de si mesmo, então seremos obrigados a dizer que a possibilidade do trabalho é o exercício mais importante para a efetivação do conceito moderno de liberdade.

No entanto, é evidente a natureza profundamente disciplinar dessa modalidade de autogoverno que é o trabalho. Trabalhar implica submeter a vontade a uma hierarquia de prioridades, submeter o tempo a um padrão de cálculo, ocupar o espaço de determinada forma, limitar a atenção, adiar certas exigências de satisfação. Mas só posso suportar essa submissão porque compreendo o trabalho como a resposta a um "chamado" que me dá forças para perseverar na vontade, para abrir mão do gozo imediato e controlar meus desejos. Tal chamado me ensina que, quando a carne fala mais alto, devo "tomar banhos frios e trabalhar na minha vocação" de maneira compulsiva. Nesse sentido, trabalhamos não apenas para ser reconhecidos enquanto sujeitos dotados de certas habilidades importantes para a vida social. Trabalhamos para ser reconhecidos por um Outro que habita nossas fantasias, que nos observa como se estivéssemos em um panóptico privado, que nos "chama" para assumir um tipo de relação com os desejos e com a vontade que funda a idealidade de nossa própria personalidade. A servidão real é substituída pela internalização de uma representação imaginária de autoridade fantasmaticamente constituída e responsável pela organização da identidade psicológica a partir de uma "vocação", fundamento libidinal para a definição da coerência da personalidade e da unidade de conduta. Pois a pressão da internalização das disposições disciplinares que me permite trabalhar e evitar a dispersão da vontade sustenta-se, em larga medida, na crença dessas disposições serem elementos

15 J. J. Rousseau, *O contrato social*, 3ª ed., trad. Antonio de Pádua Danesi. São Paulo: Martins Fontes, 1996.

fundamentais para a formação subjetiva de uma identidade psicológica desejada. Isso pode nos explicar por que, ainda hoje, é possível traçar, por exemplo, sólidas correlações entre longos períodos de desemprego e transtornos no sentimento de autoidentidade capazes de, no limite, levar à experiência de "morte social".[16]

A correlação entre trabalho e processo de formação da identidade é a base do clássico estudo de Max Weber, *A ética protestante e o espírito do capitalismo*. Nele, Weber procurou mostrar como a modalidade hegemônica de trabalho exigida pelo processo de desenvolvimento do capitalismo assentava-se na constituição de noções de individualidade e identidade psicológica cuja principal característica era um conceito de autonomia tributária da internalização do poder pastoral próprio à teologia protestante.

Relembremos alguns aspectos fundamentais da hipótese weberiana. Ao insistir que a racionalidade econômica dependia fundamentalmente da disposição dos sujeitos em adotar certos tipos de conduta, Weber lembrava que nunca haveria capitalismo sem a internalização psíquica de uma ética protestante do trabalho e de uma convicção, estranha ao cálculo utilitarista e cuja gênese deve ser procurada no calvinismo. Ética essa que Weber encontrou no *éthos* protestante da acumulação de capital e do afastamento de todo gozo espontâneo da vida. Pois o trabalho que marcava o capitalismo como sociedade de produção era um trabalho que não visava exatamente ao gozo do serviço dos bens, mas à acumulação obsessiva daqueles que, mesmo produzindo valor, "não retiram nada de sua riqueza para si mesmo, a não ser a sensação irracio-

16 Ver, por exemplo, o estudo de Kasl, Rodriguez e Lasch, "The Impact of Unemployment on Health and Well-Being", in Bruce Dohremwend, *Adversity, Stress and Psychopatology*. Oxford: Oxford University Press, 1999. Para um caso brasileiro, ver Suzana Tolfo et al., "Trabalho, desemprego, identidade: estudo de caso de uma empresa privatizada do setor de telecomunicações". *Revista Katálisis*, v. 7, n. 2, Florianópolis, 2004.

nal de haver 'cumprido' devidamente a sua tarefa".[17] Weber chega a falar em uma "sanção psicológica"[18] produzida pela pressão ética e satisfeita através da realização de um trabalho como fim em si, ascético e marcado pela renúncia ao gozo. Um trabalho no interior do qual a profissão aparece como dever que se cumpre, como resposta que se dá a um "chamado" tão claramente presente na própria ideia de "vocação".[19]

Devemos lembrar aqui como Freud foi, à sua maneira, aquele que forneceu o aparato conceitual para compreendermos tal concepção de trabalho fundamental para o desenvolvimento do capitalismo como matriz de sofrimento psíquico. Freud raramente discute diretamente problemas ligados ao mundo do trabalho.[20] No entanto, vimos no primeiro capítulo deste livro, como ele insiste que toda internalização de sistemas de regras, normas e leis de conduta com forte apelo moral é feita através de dinâmicas repressivas em relação à satisfação pulsional,[21] e não há por que temer o uso dessa palavra, mesmo após as críticas feitas por Fou-

17 Max Weber, *A ética protestante e o espírito do capitalismo*. São Paulo: Companhia das Letras, 2001, p. 56.

18 Id., ibid., p. 102.

19 O que explica o aparecimento da "valorização do cumprimento do dever no seio das profissões mundanas como o mais excelso conteúdo que a autorrealização moral é capaz de assumir" (id., ibid., p. 72).

20 Embora devemos lembrar como o inconsciente é, acima de tudo, uma modalidade de trabalho. Haja vista a maneira como Freud fala de *Traumarbeit* (trabalho do sonho), *Trauerarbeit* (trabalho do luto), *Durcharbeitung* (perlaboração), *Bearbeitung* (elaboração). Nesse sentido, é preciso salientar que há um trabalho do inconsciente que nada tem a ver com o trabalho enquanto expressão das representações da consciência. Lembremos, por exemplo, o que Freud diz a respeito do trabalho do sonho: "Ele não pensa, não calcula e não julga, mas limita-se a transformar/remodelar (*umzuformen*)" (Sigmund Freud, "Die Traumdeutung", in *Gesammelte Werke*, v. II-III. Frankfurt: Fischer, 1999, p. 511). Essa transformação – que não é fruto do que pode ser apropriado sob a forma de cálculo, julgamento e pensamento representacional, mas que é plasticidade contínua sob a pulsação do que nunca se coloca sob a forma da consciência – é figura privilegiada do trabalho livre.

21 Ver especialmente S. Freud, *O eu e o id*. São Paulo: Companhia das Letras, 2011.

cault à chamada "hipótese repressiva".[22] Isso vale também para a formação da estrutura psíquica necessária para entrar no mundo do trabalho. Marx, por exemplo, falava da submissão ao trabalho capitalista como "repressão (*Unterdrückung*) de um mundo de impulsos (*Trieben*) e capacidades produtivas".[23]

Freud é sensível às ambivalências desse processo repressivo que constitui o supereu como "instância moral de observação" de si. Para sustentar sua eficácia, tal repressão não pode ser simplesmente vivenciada como coerção. Nenhuma forma de adesão sustenta-se na simples coerção. Freud nos lembra como há sempre uma demanda de amor e reconhecimento, direcionada a um Outro fantasmático, a sustentar minha adesão muda a tais dinâmicas repressivas. Demanda de reconhecimento que se manifesta como sentimento patológico de culpa em relação a toda satisfação libidinal que leve em conta o caráter fragmentário e polimórfico das pulsões, já que se sentir culpado é uma maneira peculiar de ser reconhecido. O sentimento patológico de culpa é um dispositivo importante na compreensão do modo de conformação da individualidade a uma economia psíquica que encontra uma de suas fontes na internalização de disposições para um regime de trabalho descrito por Weber ao tematizar a ética protestante. Através da culpa, afasto minha atividade daquilo que Weber chamou de "gozo espontâneo da vida", aprendo a calcular minhas ações a partir de sua "utilidade" suposta, suporto as frustrações às minhas exigências de satisfação pulsional e conformo meu trabalho a uma espécie de ritual obsessivo-compulsivo de autocontrole que só pode levar à formação de uma personalidade rígida e clivada.

22 Michel Foucault, *História da sexualidade*, v. 1, 19ª ed., trad. Maria Thereza Albuquerque e J. A. Guilhon Albuquerque. São Paulo: Graal, 1988.
23 Karl Marx, *O capital*, v. I. São Paulo: Boitempo, 2013, p. 406.

Modelo de personalidade que Freud descreve de forma precisa ao cunhar a categoria patológica de neurose obsessiva.[24]

Na verdade, podemos, tomando como base a obra de Freud, defender que a autonomia produzida por esse modelo de atividade laboral era indissociável de um bloqueio nas expectativas expressivas do trabalho manifestas tão claramente nas modalidades singulares do trabalho do inconsciente. A possibilidade de expressão de si é bloqueada não apenas porque o trabalhador está submetido a uma divisão social no interior da qual ele realiza o que não planeja e sua vontade está submetida à vontade de um outro. A expressão de si está bloqueada porque sua atividade se submete a princípios psicológicos que perpetuam uma personalidade clivada, rígida, fortemente determinada e atormentada pelo controle das pulsões.

Essa personalidade marcada pela rigidez e pela estereotipia forneceu a correlação psíquica necessária para um mundo do trabalho dominado por empresas e organizações que teóricos da administração descreveram como submetidas a uma concepção

24 Ao criar a neurose obsessiva, Freud procurava especificar um tipo de neurose cujo mecanismo de defesa privilegiado não era a conversão somática histérica, mas o deslocamento de afeto em direção a outras representações. Assim, "a representação enfraquecida permanece na consciência apartada de todas as associações, mas seu afeto, agora livre, se liga a outras representações, em si suportáveis, e que, através dessa "falsa conexão", se transformam em representações obsessivas" (S. Freud, *Gesammelte Werke*. v. 1. Fischer: Frankfurt, 1999, pp. 65-66). Normalmente, tratava-se de uma representação de cunho sexual irreconciliável com as exigências morais da consciência. Essa diferenciação funcional da neurose obsessiva ganhará complexidade com o desenvolvimento da hipótese freudiana do Complexo de Édipo e de seu modelo de socialização de conflitos. A ideia de um afeto que se transforma em representação obsessiva, como um corpo intruso que insiste por todos os lados na consciência, será a base para um sofrimento marcado pela transformação patológica dos modos de internalização de princípios de autocontrole, de responsabilidade, de domínio das expressões e emoções, assim como da coerência dos comportamentos resultantes das identificações produzidas no interior do núcleo familiar. Nesse sentido, os mecanismos de individualização dos sujeitos modernos, responsáveis por um processo de constituição de si através das dinâmicas de identificação e internalização de princípios de autocontrole e de unidade subjetiva, acabam por se transformar na matriz mesma de sofrimento psíquico.

mecanicista.[25] Trata-se de um modelo organizacional que imperou na primeira metade do século XX e que alcançou seu apogeu por meio das teorias tayloristas e fordistas, com suas técnicas de tempos, movimentos e adestramento corporal. Nessa concepção, as organizações aparecem preferencialmente sob a metáfora da máquina, o trabalho é submetido à "burocratização e rotinização da vida em geral".[26] Esse trabalho exige uma individualidade que se vincule afetivamente à representação estática de funções ligadas à vocação profissional, assim como à divisão estrita entre planejamento e realização do trabalho. O sentimento de reificação produzido por tal dinâmica do trabalho é compensado pelos chamados à famosa "sensação irracional de ter cumprido com seu dever". Não por acaso, boa parte das primeiras críticas ao modelo taylorista e fordista de gestão veio de psicólogos sociais influenciados pelas teorias freudianas.[27] Eles eram sensíveis ao preço psicológico que essa noção de trabalho exigia.

Seria equivocado defender que esse modelo de trabalho, com suas matrizes de sofrimento psíquico, não faz mais parte de nosso presente. Mas é certo que atualmente ele convive com formas distintas de dominação psíquica no universo do trabalho, configuradas a partir de uma racionalidade outra. Essas novas formas são hegemônicas, não necessariamente por darem conta de um maior número de casos, mas por constituírem a matriz ideológica dos discursos contemporâneos de justificação do universo do trabalho nas sociedades capitalistas avançadas.

25 Gareth Morgan, *Imagens da organização*. São Paulo: Atlas, 1995.

26 Id., ibid., p. 25.

27 Lembremos, por exemplo, Elton Mayo e seus famosos experimentos de Hawthorne (1924-1927): "Em lugar da linguagem moral vitoriana do 'caráter', Mayo, que fizera sua formação como psicanalista junguiano, introduziu a imaginação psicanalítica no local de trabalho. A intervenção de Mayo na empresa teve um caráter rigorosamente terapêutico" (Eva Illouz, *O amor nos tempos do capitalismo*. Rio de Janeiro: Jorge Zahar, 2011, p. 23).

## Marx, os animais e os humanos

Para melhor compreender essa mutação na estrutura disciplinar do trabalho, faz-se necessária uma espécie de parêntese. Voltemos à filosofia social e perguntemos por que então uma certa tradição dialética viu, no trabalho, algo mais do que a reiteração de tais processos disciplinares que nos levariam, necessariamente, a modelos cada vez mais evidentes de reificação social e de sofrimento psíquico. Por que essa tradição insistiu, para além da estrutura disciplinar da autonomia, em lembrar que o trabalho deveria também ser compreendido como modelo fundamental de *expressão* subjetiva no interior de realidades sociais intersubjetivamente partilhadas, a ponto de elevá-lo (juntamente com o desejo e a linguagem) à condição de um dos eixos de constituição daquilo que podemos entender por "forma de vida"? A aposta no trabalho como processo emancipatório de reconhecimento era, de fato, possível e necessária ou não passava da expressão dos equívocos de filosofias tão fascinadas pelas dinâmicas de transformação que tendiam a negligenciar como atividades socialmente avalizadas funcionam fundamentalmente como processos de reiteração de sujeições?

Partamos, para isso, da definição do trabalho como modelo de exteriorização (*Entäusserung*) do sujeito sob a forma de um objeto. Lembremos, a esse respeito, da famosa comparação de Karl Marx, certamente um dos pensadores modernos que melhor configurou certa via ainda hegemônica na caracterização do trabalho:

> Uma aranha executa operações semelhantes às do tecelão e uma abelha envergonha muitos arquitetos com a estrutura de sua colmeia. Porém, o que desde o início distingue o pior arquiteto da melhor abelha é o fato de que o primeiro tem a colmeia em sua mente antes de contruí-la com a cera. No final do processo de trabalho, chega-se a um resultado que já estava presente na *representação do trabalhador* no início do processo, portanto, um resultado que já existia idealmente [*ideell*]. Isso não significa que ele se limite a uma alteração

> da forma do elemento natural; ele realiza neste último, ao mesmo tempo, seu objetivo, que ele sabe que determina, como lei, o tipo e o modo de sua atividade e ao qual ele tem de subordinar [*unterordner*] sua vontade.[28]

Como lembra Habermas, por meio dessas afirmações, Marx eleva o trabalho não apenas a uma categoria antropológica fundamental, mas a uma categoria da teoria do conhecimento, já que a compreensão dos objetos como objetos trabalhados permite o desvelamento da natureza histórico-social das estruturas normativas da experiência. Marx partilha com Hegel a noção de que a modalidade de síntese responsável pela constituição dos objetos da experiência não seria produção de uma subjetividade transcendental, mas de uma subjetividade empírica às voltas com os modos de reprodução material da vida.[29] A ampliação da função da categoria de trabalho é paga, entre outras coisas, com a necessidade de uma distinção ontológica entre expressão subjetiva e comportamento natural. Habermas sintetiza bem essa distinção ao afirmar que "Marx não apreende a natureza sob a categoria de um outro sujeito, mas apreende o sujeito sob a categoria de uma outra natureza".[30] Já a definição de Marx segundo a qual "toda produção é apropriação (*Aneignung*) da natureza pelo indivíduo no interior de e mediada por uma determinada forma de sociedade"[31] é clara em suas distinções ontológicas. Apropriar-se é relacionar-se com o que não me é próprio e, por mais que formas sociais definam modalidades historicamente determinadas de apropriação com suas consequências específicas, há de se insisitir novamente que a dinâmica da apropriação pressupõe um modo estrutural no qual a ação de produção é pensada como absorção do

28 Karl Marx, *O capital*, v. 1. São Paulo: Boitempo, 2013, p. 327.

29 Ver Jürgen Habermas, *Connaissance et intérêt*. Paris: Gallimard, 1976, p. 60 [ed. bras.: *Conhecimento e interesse*, trad. Luiz Repa. São Paulo: Editora da Unesp, 2014].

30 Id., ibid., p. 64.

31 K. Marx, *Grundrisse*. São Paulo: Boitempo, 2011, p. 43.

que se coloca como inicialmente estranho, redução do estranho ao familiar, que já traz consequências decisivas para a orientação normativa da crítica social.

Marx descreve em vários momentos essa apropriação como um "metabolismo" (*Stoffwechsel*)[32] através do qual "a totalidade da natureza é socialmente mediada e, inversamente, a sociedade é mediada através da natureza pensada como componente da realidade total".[33] Nesse metabolismo, as modificações ocorrem a partir da passagem da potência ao ato, na qual o trabalhador "desenvolve as potências que na natureza jazem latentes",[34] convertendo "valores de uso apenas possíveis (*mögliche*)" em valores de uso reais (*wirkliche*).

Esse processo, compreendido como a passagem do possível ao real, precisa ser mais bem definido. Como vimos, Marx parece inicialmente dizer que o trabalho se distingue de toda outra atividade por ser exteriorização de uma idealidade, mas é necessário determinar o que devemos entender por "ideal" nesse contexto. Pois se "ideal" significar simplesmente a transformação da natureza a partir de uma ação dirigida por uma finalidade previamente determinada, ou sua conformação a uma forma previamente presente como representação ideal, como o texto de Marx parece inicialmente nos fazer acreditar, então não será fácil perceber nessa ação algo que pode ser chamado de "processo". A passagem do possível ao real, operada pelo trabalho social, não passaria de mera exteriorização de uma finalidade abstrata.

Se fosse o caso, tal modo de determinação do trabalho nos impediria, em última instância, de distingui-lo do comportamento

32 Por exemplo: "o processo de trabalho é inicialmente um processo entre o homem e a natureza, um processo no qual, através de sua própria ação, ele media, regula e controla seu metabolismo com a natureza" (Karl Marx, *Das Kapital*, I. Berlim: Dietz Verlag, 1983, p. 129).

33 Alfred Schmidt, *The Concept of Nature in Marx*. Londres: Verso, 2014, p. 79.

34 K. Marx, op. cit., p. 129.

natural. Todo organismo biológico tem a capacidade de se orientar e operar escolhas a partir de uma finalidade que serve de norma de avaliação. O filósofo da biologia Georges Canguilhem é preciso nesse sentido. Sendo a vida uma "atividade de oposição à inércia e à indiferença",[35] toda individualidade biológica diferencia e escolhe a partir de normas. Toda individualidade biológica age a partir de um "ideal" com forte potencial normativo, valorativo e, não devemos esquecer, transformador do meio ambiente.

Se quisermos dar alguma realidade à dicotomia afirmada por Marx, talvez devamos voltar a uma importante afirmação presente nos *Manuscritos*, segundo a qual "O animal é imediatamente um com a sua atividade vital. Não se distingue dela. É *ela*. O homem faz da sua atividade vital mesma um objeto da sua vontade e da sua consciência. Ele tem atividade vital consciente. Esta não é uma determinidade (*Bestimmtheit*) com a qual ele coincide imediatamente".[36] A diferença entre a transformação do meio ambiente devido ao comportamento animal e ao trabalho humano está no fato de a relação de identidade imediata pressuposta pela animalidade – isso ao menos segundo Marx – perder-se a partir do momento em que o homem "faz de sua atividade vital um objeto de sua vontade e consciência". Pois, dessa forma, o homem, ainda segundo o jovem Marx, poderia produzir mesmo livre das determinações próprias à necessidade natural.[37] Sua atividade "não é uma determinidade com a qual ele coincide imediatamente".

Assim, se o trabalho é um modelo de expressão subjetiva, não há como concebê-lo como simples passagem da interioridade

35 Georges Canguilhem, *Études d'histoire et philosophie des sciences*. Paris: Vrin, 1983, p. 208.

36 K. Marx, *Manuscritos econômico-filosóficos*. São Paulo: Boitempo, 2004, p. 84.

37 Daí uma afirmação como "o animal produz apenas sob o domínio da necessidade física imediata, enquanto o homem produz mesmo livre da necessidade física, e só produz, primeira e verdadeiramente, em liberdade para com ela; o animal só reproduz a si mesmo, enquanto o homem reproduz toda a natureza" (K. Marx, *Manuscritos econômico-filosóficos*, op. cit., p. 85 [trad. modificada]).

pensada à exterioridade constituída. Ele é expressão do estranhamento da vontade em relação às formas que se colocam como "representações naturais", no sentido que Hegel utiliza tal termo na *Fenomenologia do Espírito*. Isso talvez explique por que Marx é obrigado a definir a ideia trabalhada como uma lei que "subordina" a vontade. Quem diz "subordinação" diz imposição de uma norma a algo que lhe seria naturalmente refratário. A vontade humana precisa ser subordinada à ideia trabalhada porque ela pode, a todo momento, subvertê-la, desertá-la. Há uma característica negativa da vontade presente na capacidade que tenho de flertar com a indeterminação através do que Hegel chamou um dia de trabalho do negativo.[38] Já a abelha de Marx não precisa subordinar sua vontade à lei que determina sua ação porque ela não tem outra vontade possível, sua vontade está completamente adequada à lei, sua potência é imediatamente ato. Por isso, podemos dizer que a existência mesma do trabalho pressupõe a possibilidade humana, exclusivamente humana, do não exercício do que se coloca como potência. De certa forma, a expressão que se manifesta no interior do trabalho será sempre marcada pela potência de não passar

38 Sobre a natureza negativa da vontade, ver Vladimir Safatle, *Grande Hotel Abismo: por uma reconstrução da teoria do reconhecimento*. São Paulo. Martins Fontes, 2012. Nessa ocasião, tentei mostrar como aqueles que compreendem o trabalho dialético do negativo como expressão de carência, resignação moral (esta é a pior das leituras) ou mera privação leem mal a dialética hegeliana. Melhor seria se eles compreendessem a negatividade como *uma atividade* de posição do excesso dos possíveis em relação à limitação atual do real, uma pressão da infinitude em direção não à totalidade efetivamente posta em um horizonte de "suspensão do tempo", mas em direção à posição da processualidade do real, com sua dialética contínua de determinação e indeterminação que permite a abertura à dinâmica processual das formas. A atividade como negatividade é a única operação capaz de sustentar a recuperação de uma imanência que não se deixa confundir com as ilusões do imediato e seus riscos de estaticidade. Dentro de uma perspectiva realmente dialética, a falta nunca é expressão da essência do desejo, mas expressão da limitação do campo atual de determinações. Como dizia Lacan, a experiência fundamental de falta não se vincula à falta no sujeito, e sim à falta no Outro. Mas, bem, um dia você descobre que há certas coisas que precisará repetir o resto da vida.

imediatamente ao ato ou pela potência de alterar a determinidade que me seria imediatamente adequada.[39] Maneiras de expressar como a atividade humana encontra sua essência no excesso dos possíveis (que podem aparecer inicialmente como impossíveis)[40] em relação aos limites das determinidades postas.

Nesse sentido, podemos insistir em certa matriz hegeliana desse modo de pensar a dimensão ontológica do trabalho. Como já foi dito, vêm de Hegel as primeiras colocações sobre o trabalho como fonte de reconhecimento social. No entanto, é interessante lembrar como, em vários de seus textos, o trabalho aparece não como a simples exteriorização de uma ideia, mas como modo de defesa contra a angústia. A consciência se angustia diante da possibilidade de não ter objetividade alguma, de não ter forma alguma que seja reconhecida socialmente. Por isso, ela trabalha. Na verdade, ela trabalha como quem se defende contra uma possibilidade de indeterminação que está sempre a assombrá-la. No entanto, os objetos trabalhados sempre terão as marcas dessa sombra. Como Hegel dirá, a respeito do trabalho: "a relação negativa para com o objeto torna-se a forma do mesmo e algo permanente".[41] Ou seja, a

39 Impossível não ler de maneira dialética a compreensão precisa de Agamben a respeito dessa dinâmica entre potência e ato: "Se uma potência de não ser pertence originalmente a toda potência, será verdadeiramente potente só quem, no momento da passagem ao ato, não anular simplesmente sua potência de não, nem deixá-la para trás em relação ao ato, mas a fizer passar integralmente no ato como tal, isto é, poderá não passar ao ato", pois "a passagem ao ato não anula nem esgota a potência, mas esta se conserva no ato como tal e, particularmente, em sua forma eminente de potência de não (ser ou fazer)." (Giorgio Agamben, *A potência do pensamento: ensaios e conferências*. Belo Horizonte: Autêntica, 2015, p. 253).

40 Procurei insistir a respeito da função dos "impossíveis" em Lacan enquanto possíveis impossíveis do ponto de vista dos limites da situação atual (ver V. Safatle, *A paixão do negativo: Lacan e a dialética*. São Paulo: Editora da Unesp, 2006). Outro autor que compreendeu claramente a função de latência própria aos impossíveis, mas que certamente não estaria de acordo com as conclusões que desdobro, é Ruy Fausto, *Marx: lógica e política – tomo II: investigações para uma reconstituição do sentido da dialética*. São Paulo: Brasiliense, 1987, pp. 188-201.

41 G. W. F. Hegel, *Fenomenologia do Espírito*. Petrópolis: Vozes, 1992, p. 132.

impossibilidade de o ser humano encontrar um objeto que lhe seja natural, algo que seja a expressão natural de sua vontade, ganha a forma de um objeto trabalhado. Pois faz parte de toda defesa absorver algo do medo contra o qual ela foi erigida.

A partir disso, podemos tentar complexificar nossa noção de trabalho alienado. Normalmente, entendemos por trabalho alienado a modalidade de atividade laboral na qual não me reconheço no que produzo, já que as decisões que direcionam a forma da produção foram tomadas por um outro. Dessa maneira, trabalho como um outro, como se estivesse animado pelo desejo de um outro. Como dirá o jovem Marx:[42]

> Assim como na religião a autoatividade da fantasia humana, do cérebro e do coração humanos, atua independentemente do indivíduo e sobre ele; isto é, como uma atividade estranha, divina ou diabólica, assim também a atividade do trabalhador não é sua autoatividade. Ela pertence a outro, é a perda de si mesmo.

Superar essa perda do que me é próprio seria indissociável da capacidade de constituir-me como sujeito capaz de apropriar-me da totalidade das relações produtoras de sentido social com suas mediações, colocando-me assim como a "essência das forças motrizes".[43] Constituição ligada, segundo certa tradição marxista, à formação da consciência de classe proletária, única capaz de realizar a apreensão do "caminho do processo de desenvolvimento histórico como totalidade".[44]

Mas podemos também insistir que não é certo que esse modo de apropriação da totalidade possa nos levar à superação da alienação. Pois a apropriação normalmente determina a totalidade como uma

42 K. Marx, *Manuscritos econômico-filosóficos*, op. cit., p. 83.
43 G. Lukács, *História e consciência de classe*, op. cit., p. 171.
44 Id., ibid., p. 317.

estrutura fechada, na qual todas as relações são necessárias pois previamente determinadas no interior de um sistema metaestável que encontra em um conceito de história, teleologicamente orientado, seu campo de desdobramento e, nos modos de apreensão reflexiva da consciência, seu destino final. Apropriar-se da totalidade aparece aqui como o ato de reconhecer, na dimensão de tudo o que aparece, a natureza constituinte de uma subjetividade que abandonou sua crença no encaminhamento transcendental apenas para encontrar, em operação no interior do trabalho social com suas relações de interação, a mesma forma de subsunção do diverso da sensibilidade em representações que animava a atividade teórica.

Melhor seria lembrar como o trabalho alienado é, ao contrário, exatamente aquele em que, aceitamos uma leitura literal da ideia de Marx, segundo a qual, "no final do processo de trabalho, vemos um resultado que desde o início estava na *representação do trabalhador*, presente como ideal". Pois, nesse caso, a imaginação do trabalhador é apenas a faculdade humana da planificação, do esquematismo prévio, um pouco como o sujeito kantiano com seu esquematismo transcendental capaz de determinar previamente a forma geral do que há a ser representado. Esse trabalho já é o trabalho industrial da fábrica, que só produz objetos que são exemplares intercambiáveis da ideia. Nesse trabalho, a expressão tem uma estrutura especular, já que o homem encontra, no objeto, apenas o ideal que ele próprio previamente projetou. Mas não é possível, para um pensamento materialista, aceitar que, no processo de trabalho, o resultado final já estava determinado no início como representação. Pois isso implicaria aceitar que a passagem à existência, que no idealismo alemão chamava-se "posição", nada acrescentaria à determinação categorial;[45] como se na determinação à exis-

45 Para uma boa discussão a partir da afirmação kantiana de que cem táleres reais não contêm mais do que já está presente em cem táleres possíveis, ver Ruy Fausto, op. cit.

tência não houvesse processo. Se assim fosse, nunca poderíamos entender como, no interior do processo de trabalho, categorias são reconstruídas a partir de determinadas negações produzidas pelo "metabolismo" da atividade humana com seus objetos. Não poderíamos compreender como o início, mesmo quando formalmente idêntico, é semanticamente outro.

## Identidades

Se quisermos procurar outra via para encaminhar o problema da superação da alienação, talvez valha a pena lembrar uma importante dimensão da crítica marxista à divisão social do trabalho. No primeiro livro de *O capital,* Marx sublinha como o modo industrial de trabalho no capitalismo havia transformado trabalhadores em *membra disjecta*, como se seus corpos tivessem sido marcados pelo caráter unidimensional do trabalho industrial.

> Não só os trabalhos parciais específicos são distribuídos entre os diversos indivíduos, como o próprio indivíduo é dividido e transformado no motor automático de um trabalho parcial, conferindo assim realidade à fábula absurda de Menênio Agripa, que representa um ser humano como mero fragmento de seu próprio corpo.[46]

Como já foi dito, há uma individualização pelo trabalho que se impõe através da funcionalização brutal da personalidade e da "repressão de um mundo de pulsões e capacidades produtivas". Pois essa individualização constitui uma integração dos sujeitos a um "corpo social de trabalho", no qual "A cooperação dos assalariados é, além disso, um mero efeito do capital que os emprega simultaneamente. A interconexão de suas funções e sua unidade como corpo produtivo total reside fora deles, no capital, que os reúne e os

46 K. Marx, *O capital*, v. 1, op. cit., p. 540.

mantém unidos".[47] Contra tal corpo social fantasmático construído a partir da limitação funcional dos sujeitos, podemos lembrar esta célebre passagem de *A ideologia alemã*:

> Na sociedade comunista, onde cada indivíduo não tem para si um círculo exclusivo de atividades, mas pode desenvolver suas aptidões no ramo que melhor lhe aprouver, a sociedade encarrega de regular a produção universal, com o que ela torna possível, justamente através disso, que eu possa me dedicar hoje a isto e amanhã àquilo, que possa caçar pela parte da manhã, pescar pela parte da tarde e a noite apascentar o gado, e depois de comer, criticar, se for o caso conforme meu desejo, sem a necessidade de por isto me tornar caçador, pescador, pastor ou crítico algum dia.[48]

Como veremos em outro capítulo, percebe-se aqui a natureza antipredicativa do reconhecimento proposto por Marx. Não me defino como caçador, pescador, pastor ou crítico, embora possa caçar, pescar ou criticar. Não estou completamente vinculado nem ao tempo originário da caça, pesca e pastoreio, nem ao tempo de apreensão reflexiva da crítica, embora possa habitar as temporalidades distintas em uma simultaneidade temporal de várias camadas. Não limito minha ação nem ao trabalho manual, nem ao trabalho intelectual. Todas essas negações demonstram como, por não passar completamente nos predicados historicamente disponíveis, o sujeito preserva algo da dimensão negativa da essência, quebrando assim a natureza funcionalizada do corpo social. Eis um ponto importante: a negatividade com relação a representações naturais da atividade, apresentada na necessidade de estabelecer distinções ontológicas entre expressão subjetiva e comportamento natural, pede também manifestação no interior

47 Id., ibid., pp. 504-05.
48 Id. e Friedrich Engels, *A ideologia alemã*, op. cit., p. 56.

da relação entre o sujeito e seus predicados. Pois o problema não diz respeito apenas a uma configuração histórico-temporal da atividade humana, mas se refere também a uma crítica ontológica da identidade, recurso fundamental a todo pensamento dialético. Pois, no comunismo, tal trabalho desconheceria a dominação disciplinar da identidade.

No entanto, poderíamos complexificar o diagnóstico de época e nos perguntar sobre a diferença estrutural entre essa descrição da sociedade comunista e aquele diagnóstico a respeito, por exemplo, do desenvolvimento do capitalismo nos Estados Unidos presente nos *Grundrisse*:

> A indiferença em relação ao trabalho determinado corresponde a uma forma de sociedade em que os indivíduos passam (*übergehen*) com facilidade de um trabalho a outro, e em que o tipo determinado do trabalho é para eles contingente e, por conseguinte, indiferente. Nesse caso, o trabalho deveio, não somente enquanto categoria, mas na efetividade, meio para a criação de riqueza em geral e, como determinação, deixou de estar ligado aos indivíduos em sua particularidade. Um tal estado de coisas encontra-se no mais alto grau de desenvolvimento na mais moderna forma de existência da sociedade burguesa – os Estados Unidos.[49]

Em que pese a mais moderna forma de existência da sociedade burguesa não ser exatamente uma "sociedade encarregada de regular a produção universal", assim como o primeiro trecho dizer respeito à crítica da divisão do trabalho enquanto o segundo versa sobre o conceito de trabalho abstrato, a indiferença em relação ao trabalho determinado parece a mesma descrita na futura sociedade comunista. A contingência em relação ao tipo determinado de trabalho, a flexibilidade das atividades concebidas na indife-

49 Id., *Grundrisse*, op. cit., p. 58.

rença da abstração parece, à primeira vista, algo próximo dos comunistas que caçam, pescam, pastoreiam e fazem crítica literária, mesmo que ela seja muito mais uma construção ideológica do que uma realidade efetiva em solo norte-americano. Mas, se for o caso, então será difícil não dizer que a sociedade comunista apenas realizaria o que as sociedades burguesas mais avançadas prometem sem, no entanto, serem capazes de cumprir. Como se as promessas da sociedade burguesa fossem o fundamento normativo da crítica; fundamento que enfim poderia ser realizado no momento em que a falsa totalidade do "corpo social de trabalho" fosse abandonada em direção à verdadeira totalidade produzida pela regulação racional da produção universal.

Mas insistamos em um ponto: o que está em questão no processo histórico pensado por Marx não é apenas a superação da divisão social do trabalho, nem a defesa de uma "regulação social da produção". Mesmo essa divisão pode mostrar-se obsoleta para o capitalismo, ao menos em suas sociedades mais avançadas, como veremos mais à frente; mesmo tal regulação pode ser feita através de fortes intervenções estatais, como no modelo da social-democracia escandinava em seu auge. O que está em questão é, também e principalmente, a liberação do trabalho em relação à produção do valor, em relação à produção de objetos que sejam apenas o suporte próprio de determinações do valor e em relação à submisão do tempo ao tempo de produção do valor.[50] Não somente o vínculo à identidade social produzida pelo trabalho deve absorver certa

50 Lembremos uma boa síntese feita por Postone: "O objetivo da produção no capitalismo não são os bens materiais produzidos nem os efeitos reflexivos da atividade do trabalho sobre o produtor, é o valor ou, mais precisamente, o mais-valor. Mas valor é um objetivo puramente quantitativo, não existe diferença qualitativa entre o valor do trigo e das armas. Valor é puramente quantitativo porque, como forma de riqueza, ele é um meio objetivado: ele é a objetivação do trabalho abstrato – do trabalho como meio objetivo de aquisição de bens que não produziu" (M. Postone, op. cit., p. 210).

potência da indeterminação, como também o objeto produzido, a ação realizada.[51]

Nesse ponto, podemos compreender melhor a importância de sublinhar que o elemento decisivo na produção do valor é a submissão do objeto à condição do "próprio". Sua intercambialidade absoluta, resultante de um modo de determinação que privilegia a instrumentalidade do mensurável, do quantificável e do calculável é a afirmação maior de que as coisas agora submetem-se por completo à condição do "próprio". Elas são a expressão do que os indivíduos podem determinar como sua propriedade, prontas a serem comparadas e avaliadas com outras propriedades, prontas para circularem em um circuito de velocidades sem fricções, dominadas na familiaridade do que conhece o tamanho e o limite, representadas sob a forma juridicamente determinada do que pode ser descrito no interior de um contrato. O trabalho livre, no entanto, só pode ser a produção do impróprio. Um impróprio que não é propriedade comunal, mas circulação do que não tem relações especulares com o sujeito, por isso o trabalho nunca poderia ser apropriação da natureza, dominação das coisas pelas pessoas. Ele é expressão do que circula fora da utilidade suposta pela pessoa.

51 A respeito desse trecho de Marx, Fausto dirá que "a mobilidade do trabalhador não realiza o universal que é *ao mesmo tempo* singular, o universal não é outra coisa aqui que uma *sucessão* de singularidades ou de particularidades" (R. Fausto, op. cit.). De fato, mas poderíamos ainda nos perguntar sobre que tipo de determinação deve ter uma universalidade que é ao mesmo tempo singular. Em que condições a universalidade é posta no campo das singularidades? Insistiria que a universalidade que se singulariza implica, nesse caso, recusa a determinar o singular como uma determinação completa, sendo que a incompletude de sua determinação é forma de indicar a integração do indeterminado enquanto seu momento próprio. Nesse sentido, é verdade que tal determinação só é incompleta para o entendimento, mas seu gênero de posição nada tem a ver com as determinações já determinadas como possíveis. Tentarei indicar o desdobramento desse tempo através de certa leitura do que podemos entender por "vida do gênero" em Marx.

### *Gattungsleben*

É nesse contexto que uma intuição fundamental do jovem Marx pode ser recuperada, a saber, esta, tão presente no idealismo alemão, que consiste em pensar a expressão subjetiva na dimensão do trabalho a partir do paradigma da produção estética. Como se a produção estética pudesse fornecer o horizonte normativo de toda e qualquer atividade não alienada.[52] Lembremos, nesse sentido, de uma afirmação como:

> O animal forma (*formiert*) apenas segundo a medida e necessidade da espécie à qual ele pertence, enquanto o homem sabe produzir segundo a medida de qualquer espécie, e sabe considerar, por toda a parte, a medida inerente ao objeto; o homem também forma, por isso, segundo as leis da beleza.[53]

Essa caracterização do homem como ser sem espécie definida, ser sem medida adequada, ou seja, capaz de produzir segundo a medida de qualquer espécie, abre a possibilidade para uma indiferença genérica em relação à forma com que cada espécie transforma o meio ambiente, o que o leva a encontrar a medida inerente ao próprio objeto.[54] Liberado da condição de ser apenas objeto para-um-outro, o objeto pode ser expressão daquilo que, no sujeito, não se reduz à

52 Essa temática encontra uma de suas principais fontes em Schiller, *A educação estética do homem*. São Paulo: Iluminuras, 2002. Ela pode ser encontrada no jovem Marx e em vários autores da tradição marxista, como Herbert Marcuse (ver, por exemplo, o capítulo "A dimensão estética" em Marcuse, *Eros e civilização*. Rio de Janeiro: LTC, 1999, pp. 156-74). Habermas (*O discurso filosófico da modernidade*. São Paulo: Martins Fontes, 2000, p. 112) sintetizou bem tal temática ao afirmar que "a produtividade do gênio artístico é o protótipo para uma atividade em que autonomia e autorrealização se unificam de tal modo que a objetivação das forças humanas essenciais perde o caráter coercitivo em face da natureza tanto externa como interna".

53 K. Marx, *Manuscritos econômico-filosóficos*, op. cit., p. 85 [trad. modificada].

54 Não será a última vez que Marx usará a potência de indeterminação do sujeito para construir um espaço de reconhecimento não alienado. De certa forma, tal "ser sem espécie definida" adianta, do ponto de vista ontológico, a "classe dos

condição de ser para-um-outro. Daí por que encontrar a medida inerente ao objeto é, ao mesmo tempo, superar a alienação do sujeito. E o que, no sujeito, não se reduz à condição de ser para-um-outro é o que nele não se configura sob a forma de espécie alguma, pois é sua "vida do gênero" (*Gattungsleben*) que se objetifica no objeto trabalhado.[55]

No entanto, diferente do que encontramos em Aristóteles, o gênero do qual o homem faz parte é desprovido de toda e qualquer *archai*. Por isso, ele não pode constituir uma "natureza humana" como sistema de normas a definir a orientação da práxis. Um gênero desprovido de *archai*, sem origem nem destino. Mas, e isso deve ser salientado com toda a força, essa monstruosidade de um gênero que se objetifica sem ser espécie alguma, gênero que imediatamente se determina e que prenuncia a produção própria aos "indivíduos histórico-universais" de *A ideologia alemã*, não é simplesmente a afirmação de que o homem só age de maneira não alienada apenas quando age conscientemente como "ser social", ou seja, reconhecendo que sua essência é seu "ser social" genérico e historicamente determinado. Se assim fosse, a afirmação da vida do gênero não seria nada mais que uma *apropriação* reflexiva da universalidade situada de minhas condições históricas, assim como da substância comum às relações intersubjetivas que me constituíram e que se expressa silenciosamente nos objetos que trabalho. O que nos levaria a uma especularidade muito bem des-

desprovidos de classe" na qual Marx encontrará o proletariado, como veremos de maneira mais articulada na terceira parte deste livro.

55 O termo vem de Feuerbach, que, ao procurar estabelecer distinções entre humanidade e animalidade, dirá que "De fato é o animal objeto para si mesmo como indivíduo - por isso ele tem sentimento de si - mas não como gênero - por isso, falta-lhe a consciência, cujo nome deriva de saber. Onde existe consciência existe também a faculdade para a ciência. A ciência é a consciência dos gêneros. Na vida, lidamos com indivíduos, na ciência com gêneros. Mas somente um ser para o qual seu próprio gênero, sua quididade, torna-se objeto, pode ter por objeto outras coisas ou seres de acordo com a natureza essencial deles." (Ludwig Feuerbach, *A essência do cristianismo*. Petrópolis: Vozes, 2007, p. 35).

crita involuntariamente por Feuerbach ao falar, não por acaso, da especificidade da *Gattungsleben* humana:

> A bela imagem é contente de si mesma, tem necessariamente alegria de si mesma, reflete-se necessariamente em si mesma. Vaidade é apenas quando o homem namora sua própria forma individual, mas não quando ele admira a forma humana. Ele deve admirá-la; não pode conceber nenhuma forma mais bela, mais sublime que a humana. Certamente, todo ser ama a si mesmo, a sua essência, e deve amá-la.[56]

A vida do gênero é, nessa leitura, o que permitiria ao homem olhar-se no espelho e não ver sua forma individual, mas descobrir a beleza universal da forma humana, a substancialidade da forma. A analogia é sugestiva e dificilmente não seria hoje completada com a pergunta: mas o que dizer se insistíssemos que, ao contrário, o homem é exatamente esse ser que se perde ao olhar-se no espelho, que estranha sua imagem como quem vê algo prestes a se deformar, que não reconhece sua imagem por não ter uma forma essencial que lhe seja própria? O que dizer se aceitarmos que a experiência do espelho é confrontação com algo do qual não nos apropriamos por completo, mas que nos atravessa produzindo o sentimento de uma profunda impropriedade?

Essa é apenas uma maneira figurada de afirmar que a universalidade que passa à existência não pode existir como mais uma espécie, não pode se determinar tal como se determinam espécies particulares, como se disséssemos algo como: "existem cavalos, bois, abelhas e... animais". Pois não estamos diante de uma *uni-*

56 Id., ibid., p. 39. Nesse sentido, devemos assumir a crítica de Žižek, para quem "o sujeito tem de reconhecer em sua alienação da substância a separação da substância consigo mesma. Essa sobreposição é o que se perdeu na lógica feuerbachiano-marxiana da desalienação na qual o sujeito supera sua alienação reconhecendo-se como o agente ativo que pôs o que aparece para ele como seu pressuposto substancial. (S. Žižek, *Menos que nada: Hegel e a sombra do materialismo dialético*, trad. Rogério Bettoni. São Paulo: Boitempo, 2013, p. 101).

*versalidade por partilha de atribuição*. De certa forma, "animais" só podem vir à existência através da desarticulação do campo de determinações que permite a organização das diferenças predicáveis responsáveis pela particularização dos existentes. Nesse sentido, estamos diante de uma *universalidade por excesso em relação ao espaço de manifestação de particularidades*. Essa é outra maneira de dizer que a universalidade *não deve ser compreendida como determinação normativa capaz de definir, por si só, o sentido daquilo que ela subsume, mas como a força de descentramento da identidade autárquica dos particulares*.[57] A universalidade é, nesse contexto, apenas a generalização da impossibilidade de o particular ser idêntico a si mesmo e a transformação dessa impossibilidade em processo de constituição de relações. Ao aceitar esse conceito de universalidade, deveremos dizer que o trabalho que expressa a "vida do gênero" deve ser compreendido como a fonte inesgotável dos possíveis que passa à existência, mas sem se determinar por completo em um valor particular de uso totalmente funcionalizado. Por isso, ela pode impulsionar os objetos trabalhados a uma processualidade sempre aberta sob a forma de devir contínuo. Processualidade que as obras de arte expressam em sua forma mais bem-acabada.

## Gênero e genialidade estética

Essa perspectiva talvez faça melhor justiça à dimensão estética da reflexão marxista sobre o trabalho. De fato, podemos dizer que é como portador da vida do gênero que o sujeito trabalha segundo "as leis da beleza". Pois não são as leis da beleza que fundam as formas humanas em uma *arché*, como a afirmação de Feuerbach parece nos levar a acreditar. Essa leitura seria necessariamente

57 Desenvolvi melhor essa ideia, a propósito da leitura adorniana de Hegel, em Vladimir Safatle: "Os deslocamentos da dialética", in Theodor Adorno, *Três estudos sobre Hegel*. São Paulo: Editora da Unesp, 2013.

conservadora a respeito das questões próprias à forma estética e radicalmente defasadas mesmo diante do estado da crítica na estética romântica tardia à época de Marx. Mais correto seria afirmar que as leis da beleza são estas que se quebram diante da expressão do gênio, temática fundamental da estética romântica. Não por acaso, a raiz latina da palavra alemã *Gattung* é o latim *genus* e o grego *génos*. *Genus* partilha com *genius* a raiz *gen* que indica engendrar, produzir.

Giorgio Agamben tem um pequeno texto sobre o conceito de gênio que pode auxiliar nas consequências da estética da produção que animou o jovem Marx e, como gostaria de defender, pode ser pressuposta na obra do Marx da maturidade. Agamben lembra que os latinos chamavam *genius* o deus ao qual todo homem é confiado, sob tutela, na hora do nascimento. Resultado da afinidade etimológica entre gênio e gerar. Por isso, *genius* era, de certa forma, a divinização da pessoa, o princípio que rege e exprime toda sua existência. No entanto, Agamben faz questão de insistir a respeito de um ponto de grande importância para nós:

> Mas esse deus muito íntimo e pessoal é também o que há de mais impessoal em nós, a personalização do que, em nós, nos supera e excede. "Genius" é a nossa vida, enquanto não foi por nós originada, mas nos deu origem. Se ele parece identificar-se conosco, é só para desvelar-se, logo depois, como algo mais do que nós mesmos, para nos mostrar que nós mesmos somos mais e menos do que nós mesmos. Compreender a concepção de homem implícita em *genius* equivale a compreender que o homem não é apenas Eu e consciência individual, mas que, desde o nascimento até a morte, ele convive com um elemento impessoal e pré-individual.[58]

58 Giorgio Agamben, *Profanações*. São Paulo: Boitempo, 2007, p. 16.

Ou seja, o que funda o gênio não é a expressão da singularidade irredutível da pessoa, mas é o que estará necessariamente ligado à maneira singular de lidar com a impropriedade de um elemento impessoal e pré-individual que habita todo e qualquer sujeito (o que não deixa de ressoar o fato de *genius* ter ligações também com *genus*, com esse gênero impotente que se determina como espécie do qual fala Marx). Assim, a expressão subjetiva só pode aparecer lá onde o artista saberá quebrar a regularidade da forma, fazendo circular o que força a linguagem em direção à não comunicação. Sua genialidade estará ligada à capacidade de quebrar a regularidade sem desestruturar a forma por completo. Quebras que darão à forma sua tensão interna, que lembrarão à forma como ela estará sempre assombrada por algo de informe que parece insistir e deve encontrar lugar.

Insistir na proximidade entre gênero e gênio, ao menos nesse contexto, tem o mérito de permitir a posição de uma universalidade que se realiza na ação sem ser a expressão da partilha positiva de atributos gerais, como se estivéssemos a falar da condição de atribuição de elementos múltiplos a um mesmo conjunto. A vida do gênero é o advento de uma universalidade não substancial, fundada na indeterminação que faz de toda essência uma atividade em reinscrição contínua de seus acontecimentos, e não um ser. Nesse sentido, a expressão laboral de uma vida que é vida do gênero, *Gattungsleben*, só poderia se dar como problematização do objeto trabalhado enquanto propriedade especular das determinações formais da consciência, enquanto aquilo do qual a consciência se apropria por completo no interior de um plano construtivo.[59] A

59 Impossível não lembrar, nesse contexto, o que um atento leitor de Marx, a saber, Theodor Adorno, afirmava a respeito da produção do objeto estético: "A possibilidade de a arte não se transformar em um jogo gratuito ou em uma decoração depende de a medida de suas construções e montagens serem, ao mesmo tempo, desmontagens, integrando, ao desorganizá-los, os elementos da realidade que associam-se livremente em algo diferente" (T. Adorno, *Äestetische Theorie*. Frankfurt: Suhrkamp, 1973, p. 324 [ed. port.: *Teoria estética*, trad. Artur

vida que se expressa como vida do gênero é o que nos libera das amarras das formas de determinação atuais da consciência, de seus modos de apropriação, sem nos levar a uma universalidade que é apenas a figura da individualidade universalizada. Pois há de se aceitar a noção de que "o comum não é característica do próprio, mas do impróprio ou, mais drasticamente, do outro; de um esvaziamento - parcial ou integral - da propriedade em seu negativo; de uma desapropriação que investe e descentra o sujeito proprietário, forçando-o a sair de si mesmo".[60] Por isso, a vida que se expressa como vida do gênero é o que há de impróprio em nós e o que permite ao trabalho aparecer como expressão do estranhamento, enquanto afeto de relação do sujeito a si.

## A reconfiguração psíquica do mundo do trabalho

A digressão em direção a certa leitura do problema do trabalho em Marx nos auxilia a compreender o sentido da mutação pela qual a estrutura disciplinar do mundo do trabalho passou nas últimas décadas. E também pode nos servir para identificar melhor as modalidades de sofrimento psíquico que essa mutação produziu, mostrando assim qual o quadro correto de compreensão de seu

Mourão. Lisboa: Edições 70, 2008]). Pois a diferença entre a ordem reificada presente na realidade social e a instauração formal que toda verdadeira obra de arte é capaz de produzir está no fato de apenas a obra de arte reconhecer a tensão entre os princípios formais e o material que ela procura submeter. Um objeto estético não é apenas a realização de um plano construtivo que se apropria dos materiais à sua disposição. Ele é também a desorganização de tal plano a partir da resistência dos materiais, a cena no interior da qual o plano construtivo encontra seu limite. Uma obra de arte totalmente construída, incapaz de levar ao paroxismo a tensão entre forma e material, seria a monstruosidade da simples exemplificação de um estilo. Essa é uma maneira importante de lembrar que, na produção estética, o sujeito encontra o fracasso da objetivação de sua intenção primeira, condição constitutiva para a própria realização da obra de arte.

60 Roberto Esposito, *Communitas*, op. cit., p. XIV.

sentido social. Tal sofrimento pode ser definido, como gostaria de mostrar, como resultado da *espoliação psíquica do estranhamento*.

Notemos inicialmente que essa maneira de compreender as mutações do mundo do trabalho e seus impactos psíquicos anda na contramão das defesas do fim da sociedade do trabalho e da obsolescência do paradigma da produção.[61] Pois talvez fosse mais correto ver, nela, a maneira como as sociedades capitalistas avançadas procuraram absorver exigências de reconhecimento presentes no horizonte normativo do trabalho social. O núcleo ideológico mais avançado das sociedades capitalistas criou um horizonte normativo do trabalho calcado na transformação de certas expectativas depositadas na crítica do trabalho em nova estrutura disciplinar.

Partamos, a esse respeito, de um dos estudos mais importantes sobre as mutações do capitalismo contemporâneo, a saber, o desenvolvido pelos sociólogos Luc Boltanski e Eve Chiapello. Ambos afirmam que a natureza obsessivo-compulsiva do trabalho tematizado por Weber tenderia a desaparecer nas sociedades capitalistas contemporâneas, graças ao advento de um "novo *éthos* do capitalismo", nas últimas décadas. *Éthos* resultante da absorção do impacto dos movimentos de contestação a nossas formas hegemônicas de vida, como os de Maio de 1968. A partir de então

> O sistema capitalista se revelou infinitamente mais robusto do que seus detratores haviam previsto, Marx em primeiro lugar, mas porque ele encontrou em seus próprios críticos a via de sua sobrevivência [...] Uma capacidade de sobrevivência por endogeneização de uma parte da crítica que contribuiu para desarmar as forças anticapitalistas.[62]

61 Ver, por exemplo, J. Matthes, *Krise der Arbeitsgesellschaft*. Frankfurt: Bamberg, 1983. Para uma crítica a tal tese, ver Ricardo Antunes, *Adeus ao trabalho? Sobre as metamorfoses e centralidade do mundo do trabalho*. São Paulo: Cortez, 1995.

62 Luc Boltanski e Eve Chiapello, *Le Nouvel esprit du capitalisme*. Paris: Gallimard, 1999, p. 69.

Sabemos como uma das vertentes da crítica social que se desenvolve a partir de Maio de 1968 visava ao trabalho e a sua incapacidade de dar conta de exigências de autenticidade. Visto como o espaço da rigidez do tempo controlado, dos horários impostos, da alienação taylorista e da estereotipia de empresas fortemente hierarquizadas, o trabalho fora fortemente desvalorizado pelos jovens de 1968. Vários estudos do início dos anos 1970 demonstram consciência dos riscos de uma profunda desmotivação dos jovens em relação aos valores presentes no mundo do trabalho, preferindo atividades flexíveis, ainda que menos remuneradas. Um estudo publicado na França em 1975, pelo Centro de Estudos sobre o Emprego, mostrava como:

> o fato de os jovens não estarem inseridos em um trabalho e em um trabalho regular não era imputado à raridade dos empregos, mas a uma maneira voluntária de evitar o trabalho assalariado por procurar um "outro modo de vida", condições de trabalho que oferecessem maior flexibilidade nos horários e ritmos, "combinações" transitórias que permitiam manter "um comportamento desligado, distante em relação ao trabalho, o que lhes permitia serem autônomos, livres, não submetidos à autoridade de um chefe.[63]

O resultado dessa crítica teria sido a reconfiguração do núcleo ideológico da sociedade capitalista e a consequente modificação do *éthos* do trabalho. Exemplo maior da "capacidade de sobrevivência do capitalismo por endogeneização da crítica". Valores como segurança, estabilidade, respeito à hierarquia e à especialização, que o mundo empresarial trouxe de organizações como o Exército e que compunham o núcleo de empresas paradigmáticas dos anos 1950 e 1960, como a IBM, deram lugar a um conjunto de valores vindos diretamente do universo de crítica do trabalho,

63 Id., ibid, p. 252.

universo não por acaso decalcado do que os autores chamam de "crítica artista" às formas capitalistas de vida. Capacidade de enfrentar riscos, flexibilização, maleabilidade, desterritorialização resultante de processos infinitos de reengenharia, todos esses valores compõem atualmente um novo núcleo ideológico. Se, ainda na década de 1960, o profissional modelo era aquele capaz de impor-se uma funcionalização de sua personalidade, aprimorando sua especialidade e habilidades até se transformar no corpo de um só órgão tal como descrito por Marx, hoje ele seria visto como alguém acomodado, sem capacidade de se reinventar e, por isso, com baixa capacidade de inovação e criatividade. O *manager* modelo é atualmente descrito de outra forma:

> O *manager* é o homem das redes. Ele tem por qualidade primeira sua mobilidade, sua capacidade de se deslocar sem se deixar prender por fronteiras - sejam geográficas ou derivadas de ligações profissionais ou culturais -, por diferenças hierárquicas, de estatuto, de papel, de origem, de grupo, assim como sua capacidade de estabelecer um contato pessoal com outros atores, geralmente muito distantes socialmente ou espacialmente.[64]

Esse é um exemplo do esgotamento da ética do trabalho derivada do protestantismo e do advento de um modelo de ética do trabalho derivada da produção estética. Pois essa desterritorialização própria ao *manager* não deixa de mobilizar valores próprios àqueles que não tinham lugar fixo no interior da estratificação social, ou seja, a boemia artista.[65] A personalidade rígida e assombrada pelo autocontrole dá lugar a identidades flexíveis. Daí por que Boltanski e Chiapello falam da absorção de uma "crítica artista" pelo capitalismo.

64 Id., ibid., p. 123.

65 Ver a esse respeito os ensaios de Paulo Arantes (*Ressentimento da dialética*. São Paulo: Paz e Terra, 1996) sobre a boemia artística na França pré-revolucionária.

Encontramos algo similar no conceito de "trabalho imaterial" desenvolvido pelo sociólogo André Gorz para dar conta da configuração atual do mundo do trabalho. Ao menos, segundo Gorz, estaríamos em uma época na qual o trabalho não deveria mais ser compreendido como a produção de objetos previamente definidos, mas como a gestão contínua de fluxos de informação vindos da vida concreta, da interação comunicacional que permitiria uma produção cada vez mais customizada e maleável às mudanças, na esteira da obsolescência do taylorismo e da hegemonia do toyotismo. Por isso:

> O trabalho não é mais mensurado por normas e padrões pré-estabelecidos. Não podemos mais definir tarefas objetivamente. A performance não é mais definida em relação a tarefas, mas implica diretamente pessoas [...] Da mesma forma que as tarefas a serem realizadas não podem ser formalizadas, elas não podem ser prescritas [...] Como é impossível medir performances individuais e prescrever procedimentos para se chegar a um resultado particular, *managers* devem recorrer à "gestão por objetivos".[66]

Nessa circunstância na qual a produção não seria mais vista como produção de objetos, mas como produção do imaterial, ou seja, de serviços, "experiências", valores e "acesso", os trabalhadores necessitariam de "capacidades expressivas e cooperativas que não podem ser ensinadas, da vivacidade no desenvolvimento de um conhecimento que é parte da cultura da vida cotidiana".[67] Essa é

66 André Gorz, *The Immaterial*. Londres: Seagull, 2010, p. 8 [ed. bras.: *O imaterial: conhecimento, valor e capital*. São Paulo: Annablume, 2005].

67 Id., ibid., p. 9. Isso levará Negri e Hardt a afirmar que "o trabalho imaterial envolve de imediato a interação e a cooperação sociais. Em outras palavras, o aspecto cooperativo do trabalho imaterial não é imposto e organizado de fora, como ocorria em formas anteriores de trabalho, mas *a cooperação é totalmente imanente à atividade laboral.* [...] Na expressão de suas próprias energias criativas, o trabalho imaterial parece, dessa forma, fornecer o potencial de um tipo de

uma maneira de afirmar que estaríamos diante de uma atividade laboral que teria se reconciliado com a vida, ou seja, com a capacidade da vida de produzir a si mesma. As empresas apenas canalizariam tal capacidade. O horizonte perfeito aconteceria então quando o próprio trabalho assalariado desaparecesse para que os trabalhadores se transformassem em empresas. "Pessoas devem se transformar em empresas de si mesmas",[68] empresas que se associam a outras empresas em dinâmicas flexíveis administradas por organizações que, a partir de então, teriam apenas funcionários terceirizados.

Gorz sabe como essa visão de paraíso neoliberal da desregulamentação absoluta ignora o impacto dos sentimentos de insegurança, descontinuidade do trabalho e precarização advinda de períodos de inatividade, de onde se segue sua ideia de exigir que o Estado ofereça algo como uma renda mínima independente de todo e qualquer emprego. Há uma grande diferença entre a experiência de flexibilização no topo das grandes empresas e a precarização que atinge funcionários na base do processo produtivo. No entanto, isso não muda um ponto fundamental, a saber, a crença de reconciliação possível entre as exigências de reconhecimento e as potencialidades do trabalho no estágio atual do desenvolvimento das sociedades de capitalismo avançado. Note-se que não se trata aqui de discutir até que ponto a dimensão efetiva do trabalho na sociedade capitalista contemporânea, com sua "dinâmica dupla de intensificação e de precarização",[69] pode ser descrita da

comunismo espontâneo e elementar" (Antonio Negri e Michael Hardt, *Império*. Rio de Janeiro: Record, 2006, p. 314).

68 Id., ibid., p. 19.

69 Emmanuel Renault, *Souffrance sociale: philosophie, psychologie et politique*. Paris: La Découverte, 2008, p. 396. Lembremos ainda como a flexibilização do trabalho significou, de fato, "liberdade da empresa para desempregar trabalhadores sem penalidades, quando a produção e as vendas diminuem, liberdade, sempre para a empresa, para reduzir o horário de trabalho ou de recorrer a mais horas de trabalho, possibilidade de pagar salários reais mais baixos do que a

forma proposta por Gorz. É mais importante compreender que valores e processos como os descritos por Gorz se transformaram no horizonte regulador que guia as expectativas daqueles que entram atualmente no mundo do trabalho. Mesmo que a degradação das condições de trabalho e a precarização sejam realidades bastante concretas, a ponto de podermos falar de um retorno à forma primitiva de extração da mais-valia (a mais-valia absoluta produzida pelo aumento da quantidade de trabalho e pela redução do salário real), não é desprovido de interesse lembrar como o núcleo ideológico do mundo do trabalho se reconfigurou a partir de valores que, há pouco tempo, serviam de esteio para a crítica do trabalho nas sociedades capitalistas.

## Sofrimento de flexibilização

Diante disso, temos duas saídas possíveis. A primeira consistiria em admitir que as modalidades de crítica do trabalho apresentadas neste capítulo não oferecem um horizonte muito distinto daquele já sintetizado pelas sociedades capitalistas mais avançadas. A desregulação neoliberal do trabalho apareceria como produção de formas de recusa à estrutura disciplinar das identidades, através de suas flexibilizações. Nesse sentido, não caberia outra coisa que denunciar o descompasso entre promessas presentes no horizonte normativo do setor mais avançado do capitalismo contemporâneo e sua realização, fazendo uma espécie de crítica imanente que compara a realidade a seu próprio conceito. O preço a pagar é aceitar que todo o potencial de transformação social já está pre-

paridade de trabalho exige; possibilidade de subdividir a jornada de trabalho em dia e semana segundo as conveniências das empresas, mudando os horários e as características do trabalho (por turno, por escala, em tempo parcial, horário flexível etc.), dentre tantas outras formas de precarização da força de trabalho" (Ricardo Antunes, "Século XXI: nova era da precarização estrutural do trabalho?", in Ricardo Antunes e Ruy Braga, *Infoproletários: degradação real do trabalho virtual*. São Paulo: Boitempo, 2009, p. 234).

sente, suas figuras foram pensadas pela própria sociedade capitalista, o que é o risco do uso, feito por Negri e Hardt, do conceito de trabalho imaterial como base para o advento da multitudo como sujeito político. Não há qualquer realidade distinta do que já está enunciado como possibilidade.

Outro caminho consistiria em estar atento para o tipo de sofrimento psíquico que esses paraísos neoliberais de desregulação e identidades flexíveis realmente produziram, que tipo de afetos eles foram capazes de fazer circular. Esse caminho se justifica se aceitarmos que uma sociedade não define apenas sistemas de normas a serem seguidos. Uma sociedade define principalmente modos de sofrimento diante das normas que ela mesma enuncia - gerindo tais modos em um quadro tacitamente aceito de patologias, com suas estratégias de encaminhamento clínico, com suas montagens de sintomas e complexos. Pois uma sociedade é, acima de tudo, uma forma de produção de patologias, ou seja, de tradução do sofrimento na gramática ordenada de patologias. Uma gramática que será constantemente mobilizada a fim de fornecer ao sofrimento um encaminhamento terapêutico socialmente aceito, já que "o sofrimento determina-se pela narrativa e pelo discurso nos quais se inclui ou dos quais se exclui".[70] Dessa forma, a questão fundamental para a reprodução social não é a determinação impositiva da normalidade, mas a organização diferencial das patologias possíveis. É assim que uma sociedade controla suas margens, as mesmas margens a partir das quais poderiam vir demandas de transformação.

Se aceitarmos tal perspectiva, faz-se necessário estar atento a um paralelismo instrutivo. No mesmo momento em que o universo do trabalho passava por profunda reconfiguração devido à flexibilização neoliberal, formas de sofrimento psíquico como as depressões e transtornos de personalidade como as patologias nar-

70 Christian Dunker, *Mal-estar, sofrimento, sintoma: uma psicopatologia do Brasil entre muros*. São Paulo: Boitempo, 2015, p. 25.

císicas e borderline apareciam cada vez mais dominantes.[71] A respeito disso, lembremos como, segundo a Organização Mundial da Saúde, 7% da população mundial sofria de depressão em 2010, sendo a principal causa conhecida de sofrimento psíquico. Em países como o Reino Unido, 1 em cada 5 adultos sofre atualmente de depressão. Os casos de depressão crescem, em média, 20% ao ano em países como os Estados Unidos, onde 9,1% da população sofre da doença, e representam, atualmente, a modalidade de sofrimento psíquico com maior impacto econômico.[72]

Temos o direito de nos perguntar se tal paralelismo temporal não guardaria articulações profundas entre si. Em que sentido seria possível afirmar que modificações no universo do trabalho foram fatores importantes para o crescimento de certos quadros de patologias psíquicas? Não se trata aqui de perguntar se o sofrimento no mundo do trabalho se manifesta tendencialmente sob a forma de transtornos depressivos. Trata-se, antes, de indicar como as formas de conflito produzidas pelo impacto psíquico do mundo do trabalho são atualmente geridas, entre outras estratégias, pela constituição de quadros clínicos capazes de individualizar dinâmicas de sofrimento cuja estrutura causal mascara a possibilidade de compreensão das relações profundas entre sofrimento social e psíquico.

Se procurarmos a definição psiquiátrica dos transtornos depressivos encontraremos descrições como "a característica comum de todos esses transtornos é a presença de humor ligado a

71 Sobre a historicidade da depressão, vale a pena sublinhar que "quando surgiu o primeiro antidepressivo, em 1956, o laboratório Geigy, que o sintetizou, chegou a hesitar em comercializá-lo, pois considerava o mercado da depressão insignificante. Na verdade, a imipramina foi inicialmente sintetizada pela Geigy para ser um antipsicótico, tendo uma estrutura química bastante semelhante à da clorpromazina, do laboratório concorrente Rhône-Poulenc. Só a esquizofrenia, que abrangia 1% da população, interessava como mercado para a indústria farmacêutica" (Adriano Aguiar, *A psiquiatria no divã: entre as ciências da vida e a medicalização da existência*. Rio de Janeiro: Relume Dumará, 2004, p. 94).

72 Ver http://www.nimh.nih.gov/health/statistics/prevalence/major-depression-among-adults.shtml.

sentimentos de tristeza, esvaziamento, irritação acompanhado de modificações somáticas e cognitivas que afetam de forma significativa a capacidade individual para funcionar (*to function* – um termo sintomático por denunciar demanda por desempenho)".[73] Tais transtornos, descritos sem levar em conta perspectiva etiológica alguma, devem durar ao menos duas semanas envolvendo modificações sensíveis nos afetos, na cognição e em funções neurovegetativas, sendo atualmente divididos em categorias como transtornos de desregulação de humor, transtornos depressivos maiores, distimia, transtornos de disforia pré-menstrual, transtornos depressivos induzidos por medicamentos e outras substâncias ou por outras condições médicas e transtornos depressivos não especificados. O quadro comum desses transtornos é constituído por sintomas recorrentes como perda significativa de interesse e prazer em todas ou quase todas as atividades, insônia ou hipersonia, cansaço ou perda de energia durante todo o dia, sentimentos de inutilidade, baixa autoestima ou culpa excessiva, modificação brusca de apetite, diminuição da capacidade de concentração e pensamentos mórbidos.

Até 1994, o DSM reconhecia apenas dois tipos de transtornos depressivos: o transtorno depressivo maior e a distimia, ambos compreendidos como formas de transtornos afetivos particularizados a partir de 1980 (ano de publicação do DSM III), momento em que a atenção clínica à depressão conhece substancial crescimento. Até então, a depressão passara por um processo através do qual ela deixara de ser apenas a descrição de um polo de reações no interior de uma patologia maníaco-depressiva (como era o caso em Kraepelin, no final do século XIX) ou no quadro geral das neuroses. Com a publicação do DSM II, em 1968, ela aparece como "neurose depressiva", deixando de ser compreendida como

73 American Psychiatric Association, *Diagnostic and Statistical Manual of Mental Disorders*, 5ª ed. Washington: APA, 2013, p. 155.

reação depressiva neurótica enquanto termo geral para depressão não bipolar, isso quando não era caracterizada como "depressão endógena" (causada por fatores eminentemente biológicos e caracterizada por ausência de causas exógenas). Por fim, a partir do final dos anos 1970, ela ganhará autonomia em relação ao quadro, agora abandonado, das neuroses.

A dissociação entre depressão e o quadro das neuroses, com sua herança psicanalítica, não é um mero ajuste nosográfico ocorrido, por coincidência, exatamente no momento de imposição da guinada neoliberal nos países capitalistas centrais, já que 1980 é o momento inicial de impulsão do neoliberalismo como política de Estado. Na verdade, a neurose e a depressão são modelos radicalmente distintos de patologias. Como observou claramente Alain Ehrenberg,[74] a depressão só pode aparecer como problema central no momento em que o modelo disciplinar de gestão de condutas cede lugar a normas que incitam cada um à iniciativa pessoal, à obrigação de ser si mesmo. Pois, contrariamente ao modelo freudiano das neuroses, onde o sofrimento psíquico gira em torno das consequências de internalização de uma lei que socializa o desejo organizando a conduta a partir da polaridade conflitual permitido/ proibido, na depressão, tal socialização organizaria a conduta a partir de uma polaridade muito mais complexa e flexível, a saber, a polaridade possível/ impossível.[75] A proibição moral advinda das exigências normativas de socialização dá lugar a uma situação de flexibilização das leis, de gestão da anomia que coloca as ações não mais sob o crivo da permissão social, mas sob o crivo individual do desempenho, da performance, da força relativa à ca-

74 Alain Ehrenberg, *La Fatigue d'être soi: dépression et société*. Paris: Odile Jacob, 2000, p. 10.

75 "O direito de escolher sua vida e a injunção de advir a si mesmo colocam a individualidade em um movimento permanente. Isto leva a colocar de outra forma o problema dos limites reguladores da ordem interior: a partilha entre o permitido e o proibido declina em prol de um esgarçamento entre o possível e o impossível" (id., ibid., p. 15).

pacidade de sustentar demandas de satisfação irrestrita. Assim, o indivíduo é confrontado a uma patologia da insuficiência e da disfuncionalidade da ação, em vez de uma doença da proibição e da lei. Se a neurose é um drama da culpabilidade, ligado ao conflito perpétuo entre duas normas de vida, a depressão aparece como tragédia implosiva da insuficiência e da inibição.

A esse respeito, lembremos como o paradigma assentado na ética protestante do trabalho ascético, com sua formação em direção à autonomia, era inseparável do desenvolvimento de um sentimento neurótico de culpabilidade e de uma dinâmica de organização psíquica assentada na clivagem, na repressão e no recalque. Um dos pontos principais desse processo estava claramente tematizado por Freud através de sua teoria do supereu. Não se tratava simplesmente de dizer que o fracasso nas dinâmicas de reconhecimento através do trabalho provocaria um sentimento neurótico de culpabilidade, motor para a estereotipia, rigidez e estaticidade de papéis que definiam as identidades no interior do mundo do trabalho taylorista. Na verdade, a ideia consistia em afirmar que não era possível ser bem-sucedido em processos de reconhecimento social através do trabalho sem se confrontar com esse "saldo patológico" que Freud descreveu tão bem graças à sua teoria das neuroses baseada nos vínculos produzidos pela culpabilidade.

Da mesma forma, a reconfiguração do universo do trabalho através dos imperativos de flexibilização e desempenho, através da internalização de um ideal empresarial de si, não existem sem produzir um saldo patológico inexorável.[76] Já deve estar claro como

76 Pois, como bem compreendeu L. Boltanski e E. Chiapello (op. cit., p. 152): "A taylorização do trabalho consiste em tratar seres humanos como máquinas. Mas o caráter rudimentar dos métodos utilizados não permite colocar, a serviço da procura do lucro, as propriedades mais humanas dos seres humanos, seus afetos, sentimentos morais, honra, capacidade de invenção. Ao contrário, os novos dispositivos que pedem um engajamento mais completo e se apoiam em ergonomias mais sofisticadas, integrando contribuições da psicologia pós-behaviorista e das ciências cognitivas, exatamente por serem mais humanos,

a reconfiguração do mundo do trabalho descrita neste capítulo inspirou-se em uma modalidade muito específica de recuperação de exigências de *expressão* esquecidas no interior das sociedades capitalistas avançadas. Essa recuperação de exigências de expressão foi capaz de aproximar, de maneira muito peculiar, as dinâmicas do trabalho daquilo que "não é previamente mensurado", "não se submete integralmente ao plano", mas que absorve o risco, a instabilidade e a indeterminação.

Assim, se anteriormente o sentimento de alienação no trabalho estava vinculado à perda da autenticidade na esfera da ação, com as temáticas clássicas da estereotipia inflexível das normatividades e da perda da individualidade, atualmente nos deparamos com a crença de que cabe apenas ao indivíduo a responsabilidade pelo fracasso da tentativa de autoafirmação de sua individualidade no interior do trabalho. Pois o próprio discurso social é constituído a partir da incitação à autoexpressão de si, ao empreendedorismo de si. O que nos faz acreditar que, se tal autoexpressão não se realizou, foi por culpa única e exclusiva da covardia moral do indivíduo, incapaz de afirmar suas múltiplas possibilidades no interior da "sociedade de risco". Devemos falar em "covardia" porque "risco", tal como ele é empregado pelos teóricos da modernização reflexiva, é, acima de tudo, uma categoria moral. Isso talvez explique por que, atualmente, o processo de desregulamentação neoliberal do mundo do trabalho foi respondido com a "privatização de reações de recusa e ausência de indignação pública". Axel Honneth chega a falar com propriedade:

> parece que estamos atualmente inclinados a privatizar nosso descontentamento, como se fôssemos nós mesmos responsáveis pelo

penetram mais profundamente na interioridade das pessoas, das quais se espera que 'se entreguem' a seu trabalho e tornem possível uma instrumentalização dos homens naquilo que eles têm de propriamente humanos".

> desemprego iminente ou pela transferência anunciada. Talvez seja essa impressão, o sentimento de ser o único responsável por seu destino profissional, que explica também o silêncio opressivo que acolhe atualmente todos os recuos registrados na esfera do trabalho social em termos de garantias e de flexibilização.[77]

Notemos, no entanto, como a promessa de expressão de si é baseada em uma forma específica de espoliação. O paradoxo atual encontra-se no fato de que se produz sob a forma capitalista *sem a imposição disciplinar que lhe foi normalmente associada*. A expressão no trabalho deve se conformar ao processo de produção de valor, a objetificação sob a forma-mercadoria e seus imperativos de produtividade, sem ser necessário apelar às estruturas disciplinares impositivas próprias à ética do trabalho com suas dinâmicas repressivas. Nesse sentido, a disciplina parece se moldar à própria dinâmica das pulsões, já que se garantiu que a produção sempre será igual, que os objetos sempre serão suportes de determinação de valor.[78] O princípio de produtividade e o de produção de valor, uma vez garantidos, permitem uma ampla flexibilização dos modos de disciplina. Podemos dizer, portanto, que a espoliação aqui não é apenas do mais-valor, mas do estranhamento vindo dos objetos trabalhados, assim como do estranhamento da ação à racionalidade econômica dos cálculos de custo e benefícios. Como não há negatividade que possa circular na relação entre o sujeito e o produto de suas ações, pois entre o sujeito e seu produto deve imperar uma pura afirmação, a reação à forma de determinação dos objetos do trabalho só pode se dar sob a forma de recusa de-

77 Axel Honneth, *Das Recht der Freiheit*. Berlim: Suhrkamp, 2013, p. 385.

78 Pois: "Os modos de regulação e dominação da força de trabalho apoiam-se menos sobre a obediência mecânica do que sobre a iniciativa: responsabilidade, capacidade de evoluir, formar projetos, motivação, flexibilidade etc., desenham uma nova liturgia de gestão. O controle imposto ao operário não é mais aquele do homem-máquina do trabalho repetitivo, mas o do empreendedor do trabalho flexível" (A. Ehrenberg, op. cit., p. 234).

pressiva. Uma saída socialmente perfeita, pois nos leva a crer que, atualmente, a única forma de manifestação da negatividade é a implosão depressiva. Assim, a *depressão tornou-se um setor fundamental da estrutura disciplinar contemporânea.* Ela fornece a figura contemporânea para a ideia, defendida no primeiro capítulo, de que as identificações nas quais o poder se assenta agem em nós produzindo afecções melancólicas. Atualmente, o poder introjeta suas injunções nos afetando depressivamente.

Lembremos, a esse respeito, como a depressão descreve muito bem a situação em que me volto contra as escolhas de meu desejo, contra os modelos de minha forma de vida sem, no entanto, ser capaz de articular normatividades alternativas, ou seja, perpetuando o vínculo a uma normatividade que reitera continuamente minha impotência em assumir injunções gerais de gozo. Aparece assim uma consequência psíquica da absorção, pelo mundo do trabalho, dos próprios valores mobilizados na crítica da alienação. O sentimento de sofrimento em relação ao trabalho fica sem enunciação normativa. Parece não haver outras palavras para descrever aquilo que o trabalho não realiza.[79] Se o trabalho parece se aproximar do jogo (vide todas as "técnicas de motivação" que procuram transformar as exigências de intensificação do trabalho em "gincanas" na qual aqueles que não cumprem metas "pagam prendas" humilhantes, mas feitas como se estivéssemos em uma brincadeira), da expressão de si e da hiperexcitação contínua da festa, o que dizer da recusa e do cansaço em expressar a si mesmo? O sentimento melancólico de perda e o de autoestima destruída próprios à depressão transformam-se, nesse sentido, na forma socialmente avalizada de vínculo a uma norma social fundada na incitação superegoica ao gozo, e não mais na internalização da necessidade da repres-

79 Lembremos a esse respeito o que diz o psicanalista Pierre Fédida (*Dos benefícios da depressão*. São Paulo: Escuta, 2002): "A depressão é uma doença da forma, sendo o psíquico o que dá forma ao humano. Sinto-me desfeita em minha aparência humana, diz uma mulher no momento em que se descreve".

são.[80] Colocar-se na posição depressiva é uma forma de sustentar a norma que não pode ser realizada, embora deva ser fantasmaticamente sustentada. É uma forma de sustentar a norma que me oprime por transformar o gozo em uma injunção que se impõe a mim por meio da anulação de minha própria voz.

Por isso, uma das expressões fundamentais do estado depressivo é a atomização do tempo em um conjunto desconexo de instantes desprovidos de tensão e relação. Assim, em uma fórmula feliz de Maria Rita Kehl, "o tempo morto do depressivo funciona como refúgio contra a urgência das demandas de gozo do Outro".[81] A negatividade contra um desempenho em intensificação contínua elevado à condição de motivo de gozo vai, preferencialmente, em direção ao "refúgio" de um tempo morto. Tempo desconexo no qual "dois anos passam rápido, difícil é passarem dois minutos".[82] De toda forma, não deixa de ser sintomático que, no momento em que a vida social coloca em circulação o discurso do fim da era dos conflitos, como se não pudéssemos mais ler os impasses de nossa forma de vida a partir da dinâmica de contradições entre, por exemplo, trabalho / expressão de si, o universo da saúde mental depara com uma patologia resultante de a impossibilidade da vida psíquica agenciar temporalmente contradições sob a forma do conflito.

Certamente, esse quadro vale também para transtornos de personalidade extremamente disseminados em nossas sociedades ocidentais, como o *transtorno de personalidade borderline*: uma espécie de versão dos impasses depressivos na qual a passividade depressiva se transforma em atividade desesperada que, através

80 Sobre o vínculo entre depressão e sentimento de perda, ver Aaron Beck, *Cognitive Therapy and the Emotional Disorders*. Londres: Penguin, 1976.

81 Maria Rita Kehl, *O tempo e o cão: a atualidade das depressões*. São Paulo: Boitempo, 2009, p. 21.

82 Id., ibid., p. 67.

do flerte contínuo com o risco, visa aproximar-se do impossível.[83] Atividade, como lembra Kernberg, marcada pela predominância de mecanismos primitivos de defesa do Eu, de falta de tolerância à ansiedade, falta de controle dos impulsos e ausência de um canal de desenvolvimento sublimatório.

Foi mobilizando essas transformações do sofrimento psíquico em patologias que a inteligência dos citas que lutavam contra seus escravos chegou até nossos Departamentos de Recursos Humanos.

83 Para os transtornos de personalidade *borderline*, ver Otto Kernberg, *Borderline Conditions and Pathological Narcissism*. Nova York: Arenson, 1975.

PERSONA FICTA

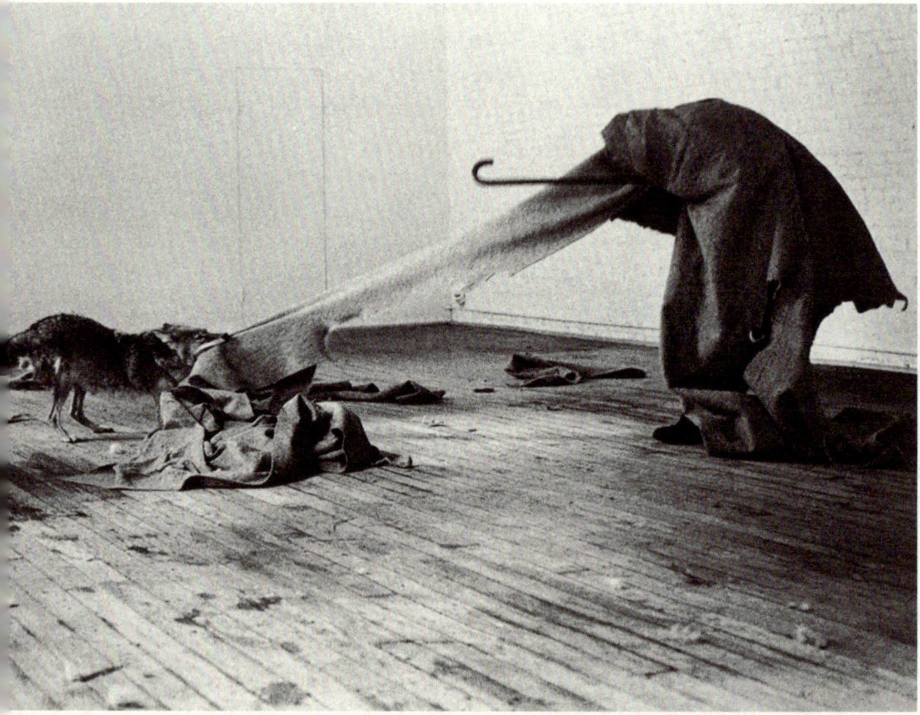

Joseph Beuys – *I Like America and America Likes Me* (1974)

Quando Ulisses chega enfim à sua casa, chega travestido, por Atenas, sob forma de um velho mendigo. Na soleira da porta de casa estava seu cão, Argos. No momento de sua partida, Argos era um filhote. Agora, velho e pulguento, ele não tem força sequer para ficar em pé. No entanto, quando Ulisses aparece, Argos não tem dúvida. Ele o reconhece e levanta, mas não consegue correr em direção ao dono. Ulisses deixa escorrer uma lágrima ao vê-lo velho e enfraquecido. O cão, então, "passa à escuridão da morte", dirá Homero, como quem estava apenas à espera de um reencontro.

O cão reconheceu Ulisses, mas sua mulher não. Mesmo depois de vê-lo recoberto em sua forma, após batalha com os pretendentes que haviam se apossado de sua casa, Penélope não está segura de ter a seu lado Ulisses, o marido pelo qual ela tanto esperou. Na verdade, Penélope precisa de uma prova, ela precisa testar a memória daquele que diz ser seu marido. É através da memória que se dará o reconhecimento, a partilha entre o certo e o incerto. Ulisses terá de mostrar que sabe do que afinal sua cama é feita. Ele precisará recitar, mais uma vez, as promessas de enraizamento que haviam constituído o leito que partilhara com a mulher. O reconhecimento aparece aqui como uma recognição que se apoia na capacidade de síntese da memória.

Mas, para o cão, Ulisses não precisou mostrar nada. Para além das aparências, o cão aparece na *Odisseia* como o único capaz de reconhecer algo como o "ser bruto" de Ulisses. Eis um detalhe que não deveria nos deixar indiferentes. Pois ele nos coloca uma questão: haveria algo em nós que só é reconhecido através dos olhos do que não é humano? Se nem o amor da mulher que sempre esperou tinha certeza, se apenas o cão tinha certeza, então poderíamos nos perguntar de onde vem a certeza do cão. Pois talvez ele encontrasse sua certeza no resto de animalidade que existe em nós, ou seja, naquilo que para um grego é inumano, naquilo que não porta a imagem do homem.

Não deixa de ser irônico pensar que, ao voltar para casa depois de um tempo incontável de exílio, é a qualidade inumana que primeiro indica o retorno ao "meu lugar". É isso que só é reconhecido entre os animais, ou seja, entre os que estão, de certa forma, aquém do homem, que funda um pertencimento singular. Aqui, a singularidade está vinculada à capacidade que tenho de saber deixar visível o que não é predicado de um ser humano, no sentido de não ser atributo da *humanitas*.

É interessante lembrar isso porque estamos tão presos à procura de reconhecimento por outros sujeitos, precisamos tanto do assentimento fornecido por eles, que esquecemos como, muitas vezes, o que nos reconforta, o que nos diz realmente que estamos em casa, é ser reconhecido por um animal, ser reconhecido por algo que, afinal, não é uma consciência de si. Os animais percebem os animais que ainda somos, eles nos lembram de um "aquém" da individualidade a respeito da qual nunca conseguimos nos afastar totalmente.

Talvez seja por isso que os seres humanos nunca conseguiram ficar totalmente longe dos animais. Mesmo domesticados, os outros animais lhe lembram algo que ficou para trás, mas cuja importância é aterradora. Pois Ulisses certamente se sentiria o pior dos homens se nem o cão soubesse quem ele era. Seria uma desterritorialização insuportável não ser reconhecido sequer pelo cão. Talvez não seja por outra razão que Freud, doente e aquebrantado ao final da vida, compreendeu que seu tempo acabara quando até o cão dele se afastou, devido ao cheiro repulsivo exalado de seu maxilar. Foi quando o cão lhe virou as costas que desabou a última coisa que ainda o fazia suportar a vida. Depois dessa recusa, ele não era mais ninguém. Ele sabia que não tinha mais lugar algum. Foi a partir desse momento que Freud morreu.

## Abaixo de zero: psicanálise, política e o "déficit de negatividade" em Axel Honneth

> *É preferível a morte à saúde que nos propõem.*
>
> GILLES DELEUZE

> *Toda imagem do ser humano é ideológica, exceto a negativa.*
>
> THEODOR ADORNO

As discussões sobre a natureza do corpo político nos levaram a uma problematização do vínculo aparentemente indissociável entre política e produção de identidades coletivas. Elas ainda nos permitiram lançar luz sobre algumas características maiores da economia libidinal do trabalho social e do desejo no estágio atual do neoliberalismo, como modelos de gestão dos processos de flexibilização de identidades. Nestes próximos capítulos, trata-se de fazer funcionar, mais uma vez, a noção de que a problematização do corpo político traz consequências não apenas nas dinâmicas de produção de identidades coletivas, mas também nos operadores próprios às identidades individuais. No entanto, a partir de agora, essa problematização será desenvolvida de modo a nos fornecer um quadro crítico dos problemas políticos internos a teorias hegemônicas do reconhecimento com seus pressupostos naturalizados de cooperação, assim como para abrir caminhos de recuperação do conceito de reconhecimento mais próximos do campo de elaborações produzidas em nossas discussões sobre a possibilidade de um corpo político, ao mesmo tempo, des-idêntico e capaz de produzir processos de incorporação.

A relevância de tal discussão política a respeito da teoria do reconhecimento é evidente se lembrarmos que, nos últimos vinte anos do debate filosófico e social, vimos a hegemonia do conceito de *reconhecimento* como operador central para a compreensão da racionalidade das demandas políticas. Recuperado, pela primeira vez nos anos 1930, através das leituras hegelianas de Alexandre Kojève com seus desdobramentos, entre outros, na psicanálise de Jacques Lacan e nas filosofias de Jean Hyppolite, Georges Bataille, Maurice Merleau-Ponty e, um pouco mais distante, Jean-Paul Sartre,[1] o conceito só foi explorado sistematicamente em sua dimensão propriamente política a partir do início dos anos 1990, em especial pela terceira geração da Escola de Frankfurt (Axel Honneth) e por filósofos que sofreram influência de Hegel, como Charles Taylor. Teóricos políticos que seguiram os cursos de Kojève, como Raymond Aron e Éric Weil, não se notabilizaram pela exploração sistemática das potencialidades de uma teoria do reconhecimento. Até os anos 1990, o conceito se demonstrara profícuo principalmente em seus usos clínico (o problema do reconhecimento do desejo na clínica psicanalítica de Jacques Lacan)[2] e ético (através dos debates sobre a ética da alteridade, especialmente em Emmanuel Levinas e Martin Buber). As potencialidades de seu uso político serão impulsionadas, na verdade, pelo aparecimento de dois textos em 1992: *Luta por reconhecimento*, de Axel Honneth,[3] e *Multiculturalismo e as "políticas do reconhecimento"*,

1 Ver, principalmente, Paulo Arantes, "Um Hegel errado, mas vivo". *Revista Ide*, n. 21, 1991; Vincent Descombes, *Le Même et l'autre: quarante et cinq ans de philosophie française*. Paris: Minuit, 1979; Judith Butler, *Subjects of Desire: Hegelians Reflections in Twenty Century France*, 2ª ed. Nova York: Routledge, 2012, e Michael Roth, *Knowing and History: Appropriations of Hegel in Twentieth Century France*. Ithaca: Cornell University Press, 1988.

2 A esse respeito, tomo a liberdade de remeter a Vladimir Safatle, *A paixão do negativo: Lacan e a dialética*. São Paulo: Editora da Unesp, 2006.

3 Axel Honneth, *Luta por reconhecimento: a gramática moral dos conflitos sociais*. São Paulo: Editora 34, 2003.

de Charles Taylor.[4] A partir deles, o conceito hegeliano de *Anerkennung* parecia enfim fornecer uma orientação normativa para o desenvolvimento progressivo das lutas sociais.

Essa segunda recuperação constituiu-se, no entanto, através de uma operação reinstauradora peculiar. Tudo se passou como se a vertente propriamente francesa do debate, presente desde os anos 1930, devesse ser, em larga medida, ignorada para que o conceito pudesse, enfim, encontrar a força política que lhe era de direito. Isso pode nos explicar por que as referências de Honneth e Taylor a, por exemplo, Kojève ou a Lacan são, na maioria dos casos, marcadas pela concisão e pelo desinteresse soberano, mesmo que o psicanalista francês seja alguém que, como Honneth, procurou pensar o problema do reconhecimento articulando hegelianismo e psicanálise. Assim, vários pesquisadores contemporâneos aceitaram a versão de que as primeiras leituras sobre o reconhecimento não passavam de uma sucessão de erros de avaliação e equívocos que melhor seria ignorar.

Há de se perguntar, no entanto, se essa recusa não teria consequências políticas importantes; se, na verdade, o silêncio não expressava a consciência muda de dois desdobramentos possíveis de um mesmo conceito de matriz hegeliana. Um que procura a naturalização de princípios cooperativos, outro que eleva a inscrição social da negatividade em fundamento para a criação de novas formas de estruturas relacionais. Se esse for o caso, não será a primeira vez que os mesmos conceitos hegelianos acabarão por organizar polos políticos opostos.

Mas, para analisar tal hipótese, devemos expor as possibilidades políticas inexploradas da recuperação francesa do conceito de reconhecimento. Nestes próximos capítulos, gostaria de me concentrar em sua matriz lacaniana por entender que ela é parti-

4 Charles Taylor, *Multiculturalism and the "Politics of Recognition"*. Princeton: Princeton University Press, 1992.

cularmente frutífera para essa discussão.[5] Trata-se de um uso indireto, em larga medida pressuposto, já que a discussão direta sobre o conceito de reconhecimento em Lacan foi objeto de análises anteriores.[6] Mas ele nos permitirá reconfigurar questões maiores, como a relação entre reconhecimento e identidade, assim como pensar sob uma perspectiva alternativa o problema filosófico do amor como espaço de reconhecimento. No entanto, uma operação dessa natureza, para não ser reduzida a um exercício de correção de historiografia conceitual, deveria levar em conta os limites da real força política de transformação social presente na recuperação frankfurtiana do reconhecimento. Esses serão, portanto, os dois objetivos principais deste e dos próximos capítulos.

A sugestão de pensar conjuntamente Honneth e Lacan a respeito do problema do reconhecimento tem uma razão de base. As teorias do reconhecimento são normalmente fundadas em teorias da socialização e da individuação. Elas exigem uma certa antropologia no mais das vezes marcada pela reflexão sobre processos de maturação em direção à pessoa individualizada, de ontogênese das capacidades prático-cognitivas e de constituição do Eu autônomo. Como se processos de reconhecimento devessem necessariamente ser lidos como movimentos em direção à afirmação de uma autonomia e de uma individualidade conquistadas. Nesse sentido, a teoria do reconhecimento de Axel Honneth, com seus empréstimos massivos à antropologia psicanalítica de Donald Winnicott, de Hans Loewald e de outros teóricos da teoria das re-

5 Os usos políticos do pensamento lacaniano foram desenvolvidos principalmente por Alain Badiou, Slavoj Žižek e Ernesto Laclau. No entanto, nenhum dos três autores parte das discussões lacanianas sobre o problema do reconhecimento, talvez por admitirem que tais discussões estariam muito ligadas a um período do pensamento lacaniano que teria sido relativizado pelo próprio Lacan a partir dos anos 1960. De fato, essa não é a única leitura possível, o que nos leva a explorar o problema apresentado por este capítulo.

6 Ver, principalmente, V. Safatle, *A paixão do negativo*, op. cit., 2006.

lações de objeto, é um exemplo ilustrativo e, certamente, um dos casos mais bem construídos nesse sentido.

No entanto, se levarmos em conta as posições de Jacques Lacan, a psicanálise pode nos fornecer uma compreensão radicalmente distinta dos processos de socialização e individuação tais como apresentados por Honneth. Gostaria de mostrar como, ao mudar a base psicanalítica, temos uma visão distinta não apenas da dinâmica de socialização dos desejos e pulsões, como também das consequências políticas do conceito de reconhecimento. Pois essa reflexão pode fornecer uma base empírica e material para a ideia de que sujeitos procuram ser reconhecidos em um campo político fora dos processos culturais de produção de identidades. Mesmo que tais formulações não sejam encontradas de maneira literal em Lacan, gostaria de abrir caminho para mostrar que essa é uma consequência possível de suas posições. No próximo capítulo, os desdobramentos políticos desse procedimento crítico serão explorados de maneira sistemática. Assim, espero mostrar a urgência de recuperar, de maneira mais generosa, as potencialidades internas a certas correntes da primeira reatualização do conceito de reconhecimento, operada a partir dos anos 1930 na França.

## Estar doente

O embate em torno da matriz psicanalítica da reflexão sobre o reconhecimento deve ser visto como uma questão central. Lembremos como Honneth insiste que a psicanálise forneceria, em seu nível normativo, um conceito antropológico de ser humano. Este, por dar lugar apropriado aos vínculos inconscientes e libidinais do indivíduo, não corre o risco de sucumbir a um moralismo idealizado. Daí uma afirmação como "para se defender contra as ilusões de uma moralidade da razão, a Teoria Crítica deve ser suplementada por uma espécie de psicologia moral guiada por intuições psicanalíticas".[7] As ilusões morais estariam presentes em visões do comportamento humano incapazes de levar em conta as dimensões inconscientes e profundamente conflitivas das motivações que impulsionam sujeitos a agir e a escolher, visões que preferem referendar normatividades antropológicas fundadas em uma noção de autonomia construída através, por exemplo, de clivagens estritas entre vontade livre e desejo patológico, entre razão, afeto e sensibilidade.

No entanto, há de se perguntar se, de fato, quando recorre à psicanálise, Honneth escapa do peso de pressupostos morais não tematizados. Sua forma de compreender a autonomia produzida ao final de um processo bem-sucedido de maturação psíquica, em chave não muito distante da moralidade pós-convencional de moldes kantianos; suas razões para recusar a teoria freudiana das pulsões e a natureza traumática da sexualidade; assim como sua maneira de sustentar que o caráter necessariamente inter-relacional da constituição do Eu, que seria prova maior da natureza intrinsecamente sociável e cooperativa dos sujeitos,[8] talvez evidenciem uma moralidade idealizada, ligada à perpetuação de uma visão profundamente normativa presente na elevação da racionalidade comunicacional a horizonte regulador privilegiado para a construção de uma vida racional e dos processos de emancipação. Moralidade que acaba por perder o que a experiência clínica psicanalítica tem de mais transformador. Pois é possível que a verdadeira contribuição da psicanálise não esteja ligada à descoberta do inconsciente ou da sexualidade infantil, com uma consequente visão

7 A. Honneth, *Das Ich im Wir*. Frankfurt: Suhrkamp, 2010, p. 253.

8 Sobre esse último ponto, vale para Honneth a crítica de Joel Whitebook ("First Nature and Second Nature in Hegel and Psychoanalysis". *Constellations*, v. 15, n. 3, 2008, p. 382) a respeito dos relacionistas e intersubjetivistas: "Eles acreditam que, mostrando o eu como produto de interação, eles mostrarão também que o eu é intrinsicamente sociável. O pressuposto não assumido é que interação equivale à mutualidade, ou seja, que, se o eu é um produto de interação, então ele é intrinsicamente mutualístico".

mais complexa das motivações do comportamento. Ou seja, sua principal contribuição não está no desenvolvimento de uma antropologia mais elaborada, mas em uma nova abordagem clínica. Insistir no caráter inovador da abordagem clínica psicanalítica é um modo de se perguntar se essa dimensão não deveria ser levada em conta na organização das reflexões sobre o político.

Por exemplo, uma das contribuições clínicas mais inovadoras da psicanálise consiste em defender que a experiência do patológico é instauradora da condição humana e a via privilegiada para conhecermos nossos processos de formação, assim como os traços de nossas estruturas de comportamento.[9] Honneth parece levar em conta algo dessa via quando lembra a importância de um certo "ir e vir entre diagnóstico de patologias e análise da normalidade, entre etiologia e teoria da personalidade"[10] próprio ao pensamento freudiano. Ele cita, como exemplos, a proximidade entre luto e melancolia ou, principalmente, a generalização dos mecanismos de recalque para todo e qualquer sujeito. Generalização que Honneth chama de "antropologização do conflito potencial do desejo recalcado".[11] No entanto, o ir e vir entre normal e patológico é compreendido por Honneth como expressão da necessidade que a personalidade normal tem de, esporadicamente, ser capaz

9 O que não poderia ser diferente para alguém que acreditava que *a conduta patológica expõe, de maneira ampliada, o que está realmente em jogo no processo de formação das condutas sociais gerais*. É dessa forma que devemos interpretar uma metáfora maior de Freud (*Gesammelte Werke*, v. XV. Frankfurt: Fischer, 1999, p. 64): "Se atiramos ao chão um cristal, ele se parte, mas não arbitrariamente. Ele se parte, segundo suas linhas de clivagem, em pedaços cujos limites, embora fossem invisíveis, estavam determinados pela estrutura do cristal". O patológico é esse cristal partido que, graças à sua quebra, fornece a inteligibilidade do comportamento definido como normal. Para um bom comentário desse problema em Freud, ver: Philippe van Haute e Jens de Vleminck, "Aan gene zijde van Freud: De grenzen en de mogelijkheden van een psychoanalytische pathoanalyse", in *Freud als filosoof*. Leuven: University of Leuven Press, 2013.

10 A. Honneth, *Pathologien der Vernunft: Geschichte und Gegenwart der Kritischen Theorie*. Frankfurt: Suhrkamp, 2008, p. 160.

11 Id., ibid., p. 163.

de reativar mecanismos psíquicos próprios da primeira infância. Como se o patológico fosse ainda pensado, em chave desenvolvimentista, como figura da regressão a estados arcaicos do comportamento infantil.

Haveria outra maneira, no entanto, de pensar a reformulação freudiana das relações entre normal e patológico. Já que admitir a experiência do patológico como instauradora da condição humana implica, entre outras coisas, assumir o caráter irredutível do que chamamos de "sintoma". Wilhelm Reich, por exemplo, lembrará que os mecanismos de defesa do Eu, assim como os traços de caráter que compõem o cerne da personalidade psicológica, são constituídos da mesma forma que os sintomas.[12] Essas colocações abrem as portas para que a experiência do patológico e a do ato de produzir sintomas sejam transformadas em expressões fundamentais da condição humana por serem produções de respostas singulares, de construções insubstituíveis, de modos de desejar e de agir. Isso poderia nos levar a afirmar, como sugere Lacan,[13] que "o eu está estruturado exatamente como um sintoma. No interior do sujeito, não é senão um sintoma privilegiado. É o sintoma humano por excelência, é a doença mental do homem". Quando o próprio Eu aparece com sua organização psíquica como um sintoma privilegiado, não é possível falar de distinções entre personalidade e patologia. No limite, a psicanálise acaba por deixar de ser vista como mais uma psicoterapia focada na dissolução de sintomas, pois isso a levaria a anular uma dimensão fundamental da produtividade da experiência humana.[14]

12 Daí por que: "A forma das reações do ego, que difere de um caráter para outro mesmo quando os conteúdos das experiências são semelhantes, pode ser remontada às experiências infantis, da mesma maneira que o conteúdo dos sintomas e das fantasias" (Wilheim Reich, *Análise do caráter*. São Paulo: Martins Fontes, 2001, p. 53).

13 Jacques Lacan, *Seminário 1*. Rio de Janeiro: Jorge Zahar, 1986, p. 25.

14 A esse respeito, ver principalmente Lacan, op. cit., 2010.

Duas consequências principais derivam-se daqui. Primeiro, a ideia de irredutibilidade do sintoma e do patológico implica o reconhecimento da irredutibilidade de experiências de heteronomia, de fragmentação e de estranhamento. Isso pode levar nossos ideais atuais de normalidade social, normalmente assentados na crença da força emancipadora dos conceitos de autonomia, unidade e autenticidade, a serem vistos, em larga medida, como matrizes de produção de sofrimento. Por não estar disposto a trilhar esse caminho, Honneth tende, entre outras coisas, a compreender o "negativismo" freudiano e sua tematização da relação dramática entre indivíduo e sociedade como mera expressão distorcida de uma visão proto-hobbesiana da fragilidade dos vínculos sociais diante da irracionalidade do comportamento humano. Irracionalidade que poderia ser, ao final de um processo bem-sucedido de maturação, submetida às exigências normativas da razão.

A segunda consequência diz respeito à reconfiguração do processo clínico de cura. Aceita essa perspectiva lacaniana, talvez possamos nos aproximar de certas correntes epistemológicas que defendem um "nominalismo dinâmico"[15] na compreensão de categorias clínicas ligadas ao psiquismo. Feita a aproximação, diremos que sujeitos não sofrem exatamente por terem sintomas. Eles sofrem por compreenderem os sintomas como mera expressão de uma forma de estar doente. Pois estar doente é, a princípio, assumir uma identidade com grande força performativa. Ao compreender-se como "neurótico", "depressivo" ou portador de "transtorno de personalidade borderline", o sujeito nomeia a si através de um ato de fala capaz de produzir performativamente efeitos novos, de ampliar impossibilidades e restrições. Uma patologia mental não descreve uma espécie natural (*natural kind*) como talvez seja o caso

15 Como podemos encontrar em Ian Hacking, *Historical Ontology*. Cambridge, MA: Harvard University Press, 2004, p. 106. Ainda a esse respeito, ver Arnold Davidson, *The Emergence of Sexuality: Historical Epistemology and the Formation of Concepts*. Cambridge, MA: Harvard University Press, 2004.

de uma doença orgânica como câncer ou mal de Parkinson. Como nos lembra Ian Hacking, a patologia cria performativamente uma nova situação na qual sujeitos se veem inseridos.[16]

Se esse for de fato o caso, então poderemos dizer que uma dimensão fundamental do trabalho analítico consiste não em dissolver os sintomas, mas em dissolver o vínculo do sujeito à identidade produzida pela doença, o que permite aos sintomas perderem certos efeitos, diminuírem intensidades e se abrirem à possibilidade de produção de novos arranjos. Mas falemos ainda de sintomas, e não de normatividades partilhadas intersubjetivamente, porque a singularidade desse processo não nos leva à garantia de aprofundamento de relações cooperativas ou de consolidação de compreensão afetiva. Ela nos leva, ao contrário, à compreensão da fragilidade das interações, sobretudo quando pautadas pela enunciação de demandas individuais. Do ponto de vista social, a compreensão de que patologias mentais não são apenas desvios em relação a um padrão, seja através da falta, seja através do excesso, mas são processos instauradores de individualidades, nos leva a questionar a crença de que seres humanos seriam intrinsicamente sociáveis e cooperativos. Os seres humanos precisam da experiência do patológico, ou seja, são seres que precisam colocar-se fora da normalidade que define um campo distendido de cooperação para produzirem algo de fundamental em relação às suas experiências do desejo, da ação e do uso da linguagem. Talvez isso explique um pouco por que Lacan se recusa de maneira tão taxativa a ver a psicanálise como uma "terapia"[17] ou de compreender a racionalidade

16 Esse é um ponto importante defendido por Ian Hacking (op. cit., p. 106), para quem, no que se refere a classificações de doenças mentais, "um tipo (*kind*) de pessoa vem à existência ao mesmo tempo que a própria categoria clínica (*kind*) foi inventada. Em alguns casos, nossas classes e classificações conspiram para aparecer uma suportada pela outra".

17 Notemos como o frankfurtiano que mais se aproxima, por outras razões, dessa forma de pensar o problema é Adorno. Pois é dele a afirmação de que "as neuroses deveriam, de fato, segundo sua forma, ser deduzidas da estrutura de uma

em operação na clínica psicanalítica como uma racionalidade terapêutica e por que, em seu caso, relações de reconhecimento serão marcadas necessariamente por dinâmicas de despossessão.

De fato, entre outras coisas, isso traz consequências políticas fundamentais por exigir uma profunda recompreensão do que pode ser entendido por reconhecimento social e seus limites. Pois, se devemos admitir a fragilidade das interações quando pautadas pela enunciação de demandas individuais, assim como devemos aceitar a ideia de que individualidades seriam organizadas a partir de sintomas que se confundem com a estrutura mesma da personalidade, então duas saídas se colocam: aceitar que a experiência do reconhecimento estaria estruturalmente comprometida ou pensar que ela exige a superação de certa dimensão antropológica que fundamenta a institucionalização do conceito de pessoa. A segunda alternativa poderia nos levar, entre outras coisas, a procurar fundar a experiência do político para além da afirmação e do reconhecimento da individualidade organizada como personalidade. Gostaria de iniciar essa discussão mostrando quais os arranjos conceituais necessários para fundamentar psicanaliticamente tal perspectiva.

## A mãe de Honneth e a política de Winnicott

Com essa perspectiva em vista, se quisermos pensar o impacto das reflexões psicanalíticas na configuração das potencialidades políticas do conceito de reconhecimento, existem duas tarefas privilegiadas. A primeira consiste em defender a tese de que a personalidade psicológica e os atributos da pessoa individualizada

sociedade em que elas não podem ser eliminadas. Mesmo a cura bem-sucedida carrega o estigma do danificado, da vã adaptação pateticamente exagerada. O triunfo do eu é o da ofuscação pelo particular. Esse é o fundamento da inverdade objetiva de toda psicoterapia, que incita os terapeutas à fraude. Na medida em que o curado se assemelha à totalidade insana, torna-se ele mesmo doente, mas sem que aquele para quem a cura fracassa seja por isso mais saudável" (T. Adorno, Ensaios sobre psicologia social e psicanálise, op. cit, p.43).

são estruturados como sintomas defensivos, explorando as consequências dessa posição para uma teoria do reconhecimento – já que isso implica aceitar que o problema do reconhecimento não deveria estar centrado no reconhecimento dos atributos individualizados da pessoa.

A segunda tarefa passa pela defesa da existência de um elemento irredutivelmente pré-pessoal na estrutura humana, chamado por Lacan de "pulsão". Elemento que, devido à sua característica avessa à personalização, não se organiza sob a forma de sintomas. Na verdade, Lacan falará que a existência da pulsão exige a constituição de uma "subjetivação acéfala, uma subjetivação sem sujeito".[18] No sentido de uma subjetivação que não deve ser compreendida como expressão de um sujeito substancial previamente definido, podemos compreender tal subjetivação como fundamento para pensarmos modalidades de reconhecimento para além da forma institucionalizada da pessoa.

Uma maneira privilegiada de abordar a primeira tarefa passa pela crítica à tese da existência de uma intersubjetividade primária a guiar as relações de amor entre mãe e bebê – intersubjetividade capaz de fundamentar a construção segura da individualidade a ser reconhecida em esferas sociais fora do núcleo familiar. Se essa intersubjetividade não for fundamento para a construção da individualidade, fica aberto o espaço para defendermos a existência de uma natureza irredutivelmente conflitual das relações intersubjetivas – natureza conflitual que seria expressa pela necessidade da pessoa psicológica de estruturar-se como uma organização defensiva de sintomas.

Já a segunda tarefa passa pela avaliação das críticas de Honneth à ideia freudiana de que a natureza humana pode ser compreendida a partir de uma teoria das pulsões. Na verdade, o problema central aqui gira em torno da existência de algo como uma "pulsão

18 J. Lacan, *Séminaire XI*. Paris: Seuil, 1973, p. 169.

de morte". Por sua vez, a crítica à pulsão de morte é articulada, entre outras coisas, a uma recusa em definir a "negatividade" como base compreensiva da estrutura do desejo humano. Essa crítica à negatividade traz consequências maiores na leitura proposta por Honneth a respeito do problema do reconhecimento em Hegel, em especial na *Fenomenologia do Espírito*. Dessa forma, temos uma hipótese sobre os modelos gerais de relações intersubjetivas e outra sobre o sistema subjetivo de motivações para a ação.[19] Vejamos melhor cada um dos casos.

A tese da intersubjetividade primária serve para Honneth defender a existência de uma tendência fortemente cooperativa e comunicacional no interior das primeiras experiências de interação social. Por essa razão, ela é fundamental para o projeto de Honneth, assim como para sua crítica de modelos, a seu ver, insuficientes. O filósofo alemão deriva a tese da intersubjetividade primária da teoria das relações de objeto de Donald Winnicott e sua forma de compreender as relações de amor e de dependência mútua entre mãe e bebê. As relações de amor constituiriam uma base sólida para o desenvolvimento da capacidade de ser si mesmo em um outro. Assim:

> a experiência intersubjetiva do amor abre o indivíduo a este estrato fundamental de segurança emocional (*emotionalen Sichereit*) que lhe permite não apenas experimentar, mas também exteriorizar (*Äusse-*

19 Na verdade, encontramos tanto a hipótese de uma intersubjetividade primária quanto a crítica à negatividade estrutural da pulsão de morte já nos trabalhos de outro frankfurtiano, a saber, Herbert Marcuse. Por exemplo, para Marcuse (*Eros e civilização*. Rio de Janeiro: LTC, 1999, p. 199), se o princípio de realidade fundado na repressão pulsional está vinculado inicialmente à internalização da Lei paternal e seus princípios simbólicos de organização, então no interior do fluxo libidinal simbiótico entre bebê e mãe poderíamos encontrar os vestígios de um outro modo de acesso à realidade. Marcuse fala de uma "atitude não de defesa e de submissão [pois estaríamos em uma relação de interdependência intersubjetiva entre mãe e bebê], mas de integral identificação com o meio". Há uma certa continuidade de suas perspectivas com as teses defendidas por Honneth.

*rung*) suas próprias necessidades e sentimentos, assegurando assim a condição psíquica do desenvolvimento de todas as outras atitudes de respeito de si.[20]

Ou seja, segundo essa perspectiva, levamos para esferas mais amplas da vida social e para relações afetivas em idade madura a crença na exteriorização tranquila de necessidades e sentimentos, que seria resultado da experiência intersubjetiva de amor e de afirmação de si presente inicialmente na relação entre mãe e bebê.[21] Essa relação poderia ser chamada de "intersubjetiva" por ser, ao menos segundo Honneth, simétrica. Como se o bebê dependesse da mãe da mesma forma que a mãe dependeria do bebê, dando espaço a uma relação de "identificação emocional" na qual a criança aprende a adotar a perspectiva de uma segunda pessoa. A mútua dependência poderia resolver-se através da consolidação de uma posição de cooperação e de segurança emocional que permitiria à criança desenvolver uma "consciência individual de si".

Nesse sentido, um tema importante consiste em avaliar até que ponto tal visão da relação entre mãe e bebê é uma construção idílica para legitimar a hipótese filosófica de uma intersubjetividade fundadora da condição humana. Pois, por exemplo, seguindo uma perspectiva que toma Lacan como ponto de partida, podemos defender que as primeiras relações intersubjetivas dificilmente podem ser descritas como relações simétricas. Na verdade, elas seriam assimétricas, já que a primeira posição subjetiva da criança

20 A. Honneth, *Kamp um Anerkennung: Zu moralischen Grammatik sozialer Konflikte*. Frankfurt: Suhrkamp, 1992, p. 171 [ed. bras.: *Luta por reconhecimento: a gramática moral dos conflitos sociais*. São Paulo: Editora 34, 2003].

21 Para funcionar, tal estratégia deve recusar as críticas que veem, na família, principalmente um aparato disciplinar (Michel Foucault, *Os anormais*. São Paulo: Martins Fontes, 2010) e repressivo (Deleuze e Guattari, 2010) cujas relações não serviriam de fundamento para pensarmos situações de emancipação social. Isto exigiria uma reatualização da crítica ao "familiarismo" tal como ela apareceu na filosofia francesa contemporânea.

é ser objeto das fantasias da mãe,[22] com toda sua carga de expectativas e frustrações violentas. Nesse ponto, Lacan aparece como uma espécie de continuador das considerações de Melanie Klein a respeito da estrutura fantasmática da relação entre mãe e bebê.

Notemos como a sobrevivência física do bebê depende do bem-querer e do cuidado materno, o que significa que seu desamparo só pode ser controlado à condição de encontrar um lugar no interior das fantasias maternas, enquanto o mesmo não pode ser dito da mãe, pelo menos não com a mesma intensidade. Essa situação faria com que as primeiras relações intersubjetivas fossem, na verdade, relações de dominação e servidão com as quais a criança deverá saber lidar, o que explica por que Lacan utiliza a estrutura da dialética hegeliana do senhor e do escravo para dar conta das relações responsáveis pela formação do Eu. Pois a criança deveria, em larga medida, adaptar-se à normatividade encarnada pelas exigências disciplinares maternas para sobreviver psíquica e fisicamente. Essa exigência disciplinar de adaptação explicaria, por sua vez, por que a criança precisa mobilizar, em mais de uma ocasião, a experiência da doença e a produção de sintomas para construir sua singularidade.

Uma estratégia possível para encaminhar essa querela seria tratar de estudos recentes a respeito da natureza das primeiras interações e suas consequências posteriores, o que gostaria de fazer de maneira mais sistemática em outra oportunidade.[23] Mas notemos dois pontos. Em primeiro lugar, boa parte desses estudos

22 J. Lacan (*Séminaire IV*. Paris: Seuil, 1994) desenvolveu de maneira extensiva este ponto, assim como as consequências do supereu materno.

23 Ver, por exemplo, Beatrice Bebee e Frank Lachmann, *Infant Research and Adult Treatment: Co-Constructing Interactions*. Hillsdale: Analytic Press, 2002; Peter Fonagy e Mary Target, "Playing With Reality: A Theory of External Reality Rooted in Intersubjectivity". *International Journal of Psychoanalysis*, 2007, n. 88, pp. 917-37; Michael Tomasello, *The Cultural Origin of Human Cognition*. Harvard University Press, 2003; Stein Braten (org.), *On Being Moved: From the Mirrors Neurons to Empathy*. Filadélfia: John Benjamin Publisher House, 2007.

expõe a existência de uma "proximidade afetiva" primária entre o bebê e os responsáveis por seu cuidado. Bebês sabem que são objetos de atenção, e se identificam mais fácil e fortemente com o responsável por cuidados do que com outros primatas. No entanto, a proximidade afetiva não implica, necessariamente, relação de segurança no que diz respeito ao sentido do desejo do outro e suas intermitências. Posso saber ser objeto de atenção, mas não se segue daí a segurança de que sempre serei tal objeto, de que não haverá outro sujeito a me desalojar da minha posição, de que sei o que fazer para conservar a atenção e que, principalmente, sei o que essa atenção significa.[24] Por isso, a experiência de ser objeto do desejo do outro, em especial objeto do desejo materno é, desde o início, fonte de angústia, e não simplesmente fonte de segurança existencial. Por isso Lacan afirmará existir, "atrás do supereu paterno, um supereu materno ainda mais exigente, ainda mais opressivo, mais destruidor, mais insistente".[25]

No entanto, vale a pena lembrar que mesmo a leitura honnethiana de Winnicott pode ser relativizada no que diz respeito à natureza cooperativa das relações primárias. Lembremos, por exemplo, como o psicanalista inglês afirmará que,

> No desenvolvimento corporal, o fator de crescimento é mais claro; no desenvolvimento da psique, por contraste, há a possibilidade do fracasso a cada momento, e na verdade é impossível que exista um

24 Daí por que "Tal proximidade afetiva não pode ser caracterizada em termos de valências positivas ou negativas; ela não envolve um julgamento cognitivo ou um conjunto de inferências referentes ao valor que outros possam possuir: ao contrário, atitudes positivas, negativas ou mesmo indiferentes a respeito do outro dependem dessa afetividade 'não epistêmica' em relação ao outro" (Shaun Gallagher e Somogy Varga, "Critical Social Philosophy, Honneth and the Role of Primary Intersubjectivity". *European Journal of Social Theory*, 2012, v. 15, n. 243, p. 255).

25 J. Lacan, *Séminaire V*. Paris: Seuil, 1998, p. 165.

crescimento sem distorções devidas a algum grau de fracasso na adaptação ambiental.[26]

Se é impossível haver desenvolvimento sem algum grau de fracasso na adaptação ambiental, há de se perguntar se devemos realmente falar em uma exteriorização tranquila de necessidades e sentimentos, como quer Honneth. Fracassos implicam distorções e frustrações diante de demandas de adaptação. Isso pode significar a necessidade de saber lidar com limites nas expectativas de cooperação com o outro, ou seja, lidar com a insegurança existencial vinda da compreensão de que a mãe não será capaz de responder a dimensões fundamentais do desejo do sujeito.[27]

Em vários momentos, Winnicott acredita que "uma adaptação extrema às necessidades do bebê pode ser feita pela mãe real sem ressentimento".[28] A adaptação bem-sucedida permitiria que a criança não sucumbisse a uma desilusão profunda relativa às suas expectativas de reconhecimento gerando, com isso, uma situação patológica de insegurança existencial. Há de se perguntar, no entanto, se a insistência winnicottiana na capacidade materna de propiciar uma peculiar "adaptação perfeita" não seria fonte suplementar de sofrimento e desajuste para a mãe, principalmente em uma época cada vez mais marcada pela recusa das gerações atuais em partilhar modelos tradicionais de maternidade, com a consequente insegurança em seu desempenho, a vulnerabilidade estrutural e depressões pós-parto.[29]

26 Donald Winnicott, *Natureza humana*. São Paulo: Imago, 1990, p. 47.

27 Assim, "quando existe uma dificuldade, a mãe e o bebê podem levar muito tempo até conseguir se entender um com o outro, e frequentemente acontece que a mãe e o bebê falhem desde o princípio, e assim sofram (ambos) as consequências dessa falha por muitos anos, e às vezes para sempre" (id., ibid., p. 123).

28 Id., ibid., p. 132.

29 "As análises mais adequadas da maioria dos estudos concluem que algo como 7,1% das mulheres deve experimentar um episódio depressivo maior nos primeiros três meses pós-parto. Se incluirmos depressões menores, a taxa própria

Mas, mesmo que a posição de Winnicott não seja exatamente a que advogo aqui, ela está igualmente distante daquela na qual Honneth gostaria de colocá-lo. Vale a pena lembrar, por exemplo, as consequências de a relação intersubjetiva bem-sucedida entre mãe e bebê serem a constituição de estados transicionais nos quais a criança pode sustentar, diante do outro, a ilusão de ter criado os objetos do mundo externo. Winnicott vê nesses estados a fonte dos fenômenos religiosos e artísticos. No entanto, arte e religião não são exatamente fenômenos intersubjetivos, mas fenômenos que se inscrevem no limite da estrutura comunicacional da linguagem. O que Winnicott alude ao afirmar em sua linguagem concreta:

> Alguém que exija tamanha tolerância numa idade posterior é chamado de louco. Na religião e nas artes, vemos esta reivindicação socializada, de modo que o indivíduo não é chamado de louco e pode usufruir, no exercício da religião ou na prática e apreciação das artes, do descanso necessário aos seres humanos em sua eterna tarefa de discriminar entre os fatos e a fantasia.[30]

Podemos interpretar essa colocação afirmando que o tipo de vínculo social criado a partir dos desdobramentos da relação de amor entre mãe e bebê é de uma ordem muito específica, que talvez não sirva como base para a fundamentação dos vínculos sociais em geral, o que Honneth não parece aceitar.[31] Pois, para encontrar aqui os fundamentos de uma política, devemos esquecer que a relação

ao período de três meses sobe para 19,2%" (M. O'Hara, "Postpartum Depression: What we Know". *Journal of Clinical Psychology*, v. 65, n. 12, p. 1265). Ou seja, uma em cada cinco mães passarão por uma experiência depressiva no cuidado de seu filho.

30 D. Winnicott, *Natureza humana*, op. cit., p. 127.

31 Ao contrário, ele quer afirmar que "A fascinante observação de Winnicott pode ser expandida a fim de incluir, além da arte e da religião, a intersubjetividade grupal como um espaço de experiência que dissolve os limites entre realidade externa e interna" (A. Honneth, *Das Ich im Wir*, op. cit., p. 274).

de circulação de fantasias no espaço transicional sustentado por uma "mãe suficientemente boa" é, entre outras coisas, exclusivista, como são exclusivistas as relações próprias às comunidades religiosas e às experiências artísticas. Se quisermos seguir a perspectiva de Winnicott, devemos dizer que só poderão sustentar esse vínculo aqueles que portarem os traços, muito específicos, de comportamento e caráter relativos à mãe suficientemente boa que tivemos e que nos permitiu "ter a ilusão de encontrar na realidade aquilo que criamos (alucinamos)".[32] Como nem todos se encaixam nesse molde (por terem, na melhor das hipóteses, experiências concretas distintas do que foi uma mãe suficientemente boa), segue-se o exclusivismo da relação, assim como o interesse político limitado que essa reflexão pode ter.

Por outro lado, há de se lembrar aqui que não se passa impunemente das artes e da religião (manifestações relativas ao campo da cultura) às relações intersubjetivas propriamente políticas. Não é por outra razão que Winnicott salienta que, do ponto de vista das relações intersubjetivas da vida ordinária, as demandas presentes na arte e na religião são insanas. Elas são permitidas apenas como experiências compensatórias e não como experiências capazes de induzir transformações globais no campo partilhado do político. Essas transformações exigiriam uma visão na qual vínculos comunitários religiosos poderiam fundamentar ordens sociais, ou na qual experiências estéticas poderiam, por sua vez, reconstruir a natureza de nossas expectativas comunitárias. Não parece que Honneth queira seguir uma das duas vias.

### Lutas sem risco

Mesmo assim, para fundamentar sua filosofia política, Honneth precisa criar a imagem de um processo de reconhecimento que se realiza na confirmação de si pelo outro. Pois a segurança emocio-

32 D. Winnicott, *Natureza humana*, op. cit., p. 135.

nal gerada pelo caráter bem-sucedido das demandas de amor no interior do núcleo familiar estaria na base das demandas sociais de reconhecimento da autonomia individual e da afirmação de seus sistemas particulares de interesse. Elas estariam, também, na base da profunda sensibilidade dos sujeitos para experiências de desprezo e de injustiça. Dessa forma, Honneth constrói uma antropologia psicanalítica para orientar processos de interação social nos quais não há lugar para antagonismos insuperáveis. Antropologia profundamente familiarista, capaz de fornecer os fundamentos morais dos conflitos sociais. Mas, nesse caso, um familiarismo focado, em larga medida, em apenas um dos polos da matriz de socialização da família burguesa, a saber, a mãe, deixando de fora a natureza conflitual da relação pai-mãe e suas consequências para a formação dos filhos.

Honneth espera que essa antropologia psicanalítica seja compatível com aspectos da reflexão sobre conflitos sociais no interior da tradição dialética de Hegel e Marx. Para ele, a ideia fundamental de Hegel seria que "a luta pelo reconhecimento constitui a força moral que impulsiona a realidade vital social humana em direção ao desenvolvimento e ao progresso".[33] Pois a experiência moral de desprezo de minha dignidade de sujeito agente e desejante estaria na origem dos movimentos de resistência social e de sublevação coletiva. Sendo assim, o progresso histórico em direção à liberdade seria a história da realização, cada vez mais universal, de uma antropologia psicanaliticamente orientada. Mas, para Hegel entrar nesse horizonte, serão necessários alguns ajustes dificilmente sustentáveis sem perdas importantes em sua teoria.

A principal delas está na maneira, no mínimo peculiar, como Honneth lê a dialética hegeliana do senhor e do escravo. Honneth reconhece, na referida dialética, um "fato transcendental" que

33 A. Honneth, *Kamp um Anerkennung: Zu moralischen Grammatik sozialer Konflikte*, op. cit., p. 227.

aparece como pré-requisito para toda a sociabilidade humana. Mas, em suas mãos, essa dialética será o movimento de conquista paulatina de uma capacidade de "autorrestrição" através da qual aprendo a limitar as ilusões de onipotência de meu desejo ao entrar em contato com a irredutibilidade do desejo do outro. Dessa forma, "ego e alter ego reagem um ao outro restringindo ou negando seus respectivos desejos egoístas".[34]

Admiremos a transformação da dialética do senhor e do escravo na afirmação de uma verdadeira moralidade de escoteiro é admirável. Mas, para que essa intepretação seja possível, Honneth precisa, entre muitas outras coisas, distorcer o que Hegel entende por "negatividade em si" (*Negativität an ihn*), lendo-a como uma espécie de autonegação através da qual sujeitos aprendem a restringir os próprios desejos. No entanto, tal conceito indica a existência, para Hegel, de uma realidade ontológica da negação fundamental para compreendermos a natureza profundamente indeterminada do desejo. Sempre que Hegel fala de uma "negação em si que só tem um ser enquanto negação reportando-se a si",[35] ele procura descrever um modo de negação que não se resuma à noção kantiana de "oposição real", já que o conceito kantiano não pode reconhecer objetos cuja essência não seja substancial, mas que seja baseada em uma experiência eminentemente negativa. Experiência claramente descrita, por exemplo, em afirmações como: "A essência, enquanto se determina como fundamento, determina-se como o não determinado (*Nichtbestimmte*) e é apenas a superação (*Aufheben*) de seu ser determinado (*Bestimmtseins*) que é seu determinar".[36] Ver isso como a expressão do aprendizado de um exercício de autorrestrição, no qual descubro a platitude de minha liberdade terminar onde começa a liberdade do outro não

34 Id., *Das Ich im Wir*, op. cit., p. 30.

35 G. W. F. Hegel, *Enzyklopädie der philosophische Wissenschaft im Grundrisse*, v. II. Frankfurt: Suhrkamp, 1986, p. 18.

36 Id., ibid., p. 81.

me parece uma leitura muito condizente com o que Hegel procura. Tomemos, por exemplo, a famosa afirmação de Hegel, que leva a dialética do senhor e do escravo a um certo nível de resolução:

> O trabalho é desejo refreado (*gehemmte Begierde*), um desvanecer contido, ou seja, o trabalho forma. A relação negativa para com o objeto toma a forma do objeto e permanece, porque justamente o objeto tem independência para o trabalhador. Esse meio-termo negativo ou agir formativo é, ao mesmo tempo, a singularidade, ou o puro-ser-para-si da consciência que agora no trabalho se transfere para fora de si no elemento do permanecer; a consciência trabalhadora chega assim à intuição do ser independente como intuição de si mesma [...] no formar da coisa, torna-se objeto para o escravo sua própria negatividade.[37]

Por refrear o impulso destrutivo do desejo em seu consumo do objeto, o trabalho forma, no sentido de permitir a auto-objetivação da estrutura da consciência-de-si em um objeto que é sua duplicação. Mas notemos a natureza do giro dialético: o fato de o objeto ter independência em relação ao trabalhador não é apenas índice de alienação no trabalho. A confrontação tanto com o meu agir enquanto uma essência estranha, enquanto agir para-um-Outro absoluto, quanto com o objeto como aquilo que resiste ao meu projeto tem caráter formador por abrir a consciência à experiência de uma alteridade interna como momento fundamental para a posição da identidade. Ao dizer que, no formar, torna-se objeto para a consciência sua própria negatividade, Hegel lembra como a indeterminação do desejo da consciência, ou seja, a tentativa de ser puro-ser-para-si, "toma a forma do objeto", "agora no trabalho se transfere para fora de si". Assim, a consciência encontra no outro a mesma negatividade, a mesma indeterminação que constitui sua

37 Id., *Fenomenologia do Espírito*. Petrópolis: Vozes, 1992, p. 132.

essência. Longe de ser uma afirmação de indivíduos que aprendem a se autorrestringir, aprendendo com isso a negociar seus sistemas particulares de interesses, temos algo totalmente diferente aqui. Na verdade, através do trabalho, o sujeito não expressa suas qualidades e interesses, o conceito hegeliano de trabalho não é expressivista. Estaremos mais perto de Hegel se dissermos que, através do trabalho, o sujeito exterioriza sua essência negativa, descobre-se como negatividade em si, permitindo que essa negatividade tenha uma forma. Talvez isso explique por que o trabalho, na *Fenomenologia do Espírito,* não nos coloca no caminho da "institucionalização da identidade do Eu",[38] e sim no caminho do recobrimento da minha negatividade e da negatividade que vem do outro (fórmula kojèveana que, ao menos neste ponto, é muito mais próxima do texto hegeliano do que a saída proposta por Honneth). Vimos o desdobramento dessa perspectiva em Marx e sua noção de trabalho.

Por projetar o conflito de interesses individuais como base da luta hegeliana de reconhecimento,[39] Honneth poderá compreender até mesmo a luta de classes marxista dentro de um quadro de exigências morais de autorrealização individual e de estima simétrica entre sujeitos. Ele se apoia em certas tendências detectadas nos escritos político-históricos e nos escritos de juventude de Marx para afirmar que

> a luta de classes não significa para ele, primeiro, um afrontamento estratégico visando à aquisição de bens ou de instrumentos de poder. Ela constitui um conflito moral cuja questão é a "emancipação" do

38 Jürgen Habermas, *Técnica e ciência como ideologia*. Lisboa: Edições 70, 2007, p. 196.

39 Como fizeram também Terry Pinkard, *Hegel's Phenomenology: The Sociality of Reason*. Cambridge: Cambridge University Press, 1994, e J. Habermas, *Verdade e justificação: ensaios filosóficos*. São Paulo: Loyola, 2004.

> trabalho, condição essencial de que dependem, ao mesmo tempo, a estima simétrica entre sujeitos e a consciência individual de si.[40]

No entanto, há uma dificuldade importante a ser salientada nessa estratégia. Vimos até agora como Honneth funda o sentimento de injustiça e desprezo, que nos levam à ação política, em um terreno pré-político, marcado por questões constitucionais normalmente ligadas à discussão sobre a gênese da individualidade moderna, da "consciência individual de si". Ou seja, a própria gênese da individualidade moderna aparece como um fenômeno pré-político. Algo que deve ser politicamente confirmado, e não politicamente desconstruído. Dessa forma, como veremos de maneira mais sistemática no próximo capítulo, os sentimentos de injustiça e desprezo são normalmente compreendidos como resultantes do bloqueio da possibilidade de afirmação social e de reconhecimento jurídico de traços da identidade individual. Ou seja, ao menos nesse caso, reconhecimento e identidade caminham necessariamente juntos.

Isso talvez explique por que os exemplos privilegiados de lutas de reconhecimento para Honneth sejam as lutas pela afirmação das "diferenças antropológicas"[41] próprias às lutas feministas, assim como aquelas pelos direitos dos negros e dos homossexuais. Elas seriam exemplos do "processo prático no interior do qual experiências individuais de desprezo são interpretadas como vivências típicas de todo um grupo, de forma a motivar a reivindicação coletiva de ampliação de relações de reconhecimento".[42] Ou seja, experiências de desprezo ligadas a atributos de indivíduos em afirmação de suas diferenças culturais são interpretadas como violên-

40 A. Honneth, *Kamp um Anerkennung: Zu moralischen Grammatik sozialer Konflikte*, op. cit., p. 233.

41 Sobre o conceito de "diferença antropológica" ver, sobretudo, Étienne Balibar, *Citoyen sujet et autres essais d'anthropologie philosophique*. Paris: PUF, 2011.

42 A. Honneth, *Kamp um Anerkennung: Zu moralischen Grammatik sozialer Konflikte*, op. cit., p. 260.

cias que não afetam apenas o Eu individual. No entanto, ainda não saímos da esfera da afirmação de atributos individuais da pessoa e da construção social de identidades.

Isso explica, por exemplo, por que sua recuperação do conceito de "patologias sociais" será, em larga medida, ligada às discussões sobre o bloqueio nas "condições sociais de autorrealização individual".[43] Como se a realização de si devesse, naturalmente, ser pensada respeitando as estruturas do indivíduo ou, segundo o Honneth leitor de Freud, as estruturas do "ego racional". Isso nos explica, no entanto, por que os modelos de sofrimento privilegiados por Honneth são a anomia social e o sofrimento de indeterminação identitária.[44]

## Modelos de patologias sociais

Aqui, devemos tornar mais preciso um ponto. Normalmente, as discussões sobre anomia insistem no enfraquecimento da normatividade social devido ao desenvolvimento exponencial das demandas individuais. Como se as demandas de liberdade individual explodissem o quadro de regulação das normatividades sociais. Por isso Durkheim insiste constantemente que "o indivíduo, por si mesmo, não é um fim suficiente à sua atividade. Ele é muito pouco. Não apenas limitado no espaço, ele é estreitamente limitado no tempo".[45]

Mas, na verdade, temos anomia não porque a individualidade levanta demandas particulares e identitárias específicas que não poderiam ser realizadas pela ordem social. Uma situação como essa não gera anomia, mas, se quisermos utilizar um termo proposto por Durkheim, gera "egoísmo" ou, ainda, revoltas políticas

43 Id., *La Société du mépris*. Paris: La Découverte, 2006, p. 35.

44 Como podemos ver em id., *Sofrimento de indeterminação*. São Paulo: Esfera Pública, 2005.

45 Émile Durkheim, *Le Suicide*. Paris: PUF, 2005, p. 224.

direcionadas ao reconhecimento de particularidades ou à ampliação do direito de escolha e decisão. Temos anomia, ao contrário, quando as demandas deixam de ser determináveis, deixam de ter forma específica devido a um enfraquecimento das normas com sua capacidade de individualização e de limitação das paixões. Por isso, ao falar das causas sociais do suicídio, Durkheim deve lembrar que os suicídios motivados pela anomia se distinguem tanto daqueles motivados por uma individualização excessiva (os suicídios egoístas) quanto dos motivados por uma individualização insuficiente (suicídios altruístas). Nesse contexto de anomia, entra-se em um "estado de indeterminação"[46] (ou, se quisermos utilizar o vocabulário de Honneth, em um "sofrimento de indeterminação") no qual nenhuma individualização é possível devido ao fato de a sociedade estar, entre outras coisas, submetida à "inorganização característica de nosso estado econômico"[47] com sua "sede de coisas novas, de gozos ignorados, de sensações inominadas, mas que perdem todo seu sabor assim que são conhecidas".[48] Diante de promessas constantes de gozo, produzidas pela sociedade capitalista em ascensão, toda satisfação limitada é insuportável exatamente por ser uma limitação, toda escolha identitária é sem sentido porque guarda em si uma multidão de recusas. Daí as reprimendas de Durkheim contra "este mal do infinito, que a anomia aporta sempre consigo"[49] e que só pode produzir cólera, decepção e lassidão exasperada por uma sensibilidade superexcitada.

Como Durkheim opera com um conceito quantitativo de diferença entre normal e patológico,[50] ele reconhecerá que um certo grau de anomia é necessário. Assim, para ele, "toda moral do

46 Id., ibid., p. 275.
47 Id., ibid., p. 286.
48 Id., ibid., p. 285.
49 Id., ibid., p. 304.
50 Como fica claro em E. Durkheim, *Les Règles de la pensée sociologique*. Paris: Flammarion, 2004 [ed. port.: *As regras do método sociológico*, 12ª ed, trad. Eduardo Lúcio Nogueira. Lisboa: Presença, 2012].

progresso e do aperfeiçoamento é inseparável de um certo grau de anomia".[51] No entanto, algo nas condições particulares do progresso em nossa sociedade produz uma situação anormal e patológica de anomia. Contra isso, Durkheim sugere um reforço das estruturas institucionais que passe, sobretudo, pela consolidação de vínculos comunitários ligados aos agrupamentos profissionais.

Quando recuperar o conceito de patologia social, Honneth irá, à sua maneira, partir desse diagnóstico de Durkheim, mas acrescentando um elemento. Trata-se da compreensão de como, nos últimos trinta, quarenta anos, a anomia social foi institucionalizada, transformando-se em um modo de gestão do sofrimento social e uma mola propulsora da ideologia neoliberal do estágio atual do capitalismo. Lembremos aqui afirmações como:

> expectativas de autorrealização individual, que cresceram rapidamente devido a uma combinação historicamente única de vários processos distintos de individualização nas sociedades ocidentais dos últimos trinta, quarenta anos e que, nesse tempo, tornaram-se tão claramente um padrão institucionalizado de expectativas da reprodução social, perderam seu propósito (*Zweckbestimmung*) interno e, mesmo assim, tornaram-se a base de fundamentação do sistema. O resultado dessa inversão paradoxal, na qual processos que outrora prometeram um crescimento qualitativo da liberdade tornam-se agora ideologias da desinstitucionalização, é a emergência de vários sintomas individuais de vazio interior, de sentimento de ser supérfluo e desprovido de determinação.[52]

Como podemos perceber, o diagnóstico não poderia ser mais próximo do quadro fornecido por Durkheim. Exigências de autorrealização individual se transformaram em "ideologias da

51 Id., ibid., p. 417.

52 A. Honneth, *Das Ich im Wir*, op. cit., pp. 207-08.

desinstitucionalização", ou seja, em processo de enfraquecimento da capacidade de coesão e organização das normas sociais. Com isso, produz-se uma desregulação das normas sociais paga com patologias ligadas ao sentimento depressivo de esvaziamento e à incapacidade de ação.

Assim como teóricos sociais como Luc Boltanski e Eve Chiapello, Honneth compreende claramente como a anomia virou uma "força produtiva" da economia capitalista em uma era de flexibilização e desregulação contínuas. Ele compreende também, como vimos no capítulo anterior, que essa gestão social da anomia é paga com o desenvolvimento exponencial de patologias ligadas à desregulação da capacidade de constituir identidades, como a depressão e o "cansaço de ser si mesmo",[53] a insegurança narcísica e os transtornos de personalidade *borderline*. Mas, como gostaria de insistir, sua resposta não parece escapar da procura em reconstruir as bases normativas para institucionalidades capazes de garantir o desenvolvimento bem-sucedido de indivíduos. Ela ignora que o problema não se encontra nos processos de desinstitucionalização, mas no impacto de outra forma de regulação social ligada à expropriação psíquica do estranhamento.

## Flexibilidade e fusão em uma partida de futebol

Analisemos melhor esse ponto. De fato, Honneth tende a pensar as formas de patologia social a partir da generalização do quadro da anomia. Mesmo suas discussões sobre reificação enquanto modelo de comportamento objetivante, fundado sobre um pretenso "esquecimento do reconhecimento", não insistirão na crítica estrutural do caráter restritivo da identidade e da individualidade presente nas reflexões marxistas sobre a alienação social, como

53 Ver Alain Ehrenberg, *La Fatigue d'être soi: dépression et société*. Paris: Odile Jacob, 2000.

veremos no próximo capítulo. Ou seja, elas não exploram certas possibilidades importantes na articulação entre a problemática luckasiana da reificação e o problema marxista da alienação. No entanto, Honneth sabe que a teoria crítica pressupõe um ideal normativo de sociedade incompatível com as premissas individualistas da tradição liberal. O que não implica, em seu caso, compreender a força de descentramento que o conceito de reconhecimento pode ter em relação a um modelo que poderíamos chamar de "egológico" de organização da experiência subjetiva.[54] Pois não basta afirmar, por exemplo, que "reconhecer alguém significa perceber nele qualidades que nos incitam a comportarmo-nos não mais de maneira egocêntrica, mas conforme as intenções, necessidades ou desejos dessa outra pessoa".[55] Insistir na força de descentramento do conceito de reconhecimento passa por reconhecer, no outro, algo que não pode ser pensado sob a forma de intenções, necessidades ou desejos de uma pessoa jurídica dotada de direitos positivos. Não se trata de novos desejos, necessidades e intenções que se desenvolvem sob a pressão de transformações históricas gerais. Trata-se de saber reconhecer o mal-estar relacionado à pessoa como modo de organização da subjetividade.

Honneth não é completamente indiferente a essas questões. Tanto que se vê obrigado a pensar como seu conceito de indivíduo pode dar conta do processo contemporâneo de flexibilização de identidades fixas e rígidas. Processo chamado por ele de "pluralização intrapsíquica dos sujeitos". Pois ele sabe que

54 O que é o caso de outros frankfurtianos como, por exemplo, Theodor Adorno. Basta levarmos em conta a diferença entre seu conceito de mimesis e as compreensões recentes das teorias cognitivas que trabalham a importância da imitação e da empatia no desenvolvimento psicológico, teorias nas quais Honneth se apoia. A respeito da força de descentramento do conceito adorniano de mimesis, ver Josef Früchtl, *Mimesis: Konstellation eines Zentralbegriffs bei Adorno*. Würzburg, 1986, e Vladimir Safatle, "Espelhos sem imagens: mimesis e reconhecimento em Lacan e Adorno". *Trans/Form/Ação: Revista de Filosofia*, Marília, v. 28, n. 2, 2005.

55 A. Honneth, *La Société du mépris*, op. cit., p. 261.

> conceitos como "identidade" e "si" designam, nas correntes mais avançadas da tradição sociológica, apenas operações de síntese que o sujeito deve efetuar para poder perceber uma multitude de experiências, de convicções e de ações pertencentes a planos temporais e sociais díspares como manifestações coerentes de um mesmo eu.[56]

Levando isso em conta e baseando-se em trabalhos do psicanalista Hans Loewald, Honneth chega mesmo a falar da necessidade de se abandonar temporariamente as experiências que dissolvem os limites do Eu, permitindo o retorno para aquém das diferenciações intrapsíquicas que se consolidaram através de processos de maturação.[57] Essa seria uma maneira de sua teoria dar conta da necessidade de crítica ao caráter restritivo de identidades pessoais, sem flertar com a temática da negatividade e apelar a conceitos psicanalíticos como a pulsão de morte.

Exemplos dessas experiências de abandonos temporários a estados de indiferenciação pré-egoica e de fusão seriam "o sentimento de ser parte de uma massa em celebração, em estádios de futebol, em concertos de rock ou no isolamento de um grupo de trabalho que perdeu o sentimento do tempo e se vê como se estivesse a brincar".[58] Mas há algo de relativamente pobre em acreditar, por exemplo, que concertos de rock e jogos de futebol possam ser bons exemplos de manifestações de uma fusão pré-egoica capaz de dar conta de nosso mal-estar diante de identidades fortemente consolidadas. Pois estamos aqui diante de fenômenos profundamente assimilados pelo funcionamento normal de nossa sociedade capitalista do espetáculo. Estranho não se

56 A. Honneth, *La Société du mépris*, op. cit., p. 328.

57 Ver afirmações de Hans Loewald (*Collected Papers and Monographs*. Hagerstown: University Publishing Group, 2000, p. 11) como: "O ego medeia, unifica, integra porque é de sua essência manter a unidade original em níveis cada vez mais complexos de diferenciação e objetivação da realidade".

58 A. Honneth, *Das Ich im Wir*, op. cit., p. 205.

perguntar se esses fenômenos não seriam, ao contrário, exemplos bastante ilustrativos da reificação identitária produzida pelas dinâmicas atuais do universo do consumo. Não há identidade mais defensiva, exclusivista e estereotipada do que aquela que fornece o vínculo entre torcedores de futebol ou fãs de um grupo de rock. Mas alguém que julga que tudo começou bem no colo da mãe não terá dificuldade em acreditar que tudo terminará ainda melhor em um bom jogo de futebol.[59]

## O déficit de negatividade e seus descontentes

A limitação especulativa de Honneth nesse ponto, com suas consequências políticas evidentes, talvez seja, no entanto, apenas o resultado de sua impossibilidade em pensar de maneira adequada a teoria freudiana das pulsões, em especial a pulsão de morte. Honneth acredita que a teoria crítica deveria se abster de uma teoria das pulsões, reduzindo a experiência subjetiva da negatividade a um "resultado inevitável de nossa socialização". Por ver a negatividade subjetiva apenas como resultado de processos de socialização, e não como determinação essencial da condição humana, ele deve reduzi-la à manifestação de tendências agressivas, antissociais ou autodestrutivas a serem superadas. Daí se segue a pergunta: "Por

59 Notemos como, neste ponto, Winnicott é muito menos relacionista do que Honneth. Basta tirar as consequências de passagens como: "Na vida da criança normal, o descanso deve incluir o relaxamento e a regressão para a não integração. Gradualmente, à medida que o self se desenvolve em força e complexidade, essa regressão à não integração aproxima-se mais e mais do doloroso estado de desintegração 'enlouquecedora'. Existe portanto um estado intermediário, no qual um bebê cuidado e em pleno desenvolvimento pode relaxar e não integrar-se, e tolerar (mas apenas tolerar) sentir-se 'louco' no estado não integrado. Em seguida é dado um passo adiante, um passo em direção à independência, e à perda para sempre da capacidade de não integração, exceto na loucura ou nas condições especializadas fornecidas pela psicoterapia" (D. Winnicott, *Natureza humana*, op. cit., p. 139). Ou seja, para Winnicott, descrente da força terapêutica do rock, assim que o Eu se forma, não há como integrar periodicamente estados de indiferenciação intrapsíquica, a não ser sua sombra empalidecida.

que uma teoria crítica da sociedade apenas poderia ser considerada 'crítica' se suas premissas teóricas sobre a socialização aceitassem a existência de um conflito estrutural, expresso por meio da 'negatividade' do sujeito, entre o indivíduo e a ordem social?".[60]

Inicialmente, notemos que essa maneira de colocar o problema já é prenhe de pressuposições. O conflito estrutural freudiano não se dá exatamente entre indivíduo e ordem social. Na verdade, ele é interno ao indivíduo, ocorre entre ele e o que, nele mesmo, não se conforma à forma do indivíduo. Por não poder se constituir como instância unitária, o indivíduo acabará por projetar seu conflito interno, transformando-o em diferença externa entre si mesmo e a ordem social.

Por outro lado, se o sujeito recorre à negatividade como modo fundamental de expressão subjetiva é por haver algo de profundamente alienante nos modelos de determinação identitária fornecidos pela ordem social hoje, o que leva sujeitos a procurar a experiência da negatividade como modo de manifestação daquilo que ainda não tem imagem no interior de nossas formas de vida e no interior das diferenças antropológicas disponíveis.

Mas é verdade que o apelo freudiano a uma pulsão de morte parece transformar a negatividade em uma "força quase natural" que nos levaria a uma "constituição pré-social do sujeito". De fato, sabemos como, ao menos segundo Freud, a ideia de uma tendência pulsional à morte não era apenas uma hipótese referente ao comportamento humano, mas uma hipótese biológica fundamental para todo e qualquer organismo (como podemos ver em *Para além do princípio do prazer*). No entanto, as discussões a respeito do conceito freudiano deveriam começar por se perguntar sobre a pertinência dessa hipótese biológica. Nesse sentido, é interessante lembrar como filósofos ligados à reflexão sobre a biologia,

60 A. Honneth, *Das Ich im Wir*, op. cit., p. 210.

como Georges Canguilhem,[61] declaravam não ver em que a teoria freudiana deveria ser refutada. Trabalhos recentes no campo da biologia, como os que podemos encontrar em Henri Atlan[62] e Jean Claude Ameisen,[63] poderiam corroborar a hipótese. Uma parte significativa da discussão, portanto, deve passar pela avaliação da plausibilidade da defesa da pulsão de morte como hipótese biológica, o que não ocorre em Honneth. Gostaria de desenvolver esse ponto, de modo mais sistemático, no último capítulo deste livro.

Na verdade, Honneth se contenta em afirmar que a agressividade não é a expressão de uma pulsão endógena. Seguindo Winnicott, ele prefere afirmar que ela seria "expressão de uma espécie de experimento ontológico visando testar a independência do mundo"[64] e sua resistência à minha capacidade de agressão. Da mesma forma, as tendências antissociais não precisariam ser explicadas a partir de uma pulsão, mas entrariam na conta de um impulso constante em negar a intersubjetividade, regredindo a um estado de fusão com objetos primários. Lendo assim, ele pode afirmar tratar-se de episódios de fusão administrados por um Eu maduro, e não de fases. Por isso, Honneth pode se perguntar: "Por que a ideia de uma disposição constante à fusão contradiria o conceito de reconhecimento?";[65] mesmo que, para isso, ele deva esquecer que, na perspectiva freudiana, a pulsão responsável pela

61 Georges Canguilhem, *La Santé: concept vulgaire et question philosophique*. Toulouse: Sables, 1990.

62 Henri Atlan, *Entre le cristal et la fumée: essai sur l'organisation du vivant*. Paris: Seuil, 1979 [ed. bras.: *Entre o cristal e a fumaça: ensaio sobre a organização do ser vivo*. Rio de Janeiro: Jorge Zahar, 1992], e *L'Organisation biologique et la théorie de l'information*. Paris: Hermann, 1992 [ed. port.: *A organização biológica e a teoria da informação*, trad. Maria Fernanda Oliveira. Lisboa: Instituto Piaget, 2008].

63 Jean Claude Ameisen, *La Sculpture du vivant: le suicide cellulaire et la mort créatrice*. Paris: Seuil, 2003.

64 A. Honneth, *Das Ich im Wir*, op. cit., p. 220. Para o problema da tendência antissocial em Winnicott, ver D. Winnicott, *Da pediatria à psicanálise*. Rio de Janeiro: Imago, 2000, pp. 406-17.

65 A. Honneth, *Das Ich im Wir*, op. cit., p. 223.

constituição de fusões e unidades é a pulsão de vida, e não a pulsão de morte.

De toda forma, não é totalmente correto ver na pulsão de morte apenas figuras da agressividade e de tendências antissociais. Essa é uma de suas figuras sociais possíveis, mas está longe de ser a única.[66] Ela também pode aparecer, por exemplo, como sexualidade polimórfica e fragmentária.[67] Sobretudo, ao compreender imediatamente a pulsão de morte como puro instinto de destruição, acabamos por não tematizar, de maneira adequada, as discussões psicanalíticas sobre experiências produtivas de indeterminação, de negatividade e de despersonalização (ou, ainda, de destituição subjetiva). Se seguirmos a via de Honneth, essas experiências acabarão por se transformar em experiências compensatórias postas para flexibilizar um conceito de individualidade ainda fortemente caracterizado por sua necessidade em preservar estruturas identitárias fundamentais do indivíduo moderno.

A perspectiva baseada na recusa ao conceito de pulsão de morte tem ainda um impacto importante nas discussões sobre patologias sociais. Pois ela nos impede de perceber a especificidade da categoria de mal-estar (*Unbehagen*) em Freud. Conceito central por descrever a existência de um sofrimento social maior, relativo não à desregulação das normas sociais, mas à própria normatividade dos processos de individuação e de personalização, tais como desenvolvidos na dinâmica civilizatória ocidental moderna. Se procurarmos uma porta de entrada para o problema do mal-estar, podemos dizer que ele indica como o modelo de normatividade social hegemônico em nossas formas de vida é indissociável

66 Embora essa seja, de fato, a leitura mais corrente, como podemos ver, por exemplo, em Otto Kernberg, "The Concept of Death Drive: A Clinical Perspective". *International Journal of Psychoanalysis*, v. 90, n. 5, 2009.

67 Como podemos ver em Jean Laplanche, *Freud e a sexualidade: o desvio biologizante*. Rio de Janeiro: Jorge Zahar, 1997. Laplanche demonstrou como a natureza disruptiva da pulsão sexual na primeira tópica freudiana acabou por alojar-se nas discussões sobre a pulsão de morte na segunda tópica.

"do sentimento existencial de perda de lugar, da experiência real de estar fora de lugar".[68] Ou seja, essa experiência real não é fruto de uma desregulação da capacidade de ordenamento da norma, mas está profundamente vinculada à disfuncionalidade implicada pela própria vida pulsional. Vida que só poderia ser socializada por algo como sistemas de normas não funcionais, ou seja, que não visem determinar modelos gerais e estáveis de individualidade; sistemas que não incitem a transformação de toda inadequação a tais modelos em agressividade a ser posteriormente reprimida e introvertida como sentimento neurótico de culpa através da constituição do supereu como instância psíquica. Nesse sentido, se Freud afirma que o sentimento de culpa é o problema fundamental do processo civilizatório é, entre outras coisas, pela consciência da culpa (*Schuldbewusstsein*) estar ligada à gênese social do sentimento permanecer em grande parte inconsciente, manifestando-se como mal-estar. A consciência da culpa se ligada à compreensão da gênese social do sentimento de culpa, poderia nos levar a compreender como "não apenas a civilização está fundada sobre um desvio da libido a seu favor, mas ela deve igualmente procurar controlar as formas diferentes de revolta da libido contra sua dominação".[69] Ou seja, ela poderia nos levar à compreensão da culpa como produção disciplinar indissociável de modos hegemônicos de socialização.

Nesse sentido, a noção freudiana de mal-estar pode fornecer uma perspectiva de avaliação de patologias sociais distinta daquela baseada na hegemonia do diagnóstico de anomia. O conceito freudiano nos lembra como "o homem se torna neurótico porque não pode suportar a medida de privação que a sociedade

68 Christian Dunker, *Mal-estar, sofrimento, sintoma: uma psicopatologia do Brasil entre muros*. São Paulo: Boitempo, 2015, p. 196.

69 Emmanuel Renault, *Souffrances sociales: philosophie, psychologie et politique*. Paris: La Découverte, 2008, p. 276.

lhe impõe, em prol de seus ideais culturais".[70] Notemos, no entanto, que a privação de satisfação libidinal não está simplesmente vinculada à recusa da fantasia da onipotência do desejo. A renúncia pulsional é também recusa à polimorfia e à fragmentação de uma sexualidade estruturalmente dispersiva e de uma estrutura pulsional sem *télos* definido, pois sem objeto natural. Recusa que visa assegurar o ordenamento e a hierarquia dos prazeres ligados à reiteração dos limites identitários do Eu. Daí por que Lacan vinculará o mal-estar ao problema do destino do gozo, para ser mais preciso, à inscrição patológica daquilo que não se conforma aos imperativos superegoicos de gozo ou, ainda, que não se conforma à submissão do gozo a um imperativo. O que nos leva a lembrar uma fórmula feliz de Dunker, segundo a qual "supereu é aquilo que resta de real, como fonte de mal-estar e condição de gozo, depois da metáfora paterna".[71] Ele é aquilo que resta quando a função da metáfora paterna, em sua abertura a certa impredicabilidade do gozo, não consegue impor sua hegemonia.[72]

Todavia, é provável que esse mal-estar freudiano ligado à individualidade moderna não se resolva através de experiências controladas de fusão em figuras disciplinares próprias a nossas sociedades do espetáculo. Na verdade, como veremos no próximo capítulo, ele pediria a invenção de um espaço propriamente político, no qual processos de referência a si radicalmente antipredicativos seriam possíveis. Ou seja, um espaço no qual as demandas

70 S. Freud, *Luto e melancolia*, trad. Marilene Carone. São Paulo: Cosac Naify, 2010, p. 45.

71 C. Dunker, op. cit., p. 212.

72 Em outra ocasião, demonstrei como a lei trazida pela metáfora paterna era uma lei transcendente, no sentido de ela não oferecer objeto empírico-imaginário algum ao desejo. Do ponto de vista da enunciação dos objetos que lhe seriam conformes, *tal lei é vazia*. Ela se guarda de *pôr* o gozo, de dizer algo sobre o objeto (ou o movimento) adequado ao gozo, impedindo sua imaginarização. Isso pode explicar por que Lacan estabelece uma contraposição tão clara entre os efeitos da metáfora paterna e os efeitos do supereu (ver V. Safatle, *A paixão do negativo*, op. cit.).

de reconhecimento não poderiam ser enunciadas na forma de predicados da pessoa individualizada.

É possível encontrar fundamentos importantes para aquilo que poderíamos chamar de "reconhecimento antipredicativo" se nos atentarmos às experiências produtivas de indeterminação que permitiram Lacan afirmar que a subjetivação da pulsão de morte é um processo fundamental no tratamento analítico pois nos leva a uma "sublimação criacionista".[73] Por compreender o Eu como uma unidade narcísica que desenvolve relações intersubjetivas, em larga medida, projetivas e marcadas pela agressividade, assim como por compreender a personalidade psicológica como uma construção de sintomas defensivos, Lacan precisa insistir na necessidade de o tratamento analítico apelar a uma dimensão não egológica da subjetividade. Sua maneira de pensar as distinções entre sujeito e Eu funda-se na defesa de modos de síntese que não se decalcam do modelo de unidade próprio a um Eu.

No caso de Lacan, essa estratégia passa, em larga medida, pela reconstrução do conceito de pulsão de morte a partir de uma impulsão fornecida por suas leituras da *Begierde* hegeliana. Inspirado em Hegel lido por Kojève, Lacan dirá que a característica fundamental do desejo é ser desprovido de procedimento de objetificação. Nesse sentido, o desejo que procura reconhecimento só poderia ser compreendido de maneira antipredicativa, por ser desejo de "nada de nomeável".[74] Tal desejo se vincula a um profundo sentimento de indeterminação que não pode ser compreendido apenas como fonte de sofrimento, mas também como estágio fundamental de autoafirmação. Por sua vez, essa indeterminação é um espaço nunca completamente estruturado que, como gostaria de defender, aparece como dimensão fundamental da experiência negativa da liberdade. Uma negatividade que nos lembra que su-

73 J. Lacan, *Séminaire VII*. Paris: Seuil, 1986, p. 251.
74 Id., *Séminaire II*. Paris: Seuil, 1978, p. 261.

jeitos podem sofrer por não alcançarem uma individualidade desejada, mas eles também sofrem por serem apenas um indivíduo e por não saberem o que fazer com experiências que aparecem, para o Eu, como profundamente indeterminadas.[75] Veremos agora como a experiência de indeterminação pode ter uma força política importante. Pois ela libera os conflitos de reconhecimento do terreno das diferenças culturais, com seus processos de construção e afirmação de identidades enquanto atributos da pessoa, nos abrindo a possibilidade de fundar ontologicamente uma zona de reconhecimento propriamente político. Um reconhecimento político fundada na criação de zonas de indiscernibilidade.

75 Desenvolvi esse ponto de maneira mais sistemática em V. Safatle, *Grande Hotel Abismo: por uma reconstrução da teoria do reconhecimento*. São Paulo: Martins Fontes, 2012.

## Por um conceito "antipredicativo" de reconhecimento

*Anota aí: eu sou ninguém*
Manifestante de junho de 2013, respondendo a pergunta de jornalista sobre quem ele era.

*Falta ainda a audácia revolucionária*
*que arremessa ao adversário a frase provocadora:*
*Nada sou e serei tudo.*

KARL MARX

Como foi dito no capítulo precedente, durante os últimos vinte anos do debate filosófico e social, vimos a hegemonia do conceito de *reconhecimento* como operador central para a compreensão da racionalidade das demandas políticas. Insisti como, mesmo recuperado pela primeira vez nos anos 1930, ele só foi explorado sistematicamente em sua dimensão propriamente política a partir do início dos anos 1990, em especial pela terceira geração da Escola de Frankfurt (Axel Honneth) e por filósofos que sofreram influência de Hegel, como Charles Taylor. No entanto, trata-se agora de lembrar que não devemos refletir sobre os usos políticos contemporâneos do conceito de reconhecimento sem levar em conta a avaliação de seu contexto sócio-histórico de recuperação, no início dos anos 1990. Contexto extremamente sugestivo pois indissociável da perda, nas últimas décadas, da centralidade do discurso da luta de classes enquanto chave de leitura para os conflitos sociais.

A luta de classes foi acusada de limitar os conflitos sociais a problemas gerais de *redistribuição igualitária* de riquezas (que não são meramente expressões de uma teoria da justiça redistributiva), ignorando com isso dimensões morais e culturais que não poderiam ser compreendidas como meros reflexos de estruturas de classe. Sendo assim, uma leitura possível consistiria em dizer que certo acúmulo de modificações teria fornecido as condições para a elevação do reconhecimento a problema político central. Dentre essas modificações três seriam fundamentais.

Primeiro, teríamos o esvaziamento do proletariado enquanto ator histórico de transformação social revolucionária: tema presente na Escola de Frankfurt, ao menos desde os anos 1930, em pesquisas sobre as regressões políticas da classe operária em direção à sustentação do nazismo.[1] Certamente, a forte integração do operariado aos sistemas de seguridade e às políticas corretivas dos ditos Estados do bem-estar social, a partir dos anos 1950, muito contribuiu para a consolidação desse diagnóstico. Note-se como Habermas – olhando para a ausência de candidatos a ocupar a vaga de atores globais de transformação revolucionária depois dessa integração da classe operária e do posterior enfraquecimento do próprio Estado do bem-estar social – insistirá em ler tal situação como expressão de esgotamento de "uma determinada utopia que, no passado, cristalizou-se em torno do potencial de uma sociedade do trabalho".[2] Esgotamento que levará alguém como Axel Honneth a afirmar, recentemente, que a própria crença no papel privilegiado do proletariado no interior de uma política revolucionária não passava de um "dogma histórico-filosófico".[3] Aceito que o pretenso papel privilegiado do proletariado não passava de um "dogma", o investimento no discurso da luta de classes como eixo central de organização e constituição das identidades no interior

1 Ver, por exemplo, Erich Fromm, *Arbeiter und Angestellte am Vorabend des Dritten Reiches: eine sozialpsychologische Untersuchung*. Stuttgart: Deutsche Verlags-Anstalt, 1980.

2 Jürgen Habermas, "A nova intransparência: a crise do Estado de bem-estar social e o esgotamento das energias utópicas". *Novos Estudos Cebrap*, n. 18, set. 1987, p. 105.

3 Axel Honneth, "Redistribution as Recognition", in Nancy Fraser e Axel Honneth, *Redistribution or Recognition*. Nova York: Verso, 2003, p. 116.

dos embates políticos perde necessariamente sua força para abrir espaço a outros candidatos.

Entretanto, com a saída de cena do proletariado enquanto figura por excelência da subjetividade política, perde-se o mais importante dispositivo de determinação genérica das lutas sociais no século XX. Devemos falar aqui de "determinação genérica" porque, a sua maneira, o proletariado aparecia como uma espécie de "sujeito universal" capaz de unificar toda a multiplicidade de manifestações sociais visando à emancipação política. Isso talvez explique por que a primeira recuperação do conceito de "reconhecimento", no interior do debate intelectual francês, privilegiou espaços de posição da singularidade, como a clínica psicanalítica e a reflexão ética. Como o debate político de então ainda se ordenava a partir da determinação genérica do proletariado, falar de reconhecimento no campo político mostrava-se desnecessário. É apenas com o abandono gradativo dessa crença na universalidade concreta da classe proletária que sobe à cena o problema de multiplicidades que precisam ser reconhecidas dessa forma no interior dos embates sociais.

Mas, para a consolidação da centralidade atual do conceito de reconhecimento, foi necessário que o fim da crença revolucionária do proletariado fosse acompanhado de um fenômeno suplementar vinculado à mutação do sistema de expectativas ligado, por sua vez, a um dos eixos centrais do desenvolvimento das lutas políticas, a saber, o universo do trabalho. Essa mutação pode ser compreendida se seguirmos Luc Boltanski e Eve Chiapello a fim de afirmar que, desde as revoltas de Maio de 1968, um novo *éthos* do capitalismo começou a ser formado.

Como vimos em capítulo precedente, a crítica social que se desenvolve a partir de Maio de 1968 visava, principalmente, ao trabalho e sua incapacidade de dar conta de exigências de autenticidade. Visto como o espaço da rigidez, do tempo controlado, dos horários impostos, da alienação taylorista e da estereotipia de empresas fortemente hierarquizadas, o trabalho fora fortemente desvalorizado pelos jovens de 1968. Como foi dito em capítulo anterior, vários estudos do início dos anos 1970 demonstram consciência dos riscos de uma profunda desmotivação dos jovens em relação aos valores presentes no mundo do trabalho, preferindo atividades flexíveis, mesmo que menos remuneradas.

O resultado dessa crítica teria sido a reconfiguração do núcleo ideológico da sociedade capitalista e a consequente modificação do *éthos* do trabalho. Valores como segurança, estabilidade, respeito à hierarquia funcional e à especialização, que faziam do mundo do trabalho um setor fundamental de imposição de identidades fixas e rígidas, deram lugar a outro conjunto de valores vindos diretamente do universo de crítica do trabalho. Capacidade de enfrentar riscos, flexibilização, maleabilidade, desterritorialização resultante de processos infinitos de reengenharia compõem atualmente um novo núcleo ideológico. Com essa modificação, o universo do trabalho nas sociedades capitalistas estaria mais apto a aceitar demandas de reconhecimento da individualidade e a modificar a matriz da experiência de alienação, retirando tal matriz da temática da espoliação econômica a fim de deslocá-la em direção à temática da imposição de uma vida inautêntica, ou seja, desprovida do espaço de desenvolvimento de exigências individuais de autorrealização. Com o deslocamento da espoliação à inautenticidade no interior da crítica do trabalho, abria-se mais uma porta para secundarizar o conceito de luta de classes e elevar o problema do reconhecimento a dispositivo político central.

Por fim, devemos lembrar como essa mutação acaba por se encontrar com outra série de modificações ligadas, por sua vez, à compreensão, ocorrida a partir dos anos 1970, das lutas de grupos historicamente vulneráveis e espoliados de direitos (negros, gays, mulheres) como lutas de afirmação cultural das diferenças. Isso significa afirmar que elas não foram apenas compreendidas como setores de uma luta mais ampla de ampliação de direitos universais a grupos até então excluídos, mas como processos de afirmação das diferenças diante de um quadro universalista pretensamente comprometido com a perpetuação de normas e formas de vida próprias a grupos culturalmente hegemônicos. O desenvolvimento das temáticas ligadas ao multiculturalismo muito colaborou para isso.

Desde 1957, o termo aparecera a fim de descrever a realidade multilinguística da Federação Suíça. No entanto, foi no Canadá que o multiculturalismo chegou a ser implementado, pela primeira vez, como política de Estado. Marcado tanto pelo conflito entre as comunidades anglófonas e francófonas quanto por uma elevada taxa de imigração, o Canadá adotou, em 1971, sob o governo social-democrata de Pierre Elliott Trudeau, o *Announcement of Implementation of Policy of Multiculturalism within Bilingual Framework*.[4] Através dele, o país se autodefinia como uma sociedade multicultural que reconhecia, inclusive, a necessidade de políticas específicas financiadas pelo Estado visando à preservação dessa multiplicidade. Em 1988, essas políticas foram reforçadas através da implementação do *Canadian Multiculturalism Act*. Vários outros países, majoritariamente anglo-saxões (além dos Países Bai-

4 A natureza de tal política estava clara no pronunciamento do então primeiro-ministro Pierre Elliott Trudeau à ocasião da apresentação da lei: "Uma política multicultural em um quadro de bilinguismo é recomendável ao governo como o conjunto de meios mais apropriados para assegurar a liberdade cultural dos canadenses. Tal política deve ajudar a derrubar atitudes discriminatórias e ciúmes culturais. Para que tenha algum significado no sentido mais profundamente pessoal, a unidade nacional precisa estar baseada na confiança na própria identidade individual; disso pode crescer o respeito pelas dos outros e uma disposição para compartilhar ideias, atitudes e pressupostos. Uma política multicultural vigorosa ajudará a criar essa confiança inicial. Ela pode dar os fundamentos para uma sociedade baseada no *fair play* em relação a todos. O governo apoiará e estimulará as diferentes culturas e grupos étnicos que estruturam e dão vitalidade à nossa sociedade. Eles serão estimulados a compartilhar suas expressões e valores culturais com os demais canadenses e, assim, contribuir para uma vida mais rica para todos nós" (Pierre Elliot Trudeau, "Multiculturalism", disponível em: http://www.canadahistory.com/sections/documents/Primeministers/trudeau/docs.onmulticulturalism.htm).

xos), seguiram o quadro canadense de constituição de políticas multiculturais de Estado. Não é de se estranhar que tenha sido um filósofo canadense, Charles Taylor, um dos primeiros a recuperar o conceito de reconhecimento exatamente no interior de um debate sobre o multiculturalismo.

Essa tendência multicultural foi uma peça hegemônica na orientação política de esquerda a partir dos anos 1980 devido, principalmente, ao seu potencial de defesa de minorias etnoculturais e à possibilidade de ser acoplada a práticas de institucionalização da diversidade de orientações sexuais. Ao mesmo tempo, o desenvolvimento de uma reflexão filosófica sensível à natureza disciplinar de estruturas de poder que visavam impor normatividades no campo da sexualidade, do desejo, da normalidade psíquica, da estrutura da família, da constituição dos papéis sociais, forneceu o quadro conceitual para desdobrar o impacto dessas lutas.[5] Mesmo que autores como Michel Foucault, Gilles Deleuze e Jacques Derrida não tenham sido responsáveis pela recuperação da teoria do reconhecimento – o que não poderia ser diferente devido ao anti-hegelianismo explícito dos dois primeiros e mitigado, no caso do terceiro –, é inegável que sua forma de crítica à compreensão marxista tradicional dos embates políticos, assim como sua defesa ética do primado da diferença em muito colaboraram para a consolidação de um quadro filosófico mais propício à recuperação do problema do reconhecimento da alteridade como problema político central. Dessa forma, estavam dadas as condições gerais para que a compreensão filosófica das lutas políticas passasse necessariamente de uma abordagem centrada no conflito de classes a uma abordagem centrada em múltiplas formas de reconhecimento no campo da cultura, da vida sexual, das etnias

5 Ver, por exemplo, Gilles Deleuze e Félix Guattari, *O anti-Édipo: capitalismo e esquizofrenia*, v. 1, 2ª ed., trad. Luiz B. L. Orlandi. São Paulo: Editora 34, 2014; Michel Foucault, *História da sexualidade*, v. 1, 19ª ed., trad. Maria Thereza Albuquerque e J. A. Guilhon Albuquerque. São Paulo: Graal, 1988.

e no desenvolvimento das potencialidades individuais da pessoa. Uma multiplicidade de campos que teriam sido levados ao centro da cena política depois da aceitação tácita da impossibilidade de uma política revolucionária baseada na instrumentalização da luta de classes.

Sendo assim, ao menos no interior dessa leitura, teríamos de admitir que o conceito de reconhecimento estaria limitado geograficamente à descrição de lutas sociais em países do chamado Primeiro Mundo, que já teriam realizado a integração do proletariado à classe média, assim como já teriam aceitado a necessidade do descentramento de suas matrizes culturais através da abertura à afirmação tolerante de formas de vida em contínua variação. Não por outra razão, volto a insistir, um dos primeiros usos da segunda recuperação do conceito de reconhecimento esteve exatamente vinculado à reflexão sobre a dinâmica social das sociedades multiculturais, como podemos ver no texto supracitado de Charles Taylor.

Mas essa leitura não condiz com a realidade histórica do reaparecimento do conceito no interior da filosofia social. Como sabemos, ele foi retomado em 1992. Ou seja, exatamente no momento em que se inicia a lenta desintegração das conquistas econômicas dos ditos Estados do bem-estar social, com o desmantelamento dos direitos trabalhistas, a privatização (gradual ou total) da previdência e o sucateamento da educação, da saúde e de outros serviços públicos. Uma desintegração que ocorreu no momento em que vários teóricos afirmavam entrarmos em uma era "pós-ideológica", ou seja, marcada pelo fim da crença em transformações sociais revolucionárias com a consequente aceitação do horizonte normativo das democracias liberais como estágio final das lutas sociais.

Isso talvez explique por que críticos – principalmente de matriz marxista, mas não apenas eles – deram importância ao conceito de reconhecimento e insistiram estarmos diante de uma espécie de conceito meramente *compensatório*. Pois tudo se passaria como se, dada a impossibilidade de implementar políticas efetivas de transformação dos modos de produção e luta radical contra a desigualdade, nos restasse apenas discutir políticas compensatórias de reconhecimento.[6] Da mesma forma, dado o fato de o Capital aparecer, de maneira agora inquestionável, como única instância capaz de ocupar o espaço da universalidade no interior do liberalismo das sociedades multiculturais, nos restaria simplesmente reinventar demandas de reconhecimento de identidades comunitárias, em suas múltiplas formas, tentando dar à comunidade um sentido que não se reduzisse a um mero espaço de restrição. Por fim, dada a impossibilidade de transformações sociais de larga escala, nos restaria discutir a natureza moral de nossas demandas sociais.

## A economia da identidade individual

Mostrar que não estávamos diante de um mero dispositivo compensatório, mas provido de importante força de transformação das

6 É nesse sentido que podemos ler uma afirmação como: "De fato, já que o horizonte da imaginação social não mais permite que alimentemos a ideia de que o capitalismo um dia desaparecerá – pois, como se poderia dizer, todos aceitam tacitamente que *o capitalismo está aqui para ficar* –, é como se a energia crítica tivesse encontrado uma saída substitutiva na luta pelas diferenças culturais que deixa intacta a homogeneidade básica do sistema mundial capitalista" (Slavoj Žižek, "Multiculturalismo: a lógica cultural do capitalismo", in José Luiz Aidar [org.], *Žižek crítico*. São Paulo: Hacker, 2006, p. 35). Lembremos também um liberal de esquerda como Richard Rorty, que dirá: "Ainda precisamos explicar por que o reconhecimento cultural é considerado tão importante. Penso que uma razão pela qual ele se tornou tão importante no discurso da esquerda universitária americana pode ser o resultado de um conjunto específico de circunstâncias acadêmicas. A única coisa que nós acadêmicos podemos fazer, dentro de nossas capacidades específicas, para eliminar o preconceito é escrever a história das mulheres, celebrar os feitos artísticos dos negros e coisas parecidas. Isso é o que fazem de melhor os acadêmicos que trabalham em programas como os de estudos das mulheres, dos afro-americanos e dos homossexuais. Esses programas são as armas acadêmicas dos novos movimentos sociais – que, como diz acertadamente Judith Butler, mantiveram viva a esquerda americana nos últimos anos, nos quais os ricos levaram a melhor na luta de classes" (Richard Rorty, "Is 'Cultural Recognition' a Useful Concept for Leftist Politics?". *Critical Horizons*, v. 1, n. 1, 2000).

estruturas sociais, foi uma tarefa que engajou vários defensores do uso político do conceito de reconhecimento nos últimos vinte anos. Ela consistiu em evidenciar como a força emancipatória do reconhecimento no interior de processos políticos concretos não se dava à margem da discussão sobre problemas de redistribuição igualitária das riquezas. Nesse contexto, isso significou lembrar como as discussões sobre diferenças culturais e identidades sociais não mascaram necessariamente problemas estruturais ligados a lutas de redistribuição de riquezas entre classes. Tendo esse projeto em mente, autores como Axel Honneth foram levados a sustentar que "mesmo injustiças ligadas à distribuição devem ser entendidas como a expressão institucional de desrespeito social ou, melhor dizendo, de relações não justificadas de reconhecimento".[7] O que o leva a defender, entre outras coisas, proposições como a de que mesmo o movimento operário "procurava em uma dimensão essencial encontrar reconhecimento para suas tradições e formas de vida no interior de um horizonte capitalista de valor".[8]

A estratégia de Honneth baseava-se em uma assimilação do problema da redistribuição de riquezas a um quadro mais amplo de discussões referentes ao reconhecimento. Para tanto, foi necessário compreender o sentimento social de injustiça econômica como expressão possível das "fontes motivacionais do descontentamento social e da resistência".[9] Abria-se, assim, a possibilidade, ao menos para Honneth, de criar um quadro motivacional unitário centrado na ideia de que "sujeitos esperam da sociedade, acima de tudo, reconhecimento de suas demandas de identidade".[10] O que não poderia ser diferente para alguém que afirma que "sujeitos percebem procedimentos institucionais como injustiça social

7 A. Honneth, "Redistribution as Recognition", in N. Fraser e A.Honneth, *Redistribution or Recognition*, op. cit., p. 114.

8 Id., ibid., p. 123.

9 Id., ibid., p. 125.

10 Id., ibid., p. 131.

quando veem aspectos de sua personalidade, que acreditam ter direito ao reconhecimento, serem desrespeitados".[11] O que coloca no horizonte regulador dos processos de reconhecimento um conceito de "integridade pessoal" cujo pressuposto fundamental é a naturalização *de facto* das estruturas dos conceitos psicológicos de "indivíduo" e "personalidade". Segundo Honneth, as lutas políticas, mesmo as organizadas a partir de demandas de redistribuição econômica, visam, no limite, garantir as condições concretas para a "formação da identidade pessoal".[12] Ou seja, como afirmei no capítulo anterior, a própria gênese da individualidade moderna aparece como um fundamento pré-político para o campo político. Algo que deve ser politicamente confirmado, e não politicamente desconstruído. Daí uma afirmação decisiva, segundo a qual "admito a premissa de que o propósito da igualdade social é permitir o desenvolvimento da formação da identidade pessoal de todos os membros da sociedade".[13]

Feita essa naturalização, Honneth pode servir-se, entre outros, dos estudos de historiadores como E. P. Thompson e Barrington Moore a fim de afirmar que a estrutura motivacional das lutas da classe operária se baseou, principalmente, "na experiência da violação de exigências localmente transmitidas de honra",[14] já que, mais importante do que demandas materiais, teria sido o sentimento de desrespeito em relação a formas de vida que clamam por reconhecimento. Ao insistir na centralidade da experiência moral do sentimento de "desrespeito" como motor das lutas políticas, elevando-o à condição de base motivacional para todo e qualquer conflito, Honneth pode inscrever problemas de redistribuição no interior do quadro geral de demandas morais. Assim, sendo a vulnerabilidade social ligada à pauperização, compreendida,

11 Id., ibid., p. 132.
12 Id., ibid., p. 176.
13 Id., ibid., p. 177.
14 Id., ibid., p. 131.

principalmente, como expressão material da impossibilidade da realização de exigências morais de respeito, abrem-se as portas para afirmar que "a distinção entre empobrecimento econômico e degradação cultural é fenomenologicamente secundária",[15] já que conflitos por redistribuição não poderiam ser compreendidos como independentes de toda e qualquer experiência de desrespeito social.

Dentre os vários problemas resultantes dessa perspectiva, vale a pena salientar ao menos três. Primeiro, uma teoria que secundariza distinções entre pauperização e degradação cultural, apelando para isso a uma espécie de "monismo moral", fica impotente para pensar a especificidade e o caráter insubstituível das políticas de redistribuição. Pois, se estamos diante de múltiplas formas da impossibilidade da realização de exigências morais de respeito, não fica claro por que problemas de desigualdade econômica não poderiam ser compensados e minorados através, por exemplo, de políticas de afirmação cultural. Pois, se as lutas por redistribuição são definidas como processo de afirmação das condições materiais para garantir as possibilidades de formação da identidade pessoal, poderíamos, então, acreditar que o desenvolvimento de outros processos que viabilizam essa formação irá impactar de maneira compensatória a força das demandas de igualdade econômica. Admitida uma matriz sócio-ontológica unitária para todas as formas de sofrimento social, não é mais possível pensar a irredutibilidade das políticas de redistribuição.

No entanto, admitida a natureza moral das demandas de redistribuição, não é possível impedir que sejam "psicologizadas", ou seja, tratadas como problemas de limitação do desenvolvimento da individualidade psicológica. O que, no limite, transformará todo discurso político em um discurso de forte teor de queixa psicológica. Mas, principalmente, transformará toda resposta às

15 Id., ibid., p. 171.

demandas de redistribuição em uma ação "terapêutica" de políticas de Estado que compreendem sujeitos políticos quase como proto-sujeitos, psicologicamente vulneráveis em suas identidades e que aparecem à cena pública suportados por discursos reivindicatórios próprios a quem, no fundo, espera cuidado e amparo.[16] As demandas por transformação social se transmutam em demandas por cuidado social. Mas a demanda por cuidado é uma demanda que, para funcionar, deve reconhecer a legitimidade do lugar do outro que pode cuidar de mim. Ela não é uma demanda política de transformação, mas uma demanda terapêutica de acolhimento. Quem pede por cuidado reforça a posição de quem aparece como capaz de cuidar.

Há ainda um terceiro problema na perspectiva defendida por Honneth. Ao reduzir a integralidade das lutas sociais às demandas pela afirmação das condições para a formação da identidade pessoal, sua perspectiva anula por completo uma dimensão fundamental para a compreensão da luta de classes, ao menos para Marx, a saber, a força de des-identidade própria ao conceito marxista de proletariado. Ao compreender a força revolucionária do proletariado como um dogma histórico-filosófico, Honneth acaba por perder aquilo que poderíamos chamar de "função ontológica" do proletariado no interior do pensamento de Marx. Tal função faz do "proletariado" a manifestação social de um princípio de des-identidade e des-diferenciação. De certa forma, há em Marx uma espécie de "condição proletária" presente como horizonte regulador de sua teoria da revolução. Ela mereceria ser recupe-

16 Ver, a esse respeito, os usos do conceito de *care* no interior do debate político e da definição da natureza das políticas públicas de assistência (Philippe Vasset e Clotilde Viannay, "Politiques du *care*". *Revue Multitudes*, t. 37-38, 2009; Didier Fassin e Richard Rechmann, *L'Empire du traumatisme: enquête sur la condition de victime*. Paris: Flammarion, 2007). A sua maneira, Alain Badiou havia indicado os riscos dessa psicologização do sofrimento social em Alain Badiou, *Ethique: essai sur la conscience du mal*. Paris: Nous, 2003. Sobre outros aspectos desse problema, ver ainda: Maria Rita Kehl, *Ressentimento*. São Paulo: Casa do Psicólogo, 2005.

rada na reflexão política contemporânea. Como gostaria de insistir, proletário não designa apenas uma classe social de trabalhadores assalariados desprovidos de propriedade. Proletário, em Marx, designa, ao mesmo tempo, uma condição própria a toda emergência de sujeitos políticos.

## Genealogia do proletariado

Para compreender melhor esse ponto, é necessário insistir que a absoluta despossessão é a situação que define a emergência do proletariado. Conforme definido na Constituição Romana, proletário é a última das seis classes censitárias, composta daqueles que, embora livres, não têm propriedade alguma ou, por não terem propriedades suficientes, não são considerados cidadãos com direito a voto e obrigações militares. Sua única possessão é a capacidade de procriar e ter filhos. Reduzidos assim à condição biopolítica a mais elementar, à condição de reprodutor da população, os proletários representam o que não se conta. Daí uma colocação importante de Jacques Rancière: "Em latim, *proletarii* significa 'pessoa prolífica' – pessoa que faz crianças, que meramente vive e reproduz sem nome, sem ser contada como fazendo parte da ordem simbólica da cidade".[17] Até o final do século XVIII, proletário designa o que é "mal, vil" ou, em francês, aquilo que é sinônimo de "nômade", de sem lugar.

É no bojo da Revolução Francesa, e principalmente depois da Revolução de 1830, que o termo será paulatinamente acrescido de conotação política, agora para descrever os que possuem apenas um salário diário pago de acordo com a necessidade básica de autoconservação, sejam camponeses ou operários, e que devem ser objeto de ações políticas em nome da justiça social. Nesse mo-

17 Jacques Rancière, "Politics, Identification and Subjectivation", in John Rajchman, *The Identity in Question*. Nova York: Routledge, 1995, p. 67.

mento, proletário não designa um sujeito político emergente, mas um ponto de sofrimento social intolerável, um "significante central do espetáculo passivo da pobreza".[18] Exemplo claro, nesse sentido, é o uso do termo feito por Saint-Simon. É pelos saint-simonistas que a dicotomia entre proletários e burgueses será descrita pela primeira vez, ainda que em um horizonte de reconciliação possível de interesses.

Assim, mais do que cunhar o uso social do termo, o feito de Marx é vincular o conceito de proletariado a uma teoria da revolução ou, antes, a uma teoria da luta de classes que é a expressão da "história da guerra civil mais ou menos oculta na sociedade existente".[19] Daí por que Marx falará, a respeito dos saint-simonistas e de outros socialistas "crítico-utópicos": "Os fundadores desses sistemas compreendem bem o antagonismo de classes, assim como a ação dos elementos dissolventes na própria sociedade dominante. Mas não percebem no proletariado nenhuma iniciativa histórica, nenhum movimento político que lhes seja peculiar".[20]

A sua maneira, Marx partilha com Hobbes a compreensão da vida social como uma guerra civil imanente. No entanto, como não se trata de pensar as condições para a formação da sociedade como associação de indivíduos, mas parar de pensar a vida social a partir da elevação do indivíduo a célula elementar, essa guerra não será a expressão da dinâmica concorrencial entre indivíduos desprovidos de relações naturais entre si. Ela será uma guerra de classes no interior da qual uma das classes aparece como o conjunto daqueles que de nada mais dispõem. Por isso, uma guerra que não pode levar à vitória de uma classe sobre outra, mas à destruição do princípio que constitui as classes, a saber, o trabalho e

18 Peter Stallybrass, "Marx and Heterogeneity: Thinking the Lumpenproletariat". *Representations*, v. 0, n. 31, 1990, p. 84.
19 Karl Marx e Friedrich Engels, *Manifesto comunista*. São Paulo: Boitempo, 2014, p. 50.
20 Id., ibid., p. 66.

a propriedade como atributo fundamental dos indivíduos. O que explica por que Marx deverá ser claro:

> A revolução comunista se dirige contra o tipo anterior de atividade, elimina o trabalho e suspende a dominação de todas as classes ao acabar com as próprias classes, já que essa revolução é levada a cabo pela classe a qual a sociedade não considera como tal, não reconhece como classe e que expressa, de *per se*, a dissolução de todas as classes, nacionalidades etc. dentro da sociedade atual.[21]

Teremos de entender melhor o que significa dizer que o proletariado expressa a dissolução de todas as classes e do que as constitui. Inicialmente, lembremos como a guerra civil entre proletários e burguesia que leva à revolução é fruto de uma contradição cujo motor é a própria burguesia. Marx não cansará de afirmar que a burguesia é uma classe revolucionária: "A burguesia não pode existir sem revolucionar incessantemente os instrumentos de produção, por conseguinte, as relações de produção e, com isso, todas as relações sociais".[22] É ela que mostrará como tudo o que é sólido se desmancha no ar. No entanto, a burguesia é uma espécie de agente involuntário da história. Ela "assemelha-se ao feiticeiro que já não pode controlar os poderes infernais que invocou";[23] ela "produz seus próprios coveiros".[24] Ou seja, sua ação é contraditória porque, no processo de autorrealização de si, a burguesia produz uma figura que lhe será oposta e que a destruirá. Assim, a burguesia é o local no qual se realiza uma impressionante operação de autonegação que não é apenas a autonegação dos interesses de uma classe, mas a autonegação da própria "produção da vida" vi-

21 K. Marx e F. Engels, *A ideologia alemã*. Rio de Janeiro: Civilização Brasileira, 2007, p. 98.
22 Id., *Manifesto comunista*, op. cit., p. 43.
23 Id., ibid., p. 45.
24 Id., ibid., p. 51.

gente até agora com suas relações entre sujeitos, entre sociedade e natureza, entre o sujeito e si mesmo.

Essa autonegação é impulsionada pela produção do excesso. A burguesia produz crises descritas como "epidemias de superprodução" que destroem grande parte das forças produtivas já criadas: "A sociedade possui civilização em excesso, meios de subsistência em excesso, indústria em excesso, comércio em excesso". Um excesso que "lança na desordem a sociedade inteira e ameaça a existência da propriedade burguesa". Pois tal excesso de produção, de comércio, de civilização leva a uma desvalorização tendencial da produção que só pode ser superada pela destruição violenta de grande quantidade de forças produtivas, pela conquista de novos mercados ou pela exploração mais intensa dos antigos. Ela leva a uma estrutura monopolista que só pode significar a abolição da propriedade privada "para nove décimos da sociedade". No entanto, a desordem produzida pela burguesia e sua escalada global não é apenas o anúncio da destruição. É a produção involuntária de novas relações que tem em seu germe a forma de outro mundo:

> Apenas esse desenvolvimento universal das forças de produção traz consigo um intercâmbio universal dos homens em virtude do qual, por um lado, o fenômeno da massa "despossuída" se produz simultaneamente em todos os povos (concorrência universal), fazendo com que cada um deles dependa das transformações revolucionárias dos outros e, por último, institui indivíduos histórico-universais, empiricamente universais, em vez de indivíduos locais.[25]

A desordem produz um fenômeno universal de despossessão e de intercâmbio. Mas a despossessão universal não é apenas um fenômeno negativo, pois ele produz novas formas de interdependência e de simultaneidade. A burguesia abre espaço para o advento de

25 Id., *A ideologia alemã*, op. cit., p. 58.

indivíduos histórico-universais caracterizados pela despossessão comum e pela simultaneidade de tempos até então completamente dispersos. Ela produz as condições para o advento de uma universalidade concreta que suspenderá e superará o estado de coisas atual. É assim que ela produz seus próprios coveiros.

## A indeterminação social do proletariado

Isso demonstra como, segundo Marx, a revolução só pode ser feita pela classe dos despossuídos de predicado e profundamente despossuídos de identidade. Classe formada por "indivíduos histórico-universais, empiricamente universais, em vez de indivíduos locais", o que se coaduna muito pouco com a visão de operários em luta pelo reconhecimento de suas tradições e formas de vida. Para que apareçam indivíduos histórico-universais, faz-se necessária uma certa experiência de negatividade que, desde Hegel, é condição para a fundamentação da verdadeira universalidade. O proletariado sofre essa experiência através da despossessão completa de si, descrita por Marx:

> O proletário é desprovido de propriedade (*eigentumslos*); sua relação com mulher e crianças não tem mais nada a ver com as relações da família burguesa; o trabalho industrial moderno, a moderna subsunção ao capital, tanto na Inglaterra quanto na França, na América quanto na Alemanha, retiraram dele todo caráter nacional. A lei, a moral, a religião são para ele preconceitos burgueses que encobrem vários interesses burgueses.[26]

Como vemos, o proletariado não é definido apenas a partir da pauperização extrema, mas da anulação completa de vínculos a formas

26 Id., *Manifest der Kommunistischen Partei* in http://www.marxists.org/deutsch/archiv/marx-engels/1848/manifest/1-bourprol.htm.

tradicionais de vida. Não é possível recuperar esses vínculos em um processo político de reafirmação de si, pois não se trata de permitir que os proletários tenham uma nação, uma família burguesa, uma moral e uma religião. Essas normatividades são negadas em uma negação sem retorno. No entanto, tal negação não leva o proletariado a aparecer como essa "massa indefinida, desestruturada e jogada de um lado para outro, que os franceses denominam *la bohème*"[27] que Marx define como "lumpemproletariado".[28] Vale a pena discutir melhor esse ponto porque não foram poucos os que tentaram, desde Bakunin, transformar o conceito de lumpemproletariado no verdadeiro conceito com força revolucionária em Marx.[29]

Assim como acontece com o conceito de proletariado, o conceito de lumpemproletariado não descreve imediatamente um agente econômico, mas um tipo de sujeito político, ou, antes, uma espécie de antissujeito político. Lembremos a estranha extensão que o termo toma em *O 18 de brumário de Luís Bonaparte*:

> *Roués* decadentes com meios de subsistência duvidosos e de origem duvidosa, rebentos arruinados e aventurescos da burguesia eram ladeados por vagabundos, soldados exonerados, ex-presidiários, escravos fugidos das galeras, gatunos, trapaceiros, *lazzaroni*, batedores de carteira, prestidigitadores, jogadores, *maquereux*, donos de bordel, carregadores, literatos, tocadores de realejo, trapaceiros, amoladores de tesouras, funileiros, mendigos, em suma, toda essa

27 K. Marx, *O 18 de brumário de Luís Bonaparte*. São Paulo: Boitempo, 2011, p. 91.

28 Ver, por exemplo, Nicholas Thoburn, "Difference in Marx: The Lumpenproletariat and the Proletarian Unamable". *Economy and Society*, v. 31, n. 3, ago. 2002, pp. 434-60.

29 Como vemos, por exemplo, em Peter Stallybrass, "Marx and Heterogeneity: Thinking the Lumpemproletariat". *Representations*, v. 0, n. 31, 1990, p. 84, e Ernesto Laclau, *La razón populista*. Buenos Aires: Fondo de Cultura Económica, 2011, p. 91 [ed. bras.: *A razão populista*. São Paulo: Três Estrelas, 2013].

massa indefinida, desestruturada e jogada de um lado para outro, que os franceses denominam *la bohème*.[30]

Difícil não ler essa série descrita por Marx com seus literatos e amoladores de tesoura sem se lembrar da Enciclopédia fantástica de Borges. Pois o que totaliza esse conjunto não é a suposta analogia entre seus elementos a partir do desenraizamento social. A esse respeito, lembremos como, em *As lutas de classes na França de 1848 a 1850*, Marx chega a descrever a própria aristocracia financeira como "o renascimento do lumpemproletariado nos cumes da sociedade burguesa". Há um lumpemproletariado no baixo nível do estrato social e no alto nível, sendo o do alto nível perfeitamente enraizado à escroqueria funcional do capitalismo financeiro.

O que os une é, na verdade, uma certa concepção de improdutividade, uma diferenciação entre trabalho produtivo e improdutivo, *diferenciação esta concebida do ponto de vista da produtividade dialética da história*. Pois o lumpemproletariado é uma massa desestruturada cuja negatividade não se coloca como contradição em relação às condições do estado atual da vida. Nesse sentido, ele é a representação social da categoria de negatividade improdutiva. Por isso, trata-se de uma massa heterogênea que pode ganhar homogeneidade desde que encontre um termo unificador que lhe dará estabilidade no interior da situação política existente. Esse termo, no 18 de brumário, não é outro que Napoleão III, "o chefe do lumpemproletariado". Aquele que dá homogeneidade à heterogeneidade social, a história repetida como farsa e que deve se confessar enquanto farsa para se manter.

No entanto, há de se insistir como o modelo de estabilização produzido por Napoleão III é uma espécie de estabilização na anomia. Através de Napoleão III, a heterogeneidade do lumpemproletariado permanece radicalmente passiva, permanece como ação

30 K. Marx, *O 18 de brumário de Luís Bonaparte.*, op. cit., p. 91.

antipolítica, pois acomoda-se à gestão do desenraizamento social, seus crimes romantizados não se convertem em ação de transformação alguma. Na verdade, essa desestruturação e indefinição anômica do lumpemproletariado é própria de quem ainda conserva a esperança de retorno à ordem, ou que não é capaz de conceber nada fora de uma ordem que ele mesmo sabe estar completamente comprometida. O que faz suas ações políticas serem apenas "paródias" de transformações, "comédias" ou, ainda, ações "mascaradas": todos termos usados por Marx no *18 de brumário* para falar de revoluções que são, na verdade, tentativas de estabilização no caos. O lumpemproletariado expressa uma negatividade que não pode ser integrada no processo dialético porque ele representa o congelamento da negatividade em uma espécie de cinismo social.

O proletariado, no entanto, é marcado pela ausência de qualquer expectativa de retorno. Ele é uma heterogeneidade social que simplesmente não pode ser integrada sem que sua condição passiva se transforme em atividade revolucionária. Por isso, ao ser desprovido de propriedade, de nacionalidade, de laços com modos de vida tradicionais e de confiança em normatividades sociais estabelecidas, ele pode transformar seu desamparo em força política de transformação radical das formas de vida. Para tanto, devemos compreender que a afirmação da condição proletária não se confunde com alguma demanda de reconhecimento de formas de vida desrespeitadas, claramente organizadas em suas particularidades. Pelo contrário, a afirmação da condição proletária gera a classe de sujeitos sem predicados que, como é dito na *Ideologia alemã*, poderão se satisfazer ao pescar de dia, pastorear à tarde e fazer crítica à noite, sem (e este é o ponto principal) ser pescador, pastor ou crítico, ou seja, sem permitir que o sujeito se determine inteiramente em seus predicados.[31] Isso significa que a atividade de pescar, pastorear e criticar não pode ser, ao mesmo tempo, identificação do sujeito.

31 Id. e F. Engels, *A ideologia alemã,* op. cit., p. 56.

Como em Hegel, a posição do sujeito, sua exteriorização, mostra como há algo de radicalmente antipredicativo a animar o movimento da essência.[32] O que não poderia ser diferente se pensarmos o proletariado como essa classe "que expressa, de *per se*, a dissolução de todas as classes dentro da sociedade atual".[33] O proletariado dissolve todas as classes por representar "a *perda total* da humanidade",[34] o que não encontra mais figura na imagem atual do homem. Nesse sentido, podemos dizer que, assim como na teoria hegeliana do sujeito (embora Marx desqualificasse tal assimilação por ver, em Hegel, uma elaboração meramente abstrata do problema), o proletariado só supera sua alienação ao se confrontar com o caráter profundamente indeterminado do fundamento e conservar algo dessa indeterminação.[35] Seu papel de redenção (*Erlösung*) só pode ser desempenhado à condição de assumir sua natureza de dissolução (*Auflösung*). Como dirá Balibar, o advento do proletário como sujeito político é o aparecimento de um "sujeito como vazio"[36] que não é, em absoluto, privado de determinações práticas. Essa manifestação de um vazio em relação às determinações identitárias atuais leva-nos a compreender que o

32 Como dirá Alain Badiou: "Marx já sublinhava que a singularidade universal do proletariado é não portar nenhum predicado, nada ter, e especialmente não ter, em sentido forte, nenhuma 'pátria'. Essa concepção antipredicativa, negativa e universal do homem novo atravessa o século" (Alain Badiou, *O século*. Aparecida: Ideias e Letras, 2007, p. 108).

33 K. Marx e F. Engels, *A ideologia alemã*, op. cit., p. 98.

34 K. Marx, *Crítica da filosofia do direito de Hegel - introdução*. São Paulo: Boitempo, 2005, p. 156.

35 Sobre esse ponto da filosofia hegeliana, tomo a liberdade de remeter ao meu Vladimir Safatle, *Grande Hotel Abismo: para uma reconstrução da teoria do reconhecimento*. São Paulo: Martins Fontes, 2012.

36 Étienne Balibar, *Citoyen sujet et autres essais d'anthropologie philosophique*. Paris: PUF, 2011, p. 260. Trata-se de uma ideia presente também em Jacques Rancière, para quem: "os proletários não são nem os trabalhadores manuais nem as classes trabalhadoras. Eles são a classe dos não contados, que só existe na própria declaração através da qual eles se contam a si mesmos como os que não são contados" (Jacques Rancière, *La Mésentente: politique et philosophie*. Paris: Galilée, 1995, p. 63).

reconhecimento de si só é possível caso haja uma crítica profunda de toda tentativa de reinstaurar identidades imediatas entre sujeito e seus predicados.

Se esse for o caso, então poderemos dizer que a luta de classes em Marx não é simplesmente um conflito moral motivado pela defesa das condições materiais para a estima simétrica entre sujeitos dispostos a se fazerem reconhecer a partir da perspectiva da integralidade de suas personalidades. A abolição da propriedade privada deve acompanhar necessariamente a abolição de uma economia psíquica baseada na afirmação da personalidade como categoria identitária. Insistamos nesse ponto, lembrando um importante trecho do *Manifesto comunista*:

> Os proletários não podem apoderar-se das forças produtivas sociais senão abolindo o modo de apropriação a elas correspondente e, por conseguinte, o modo de apropriação existente até hoje. Os proletários nada têm de seu a salvaguardar; sua missão é destruir todas as garantias e seguranças da propriedade privada até aqui existentes.[37]

Percebamos o caráter paradoxal desse trecho. Os proletários só podem apoderar-se das forças produtivas abolindo todo modo de apropriação até hoje existente. O modo de apropriação dos proletários é um modo que não existe até o momento, impensável até agora pois não é simples passagem da propriedade privada à propriedade coletiva. Ele é apropriação de quem não tem nada de seu a salvaguardar, de quem não tem nem terá nada que lhe seja próprio. Essa apropriação não é apenas a destruição da propriedade, é também a destruição do próprio. Por essa razão, a luta de classes em Marx não pode ser compreendida como mera expressão de formas de luta contra a injustiça econômica, já que ela é também modelo de crítica à tentativa de transformar a individualidade

37 K. Marx e F. Engels, *Manifesto comunista*, op. cit., p. 50.

em horizonte final para todo e qualquer processo de reconhecimento social. O que não poderia ser diferente se lembrarmos que, ao menos no interior da tradição dialética, "pessoa" é uma categoria derivada historicamente do direito romano de propriedade (*dominus*). Uma categoria que, por ainda guardar os traços de sua origem, já era vista, por filósofos como Hegel, como "expressão de desprezo",[38] devido à sua natureza meramente abstrata e formal advinda da absolutização das relações de propriedade.[39] Encontramos claramente em Marx essa crítica já presente em Hegel. Assim, Marx insistirá, por exemplo, que a noção de liberdade pressuposta pela Declaração dos Direitos do Homem e do Cidadão, de 1793, era calcada em larga medida na absolutização do indivíduo proprietário. Daí uma colocação como:

> o limite dentro do qual um [cidadão] pode mover-se de modo *a não prejudicar* o outro é determinado pela lei do mesmo modo que o limite entre dois terrenos é determinado pelo poste da cerca. Trata-se da liberdade do homem como mônada isolada recolhida dentro de si mesma [...] A aplicação prática do direito humano à liberdade equivale ao direito humano à *propriedade privada*.[40]

A liberdade, para Marx, passa pela liberação do sujeito de sua condição de indivíduo que se relaciona com outro indivíduo, como dois terrenos separados pelo poste da cerca. Estaremos sendo fiéis ao espírito do texto de Marx se afirmarmos que, através da luta de classes, uma experiência social pós-identitária pode encontrar lugar.

38 G. W. F. Hegel, *Fenomenologia do Espírito*, v. II. Petrópolis: Vozes, 1992, p. 33.
39 Tal articulação entre "pessoa" e "propriedade" servirá de fundamento para uma larga tradição de reflexão que chegará até as discussões recentes sobre a *self-ownership* como atributo fundamental da pessoa (a esse respeito, ver, entre outros, G. A. Cohen, *Self-Ownership, Freedom and Equality*. Cambridge: Cambridge University Press, 1995). Embora este seja um debate de vários matizes, é certo que a tradição dialética de Hegel e Marx tende a lê-lo da maneira esboçada acima.
40 K. Marx, *Sobre a questão judaica*. São Paulo: Boitempo, 2010, p. 49.

É possível dizer, inclusive, que *"proletariado" é a nomeação política da força social de desdiferenciação identitária cujo reconhecimento pode desarticular por completo sociedades organizadas a partir da hipóstase das relações gerais de propriedade.*[41] Por essa razão, o proletariado não pode ser imediatamente confundido com a categoria de povo. Falta-lhe a tendência imanente à configuração identitária e limitadora que define um povo. O proletariado funciona muito mais como uma espécie de antipovo, se pensarmos no sentido da potência sempre vigilante do que permanece a lembrar a provisoriedade das identidades, Estados e nações, assim como da pulsação constante de integração do que se afirma inicialmente como exceção não contada. Essa é uma maneira de aceitar proposições como:

> A coisa toda seria muito simples se houvesse apenas a infelicidade da luta que opõe ricos e pobres. A solução do problema foi encontrada muito cedo. Basta suprimir a causa da dissensão, ou seja, a desigualdade de riquezas, dando a cada um uma parte igual de terra. O mal é mais profundo. Da mesma forma que o povo não é realmente o povo, mas os pobres, os pobres por sua vez não são realmente os pobres. Eles são apenas o reino da ausência de qualidade, a efetividade da disjunção primeira que porta o nome vazio de "liberdade", a propriedade imprópria, o título do litígio. Ele são eles mesmos a união distorcida do próprio que não é realmente próprio e do comum que não é realmente comum.[42]

41 Que a força de desdiferenciação própria ao conceito de proletariado tenha ganhado evidência graças a marxistas franceses, como Badiou, Balibar e Rancière, isso demonstra como algo do descentramento próprio ao conceito lacaniano de sujeito alcançou a política através de ex-alunos de Louis Althusser. No entanto, tal descentramento tem sua matriz na noção de "negatividade" própria ao sujeito hegeliano. Assim, por ironia suprema da história, algo do conceito hegeliano de sujeito acaba por voltar à cena através da influência surda em operação nos textos de ex-alunos desse antihegeliano por excelência, a saber, Louis Althusser.

42 Jacques Rancière, *La Mésentente*, op. cit., p. 34.

Nesse sentido, a felicidade do conceito forjado por Marx residia em sua capacidade de sobrepor lógica política e descrição sociológica, permitindo a criação de uma relação profunda entre trabalhadores realmente existentes (que constituíam uma importante maioria social) e proletários.[43] No entanto, não é necessário sustentar essa relação para que o conceito marxista de "proletariado" continue a mostrar sua operatividade. Na situação histórica atual de reconfiguração da sociedade do trabalho, podemos repensar tal relação a fim de encontrar espaços outros para a manifestação de exigências próprias a uma certa ontologia do sujeito pressuposta pela construção marxista.

## Para além do princípio de diferença cultural

Aceitos tal hipótese e tal horizonte pós-identitário, podemos abordar algumas alternativas recentes para pensar a possibilidade de uma teoria do reconhecimento que não se deixe pensar como política compensatória. Nancy Fraser, no interior de um debate com Axel Honneth, procurou resolver tal questão insistindo na necessidade em defender um certo dualismo capaz de reconhecer que problemas de redistribuição e de reconhecimento, embora profundamente imbricados, devem ter respostas que levem em conta a impossibilidade de reduzir, em chave expressivista, as esferas da cultura e da economia. É levando isso em conta que devemos interpretar afirmações como "a justiça implica, ao mesmo tempo, a redistribuição e o reconhecimento. Isso impõe inicialmente conceitualizar o reconhecimento cultural e a igualdade social de forma tal que possam se reforçar ao invés de um entravar o outro".[44] Até

43 Como nos lembra Ernesto Laclau, *La razón populista*, op. cit., p. 308.
44 Nancy Fraser, *Qu'est-ce que la justice sociale? Reconnaissance et redistribution*. Paris: La Découverte, 2005, p. 14.

porque "a injustiça econômica e a injustiça cultural são habitualmente imbricadas de tal forma que se reforçam dialeticamente".[45]

De fato, o que Marx chamou um dia de "derrocada prática das relações sociais reais"[46] não poderia se reduzir às modificações concretas das relações de exploração econômica. Inclusive porque não é seguro que o combate à injustiça econômica elimine, por si só, a injustiça cultural. A resiliência de processos de exclusão e preconceito relativos às diferenças culturais, mesmo em sociedades de forte tradição igualitária, pode nos servir de prova aqui. A igualdade econômica é uma condição necessária, mas talvez não suficiente, para o reconhecimento social de múltiplas formas de vida em sua plasticidade.

Nesse sentido, um importante desafio para as teorias do reconhecimento consistiria, ao menos segundo a perspectiva de Fraser, em pensar o regime de imbricação entre injustiça econômica e injustiça cultural. Nancy Fraser apresenta uma distinção entre dois modelos de ação política. Pois trata-se de afirmar que, de fato, existiriam *políticas compensatórias* ligadas a dinâmicas de reconhecimento e redistribuição. Elas estariam vinculadas, por exemplo, àquilo que a autora chama de "multiculturalismo oficial" e à perpetuação do "Estado liberal do bem-estar".

Poderíamos acrescentar uma interpretação dessa situação, afirmando que isso pode significar uma articulação entre liberalismo econômico e multiculturalismo que usa a afirmação da diferença cultural como compensação para a paralisia política em relação aos efeitos sociais das políticas econômicas liberais. Pois, para compensar tal paralisia, cria-se a imagem da sociedade como uma rede atomizada de grupos fortemente identitários negociando infinitamente seu reconhecimento no interior de uma dinâmica frágil de tolerância.

45 Id., ibid., p. 19.
46 K. Marx e F. Engels, *A ideologia alemã*, op. cit., p. 63.

Devemos falar em "dinâmica frágil de tolerância" pelo fato de identidades culturais serem, ao menos nesse contexto, necessariamente defensivas por operarem como construções que se definem por oposição e exclusão. Identidades culturais - ou seja, aquelas ligadas à afirmação da especificidade de forma de vida que se estruturam a partir de etnias, nacionalidades, religiões, modos de sexualidade, vínculos a sistemas de costumes - sempre se definem sob tensão, se não quisermos adotar "a ilusão tipicamente liberal de um pluralismo sem antagonismo".[47] Ilusão baseada no esquecimento de que identidades, sejam políticas ou psicológicas, sempre são construídas no interior de relações assimétricas de poder, sendo por isso expressões de estratégias de defesa ou de dominação.[48] A sensibilidade a esse antagonismo só poderia ser minorada através da consolidação de um espaço fortemente igualitário para além de diferenças culturais, e não através de uma politização extrema do campo da cultura.

No entanto, é da politização do campo das diferenças culturais que as políticas multiculturalistas vivem. Daí a transformação da "tolerância" em afeto político maior. Gostaria de insistir que, em nosso momento histórico, a tolerância não pode ser elevada à condição de afeto político com força transformadora.[49] Ao contrário, políticas da tolerância alimentam, atualmente, um ciclo infinito ruim de conflitos baseados em contínuas regressões sociais. Não por outra razão, países que até há pouco se caracterizavam por políticas culturais baseadas na "tolerância", como os Países Baixos e a Dinamarca, são atualmente os mais marcados por fortes políti-

47 Chantal Mouffe, "Democratic Politics and the Question of Identity", in John Rajchman, *The Identity in Question*, op. cit., p. 39.

48 Para uma discussão sobre a natureza dessa assimetria de poder na formação das identidades subjetivas e sua agressividade intrínseca, ver Jacques Lacan, "A agressividade em psicanálise" [1948], in *Escritos*. Rio de Janeiro: Jorge Zahar, 1996, pp. 104-26.

49 Tema trabalhado por Alain Badiou, *Ética: ensaio sobre a consciência do mal*, op. cit., e Slavoj Žižek, *Violência*. São Paulo: Boitempo, 2014.

cas de exclusão cultural. Como se a verdadeira função das sociedades multiculturais tivesse se transformado no bloqueio contínuo da política através da sensibilização extrema ao problema das diferenças culturais.

Uma política baseada na tolerância é uma política que constrói um campo de diferenças toleráveis, o que alimenta o fantasma perpétuo da "diferença intolerável". Ou seja, a equação das diferenças, tão presente nas dinâmicas multiculturais, parte da seguinte questão: até onde podemos suportar uma diferença? Essa é, no entanto, uma péssima questão. Parte-se do pressuposto de que vejo o outro primeiro a partir da sua diferença em relação à minha identidade. Como se minha identidade já estivesse definida e simplesmente se comparasse à identidade do outro. Por isso, a boa questão talvez seja: em que condições a diversidade pode aparecer como a modulação de uma mesma universalidade *em processo tenso de efetivação*? Isso implica não compreender o campo político como campo de identificação e reconhecimento das diferenças, mas como campo de desconstrução das diferenças.

Podemos encontrar alguns pontos em comum com essa preocupação na crença, sustentada por Fraser, da existência de *políticas transformadoras* ligadas à articulação entre aquilo que ela entende por práticas socialistas de redistribuição e práticas de desconstrução das diferenças culturais. Tal desconstrução apareceria como necessária por duas razões. Em primeiro lugar, enquanto o reconhecimento estiver vinculado à dimensão da afirmação das diferenças culturais, ou seja, à mobilização dos laços entre reconhecimento e produção de identidades, não será possível impedir que ele justifique práticas que não podem ser vistas como expressões de processos de emancipação.[50] Como bem lembra Craig Calhoun, questões de reconhecimento e de identidade não têm todas as mes-

50 Conforme salientou Mauro Basaure em "Es la teoria de las luchas por el reconocimiento una teoria de la política?", ainda não publicado.

mas consequências, como podemos perceber ao lembrar o significado dos múltiplos fundamentalismos religiosos, da resistência dos afrikaners à dita "supremacia negra", entre tantos outros.[51] Mobilizando tal ambivalência, Fraser também lembrará mais tarde que políticas de identidade e reconhecimento "de Ruanda aos Bálcãs alimentaram tanto campanhas de limpeza étnica e de genocídio quanto movimentos que se mobilizaram para lhes resistir".[52]

Em segundo lugar, novas formas de solidariedade e igualdade seriam criadas quando somos capazes de ver sujeitos como suportes de práticas desconstrutivas que modificam estruturalmente o sistema de representações sociais através da constituição de diferenças múltiplas e em eterno movimento. À sua maneira, Judith Butler explorou esse ponto através da reflexão sobre uma certa radicalização possível da ética do reconhecimento da alteridade. Isso a levou a afirmar que

> devemos considerar uma certa leitura pós-hegeliana da cena do reconhecimento na qual, precisamente, minha própria opacidade para mim mesmo desenvolve minha capacidade em fornecer um certo modo de reconhecimento ao outro. Ela deverá ser, talvez, uma ética baseada em nossa partilhada e invariável cegueira parcial a respeito de nós mesmos.[53]

Ou seja, o fato de não me estabelecer com identidade fortemente determinada, mas de reconhecer a necessidade de lidar com algo em mim não completamente estruturável em termos de identidade, me levaria a uma maior solidariedade com aquilo que, no

51 Craig Calhoun, *Critical Social Theory*. Oxford: Willey Blackwell, 1995, p. 215.

52 N. Fraser, *Qu'est-ce que la justice sociale?*, op. cit., p. 71, ou ainda N. Fraser, "Social Justice in the Age of Identity Policies", in N. Fraser e A. Honneth, *Redistribution or Recognition*, op. cit., p. 38.

53 Judith Butler, *Giving an Acount of Oneself*. Nova York: Fordham University Press, 2005, p. 41.

outro, sou incapaz de integrar. Se essas novas formas de solidariedade funcionassem, elas poderiam eliminar o caráter meramente compensatório das políticas de reconhecimento cultural, pois não permitiriam que a paralisia política em relação à transformação econômica fosse escondida pela dinâmica regressiva dos embates identitários. Elas poderiam eliminar a dinâmica regressiva dos embates culturais por abrir espaço a uma partilha substantiva de desconfortos subjetivos em relação às identidades estáticas. Ou seja, em vez de simplesmente retirar as discussões culturais dos embates relativos à política, há uma tendência a impedir que o debate sobre a cultura não entre em regressão quando for dominado por problemas relativos ao reconhecimento da produção de identidades.

Não é difícil, no entanto, encontrar posições não completamente idênticas a esta, mas bem fundamentadas. Por exemplo, em um texto a respeito da força política do conceito de reconhecimento, Emmanuel Renault e Jean-Philippe Deranty afirmam que:

> Não há distinção estrita a ser feita entre as esferas do reconhecimento e da identidade. A identidade pessoal é a síntese de diferentes níveis de identidade [...] Desta forma, o reconhecimento é político em dois sentidos: primeiro, por fornecer a gramática dos conflitos políticos, e, segundo, por suportar o que é potencialmente político, integrando dimensões da identidade subjetiva.[54]

Os autores afirmam que, para um indivíduo, a autonomia é incompatível com uma indiferença geral em relação a todas suas identidades. Mas, como não se trata de dar um grande salto para trás e conservar identidades estáticas, eles sugerem a recuperação do conceito hegeliano de identidade, compreendido como

54 Jean-Philippe Deranty e Emmanuel Renault, "Politicizing Honneth's Ethics of Recognition". *Thesis Eleven*, 2007, v. 88, n. 92, p. 104.

"negatividade autorreferencial".[55] Daí uma afirmação segundo a qual "O que indivíduos procuram fazer reconhecer na luta por reconhecimento não é exatamente suas identidades positivas, mas suas identidades como negativas, sua liberdade de estabelecer suas próprias identidades".[56]

Para além dessas duas perspectivas, que poderiam inclusive convergir na medida em que tentássemos aproximar tais práticas desconstrutivas e a leitura sugerida a respeito do conceito hegeliano de identidade, gostaria de avaliar a viabilidade de defender um encaminhamento relativamente distinto. Talvez o problema não consista apenas em dissociar cultura e identidade, mas de ir mais adiante e insistir na necessidade de uma teoria do reconhecimento capaz de simplesmente dissociar política e cultura, com suas questões normalmente ligadas à produção de identidades sociais. O debate sobre as relações entre redistribuição e reconhecimento normalmente reduz a reflexão sobre a natureza das relações sociais a dois campos: a cultura e a economia. No entanto, há de se acrescentar a política como campo autônomo, porque talvez nunca sejamos capazes de separar cultura e produção de identidades defensivas (como esperam, cada uma à sua maneira, Nancy Fraser e Judith Butler), mas devemos avaliar a possibilidade de afirmar que a política nasce através da atualização de algo que poderíamos chamar de "potência de despersonalização" que sobe à cena da vida em comum, levando os sujeitos a não falarem mais como se fossem portadores de identidades e interesses particulares.

55 Ver, a esse respeito, a discussão hegeliana sobre as determinações de reflexão na *Doutrina da essência* (cf. G. W. F. Hegel, *Wissenschaft der Logik II*. Frankfurt: Suhrkamp, 1996).

56 J.-P. Deranty e E. Renault, op. cit., p. 107.

## Políticas da indiferença

Por mais que isso pareça a princípio contraintuitivo e contrário a qualquer reflexão sociológica elementar, podemos dizer que o campo do político nasce a partir de sua separação do campo da cultura e da economia.[57] Uma das possíveis consequências que se seguem daí é a afirmação de que identidades podem e devem encontrar seu espaço de desenvolvimento, mas não que esse espaço deva necessariamente ser politizado. Trata-se aqui de defender a hipótese de que a política des-identifica os sujeitos de suas diferenças culturais, ela os des-localiza de suas nacionalidades e identidades geográficas, da mesma forma que ela os des-individualiza de seus atributos psicológicos. Por isso, dentro dessa perspectiva, a política é, acima de tudo, uma força de des-diferenciação capaz de abrir aos sujeitos um campo produtivo de indeterminação. Sujeitos políticos não são portadores de demandas individuais representativas de certos grupos particulares, estamentos e classes. Nessas condições, as demandas que aparecem no campo do político são apenas a emulação de particularismos que procuram se afirmar no interior de um mero jogo de forças, não de uma confrontação realmente política com força concreta de transformação. Na verdade, a política desconhece indivíduos, e essa talvez seja uma das lições mais atuais de Marx. Há de se meditar com atenção o fato de a revolução, para Marx, só poder ser feita pela classe dos despossuídos de predicado e profundamente despossuídos de identidade. Talvez isso nos mostre que sujeitos só se transformam em sujeitos políticos quando suas demandas individuais se des-individualizam, podendo assim aparecer como condição maior para a ampliação genérica de direitos.

57 É assim que interpretamos afirmações como esta de Jacques Rancière: "A política não é, de forma alguma, uma realidade que se deduziria das necessidades de organização dos homens em comunidade. Ela é uma exceção aos princípios segundo os quais tal organização opera" (Jacques Rancière, *Aux Bords du politique*. Paris: Gallimard, 2007, p. 238).

Por isso, devemos dizer que, do ponto de vista do político, e esta é uma importante hipótese de trabalho, o espaço das diferenças culturais deve ser um espaço de absoluta indiferença.[58] Mas o que significa a proposição de que as diferenças culturais devem ser objeto de indiferença política? Primeiro, devemos lembrar o que isso não significa. Não se trata aqui de ignorar que políticas específicas de discriminação positiva tenham função estratégica fundamental, nem de ignorar que leis de defesa de grupos sociais historicamente mais vulneráveis (mulheres, negros, imigrantes, homossexuais, travestis etc.) necessitem estrategicamente afirmar diferenças culturais para fortalecer a sensibilidade social em relação à sua vulnerabilidade específica. Estamos falando, nesses casos, da plasticidade que a ação política dispõe para impor condições reais capazes de garantir a afirmação do igualitarismo, e uma dessas condições reais é a construção da consciência da vulnerabilidade de grupos historicamente despossuídos. Tal consciência da vulnerabilidade é um estágio necessário para reposicionar a sociedade em uma situação na qual a indiferença às diferenças culturais não seja impossibilitada pelo peso da violência que se perpetua contra grupos específicos. Nesses casos, podemos falar de um uso "estrategicamente provisório" da noção de identidade que não é estranho a uma perspectiva como a defendida neste capítulo.

Por outro lado, afirmar que as diferenças culturais devam ser objeto de indiferença política significa defender a autonomia do político em relação tanto à cultura quanto à economia. Essa autonomia parte da crença de que apenas o campo do político tem condições de se afirmar como campo de igualdade radical, já que

58 Trata-se de explorar aqui a ideia, presente inicialmente em Alain Badiou, de que "somente é possível transcender as diferenças se a benevolência em relação aos costumes e às opiniões apresentar-se como *uma indiferença tolerante às diferenças*, a qual tem como prova material apenas poder e saber autopraticar as diferenças" (Alain Badiou, *São Paulo: a fundação do universalismo*. São Paulo: Boitempo, 2009, p. 116).

os campos da cultura e da economia serão sempre marcados por desigualdades que podem ser minoradas, mas que talvez não possam ser completamente eliminadas. Se é fato que a dinâmica social da cultura é marcada pela afirmação da multiplicidade de diferenças em contínua reconfiguração, é certo também que há uma potência de fragmentação e diferenciação a assombrar o campo da economia. Desde Hegel, em seus *Princípios da filosofia do direito*, aceitamos que a circulação de bens e propriedades na esfera da sociedade civil entre particulares nunca deixará de produzir desigualdades, mesmo que elas possam ser minoradas e controladas por arranjos institucionais diversos.[59] Podemos encontrar vias alternativas para além do livre-mercado, com suas afirmações de individualidades com sistemas particulares de interesse e sua dinâmica de espoliação econômica dos mais vulneráveis. Podemos abrir espaços sociais mais efetivos para a circulação do bem comum e para a afirmação da propriedade comum e coletiva. Mas a atividade econômica tem, no seu interior, um princípio de acumulação, devido à equação entre investimento e desempenho, que provavelmente nunca será completamente eliminado, a não ser que concluamos a necessidade de um horizonte de estatização completa dos meios de produção. Se aceitarmos, ao contrário, que esse horizonte traz problemas insolúveis ligados ao bloqueio de exigências necessárias de desenvolvimento das individualidades e que, por isso, o momento histórico de sua defesa política passou por completo, então podemos afirmar que a defesa da autonomia do político pode funcionar como a garantia de um espaço de igualdade radical na vida social que, inclusive, pode ter grande força indutora para demandas de igualdade na esfera econômica.

Mas tentemos identificar melhor o que pode ser uma esfera do político autônoma em relação à cultura e à economia. Deveríamos

59 G. W. F. Hegel, *Grundlinien der Philosophie des Rechts*. Frankfurt: Suhrkamp, par. 243.

ser obrigados, para tanto, a defender a existência de demandas estritamente políticas que não se expressariam como exigências de justiça econômica ou como exigências de reconhecimento de especificidades culturais? Se fosse o caso, certamente o trabalho seria vão, pois dificilmente encontraríamos demandas dessa natureza. A política não tem um lugar que lhe seja próprio. No entanto, a defesa de uma autonomia do político é o que nos permite compreender por que há lutas sociais que não se esgotam no interior da lógica dos ganhos econômicos e das defesas das particularidades culturais. A experiência do político não se dá à margem da economia e da cultura, mas se serve de ambos a fim de impulsionar demandas econômicas e culturais em direção a um ponto de afirmação de um igualitarismo radical capaz de expor "a função universal das lutas particulares quando estão investidas de um significado que transcende sua própria particularidade".[60] Por isso, só podemos concordar com Rancière e afirmar que há política quando o "povo" não é a raça ou a população, os "pobres" não são a parte desfavorecida da população, os "proletários" não são o grupo de trabalhadores da indústria, mas sujeitos que não se deixam inscrever como parte da sociedade, que não se deixam comensurar por uma lógica gestionária da vida social.[61]

No entanto, não fica claro por que deveríamos pressupor, como em alguns momentos deste capítulo, que a autonomia do político é condição para defendermos a existência de algo que deveríamos chamar de "reconhecimento antipredicativo". Pois pode parecer que simplesmente estamos diante da compreensão do político como campo de universalidade formadora de direito. Compreen-

60 Ernesto Laclau, *La razón populista*, op. cit., p. 305. De maneira bem sugestiva, Laclau propõe pensar tal relação entre particular e universal no interior das lutas políticas através da noção lacaniana de "objeto pequeno *a*" enquanto parcialidade que funciona como totalidade, expondo uma totalidade incomensurável e não representável a partir dos padrões aceitos de representação.

61 Ver J. Rancière, *Aux Bords du politique*, op. cit., p. 238.

são que nos levaria à ideia de que demandas sociais se tornam políticas quando interesses particulares aparecem como expressão de direitos universais ainda não aplicados a grupos desfavorecidos. Assim, longe de se afirmarem de maneira "antipredicativa", temos, ao contrário, uma predicação dos sujeitos através da determinação fornecida por direitos positivos juridicamente enunciados que, até então, lhes foram negados. Falar em "reconhecimento antipredicativo" só faria sentido se pudéssemos afirmar a necessidade de algo do sujeito não passar em seus predicados, mas continuar como potência indeterminada e força de indistinção. Como se aprofundar as dinâmicas de reconhecimento não passasse por aumentar o número de predicados aos quais um sujeito se reporta, mas que passasse, na verdade, por compreender que um sujeito se define por portar o que resiste ao próprio processo de predicação. O que nos deixa com uma questão fundamental: como reconhecer politicamente essa potência que não se predica? Poderíamos pensar em lutas políticas cujas encarnações em demandas particulares nos levasse, necessariamente, ao reconhecimento do que é radicalmente antipredicativo?

Colocar o problema nesses termos demonstra como não podemos ver aqui uma versão da necessidade em recuperar a distinção em sua versão clássica entre "cidadão" e "burguês", tão explorada por Marx em *Sobre a questão judaica*. O campo do que entendemos por "cultura" seria, então, uma versão contemporânea da esfera de interesses do indivíduo proprietário burguês, esse "individualismo possessivo" descrito por Macpherson e agora acrescido da dimensão da propriedade de atributos culturais diferenciais. A defesa da "cidadania" passa, normalmente, pela compreensão de que a política avança basicamente através da institucionalização de direitos universais adquiridos, que se tornam assim predicados de todo e qualquer sujeito. O máximo que poderíamos fazer aqui é aceitar que a "cidadania" é um mero decalque das "contradições que lhe vêm de sua inserção 'orgânica' na 'sociedade burguesa' cujos conflitos, relações e processos ela formaliza", mas não negligenciar que ela também se vincula às "exigências de igualdade e de liberdade 'reais', 'radicais' das quais ela extrai precisamente sua legitimidade".[62] Mas talvez só seja possível salvar o vínculo com exigências de igualdade e liberdade, presentes na luta pela cidadania, recusando por completo sua inserção orgânica na sociedade burguesa e sua tendência a ser a construção jurídico-institucional de uma figura do homem ligada à universalização e à idealização da experiência material do indivíduo liberal. À sua maneira, a proposta aqui apresentada não deixa de se inspirar (como várias mediações particulares) na ideia de Marx segundo a qual "a emancipação humana só estará plenamente realizada quando o homem individual real tiver recuperado para si o cidadão abstrato e se tornado *ser do gênero* [*Gattungswesen*] na qualidade de homem individual na sua vida empírica, nas suas relações individuais".[63] A partir disso, retomamos aqui a discussão anteriormente apresentada a respeito do conceito marxista de "vida do gênero".

## O poder de desinstitucionalização

A fim de pensar as condições possíveis de tal recuperação, devemos refletir sobre o que pode realmente significar a necessidade de existência de uma dimensão necessariamente "antipredicativa" do reconhecimento. Como foi dito anteriormente, sabemos que há uma perspectiva política, a qual nos leva a acreditar que as lutas políticas caminham necessariamente para a institucio-

62 É. Balibar, *Citoyen sujet*, op. cit., p. 473. O que levava Marx a afirmar que "Nenhum dos assim chamados direitos humanos transcende o homem egoísta, o homem como membro da sociedade burguesa, a saber, como indivíduo recolhido ao seu interesse privado e ao seu capricho privado e separado da comunidade" (K. Marx, *Sobre a questão judaica*, op. cit., p. 50).

63 K. Marx, *Sobre a questão judaica*, op. cit., p. 54 [tradução modificada].

nalização de direitos adquiridos. Assim, lutamos para ter direitos reconhecidos pelo ordenamento jurídico. Como resultado desse princípio, cada vez mais a vida social fica institucionalizada e regulada por cláusulas que visam dar voz ao direito dos grupos, até então profundamente vulneráveis. Esse princípio funcionou, por exemplo, para a ampliação de direitos em relação às minorias étnicas, religiosas e sexuais. Ou seja, eram demandas direcionadas ao Estado como ator capaz de garantir a universalização real das condições de liberdade exigidas por seus cidadãos. É inegável que esse processo foi e ainda é importante, mas ele tem como contrapartida o aprofundamento das estratégias de regulação do que poderíamos chamar de "economia libidinal das sociedades capitalistas".

Cada vez que a estrutura jurídica fortalece sua presença, mesmo que em nome da defesa de setores mais vulneráveis da população, avança a regulação disciplinar da vida. A estrutura do direito determina as formas possíveis que a vida pode assumir, os arranjos que as singularidades podem criar. Elas fazem das formas de vida aquilo que previamente tem o molde da previsão legal. Tal processo não se restringe à mutação do ordenamento jurídico, mas fortalece institucionalmente o enquadramento da produção da diferença no interior de um campo cultural no qual a exploração capitalista pode se colocar como gestão da economia libidinal. Pois a sensibilização jurídica em relação à diferença é sempre acompanhada de um processo de nomeação das formas sociais do desejo. Essa nomeação pode fornecer visibilidade a grupos vulneráveis à violência social, por um lado, mas, por outro, ela é feita a partir de uma gramática das identidades já em circulação. Gramática que pode aceitar toda e qualquer identidade, desde que ela encontre um lugar dentro de um campo geral de regulação social das diferenças. Nesse sentido, há uma estratégia política importante que passa pela desativação dos nomes. Maneira de afirmar que o poder nada pode dizer sobre a diferença, que ele não pode explorar libidinalmente sua economia e por isso deve liberá-la de sua nomeação institucionalizada.[64] É o caso de lembrar a proposição de Jacques Lacan a respeito da inadequação radical do sujeito (pensado a partir da centralidade do desejo) em relação às estruturas de nomeação e pensar as consequências políticas de tal inadequação. Ela nos leva à procura de uma *diferença impredicável* que pode aparecer como portadora de forte função política.

Diante desses casos, devemos procurar desenvolver estratégias de reconhecimento que passem ao largo dos mecanismos de institucionalização. Estratégias que permitam, ao contrário, uma profunda desinstitucionalização através da qual o direito não seja ampliado, mas, de certa forma, atrofiado. Na desinstitucionalização há uma forma de reconhecimento antipredicativo que retrai e desativa o ordenamento jurídico, abrindo "a possibilidade de uma existência humana fora do direito".[65] Esse *tópos* de uma vida para além do direito, tão presente em reflexões como as de Giorgio Agamben a respeito da forma possível de um "poder destituinte", pode ser apropriado por uma teoria do reconhecimento que esteja disposta a dar um espaço fundamental à irredutibilidade de experiências de indeterminação subjetiva, assim como pensar as consequências políticas dessas experiências.[66] Ele nos coloca diante de uma anomia que não pode ser pensada simplesmente

64 Desenvolvi esse ponto no quarto capítulo de Vladimir Safatle, *Cinismo e falência da crítica*. São Paulo: Boitempo, 2008.

65 Giorgio Agamben, *De la Très Haute Pauvreté: règles et formes de vie*. Paris: Rivages, 2011, p. 151 [ed. bras.: *Altíssima pobreza: regras monásticas e forma de vida*, trad. Selvino J. Assmann. São Paulo: Boitempo, 2014].

66 Nesse sentido, só poderíamos estar de acordo como uma afirmação, como esta de Giorgio Agamben: "se os homens, em vez de procurarem ainda uma identidade própria na forma imprópria e insensata da individualidade, conseguissem aderir a essa impropriedade como tal, fazer do próprio ser-assim não uma identidade e uma propriedade individual, mas uma singularidade sem identidade, uma singularidade comum e absolutamente exposta – isto é, se os homens pudessem não ser-assim, nesta ou naquela identidade biográfica particular, mas ser *o* assim, a sua exterioridade singular e o seu rosto, então a humanidade teria acesso pela primeira vez a uma comunidade sem pressupostos e sem sujeitos, a

como processo de enfraquecimento da capacidade de coesão e organização das normas sociais, como vemos em modelos que nos remetem às discussões de Durkheim. Processo de enfraquecimento que produziria uma desregulação das normas sociais por meio de patologias ligadas ao sentimento de esvaziamento e à incapacidade de ação.[67] O que temos aqui é uma anomia que é fortalecimento do campo político através da abertura do campo do político para além do direito.

Quando alguém levanta tal ideia, alguns acabam por ver nela uma forma insidiosa de liberalismo. Ou seja, tudo se passa como se estivéssemos diante de uma aplicação do velho mantra: quanto menos Estado, melhor. Nesse sentido, desinstitucionalizar significaria deixar a sociedade livre para criar formas de vida, mas fechando os olhos para experiências de opressão e de vulnerabilidade econômica. No entanto, poderíamos pensar uma versão de políticas de desinstitucionalização distinta de sua versão liberal. Dessa forma, podemos dizer que "desinstitucionalizar" significa criar algo como "zonas de indiferença cultural", ou seja, zonas no interior das quais a sociedade exercita sua indiferença em relação às diferenças culturais e suas determinações antropológicas. O que pode passar, por exemplo, pelo retraimento das legislações sobre costumes, família e autodeterminação, ao mesmo tempo que procuramos fortalecer a sensibilidade jurídica contra processos de espoliação econômica. Pois reconhecer que os problemas de redistribuição devem ser abordados em sua especificidade serve aqui para não defender modos que os submetam à mesma lógica das questões próprias à diferença cultural. O que nos leva ao sintagma: forte regulação das relações econômicas e fraca regulação das relações sociais. Os problemas de redistribuição devem ser profun-

uma comunicação que não conheceria mais o incomunicável" (Giorgio Agamben, *A comunidade que vem*. Belo Horizonte: Autêntica, 2013, p. 61).

67 Ver, por exemplo, Axel Honneth, *Das Ich im Wir*. Frankfurt: Suhrkamp, 2010, pp. 207-08.

damente regulados no interior do ordenamento jurídico, para que os processos de reconhecimento se desenvolvam em uma zona de indiferença, na qual o direito se torna inoperante.

A ideia de um processo de desinstitucionalização, capaz de criar zonas de indiferença, nasce de uma apropriação, reconhecidamente heterodoxa, da noção de que a luta de classes e o proletariado, conforme os textos de Marx, não são apenas conceitos capazes de operacionalizar o embate social por justiça econômica. Eles permitem também pensar a entrada de uma força de des-diferenciação no campo político. Essa força é fundamental para a emergência de sujeitos políticos e só pode ser reconhecida em sua potência produtiva através do retraimento do espaço do direito, com o qual a produção indiferente de formas singulares de vida é possível.

Um exemplo paradigmático é a desinstitucionalização do casamento. Nossas sociedades contemporâneas são atravessadas por questões justas ligadas à ampliação do direito ao casamento para casais homossexuais, criando, com isso, a exigência de ordenamentos jurídicos igualitários no que diz respeito ao direito de casamento. No entanto, uma perspectiva realmente mais consequente deveria radicalizar essa demanda afirmando que cabe ao Estado simplesmente deixar de legislar sobre a forma do matrimônio, limitando-se a legislar única e exclusivamente sobre as relações econômicas entre casais ou outras formas de "agrupamentos afetivos". Seria uma maneira de radicalizar o princípio de abertura do casamento a modelos não ligados à estrutura disciplinar da família heterossexual burguesa, com seu modo de gestão biopolítico da vida. Em vez de ampliar a lei para casos que ela não contemplava (como os homossexuais), deveríamos simplesmente eliminar a lei criando uma zona de indiferença desinstitucionalizada.

O contra-argumento clássico consiste em dizer que, ao deixar de legislar sobre a forma do casamento, o Estado desguarnece aqueles que são mais vulneráveis (no caso, as mulheres). Há, no entanto, um problema maior. A despeito de legislar sobre questões de sua alçada (como as relações econômicas no interior da família, o problema da posse dos bens em caso de separação, direito a pensão etc.) o Estado legisla sobre aquilo que não lhe compete (a forma das escolhas afetivas dos sujeitos, ou seja, a plasticidade singular das formas de vida em mutação e produção). O Estado, com seu ordenamento jurídico, deve legislar sobre questões de ordem econômica, não sobre questões de ordem afetiva. Mas o casamento não é simplesmente um contrato econômico. Ele é, ou ao menos deveria ser, o reconhecimento de um vínculo afetivo produzido como expressão singular do circuito dos afetos de sujeitos emancipados. Nesse sentido, nada impede que o Estado legisle sobre as questões estritamente econômicas do casamento e das uniões estáveis, calando-se sobre a forma dessas uniões (se entre um homem e uma mulher, duas mulheres, duas mulheres e um homem etc.). Ou seja, no que diz respeito a formas afetivas, não cabe ao ordenamento jurídico predicar previamente os possíveis, mas acolher as efetivações múltiplas dos possíveis. Do ponto de vista do direito, tal multiplicidade deve ser indiscernível.

Esses processos de desinstitucionalização permitem às sociedades caminharem paulatinamente para um estado de indiferença em relação a questões culturais e de costumes. Pois questões culturais sempre serão espaços de afirmação da ordenação múltipla de identidades. Mas a política deve, no horizonte, se descolar dessa afirmação. Por mais que isso possa parecer contraintuitivo, a verdadeira política está sempre além da afirmação das identidades, sejam individuais ou coletivas. Ela inscreve, em estruturas sociais amplas, modalidades antipredicativas de reconhecimento que encontram sua manifestação em dimensões sociais da linguagem e do desejo marcadas pela produção singular de circulação do que não se deixa experimentar sob a forma do próprio. Produção que podemos encontrar agora nos setores mais avançados da poesia contemporânea e nas reflexões psicanalíticas sobre as experiências amorosas.

## O devedor que vem até mim, o Deus que aposta e os amantes que se desencontram

*Havia terra neles, e*
*Eles escavavam.*
*Escavavam, escavavam, e assim*
*o dia todo, a noite toda. E não louvavam a Deus*
*que, como ouviram, queria isso tudo*
*que, como ouviram, sabia isso tudo*

*Eles escavavam e não ouviam mais*
*Não se tornaram sábios, não inventaram canção alguma*
*Não imaginaram linguagem alguma*
*Eles escavavam*
*Veio um silêncio, veio também uma tempestade*
*Vieram todos os mares*

*Eu escavo, tu escavas e escava também o verme*
*E quem aí canta diz: eles escavam*

*Oh alguém, oh nenhum, oh ninguém, oh você*
*Para que lugar foi, senão a lugar algum?*
*Oh você escava e eu escavo, e eu me escavo rumo a ti*
*E no dedo desperta-nos o anel.*

PAUL CELAN

Poderíamos começar por nos perguntar sobre que situação epocal é esta na qual tentar aproximar-se de alguém através do amor deve ser descrito como um ato de escavar. Pois, se um dia o amor foi comparado a uma terra firme, aproximá-lo do ato de escavar indica que agora estamos diante de terra em excesso, terra demais que soterrou os amantes na distância do que se petrifica, do que volta à inércia, daquilo com o qual cobrimos os mortos. Mas a escavação, da qual Celan fala, parece não se contentar em desterrar o que estava soterrado, como se fosse ação ligada à justificação de sua utilidade. Ela quer se apresentar como o gesto elementar de uma repetição bruta, dessas que não nos tornam mais sábios, que não nos levam a inventar canção alguma, a imaginar linguagem alguma. Repetição que parece estar no lugar de uma prece, que se repete secamente. "Eles escavavam", diz o poema em todos seus momentos: pois há de se repetir a ação em ritmo de prece, sentindo o peso impredicado do que não tem tempo, do que se faz o dia todo e a noite toda porque é indiferente à existência do dia ou da noite, é indiferente ao passar do dia e da noite. Tempo que destrói o dia e a noite em uma indiferença soberana. Tempo que se repete, que não se rememora.

Repete-se sem louvar a Deus pois os amantes que escavam não esperam desterrar unidade alguma, nem esperam algo além de sua ciência e escuta. Não se louva a Deus porque Deus não vela mais pelos amantes na garantia destinal da reconciliação, ele sequer os observa. No desamparo de não ter quem os vele, os amantes escavam até encontrar esse estado no qual se ouve tanto o silêncio quanto se vê a tempestade, *Still* e *Sturm*: aliteração que nos lembra como, do fundo, vem o movimento no qual os afetos opostos desabam em um ponto de indistinção. Veio a indistinção entre o silêncio e a tempestade e, lá onde o silêncio berra e a tempestade cala, algo de impossível irrompe: a abertura da infinitude de todos os mares diante dos amantes.

Todos os mares – há de se ter muito espaço para a grandeza intensiva de todos os mares. Mas alguém poderia ter a péssima ideia de se perguntar: o que se sente diante de todos os mares? O sublime dinâmico que mostra a excelência de nossa destinação, seria possível dizer. Mas então o que faz lá o verme? Pois, diante de todos os mares, há eu, há tu e há o verme, esse intruso nem um pouco sublime que, no entanto, lembra que todos os mares são também terra, matéria que se escava o dia todo, a noite toda. Parecia sublime, mas, bem, lá estava o verme. O mesmo verme que se infiltrou no momento em que o poema se volta para o mais elementar na linguagem. Momento em que o material do poema se atrofia até se transformar em uma impessoal e inexpressiva regra de conjugação verbal (*ich grabe, du gräbst und es gräbt*...) que irrompe no momento mais sublime das imagens. *Ich, du und es*: a primeira, a segunda e a terceira pessoa, mas uma terceira pessoa impessoal, tão democrática quanto o verme que corrói todas as carnes, a minha e a sua, em uma indistinção, ao mesmo tempo, originária e final. Terceira pessoa na qual se quebram as fusões dos mares e que talvez lembre como todos os mares, ao final, estão lá para nos despossuir. Nos fazer passar de alguém a ninguém nos faz passar de quem se conta (*oh einer + einer + einer*) a quem não se conta mais (*niemand*). De *alguém* que ainda é uma pessoa, a respeito da qual se pode dizer algo, a *ninguém*: este, despossuído de predicados; este, que pergunta para onde você foi se não há lugar para ir.

E nesse momento em que não há mais o que escavar, pois não há mais lugar para ir, não há mais direção, então até a mais elementar regra gramatical de conjugação verbal produz o que só pode ser produzido na consciência absoluta da disjunção, no retraimento dos deuses e dos mares e de todos os que um dia prometeram velar pelos amantes. O material gasto e elementar produz anéis que despertam dos dedos mostrando como a disjunção dessacralizada do amor consegue nos fazer passar da impotência à imagem do impossível. Quando a disjunção tudo implode, ainda que o desejo persista em sua força bruta de prece, há um anel que brota nos dedos dos amantes.

Mas, para que os anéis brotem, é necessário que a língua toque o impossível, que ela conjugue de uma forma que a gramática não permite conjugar: *ich grab mich*, eu me escavo. Nunca a língua viu ação semelhante. Eu me escavo porque há terra em mim, a mesma terra que soterra você. E a primeira escavação é a da língua que precisa deixar de comunicar para passar a escavar a si mesma, desmontar suas próprias regras como quem desconstrói casas na superfície para encontrar vestígios de outros tempos no subsolo. É só através de uma torção da língua que os amantes produzem aquilo de que são capazes.

## O amor no limite dos indivíduos

A experiência do amor descrita no poema de Paul Celan diz respeito a uma situação muito precisa de compreensão dos afetos: esta da qual somos contemporâneos. Ela é a forma literária de um modo de *acontecimento por despossessão* cuja necessidade devemos defender e cuja anatomia devemos compreender. Podemos nos perguntar por que, a partir de certo momento histórico, o amor apareceu para alguns como a afirmação da possibilidade – talvez a mais constitutiva de todas – de acontecimentos que nos despojam de nossa identidade, de nossa personalidade e de nossos predicados. Acontecimentos que nos desamparam ao nos levar a fazer gestos e ações incalculáveis a partir da régua dos interesses da pessoa. Se o poema de Celan traz um amor que desconhece relações com as exigências da individualidade ou de suas expiações sacrificiais e fusionais expressas no amor romântico, da mesma forma que ignora a certeza destinal da ágape, a aliança comunal da *philia*, e mesmo a potência incondicional de satisfação de eros, é porque ele se funda na recusa profunda de modelos de subjetividade pressupostos nessas três figuras canônicas da teoria do amor. Seu amor é a invenção de um circuito de afetos inaudito, que gera alianças em meio a despossessões e à violência da despersonalização. Circuito de afetos porque o amor é uma *circulação* que produz relações que têm seu próprio tempo, um tempo que não se conta entre instante e duração.

No entanto, se Celan fala de uma época na qual o primeiro ato de amor consiste em escavar, em repetir a insistência bruta de um gesto sem leveza, duro e elementar como a luta contra a terra, é porque esse tempo tem muito o que retirar de cima dos amantes, pois há muito que os impede de aparecer, há muitos discursos, imagens e promessas que os soterram ao, aparentemente, falar em seus nomes. O primeiro gesto de amor, ao menos o primeiro gesto necessário para nossa situação epocal, é a constatação de haver terra demais sobre mim e você. O segundo é reconhecer que os amantes não se deixam soterrar por ela, que eles estão a escavar em toda inquietude.

Aceitar que essa operação poética é o documento que expressa as coordenadas de experiência amorosa possível para nossa época implica, inicialmente, perguntar-se por que o amor, ao menos segundo essa leitura, transformou-se, como afirmou Alain Badiou, em "uma sequência insistente de enquetes sobre a disjunção".[1] Uma sequência na qual a disjunção não se deixa calar pela crença de que o amor poderia evidenciar como o caráter inter-relacional da constituição do Eu seria prova maior da natureza intrinsecamente cooperativa dos sujeitos. O amor do qual fala Celan não saberia ser a expressão de uma pretensa tendência de cooperação intrínseca aos sujeitos. A cooperação seria a peça maior para fundamentar processos de reconhecimento em relações capazes de produzir a "segurança emocional" de quem se sabe amado e pronto a criar "identificações emocionais" graças às quais seria possível adotar a perspectiva de uma segunda pessoa. Uma segurança derivada da compreensão do amor como "simbiose refratada pela individualização mútua",[2] ou seja, simbiose que produz unidades capazes de fornecer as condições para o desenvolvimento da autonomia dos sujeitos envolvidos. Mas o amor do

1 Alain Badiou, *Conditions*. Paris: Seuil, 1992, p. 264.

2 Axel Honneth, *Luta por reconhecimento: a gramática moral dos conflitos sociais*. São Paulo: Editora 34, 2003, p. 107. Uma ideia que podemos encontrar também em Niklas Luhmann, *Liebe: eine Übung*. Frankfurt: Suhrkamp, 2008.

qual nos fala Celan é a poesia dos espaços sem simbiose e sem individualização.

Pode parecer, no entanto, que a concepção do amor como poesia de espaços sem simbiose seja apenas a expressão, em seu ponto máximo, dos impasses do retorno da individualidade romântica e de seu pretenso excesso desestabilizador. Isso se aceitarmos o diagnóstico de época segundo o qual "o individualismo romântico se tornou projeto generalizado e as coerções morais foram amplamente decompostas",[3] levando, entre outras coisas, à "diminuição da capacidade dos sujeitos à autolimitação"[4] e ao consequente colapso de todo acordo de desejos e interesses no interior das relações amorosas. Como se estivéssemos diante da consciência do crescimento da natureza conflitual e do risco de incomunicabilidade das relações amorosas advinda dessa pretensa generalização do individualismo romântico como projeto. E, contra isso, nada melhor do que afirmar, enquanto resposta teórica, a necessidade de proceder à naturalização de tendências cooperativas, como vimos no capítulo VI, quando não for o caso de recuperar pura e simplesmente a velha crítica moral da multiplicidade hedonista e o nivelamento genérico de toda escolha afetiva como processo intercambiável.

Mas essa hipótese não poderia ser sustentada, até porque o amor do qual fala Celan é radicalmente antirromântico. É fato que as relações afetivas foram normalmente pensadas também como relações de reprodução material da vida social, pois enquadradas em modelos gerais de aliança com seus dispositivos de reprodução e troca (casamento, filiação, parentesco). Nesse sentido, faz parte das temáticas fundamentais da expressão da subjetividade

3 A. Honneth, "Patologias da liberdade individual". *Novos Estudos*, 2003, p. 87. O que teria levado ao risco de situações nas quais "os motivos egocêntricos de realização de si ou de promoção individual impedem cada vez mais os indivíduos honrarem vínculos constitutivos de relações íntimas de longa duração" (A. Honneth, *Das Recht der Freiheit*. Berlim: Suhrkamp, 2013 p. 272).

4 Id., ibid., p. 237.

moderna a mobilização da pretensa espontaneidade das relações amorosas contra o caráter estereotipado das convenções sociais de aliança. A autenticidade dos afetos teria a força de colocar em relação sujeitos para além de suas predicações de classe social, de vínculo comunitário e nacional, de gênero, de interesses financeiros, de obrigação familiar, entre tantos outros. Essa exigência de autenticidade teria se consolidado na figura do amor romântico[5] e forneceria, entre outros, um modelo de narrativa de si, de organização narrativa dos conflitos e desejos, fundamental para a constituição da sensibilidade moderna.[6] No entanto, talvez seja o caso de dizer que, devido ao vocabulário da autenticidade,

> o amor romântico articulou um desejo por e um modelo utópico para a soberania do indivíduo por sobre e geralmente contra as exigências do grupo. Muito antes do individualismo possessivo do capitalismo comercial e industrial, o amor romântico celebrava o individualismo moral, um valor de importância crucial para a visão de mundo do capitalismo industrial.[7]

5 Assim: "Não apenas o indivíduo devia ser agora mais livre que antes para optar por uma relação liberada de exigências parentais e fundada unicamente sobre os sentimentos pessoais, mas a relação livremente escolhida entre homem e mulher era, a partir de então, ela mesma compreendida como um arranjo social encarnando uma forma específica de liberdade" (A. Honneth, *Das Recht der Freiheit*, op. cit., p. 25).

6 O que leva alguns a afirmar que "o amor romântico introduziu a narrativa no interior da vida individual. A narrativa de uma história é um dos sentidos da palavra 'romance', mas essa história advém agora individualizada, inserindo o eu e o outro em uma narrativa pessoal que não tem referência com processos sociais mais amplos. A ascensão do amor romântico coincide mais ou menos com a emergência da novela: a conexão foi uma das descobertas recentes da forma narrativa" (Anthony Giddens, *The Transformation of Intimacy: Sexuality, Love and Eroticism in Modern Societies*. Stanford: Stanford University Press, 1992, p. 40).

7 Eva Illouz, *Consuming the Romantic Utopia: Love and the Cultural Contradictions of Capitalism*. Oakland: University of California Press, 1997, p. 9.

Essa colocação é importante porque quebra a leitura de que a desagregação paulatina das estruturas tradicional e fortemente tipificadas de relações afetivas, nas sociedades ocidentais a partir do século XIX, teria feito do amor o espaço de afirmação de projetos individuais cada vez menos normatizados. Como se as demandas de liberdade individual na vida amorosa tivessem explodido o quadro de regulação das normatividades sociais.[8] De onde viria sua pretensa importância moral e política.

Na verdade, estar atento às exigências, presentes no amor romântico, de afirmação da soberania individual, de celebração do individualismo moral, e de distinção entre os interesses contratuais da pessoa e a autenticidade dos sentimentos, nos permite lançar luz sobre a profunda relação entre o reconhecimento social da utopia do amor romântico e o desenvolvimento das exigências de autorrealização da sociedade de consumo. Não por acaso, as utopias do amor romântico, desde seu desenvolvimento inicial, foram *a* mercadoria por excelência da sociedade capitalista de consumo. A autorrealização dos indivíduos encontra, no amor romântico, não apenas a expressão crítica dos processos sociais de reificação, mas também uma crítica feita a partir das figuras em circulação no próprio universo capitalista reificado.[9] Dessa forma, através das exigências individualistas do amor romântico, a sociedade de consumo pode portar em si mesma sua própria negação no interior de uma relação na qual a força de regulação das normativida-

8 O que leva sociólogos como Ulrich e Elisabeth Beck a afirmar que, “Oprimido pelas esperanças nele depositadas, o amor parece escapar por ser idealizado por uma sociedade baseada no crescimento do indivíduo. E ele é carregado com mais esperanças quanto mais rápido ele parece dissolver no ar, abandonado todo vínculo social” (Ulrich Beck e Elisabeth Beck-Gernsheim, *The Normal Chaos of Love*. Cambridge: Polity Press, 1995, p. 2).

9 “A cultura de massa não criou o ideal do romance. O que ela fez, no entanto, foi transformar um antigo ideal romântico em uma ‘utopia visual’ que combinou elementos do *American Dream* (de afluência e autorrealização) com fantasias românticas” (Eva Illouz, op. cit., p. 31).

des sociais consegue, mesmo sob o fogo da crítica, conservar seu elemento disciplinar fundamental, a saber, a disciplina requerida à fundação das ilusões de deliberação individual. O que explica o caráter funcional da crença de alguns, para quem o amor teria se transformado "em religião após a religião, a última crença após o fim de toda crença".[10] Essa é uma maneira de negligenciar a sacralização do amor, que serviria apenas para conservar a ilusão da irredutibilidade de algo bem prosaico, isto é, a soberania individual a se fazer sentir tanto dentro quanto fora de normatividades sociais reconhecidas. Tanto dentro quanto fora da norma, no sagrado ou no profano, encontramos a mesma figura da individualidade.

Se esse diagnóstico estiver correto, sua superação não pode se encontrar no apelo à naturalização de tendências cooperativas e, por consequência, à segurança emocional própria de individualidades autônomas que encontram o reconhecimento mútuo e consentido de seus interesses conscientes. Essa solução, na verdade, acaba por conservar a centralidade das demandas da individualidade, mas simplesmente "desinflacionando-as" por enquadrar o amor, mais uma vez, no interior de uma dinâmica de reforço e reiteração dos processos de reprodução material da vida. Quem sabe ouvir o que a poesia tem a dizer sobre nossa época perceberá como o amor deixa de ser apenas uma possibilidade, não quando os indivíduos encontram um acordo tácito de, ao mesmo tempo, autolimitação e afirmação de seus interesses de autorrealização, mas quando eles se escavam até não serem mais alguém. Não há indivíduos no interior do amor, e afirmar isso não significa, necessariamente, realizar expectativas românticas de fusão sacrificial. Significa afirmar: o que nos impulsiona e sustenta as relações amorosas não tem a figura de atributos individuais conscientemente dispostos; ao contrário, caracteriza-se por ter a força de desestabilizar o que se deixa narrar sob a forma da atribuição e da pre-

10 U. Beck e E. Beck-Gernsheim, op. cit., p. 12.

dicação. Por isso, o amor do qual fala Celan é, necessariamente, antirromântico, como reiteram estes versos de "Salmos":

> Ninguém molda-nos novamente com terra e barro
> ninguém evoca nosso pó
> Ninguém.
>
> Louvado sejas, ninguém.
> Por ti queremos
> nós florescer.
> Ao teu
> Encontro
>
> Um nada
> éramos nós, somos nós, permaneceremos
> sendo, florescendo:
> a rosa nada, a
> rosa de ninguém.

Ninguém nos molda mais e nos faz à sua imagem e semelhança. Nenhuma unidade que se garanta nas ilusões especulares do amor, nada que se deixe narrar sob a forma da atribuição, do próprio. Mas esse retraimento dos deuses, com seus *téloi* e seus fundamentos por semelhança entre fundante e fundado, é condição para outra subjetivação, que permite a "Ninguém" se transformar em um nome próprio; como um dia "Ninguém" foi a última astúcia de Ulisses contra o que poderia destruí-lo. O nome próprio indica um agente que, contra tudo o que até agora aprendemos, nos faz afirmativamente florescer. Mas florescer como uma rosa, metáfora maior do amor romântico, que não aparece mais como o desabrochar das promessas de crescimento a dois e exuberância de si. Uma "rosa nada" e uma "rosa de ninguém" que indicam como a negatividade e a despersonalização invadem o significado anterior do romantismo de uma rosa, queimando a afirmação das individualidades através do amor. Um amor que nos faz afirmar: floresceremos sendo nada, tendo a coragem de levar o ser ao limite do puramente indeterminado.

## Contra uma compreensão protocontratualista do amor

Insistamos neste ponto, pois não é possível guardar a centralidade da noção de individualidade autônoma sem acabar por transformar o amor em expressão tácita de dimensões, no fundo, protocontratualistas de relações intersubjetivas. Como se sujeitos entrassem em relação enquanto representantes de vontades conscientes que se expressam em um campo de demandas consentidas capazes de fortalecer o desenvolvimento individual e o reconhecimento das propriedades que nós nos atribuímos, ou que nos são atribuídas.[11] Assim, dentro dessa perspectiva, mesmo que não seja compreendido como modelo de relação no qual o outro aparece sob a forma de coisa, o amor acaba por aparecer como relação na qual eu apareceria sob a forma de *portador de propriedades* que devem ser reconhecidas pelo outro, daí sua dimensão pretensamente "protocontratualista". Um contrato tácito, não assinado, que "obriga" o outro a reconhecer as propriedades que tenho.[12] Posso não ser possuidor

11 Diria que não é possível sustentar uma crítica radical das filosofias da consciência sem compreender como a reflexão filosófica sobre o amor deve ser reconstruída. Vale aqui o que diz Alain Badiou, segundo o qual, "se o amor é 'consciência do outro como outro', isso significa que o outro é identificado *em consciência* como o mesmo. Senão, como comprender que a consciência, que é o lugar de identificação de si como o-mesmo-que-si possa acolher ou experimentar o outro como tal" (Alain Badiou, *Condition*. Paris: Seuil, 1992, p. 262). Daí sua proposição de que se deve partir do amor como processo, e não da consciência amorosa.

12 Mas que pode se tornar um contrato claramente assumido através, por exemplo, de "largos espaços de contratualização a partir do modelo do que já existe em matéria de circulação de bens" (Patrice Maniglier e Marcela Iacub, "Leur République et la nôtre", in Vladimir Martens, *Citoyenneté, discrimination et préférence séxuelle*. Bruxelas: Publications de Facultés Universitaires Saint-Louis, 2004, p. 83) que permitiriam aos indivíduos definir formas mútiplas de união

do outro como se este fosse um objeto mercantil, mas sou possuidor consciente de minha vontade, como se esta fosse uma coisa que se dispõe diante de mim em sua integral visibilidade a ser enunciada pelos afetos. No entanto, de nada adianta sair de um modo de reificação (a reificação do outro) para caminhar em direção a outro tipo de naturalização (a reificação da vontade como algo próprio, como uma propriedade). Nos dois casos, não saímos da dimensão das *determinações por possessão*. Nesse sentido, podemos falar dessa reificação da vontade como expressão de um "fetichismo da pessoa" no qual "'pessoa' designa a outra face do fetichismo das coisas, seu 'duplo' humano (e mesmo humanista) configurado pelo direito de propriedade e de troca necessário à circulação das mercadorias".[13] Pois não há a reificação das coisas em mercadorias submetidas à forma-equivalente geral sem a reificação de si em pessoa.

A crítica desse "fetichismo da pessoa" fornece, entre outras, uma das razões pelas quais o uso de noções como "consentimento" e "consensualidade" são tão inadequadas para descrever a natureza dos vínculos no interior de relações amorosas. Quem diz consentimento diz assunção consciente da vontade e aceitação voluntária de pactos, acordos e contratos. O que implica permanência inaudita de uma imagem do pensamento herdada das filosofias da consciência, assim como a permanência de modelos de relação herdados da racionalidade mercantil.

Notemos, a esse respeito, a natureza do quadro normativo fornecido por Axel Honneth a respeito do amor, pois sua concepção é um

e aliança sob contrato a partir de sua "vontade de se unir, ou de se aliar, independente do sentido que os parceiros dão a esta união" (id.), desde contratos de co-habitação até contratos intergeracionais. Mas é a expressão da vontade sob a forma do contrato que se trata aqui de criticar, como se a expressão ideal dos vínculos afetivos a serem reconhecidos pelo poder público fosse necessariamente o contrato. Não seria prova de limitação da compreensão da natureza das relações de reconhecimento pensá-las a partir do modelo de determinação que usamos para a circulação de bens?

13 É. Balibar, *Citoyen sujet*, op. cit., p. 338.

bom exemplo do que procuro aqui criticar. Esse quadro normativo está expresso em afirmações segundo as quais

> Quem se engaja em uma relação amorosa, seja heterossexual ou homossexual, espera hoje como antes ser amado pela pessoa amada por suas propriedades (*Eigenschaften*) que considera em si mesmas como centrais. O amor recíproco não deve ser fundado em qualidades quaisquer, mas em desejos ou interesses que a própria pessoa considera decisivos para sua autocompreensão/ autossignificação (*Selbstdeutungen*).[14]

Essas propriedades constitutivas não são apenas as atualmente presentes, mas se referem também àquelas que se desdobram em uma perspectiva temporal que abre os amantes ao tempo futuro fornecendo a figura de uma duração estável velada sob os olhos de sujeitos conscientes-de-si e da unidade de seu tempo. A norma de atenção constante às transformações dos comportamentos respectivos expressaria o fato de que

> é apenas lá onde duas pessoas colocam-se de acordo para acompanhar com benevolência o desenvolvimento de suas personalidades respectivas, mesmo quando ele toma uma direção impossível de antecipar, que é permitido falar de uma relação intersubjetiva que merece o nome de relação "amorosa".[15]

O que faz do amor uma forma de amizade mais intensa, acrescida de um "desejo mútuo de intimidade sexual" que permite que os casais apareçam sob a imagem de um "Nós carnalmente unido".

Falar do amor como reconhecimento de um conjunto de qualidades ou propriedades que cada um dos sujeitos vê como decisi-

14 A. Honneth, *Das Recht der Freiheit*, op. cit., p. 260.
15 Id., ibid., p. 262.

vas para sua autocompreensão ou autossignificação é, no entanto, pensá-lo sob a forma de uma troca equivalente de reconhecimento entre atributos conscientes. Como se o que nos motivasse ao engajamento em relações amorosas fosse a expectativa consciente de um acordo que permitiria a duração estável de protocolos de síntese em vista da unidade de um Nós encarnado, e não um vínculo inconsciente impulsionado por algo muito distinto dos traços caracteriais que creio ser "em si mesmos centrais" para o desenvolvimento de minha personalidade. Vínculos inconscientes causados pelo que precisei perder nos processos de maturação para constituir a imagem de si, mas que, no entanto, continuam a insistir na configuração de meus desejos. Esse amor pregado por Honneth não é outra coisa senão a forma da relação protocontratual entre indivíduos que, agora, aprenderam a se "autolimitar" em suas "motivações egocêntricas" e, por isso, podem negociar indefinidamente a partir dos desejos e interesses que eles mesmos consideram decisivos. Como se estivéssemos diante de sujeitos que têm, diante de si, a compreensão instrumental do sistema de causas e razões de seus desejos e interesses (ilusão suprema de uma filosofia inadvertida da consciência), como se eles pudessem nomeá-los na antecâmara dos prolegômenos de toda relação possível e tê-los à sua disposição através da força iluminadora do nome. Como se fosse possível ignorar que "não encontraremos no outro desejado o que colocaria um fim em nossa divisão subjetiva, mas aquilo que é mais difícil de reconhecer em nós mesmos".[16] Esse amor com sua consensualidade de praça de mercado é, no fundo, a ficção liberal por excelência. Pois ele fornece aos indivíduos liberais a orientação para o desenvolvimento de certa forma de autodeterminação decisiva para a aceitação de demandas de reconhecimento em esferas mais amplas. Forma essa baseada em modelos de deter-

16 Monique David-Ménard, *Éloge des hasards de dans la vie sexuelle*. Paris: Hermann, 2012, p. 78.

minação por predicação. Há, no fundo, uma função pedagógica e profundamente disciplinar dessa modalidade de amor, pois ela me ensina e me confirma a forma da determinação de si esperada no interior das funções sociais que ocuparei em vínculos mais amplos.

Podemos dizer, inclusive, que uma concepção dessa natureza sequer é fenomenologicamente coerente, a não ser que se queira enviar à dimensão do patológico situações fenomênicas estruturalmente próprias às relações amorosas como a ambivalência irredutível de sentimentos, essa pulsação indeterminada entre amor e raiva, amparo e devastação, atração e recusa que não se organiza teleologicamente como momentos de teste em direção a uma comunicação cada vez mais consensual, mas que é expressão profunda de disjunção contínua entre o sujeito e seus próprios "interesses". Ou ainda essa consciência tácita da fragilidade do amor em seus momentos de proximidade, a não reciprocidade assumida, o reconhecimento de que o amor nunca foi feito para evitar a angústia e a vulnerabilidade, a capacidade de desconhecer sua própria vontade a fim de procurar construir – sem expectativa de duração, pois o tempo intensivo não se conta – outra subjetividade sob o fundo de uma disjunção que não se reduz (a não ser para os casais que compram roupas de *jogging* da mesma cor e correm juntos na beira do lago – de fato, essa é sempre uma possibilidade, mas não para todos).

### Um problema de dom

Diante dessas considerações, não seria o caso de estruturar uma reflexão teórica mais adequada às experiências desveladas pela capacidade sismográfica da poesia contemporânea em fornecer a imagem de um mundo produzido por movimentos tectônicos que apenas começamos a sentir? Uma reflexão teórica capaz de evidenciar como a experiência contemporânea do amor em suas dimensões mais produtivas (ou seja, na singularidade do poema e na compreensão irredutível fornecida pela psicanálise) não fundamenta hoje vínculos sociais mais alargados, mas fornece a forma de relações produzidas fora do circuito de afetos que coloniza nossa vida social. Longe de ser uma forma de amparo, o amor desampara ao colocar em circulação processos de despossessão dos indivíduos em relação a seus predicados. Sem ser um sistema de trocas, ele é uma operação muito específica de circulação de dons que quebram as relações de reciprocidade. Por isso, ele é possibilidade de relação entre o que se coloca em radical disjunção.

Podemos encontrar tal conceito de amor em Lacan. Um conceito que tem relevância política por nos permitir pensar modos de relação que não se deixam definir sob a forma da associação entre indivíduos. Em Lacan, isso é ainda mais claro se lembrarmos que o amor não é espaço de deliberação e consentimento, mas é constituído por vínculos inconscientes de repetição.[17] Guardemos por enquanto esta ideia: *o amor é uma forma de repetição que despossui sujeitos de suas identidades.*

A fim de melhor compreender esse ponto, analisemos inicialmente outra característica importante do conceito lacaniano de amor, a saber, a ideia segundo a qual ele seria modelo de circulação de dons. Tendo em vista a crítica a certas leituras protocontratualistas das relações amorosas, justifica-se a conhecida definição lacaniana do amor como "dar o que não se tem".[18] Pensando em uma dimensão na qual o dom aparece como demanda de engajamento mútuo e de reciprocidade (algo que já havia trazido da teoria do dom de Marcel Mauss), o psicanalista francês lembra que,

17 O que não poderia ser diferente se aceitarmos que "a hipótese da psicanálise é de que nossa singularidade de homem e mulher, comumente vivida no amor, é da mesma ordem que a estrutura de nossos sonhos e sintomas, ou seja, daquilo que escapa de nós mesmos ao mesmo tempo que nos constitui" (M. D. - Ménard, op. cit., p. 10).

18 Jacques Lacan, *Autres écrits*. Paris: Seuil, 2001, p. 46 [ed. bras.: *Outros escritos*, trad. Vera Ribeiro. Rio de Janeiro: Jorge Zahar, 2003] e *Séminaire IV*. Paris: Seuil, 1994, p. 140.

ao se realizar, o dom dissolve o objeto enquanto tal para projetar a demanda em direção à articulação do que ele chama de "cadeia simbólica de dons". Aceitar um dom e retribuí-lo é reconhecer, ao menos para Lacan, a participação dos sujeitos em estruturas simbólicas de reconhecimento.[19] Maneira estruturalista de compreender o sistema de obrigações de dar, receber e retribuir descrito por Mauss em seu célebre ensaio. No entanto, e este ponto é de suma importância, Lacan insistirá que, no amor, o dom é dado para nada.[20] Sua gratuidade vem do fato de fazer circular o que não pode se colocar em relação de equivalência e utilidade.[21] A forma como Lacan serve-se do exemplo do *potlatch* (termo chinook que significa "nutrir", "consumir") para falar do amor é clara nesse sentido. Há sempre algo de *potlatch* no amor.

Como sabemos, o *potlatch*, praticado principalmente por algumas tribos da costa noroeste dos Estados Unidos, como os

19 "Insistamos que a dimensão do dom só existe com a introdução da lei. Como nos mostra toda meditação sociológica, o dom é algo que circula, o dom que você faz é sempre o dom que você recebeu" (J. Lacan, *Séminaire IV*, op. cit., p. 140).

20 Poderíamos lembrar aqui a forma como Lévi-Strauss compreende o *mana* de Mauss como signo de "valor simbólico zero" (Claude Lévi-Strauss, "Introdução à obra de Marcel Mauss", in M. Mauss, *Sociologia e antropologia*, trad. Paulo Neves. São Paulo: Cosac Naify, 2003, p. 43). Maneira de afirmar que a força que anima as coisas que são objetos de dádiva é, na verdade, expressão de "um valor indeterminado de significação, em si mesmo vazio de sentido e portanto suscetível de receber qualquer sentido, cuja única função é preencher a distância entre o significante e o significado" (p. 39). Podemos lembrar também como Lacan compreenderá o Falo como esse significante que formaliza tal inadequação (cf. J. Lacan, *Écrits*, op. cit., p. 821). Nesse sentido, "dar o que não se tem" seria basicamente dizer que, no amor, o Falo circula como significante da inadequação entre o desejo e seus objetos. No entanto, isso seria dizer pouco, pois devemos nos perguntar o que expressa tal inadequação, qual o efeito do desvelamento desse valor indeterminado de significação.

21 O que é outra maneira de dizer que "os bens trocados em ocasiões particulares (festas, encontros, casamentos) não têm nenhuma significação nem valor econômico; eles visam a reconhecer, a honrar, a vincular: eles são consumidos na celebração ou repartem no circuito de dons" (Marcel Hénaff, *Le Prix de la vérité: le don, l'argent, la philosophie*. Paris: Seuil, 2002, p. 30).

Tsimshian, os Kwakiutl, os Haida e os Tlingit, é um meio de circulação das riquezas através do dom. Um chefe oferece riquezas a seu rival a fim de desafiá-lo e obrigá-lo a uma retribuição mais alta. Como lembra Bataille, "ele deve retribuir com usura",[22] pois "a 'devolução' é sempre maior e mais cara".[23] No entanto, o *potlatch* não se dá apenas sob a forma de dom, mas pode se dar também por meio da destruição: um rival é desafiado pelo gesto de destruição solene de riquezas. A Lacan interessa principalmente essa versão extrema do *potlatch*, na qual os bens não são sequer trocados, mas destruídos em uma manifestação suntuária infinita. Jogo mútuo de destruição da riqueza e utilidade, compreendido por Lacan como expressão de uma luta por prestígio, semelhante à que vemos na leitura de Bataille.[24] Mas, em vez de falar das condições para a afirmação da soberania, como faz Bataille, Lacan se interessa, na verdade, pela ideia de circulação do que só se apresenta como destruição contínua dos objetos até a exaustão, ou melhor, do que só se apresenta destruindo continuamente os objetos até a exaustão. Fato que demonstra que "a destruição dos bens como tais pode ter uma função reveladora de valor".[25] Por isso, o dom que é signo de amor pode aparecer como dom do que se coloca como falta. Pois dar o que não se tem é, assim, dar o que se inscreve como falta; não a falta como insatisfação, mas a falta como diferença entre o ser e o campo da determinação. Ou seja, a falta não como ausência, mas como desmesura, no sentido radical de indiferença à medida.

22 Georges Bataille, *A parte maldita - precedida de "A noção de dispêndio"*. Belo Horizonte: Autêntica, 2013, p. 78.

23 M. Mauss, *Sociologia e antropologia*, op. cit., p. 294.

24 Nesse sentido, "o prestígio, a glória, a posição não podem ser confundidos com o *poderio*. Ou, se o prestígio é poderio, ele o é na medida em que o próprio poderio escapa às considerações de força ou de direito a que habitualmente é submetido [...] A glória, consequência de uma superioridade, é outra coisa além de um poder de tomar o lugar de outrem ou de se apoderar de seus bens: ela exprime um momento de frenesi insensato, de dispêndio de energia sem medida, que o ardor do combate pressupõe" (Georges Bataille, op. cit., p. 79).

25 J. Lacan, 1986, p. 275.

O amor é o espaço da desmesura, pois é construção de vínculos através do que não se mede, do que se gasta em um dispêndio sem utilidade, do que nos lembra que "o gozo é aquilo que serve para nada".[26] É nesse sentido que dar o que não se tem significa dar o que não se possui, o que não se coloca sob a forma da possessão, dar o que não se dispõe diante de mim como coisa da qual sou proprietário e que, por isso, poderia entrar em relações contratuais. Há uma circulação, no interior das relações afetivas, do que me destitui do estatuto de proprietário. Por isso, essa ação de dom, ao mesmo tempo que é demanda de engajamento mútuo, não pode funcionar nos parâmetros da reciprocidade ou da oblatividade.

Quem fala em reciprocidade pressupõe equivalência do que pode ser avaliado e posto em uma relação de comensurabilidade, pressupõe troca entre equivalentes. Fala em relações de equivalência que têm a propriedade de serem reflexivas, transitivas e, principalmente, simétricas.[27] No entanto, não há equivalência possível entre pessoas que dão o que não têm, pois o que não pode ser submetido ao estatuto de bem a ser possuído não pode ser mensurado por mim de forma adequada. E, portanto, o que é objeto de dom não pode possuir simetria com outro objeto de dom. Dar o que não tenho, todavia, é fazer circular aquilo que não tem para comigo relações de reflexividade. Daí por que "a relação entre singularidades, se ela existe, não pode ter por paradigma a relação de

26 J. Lacan, *Séminaire XX*. Paris: Seuil, 1973, p. 10.

27 A crítica da reciprocidade no amor fora feita, já nos anos 1950, por Adorno dentro de um debate com Karen Horney a respeito da reificação da lógica mercantil como horizonte para as relações afetivas. Diz Adorno: "Sadio e bem adaptado é quem, segundo o esquema de Horney, nunca dá mais sentimento do que recebe. O amor deve se tornar, também no âmbito psicológico, o que ele de qualquer forma já é socialmente: uma troca entre equivalentes. Permanece a questão de se o amor, que transcende o círculo dominante das relações de troca, não conteria necessariamente aquele acréscimo de desesperança que os revisionistas querem expulsar" (Theodor Adorno, *Escritos de psicologia social e psicanálise*. São Paulo: Editora da Unesp, 2015, p. 64).

equivalência".[28] O que circula nas relações amorosas é da ordem do não comensurável, do que não se apropria reflexivamente e, por isso, é incapaz de construir relações de reciprocidade.[29]

Faz parte da engenhosidade intelectual de Lacan aproximar isso que nas relações amorosas aparece como *dom da desmesura* da noção psicanalítica de que criamos vínculos afetivos devido à circulação de objetos parciais (ou objeto *a*) que indicam modos primários de vínculos nunca completamente integrados a representações globais de pessoa. Fiel ao materialismo da perspectiva psicanalítica, Lacan lembra que relações de amor são constituídas pela possibilidade de circulação, sob a forma de dom, de objetos que expressam modos pulsionais de vínculos inconscientes (oral, anal, escópico, invocante, entre outros) que se colocam na exterioridade em relação a expressões do que me é próprio e do que é próprio no outro.[30]

Nesse contexto, "objeto" não se refere aos objetos que o desejo pode desejar e consumir, mas o que o causa. Essa é a maneira lacaniana de lembrar que, no amor, o que causa o desejo não tem a forma das ações voluntárias de uma consciência assegurada em sua capacidade de deliberação racional. No amor, o que causa o desejo não é a expressão de um sujeito, mas a presença do que, no sujeito, está dele mesmo separado como se fosse um objeto. Por isso, não há, nem nunca haverá, "comunicação" no amor, pois objetos não se comunicam. Daí por que Lacan insistirá que o "man-

28 Alain Badiou et al., *De l'Amour*. Paris: Flammarion, 1999.

29 O que pode nos explicar por que, ao falar da "dialética do amor" presente no *Banquete*, de Platão, Lacan afirmará que "ela nos permite ir além e apreender o momento de báscula, de reviravolta na qual, da conjunção do desejo com seu objeto, enquanto objeto inadequado, deve surgir essa significação que se chama amor" (J. Lacan, *Séminaire VIII*. Paris: Seuil, 2001, p. 47). Pois: "o que falta a um não é o que está, escondido, no outro. Eis todo o problema do amor" (id., ibid., p. 53).

30 Para a teoria do objeto *a* em Lacan, tomo a liberdade de remeter a Vladimir Safatle, *A paixão do negativo: Lacan e a dialética*. São Paulo: Editora da Unesp, 2006.

damento aterrorizador do deus do amor" consiste em "fazer do objeto que ele nos designa algo que, em primeiro lugar, é um objeto e, em segundo, é um objeto diante do qual nós decaímos, nós vacilamos, nós desaparecemos como sujeito".[31]

Notemos, inicialmente, como essa é uma maneira importante de desarticular a distinção metafísica e moral entre pessoas e coisas. Essa distinção é fundamental porque define o âmbito no qual a razão exerceria o domínio de seus próprios atos (pessoa) – uma dimensão sacralizada marcada pela responsabilidade de quem é autor de seus próprios atos e pensamentos – e o âmbito no qual o simples objeto de uso (coisa) se ofereceria por ser desprovido de vontade autônoma e racional.[32] Esse objeto no qual nos reconhecemos no amor e diante do qual nós decaímos, vacilamos, desaparecemos, não é uma coisa no sentido do que se oferece ao simples uso. Ao falar da condição insuperável de objeto no amor, Lacan não pensa em reduzir o outro à condição de coisa, perpetuando alguma forma insidiosa de reificação. O objeto no amor é, antes, um objeto que não circula como outros objetos,[33] que abre um vazio na dimensão dos objetos intercambiáveis, que não se constitui como propriedades de minha personalidade. Por isso, ele é o que desarticula a distinção metafísica entre pessoas e coisas. O que leva Lacan a afirmar:

> Não sei por que, após ter dado uma conotação tão pejorativa ao fato de considerar o outro como objeto, nunca se tenha notado que considerá-lo como um sujeito não é melhor [...] se um objeto equivale a outro, para um sujeito a situação é bem pior. Pois um sujeito não vale simplesmente por um outro – um sujeito, de maneira estrita, é um outro. Um sujeito estritamente falando é alguém a quem podemos imputar

31 J. Lacan, *Séminaire VIII*, op. cit., p. 207.
32 Ver, a esse respeito, Roberto Esposito, *Le persone e le cose*. Roma: Einaudi, 2014.
33 J. Lacan, *Séminaire VIII*, op. cit., p. 290.

> o quê? Nada mais do que ser como nós [...] do que poder entrar em nosso cálculo como alguém que opera combinações como nós.[34]

Ser objeto no amor não é, necessariamente, ser submetido à vontade de um sujeito, mas pode significar simplesmente ser objeto para outro objeto. Ou seja, a reflexão sobre o amor mostra a Lacan a possibilidade da existência de relações construídas através da circulação do que "não entra em nosso cálculo como alguém que opera combinações como nós". Na citação acima, é claro que a dimensão comum do "como nós" é um espaço de sobreposição narcísica. Como se não houvesse "como nós" capaz de ser outra coisa que imposição identitária de sujeição. O que nos levaria a afirmar a sujeição própria à tentativa de "amar o outro como a si mesmo". Para Lacan, isso significa que, se algo como o amor é possível, então não será o amor do que é "como nós", pessoas, mas como o que é nosso avesso, objetos. Essa é uma maneira de dizer que o amor não é apenas abertura à alteridade de uma outra pessoa, que no fundo seria "como nós". Ele é abertura a uma alteridade mais radical, pois abertura àquilo que, em nós, nos destitui da condição de pessoas.

Nesse sentido, é compreensível que Lacan descreva os objetos que constroem relações amorosas como *agalmata*. Lendo *O banquete*, de Platão, Lacan percebe como Alcebíades se apaixona pelos *agalmata* que Sócrates porta. O termo grego implica a noção de objetos que têm valor e "exprime na maioria das vezes uma ideia de riqueza, mas especialmente de riqueza nobre".[35] Apaixonar-se pelos *agalmata* é ser tocado por aquilo que, em Sócrates, age à sua revelia, longe de sua deliberação consciente, pois são objetos dotados da capacidade indutora de operar transferências de valor, como se fossem objetos que, por vias próprias, impõem relações de transposição de afetos e atitudes a sujeitos. Como se, no amor,

34 Id., ibid., pp. 178-79.

35 Louis Gernet, *Anthropologie de la Grèce antique*. Paris: Flammarion, 1982, p. 127.

fossem os objetos que agissem, não os sujeitos. Assim, apaixonar-se pelos *agalmata* é reconhecer que, no amor, os objetos agem à revelia dos sujeitos, portando relações sociais à sua revelia.

Pode parecer que essa situação apenas descreve uma forma de fetichismo na qual as relações entre sujeitos são transmutadas em relações entre coisas. No entanto, trata-se de insistir que nunca sairemos do fetichismo do "contrato social entre mercadorias", descrito por Marx, apelando à crença na força de apropriação reflexiva dos pressupostos da ação social pela consciência, ou seja, passando do fetichismo da mercadoria ao fetichismo da consciência. Tal modelo de crítica é tributário da distinção metafísica entre pessoas e coisas. Mais correto é procurar a força de descentramento presente em formas não mercantis de fetichismo, capazes de livrar as coisas de sua submissão à categoria de substratos da forma-equivalente.

Por fim, há de se lembrar que os objetos *a* operam incorporações, mas essas incorporações não são representações personalizadas que determinam totalidades, o que apenas a imagem do corpo próprio poderia fazer. Por indicar o modo de vínculo ao Outro que deve ser continuamente negado para que a autonomia do Eu e sua identidade corporal possam se afirmar, tais objetos só podem incorporar o que se põe na irredutibilidade de sua retração ao todo, criando relações a respeito das quais o Eu nada quer saber e que não saberia como integrar. Ninguém entendeu melhor as consequências da função dos objetos *a* no desejo lacaniano do que Deleuze e Guattari ao afirmarem que "o desejo é esse conjunto de *sínteses passivas* maquinadas pelos objetos parciais, pelos fluxos e pelos corpos, e que funciona como unidade de produção".[36]

36 Gilles Deleuze e Félix Guattari, *L'Anti-Oedipe: capitalisme et schizophrénie*. Paris: Minuit, 1971, p. 34 [ed. bras.: *O anti-Édipo: capitalismo e esquizofrenia*, v. 1, 2ª ed., trad. Luiz B. L. Orlandi. São Paulo: Editora 34, 2014]. Um bom exemplo de como Lacan pensa o caráter conflitual dos vínculos produzidos pelos objetos *a* é seu comentário a respeito do caso do professor com fantasmas de plágio, de Ernst

Objetos parciais produzem sínteses passivas, ou seja, que não são a expressão da atividade de uma subjetividade constituinte com suas ilusões de autonomia. No entanto, a proliferação de sínteses passivas nos mostra como

> estamos na era dos objetos parciais, dos tijolos e dos restos [metáfora usada à exaustão por Lacan a fim de falar dos objetos *a*]. Não acreditamos mais nesses falsos fragmentos que, tais como pedaços de uma estátua antiga, esperam para serem completados e recolados para comporem uma unidade que seria também unidade de origem.[37]

O que o amor nos causa não se cola como pedaços de uma estátua antiga, nem se totaliza como os fluxos contínuos do Capital.

## Causalidade inconsciente

Essa forma da circulação de objetos é a primeira maneira de lembrar como, em Lacan, há uma destituição subjetiva como condição para a criação de vínculos afetivos no amor. Mas há também uma segunda característica importante do conceito lacaniano de amor cujo sentido devemos compreender. Trata-se da definição da circulação de objetos no amor como uma modalidade de repetição. Ao insistir que o amor é animado por uma forma de repetição, Lacan não defende uma perspectiva determinista para a qual sujeitos reiteram modelos de relações vindas do passado em uma repetição tão irresistível quanto fracassada. Uma das maiores inovações clínicas de Lacan consiste em procurar reconstruir o conceito psicanalítico de repetição e a transformar a repetição em modalidade

Kris. Para uma interpretação do caso, ver Vladimir Safatle, "Aquele que diz não", in Sigmund Freud, *A negação*, trad. Marilene Carone. São Paulo: Cosac Naify, 2014, pp. 50-53.

37 Id., ibid., p. 50.

de síntese subjetiva que não produz forma alguma de alargamento do horizonte de compreensão da consciência.

Lacan começou a discutir a anatomia do conceito psicanalítico de repetição em um seminário sobre "A carta roubada", de Edgar Allan Poe.[38] Ele se serve do conto para explicar sua proposição segundo a qual "nossa pesquisa nos levou a permitir reconhecer que o automatismo de repetição (*Wiederholungzwang*) encontra seu princípio no que chamamos de *insistência* da cadeia significante". Em sua interpretação, Lacan procura mostrar como a circulação da carta roubada pelas mãos dos personagens do conto cria circuitos que determinam os comportamentos daqueles que aparecem como suportes.[39] A princípio, poderíamos dizer que Lacan procura aqui apenas aplicar a proposição estruturalista de que sujeitos repetem determinações estruturais, atualizando comportamentos a partir dos lugares que ocupam no interior do universo simbólico. Como se houvesse um modelo de causalidade inconsciente da ação, caso aceitemos que o inconsciente seria simplesmente um sistema de regras, normas e leis que determinam a consciência a partir de seu exterior, fazendo dela apenas um epifenômeno de determinações estruturais.[40]

Mais ou menos à mesma época, Lacan se servia desse modelo para descrever a natureza compulsiva do comportamento neurótico obsessivo do Homem dos Lobos. A cada vez que Ernst

38 J. Lacan, *Écrits*. Paris: Seuil, 1966, p. 11.

39 "Se o que Freud descobriu e redescobre em um abrupto sempre crescente tem um sentido, é que o deslocamento do significante determina os sujeitos em seus atos, em seus destinos, em suas recusas, em suas cegueiras, em seus sucessos e em suas sortes" (J. Lacan, *Écrits*, op. cit., p. 30).

40 Tal modelo de causalidade inconsciente será tematizado nos anos 1960 por alunos de Lacan e Althusser ligados aos "Cahiers pour l'analyse" a partir da noção de "causalidade metonímica", ou seja, causalidade que se impõe através das relações de contiguidade entre significantes que se organizam em cadeia. Ver Jacques-Alain Miller, *Matemas I*. Rio de Janeiro: Jorge Zahar, 1996, e, principalmente, Louis Althusser et al., *Lire le capital*. Paris: Seuil, 2000 [ed. bras.: *Ler o capital*. Rio de Janeiro: Jorge Zahar, 1979].

Lanzer, o paciente de Freud, tentava ser "idêntico a si mesmo", ele acabava por repetir uma estrutura de duplicação do objeto de seu desejo e de duplicação narcísica de si que só poderia ser compreendida como modo de repetição de uma constelação familiar que tinha para o paciente o peso de um mito individual.[41] Uma repetição marcada pelo vínculo neurótico das dívidas não pagas e do tempo no qual passado e presente se ligam através da experiência da culpa. Nesse sentido, a aproximação entre repetição e estrutura significante pode ser útil para evidenciar os processos associativos que compõem a natureza compulsiva de uma causalidade que escapa ao princípio do prazer, daí uma das razões de aproximá-la do que Lacan chama de "automatismo de repetição".

No entanto, o que encontramos no Seminário XI é algo de outra natureza. Pois a intelecção dessas repetições pode nos servir para entender como a identidade subjetiva se organiza através da transmissão de inibições e sintomas ou através do automatismo compulsivo. No entanto, a repetição continua aqui a aparecer como aquilo contra o qual a intervenção analítica se confronta e deve dissolver. E a grande contribuição lacaniana consistirá em mostrar como a experiência analítica só pode confrontá-la através de uma outra forma de repetição. Uma repetição que não descreve o determinismo de uma causalidade estrutural mas, paradoxalmente, a abertura ao que não se deixa integrar no interior de uma estrutura.

Nesse sentido, poderíamos utilizar a tríade lacaniana a respeito dos registros da experiência a fim de dar conta de alguns regimes distintos de repetição. Há a *repetição imaginária*, que se manifesta preferencialmente na repetição transferencial e na fantasia, assim como há a *repetição simbólica* própria ao automatismo determinista da cadeia significante. Existe, no entanto, algo que Lacan tenta conceitualizar como uma repetição ligada à emergência do

41 J. Lacan, *O mito individual do neurótico*, trad. Cláudia Berliner. Rio de Janeiro: Jorge Zahar, 2008.

real e da ordem do acontecimento. É a esta que devemos voltar os olhos, pois é ela que dará à clínica lacaniana uma estratégia diferencial de subjetivação e nos explicará um aspecto fundamental da dinâmica do amor.

Para compreender a necessidade dessa estratégia, lembremos a maneira peculiar como Lacan discute a noção de "causalidade inconsciente" no Seminário XI. Em vez de expor mais uma vez sua teoria das relações metonímicas entre significantes, relações que pressupõem sempre algum nível de semelhança por contiguidade, Lacan serve-se da distinção kantiana entre princípio lógico e princípio real. A respeito do princípio lógico, Kant dirá, no "Ensaio para introduzir em filosofia o conceito de grandeza negativa": dado um princípio, podemos derivar uma consequência lógica a partir da obediência à regra de identidade. Assim, "o homem pode falhar, ele deve essa falibilidade à finitude de sua natureza. Descubro pela análise do conceito de espírito finito que a possibilidade de erro está aí inclusa, ou seja, que ela é idêntica ao conceito de espírito finito".[42] Mas, no princípio real, uma coisa surge de outra sem obedecer à regra de identidade como, por exemplo, as fases da Lua são as causas das marés. Kant dirá que, para dar conta do princípio real, há apenas "conceitos simples e não analisáveis de princípios reais dos quais não podemos esclarecer a relação às consequências".[43] Lacan insiste que essa noção de um conceito não analisável (ou não analítico), que visa formalizar a relação causal entre um princípio real e sua consequência, é adequada para determinar a especificidade da causalidade que opera no inconsciente. Uma causalidade que estabeleceria relações de necessidade entre termos descontínuos. Lacan chama essa descontinuidade de *béance*, ou seja, "lacuna". Maneira de dizer que

42 Immanuel Kant, "Ensaio para introduzir em filosofia o conceito de grandeza negativa", in *Escritos pré-críticos*. São Paulo: Editora da Unesp, 2005, p. 60.

43 Id., ibid., p. 62.

a causalidade inconsciente não é apenas a insistência de outra cadeia significante, desconhecida pela consciência do sujeito (novamente, um *tópos* estruturalista clássico). Ela é, em seu nível mais profundo, a insistência de algo que, para o pensamento causal, aparece como lacuna, como não representável. Como se a estrutura causal própria à cadeia significante fosse a construção que encobre, que se constrói sobre uma experiência mais irredutível de relação entre termos contingentes.

Isso talvez nos explique uma fórmula importante de Lacan a respeito da causalidade inconsciente, a saber: "*Il n'y a de cause de ce qui cloche*".[44] Frase de difícil tradução, mas que nos levaria a algo como "só há causa do que erra / do que não dá certo / do que não bate bem". Ou seja, a causalidade própria ao inconsciente é a expressão paradoxal da intervenção de um acontecimento que quebra as expectativas de regularidade próprias ao pensamento causal. É uma causalidade que nos faz errar, sair da batida adequada. Lacan poderia simplesmente insistir que as formações do inconsciente aparecem normalmente sob a forma de tropeços, vacilações, esquecimentos e lapsos que nos levam a encontrar o que não se esperava. Encontro que, no entanto, é sempre um certo reencontro, porque insistência do que ficou sob a forma do não realizado, do não reconhecido. Ou seja, o que não se esperava era o que não se queria esperar, o que foi expulso da consciência e que agora volta, através do peso das condensações e dos deslocamentos, fazendo-a tropeçar em suas certezas.

Dizer isso, entretanto, nos coloca sob o risco de simplesmente deslocar topologicamente a causalidade, retirando-a dos motivos para agir conscientes e reinstaurando-a no interior dos motivos para agir desconhecidos pela consciência. Como se duplicássemos a consciência, transformando o inconsciente em uma segunda consciência. Só é possível impedir isso se a causalidade

44 J. Lacan, *Séminaire XI*. Paris: Seuil, 1973, p. 25.

inconsciente for distinta dos princípios de determinação formal próprios ao consciente. É nesse contexto que Lacan apela à noção aristotélica de "causa acidental e indeterminada". Conceito necessário para Aristóteles explicar por que algumas coisas ocorrem sempre (ou na maioria dos casos) da mesma maneira e outras ocorrem de maneira fortuita.

## O devedor que vem até mim

Ao falar sobre o conceito de causa, Aristóteles apresenta, entre outras distinções, aquela que definirá a diferença entre causas próprias e acidentais. Em certo sentido, a causa da estátua é o escultor, mas é apenas acidentalmente que a causa da estátua é o escultor particular Policleto. Ao menos para Aristóteles, a noção de "acidente" (συμβέβηκος) está ligada ao fato de haver uma distinção necessária entre coisas que acontecem sempre da mesma maneira, coisas que acontecem na maioria dos casos e coisas que acontecem de forma completamente irregular e imprevisível, ou seja, de modo acidental.[45] Por isso, são acidentais os acontecimentos cujas causas são indeterminadas (αόριστον) para a consciência, ocorrendo a ela de forma opaca.

Note-se como a escolha lacaniana em discutir a repetição a partir da noção de causalidade acidental é, no mínimo, contraintuitiva. Normalmente, diríamos que o que se repete é aquilo que é sempre causado da mesma forma ou, ao menos, que ocorre regularmente. No entanto, para Lacan, confundiríamos repetição e reprodução de regularidades ou semelhanças. Mas, ao pensá-la no interior das discussões sobre a causalidade acidental, Lacan espera evidenciar a dimensão realmente inovadora e instauradora da repetição como acontecimento.

45 Cf. Aristóteles, op. cit., 1990, 196b.

Uma repetição que nada reproduz. Para deixar claro esse ponto, Lacan se apoia na distinção aristotélica entre dois regimes de causalidade acidental: *automatón* (que podemos traduzir por "casualidade", "acaso") e *tyché* (normalmente traduzido por "sorte"). De certa forma, *tyché* é um subconjunto de *automatón*. Tudo o que acontece de maneira acidental ocorre por *automatón*, apenas o acidental que resulta da atividade humana ocorre por *tyché*. Essa distinção permite isolar os fatos que ocorrem devido à atividade deliberativa humana mas cujo resultado é não intencional, involuntário ou, como dirá Aristóteles, "contrário à razão".[46] Como se tratasse de dizer que a sorte é uma espécie de produção involuntária da ação racional. Por isso, para Aristóteles, nada de acidental produzido pelas coisas inanimadas, pelos animais e pelas crianças (sujeitos que ainda não poderiam calcular suas ações) é por *tyché*. Pois são seres desprovidos de *prohairesis*: a capacidade de deliberação ligada não apenas à clareza epistêmica, mas também à virtude moral. Isso explica por que Aristóteles lembrará que, se as coisas são ou por *techné* (quando tem sua causa na atividade humana), por *physis* (quando tem sua causa ligada à causalidade natural) ou por privação dos dois (*tyché* ou *automatón*), então a *tyché* só poderá ser a privação da *techné*, já que só pode ocorrer àquele que detém uma atividade humana, enquanto *automatón* será a privação da *physis*.

Desde os tempos homéricos, os poetas afirmam que o divino se manifesta como *tyché* ou como moira. Esta tem algo da ordem da destinação que se impõe a nós de maneira involuntária. Aristóteles dá como exemplo de *tyché* um homem que vai ao mercado e lá encontra, sem esperar, alguém que lhe deve, acabando assim por receber sua dívida de maneira inesperada. Nesse caso, é fácil notar que a escolha feita pelo agente não tinha relações com o fato realizado. No entanto, de maneira acidental, por concomitância

46 Id., ibid., 197a.

de duas séries causais distintas, a escolha o levou a um efeito impossível de prever e que pode ser desejável (encontro alguém que me deve dinheiro quando decido ir ao mercado comprar tomates) ou não (tomo um tiro na praça do mercado graças à ação pacificadora da PM). Ou seja, foi a ação do agente e suas escolhas que produziram o efeito, mesmo que este tenha sido involuntário. De certa forma, ele não sabe o que faz, mas está implicado no desdobramento da ação.

Essa ideia da escolha que produz um efeito involuntário, que se liga ao desenrolar de uma série causal distinta, sem deixar de ser vista como certo desdobramento possível da decisão, como se se tratasse de um possível impossível de ser previamente deduzido pela consciência, aparece a Lacan como modelo para pensarmos a causalidade inconsciente. Há um encontro involuntário, mas não menos implicativo. Lacan se serve desse modelo para dizer que a causalidade inconsciente é o que permite encontros involuntários, os quais não foram objeto da representação da consciência, mas que se demonstrarão intransponíveis.

Como exemplo privilegiado desse tipo de encontro, Lacan fala do trauma. Novamente, um exemplo inesperado, já que o trauma tem a natureza de uma espécie de encontro impossível, insuportável ou, se quisermos utilizar uma expressão de Lacan, um *rencontre manqué*, um "desencontro". Maneira de dizer que verdadeiros encontros sempre têm algo de um irredutível desencontro que quebra regularidades supostas. Eles são, ao menos para Lacan, algo bastante distante do que ocorre com esses personagens aristotélicos que encontram seus devedores sem fazer muito esforço.

No Seminário XI, o exemplo de encontro como trauma utilizado por Lacan é o sonho, reportado por Freud em *A interpretação dos sonhos*, do pai que havia estado dia e noite, durante muito tempo, à cabeceira do leito de seu filho doente. Após sua morte, ele resolve repousar em um quarto ao lado deixando a porta entreaberta a fim de poder vigiar o caixão do filho, ladeado por grandes velas e velado por um velho homem. Depois de algumas horas de sono, o pai sonha que o filho está vivo, pegando-o pela mão e murmurando, em um tom cheio de reprimenda: "Pai, não vês que estou queimando?". Isso o faz acordar e ver que o caixão estava pegando fogo, enquanto o velho dormia. Em sua interpretação, Freud afirma que a frase do filho é a repetição de frases realmente ditas pela criança, como: "Estou queimando" (a propósito de sua febre alta) e "Pai, você não vê?" (a respeito de um evento que Freud diz ignorar).

Lacan serve-se desse sonho para afirmar que se repete no interior do sonho, sob a forma "da perda imaginada no ponto mais cruel do objeto",[47] um encontro entre pai e filho que apresenta o que é o "avesso da representação".[48] Pois a frase enunciada pelo filho é aquilo que despossui por completo o sujeito de sua representação simbólica, de sua função de pai, um dos predicados mais determinantes de sua identidade. Ela lhe lembra algo que ele não foi capaz de ver, não foi capaz de sentir na relação com seu filho. A frase é o que traumaticamente retira-lhe toda identidade, toda predicação, ela é o real que o "desinscreve" do lugar simbólico que até então era o seu, colocando-o no vazio inominável e angustiante de quem não é capaz de ver o próprio filho queimar. *Tyché* aparece aqui em sua versão mais brutal como a repetição que tem a força da despossessão de si, retorno da brutalidade do desamparo que anula minha inscrição simbólica. Ela é a expressão de um desencontro que tem a natureza de colocar o sujeito diante de um impensável, do que não se inscreve em nenhuma rede de predicações previamente determinada.

47 J. Lacan, *Séminaire XI*, op. cit., p. 58.

48 A compreensão da repetição como o "avesso da representação" foi explorada de maneira bem-sucedida em sua dimensão estética por Hal Foster, *O retorno do real*, trad. Célia Euvaldo. São Paulo: Cosac Naify, 2014, pp. 126-33. Tal reflexão serve também para indicar paralelismos instrutivos que descrevem a situação histórica que levou setores do pensamento e das artes a procurar recuperar o conceito de "repetição".

No entanto, um exemplo dessa natureza, posto dessa forma, é arriscado por não nos permitir diferenciar uma repetição destruidora de outra capaz de mostrar como "o desenvolvimento se anima por completo do acidente, do tropeço provocado pela *tyché*". Nada no exemplo escolhido por Lacan nos assegura que a angústia sentida pelo pai não será vivenciada como o fator derradeiro de uma quebra insuperável. Difícil imaginar, se for o caso, uma função clínica para tal repetição, integração para essa forma de desamparo. No entanto, há uma força produtiva do reconhecimento do desencontro, e Lacan precisa fornecer referências para pensá-lo, já que, nesse momento, não há nenhuma referência clínica para tanto. É nesse ponto que o recurso de Lacan à articulação entre amor e repetição em Kierkegaard se mostra útil.

### Os amantes que se desencontram

Apesar de referências em textos como "A agressividade em psicanálise", de 1948, é no *Seminário II* que Lacan trata, pela primeira vez de maneira um pouco mais extensa, do pensamento de Kierkegaard. O psicanalista parece se interessar principalmente pela noção de que "Repetição e rememoração são um mesmo movimento, mas em direções opostas, pois aquilo que relembramos foi, trata-se de uma repetição para trás; enquanto a repetição é uma rememoração para a frente".[49] No caso de Kierkegaard, essa noção de rememoração como repetição para trás nos reenvia à reminiscência platônica. Pois trata-se aqui, sobretudo, de submeter o acontecimento no qual se desdobra a particularidade do caso à generalidade da Ideia. Os acontecimentos aparecem como incidências regionais do genérico de uma Ideia que recebe estatuto de *a priori*. Lacan serve-se dessa maneira de definir a reminiscência para afirmar que, "da capacidade a reconhecer seu objeto natural que é manifesta no

49 Søren Kierkegaard, *La Reprise*. Paris: Gallimard, 1993, pp. 65-66.

animal, há algo no homem. Há a captura na forma, a apreensão do jogo, a tomada pela miragem da vida".[50] Ou seja, a rememoração aparece aqui como a captura do acontecimento pelo genérico da forma. Por isso, trata-se de uma repetição imaginária que nos leva, necessariamente, à impossibilidade do que Lacan chama, à ocasião, de "ascensão a uma ordem nova". A verdadeira repetição aparece como "a intrusão do registro simbólico", o que não deve nos estranhar já que, nesse momento, Lacan não tem à sua disposição o conceito de real. No entanto, ele será importante para compreendermos o que traz Kierkegaard, principalmente na segunda parte de seu livro: exatamente a parte que Lacan secundariza, ao sugerir que seus alunos leiam, principalmente, a primeira parte. Sigamos o livro de perto.

"A repetição" é a descrição de um caso de psicologia experimental, ao menos segundo seu autor. Através dele, Kierkegaard fala de um jovem apaixonado por uma garota que, em muitos pontos, nos remete a seu desencontro com Regine Olsen, certamente o mais marcante e produtivo de todos os desencontros na história da filosofia. Vários serão os livros dedicados a Olsen ou escritos por Kierkegaard para explicar para si mesmo a força devastadora desse desencontro. Talvez, para produzir por meio dele.

"Ele se consumia em um amor paixão", nos diz Kierkegaard sobre seu jovem personagem apaixonado. Mas ele não pode consumar seu amor, só lhe restando falar de sua impossibilidade ao narrador, Constantin Constantius. O jovem encontra-se na casa de Constantius e lá ele mostra a verdade de seu amor:

> Esse jovem estava profundamente apaixonado, com fervor, isso era claro; no entanto, ele era capaz, desde o primeiro dia de seu amor, de se lembrar dele. Na verdade, ele já havia terminado com toda

50 J. Lacan, *Séminaire II*, Paris: Seuil, 1978, p. 110.

> essa história. Ao começar, ele deu um passo tão impressionante que saltou por cima da vida.[51]

Se ele pulou por cima da vida é porque sua lembrança existia antes mesmo da realização do fato, uma lembrança desprovida de experiência. O que não poderia ser diferente, já que o objeto de seu amor era a repetição modular de outro objeto, capaz de causar seu desejo. Ele vê na garota, que é o objeto empírico de seu amor, a reminiscência de uma espécie de objeto transcendente. No fundo, ele sabe que seu amor é amor por aquilo que, nessa mulher, repete as marcas e os significantes de uma espécie de amor por um objeto primeiro, *mas que se repete de forma imaginária*. A partir disso se segue a impossibilidade de realizar o amor sem trair a mulher, já que ele não pode lhe explicar "que ela era apenas uma forma visível, enquanto seu pensamento, a si e a sua alma, procuravam outra coisa que ele reportava sobre ela".[52] O que permite a Kierkegaard perguntar: "Ama ele realmente a garota ou ela é aqui a ocasião que o coloca em movimento?".[53] Não é difícil imaginar como Lacan leu essas páginas vendo nesse "amor por outra coisa" a estrutura das repetições fantasmáticas para as quais "o objeto é, por sua natureza, um objeto reencontrado".[54]

No entanto, o jovem de Kierkegaard passará por duas transformações. A primeira o levará a uma *repetição estética*: "Durante todo esse tempo, produziu-se em seu interior uma transformação impressionante. A verve poética despertou-se em uma escala que jamais imaginei possível. Nesse instante, compreendi, a garota não era sua amada, ela era a ocasião para o poético despertar nele, ela o transformava em poeta".[55] Um poético que é apenas a expressão

51 S. Kierkegaard, *La Reprise*, op. cit., pp. 71-72.
52 Id., ibid., p. 78.
53 Id., ibid., p. 128.
54 J. Lacan, op. cit., 1986, p. 143.
55 S. Kierkegaard, op. cit., pp. 73-74.

de um querer servir o genérico da ideia que só pode se realizar na conformação fetichista da empiria. Algo distante da poesia de amor como descrição de espaços sem simbioses, como vimos em Celan.

É para demonstrar a inanidade dessa repetição estética que Constantius mostra o fracasso de fazer de novo uma agradável viagem a Berlim. Ele quer seguir a sombra de seus passos, ir à mesma peça de teatro que o agradara, ficar no mesmo quarto de hotel que lhe parecia tão perfeito. Mas os atores não são mais como antes, o quarto estava ocupado. Nesse nível, a repetição aparece apenas como a impossibilidade de repetição.

## O Deus que aposta

É diante de tal fracasso que a primeira parte do livro termina. A segunda parte, chamada simplesmente "A repetição", apresentará não mais uma repetição assombrada por julgamentos éticos, nem sequer impulsionada por experiências estéticas. Veremos uma experiência religiosa, marcada pela dinâmica de uma "prova". Nesse sentido, a repetição será um ato religioso que nos permitiria abrir o individual à transcendência de uma vontade divina que pode se colocar além do ético. De onde se segue a necessidade de falar de Jó.

Para falar de Jó, o jovem partiu para a Suécia, deixando sua amada no porto. Ele leva a angústia à Suécia. "Minha vida reduziu-se à sua extremidade; eu sinto desgosto pela existência, que é sem sabor, sem sal nem sentido."[56] É nesta síncope em que o sal não salga mais que o jovem poderá começar a fazer a verdadeira experiência da repetição. E aqui ele começará a enviar a Constantius cartas na qual afirma ter descoberto seu guia através de Jó.

A princípio, o problema da repetição não é evidente no livro de Jó. Antes, ele conta a história de um Deus que aposta. Sendo Jó o servo mais íntegro de Deus, o diabo aposta que tudo mudará

56 S. Kierkegaard, op. cit., p. 144.

assim que ele perder todos seus bens, seus filhos, mulher e saúde. Deus aceita a aposta. "E disse o Senhor a Satanás: Eis que tudo quanto ele tem está na tua mão; somente contra ele não estenda a tua mão".[57] Jó torna-se então alguém que tudo perde e que se encontra prostrado e enfermo em seu leito. No início, sua fé continua firme. "O senhor deu, o senhor tirou, bendito seja o nome do senhor." Ele confia na justiça da vontade divina, mesmo que essa vontade lhe apareça como opaca.

Mas há um momento no qual Jó não suporta seu fardo e maldiz seu próprio nascimento. Então Deus não faz outra coisa senão lhe responder sublinhando a distância entre o saber do homem e a vontade divina. Depois de ouvir a Deus, só restava a Jó responder: "Bem sei eu que tudo podes, e que nenhum dos teus propósitos pode ser impedido. Quem é este que sem conhecimento encobre o conselho? Por isso, relatei o que não entendia; coisas que para mim eram inescrutáveis, e que eu não entendia".[58] Ao humilhar-se perante Deus, Jó recebe tudo em dobro, ou seja, o dobro de bens, de filhos, de posses, e essa duplicação é, para Kierkegaard, a verdadeira repetição.

Podemos interpretar essa compreensão afirmando que Jó se sabia amado por Deus e via o serviço dos bens compostos de seus carneiros, cavalos, vacas e filhos como a prova do amor do Outro. O sentido dos objetos empíricos é indexado pelo amor transcendente de Deus. Nesse contexto, tudo perder significa ter a experiência da não compatibilidade entre os bens e a vontade divina, da não compatibilidade entre fé e saber. A história de Jó se apresenta assim como a história da descoberta da opacidade do amor divino, e podemos dizer que Kierkegaard opera aqui uma radicalização do voluntarismo calvinista. Jó não tem mais signos do amor de Deus, ele só pode contar com sua fé. Nem mesmo os cálculos

57 Jó, 1:12.
58 Jó, 42:3.

próprios ao julgamento moral têm lugar aqui. Contrariamente ao que dizem seus amigos, Jó não pecou e a perda de seus bens não é a expressão de uma punição, mas de uma pura e simples aposta.

Daí se segue a ideia central de pensar a repetição como uma prova. Jó deve aceitar a prova que consiste na dissolução dos objetos e na abertura à transcendência. Pois "a categoria da prova é absolutamente transcendente, ela estabelece o homem em uma relação de oposição puramente pessoal a Deus".[59] Devemos insistir neste ponto. A primeira prova própria à repetição é a dissolução dos objetos. Jó perde tudo para restar só diante do desamparo produzido pela opacidade da vontade de Deus, como o pai que sonhou com seu filho queimando se encontra diante do vazio da angústia que lhe retira todo lugar simbólico. Um pai que não vê seu filho queimando é alguém a quem não resta mais nada. Uma fiel vítima de uma vontade divina que aposta (e que poderá continuar apostando indefinidamente) também não está em situação muito melhor.

Mas toda repetição é composta também de outra prova. Se a primeira consiste em querer a dissolução do objeto, a segunda consiste em querer a duplicação dos objetos, ou seja, os objetos que retornam duplicados e desdobrados. No entanto, talvez essa prova seja a mais pesada. Pode parecer, quando se lê "O livro de Jó", que "receber tudo novamente em dobro" aparece como um alívio aos sofrimentos. Afinal, Jó pode enfim gozar em dobro. "Jó é abençoado e recebeu tudo em dobro – Isso se chama repetição."[60] Mas sublinhemos a natureza angustiante da situação. Antes, os objetos eram a prova do amor de Deus. Meus filhos, minha riqueza eram a expressão do amparo garantido pelo meu amor verdadeiro a Deus. Agora, tais objetos perderam essa significação, já que Jó fez a experiência da incomensurabilidade entre a vontade divina

59 S. Kierkegaard, *La Reprise*, op. cit., p. 155.
60 Id., ibid., p. 156.

e o serviço dos bens. Esses objetos duplicados são objetos cujo valor não é mais suportado por matriz alguma de determinação de valores. Eles são objetos que nada dizem sobre o amor de Deus, objetos não mais inscritos na teleologia de um destino, não mais assegurados no interior da racionalidade econômica que mede meus ganhos a partir de meus merecimentos. Eles não são a marca do meu amparo, mas a expressão radical de meu desamparo, aparecendo como a expressão de um *acontecimento por despossessão*. Pois esses objetos não são mais signos de nada, salvo de sua pura presença contingente. E se deixar afetar pelo que é pura presença contingente exige algo da ordem do descomunal, da desmesura do que não se mede no interior dos interesses regulares da pessoa. Entre Jó e seus objetos duplicados, há uma profunda disjunção.

Se voltarmos ao jovem apaixonado por suas imagens fantasmáticas, veremos que é exatamente tal duplicação do objeto que o atemoriza. Ele pode aceitar a primeira prova e perder a mulher amada. Ele dirá então que "a realidade na qual ela deve encontrar o sentido de sua vida não é mais para mim que uma sombra que corre ao lado de minha verdadeira realidade espiritual, uma realidade que tanto me levará a rir, tanto se misturará a minha existência para atrapalhá-la".[61] Ele pode perdê-la por saber que, no fundo, nunca a teve, ele teve apenas a reminiscência de seus próprios fantasmas.

Mas o que o jovem não pode aceitar é retornar a uma mulher que não é mais submetida à repetição fantasmática, uma mulher que não é amparo algum de desejo do Outro.[62] Pois, *para*

61 Id., ibid., p. 146.

62 Eis talvez um dos melhores exemplos do que Lacan tem em vista ao afirmar que "O Outro, que é o lugar da palavra, que é o sujeito de pleno direito, que é este com quem temos relações de boa e má-fé – como se faz que ele possa e deva advir algo exatamente de análogo ao que podemos encontrar no objeto mais inerte, a saber, o objeto do desejo, *a*? É essa tensão, esse desnível, essa queda fundamental de nível que faz a regulação essencial de tudo o que, no homem, é a problemática do desejo" (J. Lacan, *Séminaire VIII*. Paris: Seuil, 2001, p. 278).

*amar a repetição, deve-se aceitar ser causado por objetos que fazem o Outro decair*. Objetos que, como nos diz Celan, não são velados por Deus. Ao recusar a circulação desses objetos, resta apenas a abertura a uma transcendência que só pode se decidir no suicídio (essa era uma das primeiras versões dada ao fim da história por Kierkegaard). De onde se segue o caráter incompleto do livro, que repete os impasses próprios à vida de Kierkegaard em sua história rocambolesca com Regina Olsen (o que talvez nos mostre como a escrita, para alguns, corre bem mais rápido que a vida). O jovem para na contemplação da transcendência e não submete sua vontade à duplicação. Ele não suporta a verdadeira repetição, como, no fundo, o próprio Kierkegaard. Ele, à sua maneira, realiza a concepção segundo a qual "a substancialidade do amor é desprovida de objeto (*objektloss*)".[63] Maneira, como bem lembra Adorno, de amar seres humanos como se eles já estivessem mortos.[64] Pois, como dirá Kierkegaard a respeito do amor a pessoas mortas, "um morto não é um objeto real; ele é simplesmente a ocasião sempre reveladora do que o vivente contém em sua relação consigo ou a ocasião que contribui a revelar que o vivente não tem mais com o morto relação alguma".[65] Algo muito diferente do trabalho de luto que descrevi em capítulo anterior.

Mas insistamos no fato de as limitações do personagem de Kierkegaard não serem apenas a expressão dos impasses afetivos do próprio autor. Se seguirmos a leitura proposta por Adorno, diremos que poucos autores como Kierkegaard sentiram de forma tão

63 Theodor Adorno, *Kierkegaard*. São Paulo: Editora da Unesp, 2012, p. 314. Essa interpretação de Adorno o levará a afirmar claramente que "O objeto do amor se torna, num certo sentido, indiferente. As diferenças entre os homens individuais e as diferenças dos comportamentos reais do indivíduo para com os homens reduzem-se a meras 'determinações diferenciais' que no sentido autenticamente cristão devem ser indiferentes" (id., ibid.).

64 T. Adorno, *Kierkegaard*, op. cit., p. 316.

65 S. Kierkegaard, *Les Œuvres de l'amour*, in *Œuvres Complètes*, t. XIV. Paris: L'Orante, 1980, p. 321.

clara as "mudanças tectônicas" na dimensão das relações humanas e no que se convencionou chamar de "experiência da interioridade", produzidas no início do capitalismo tardio. Se Kierkegaard no fundo ama seres humanos como se eles já estivessem mortos é porque amar um morto é amar sem esperar reciprocidade: "um morto não retribui o amor que lhe portamos".[66] Continuar a amar um morto, como em um luto que permanece em silêncio, sem nunca passar por completo, é a forma do gesto que não demanda retribuição. Por não demandar retribuição, seria a forma do amor que porta a esperança de relações que não se degradam pela mensurabilidade da equivalência ou na expressão dos interesses da pessoa. Ele é "o amor do qual se exclui toda ideia de troca, de recompensa, e com isso é o derradeiro amor não mutilado que a sociedade da troca ainda admite".[67]

A reflexão de Kierkegaard, com seus motivos teológicos, aparece assim como um setor da reflexão romântica tardia em relação à recusa da redução do amor à dimensão das relações protocontratuais. Ela guarda a ambiguidade romântica em relação à nostalgia de uma redenção religiosa abortada que se expressa como assunção melancólica da disjunção em relação a um curso do mundo marcado pela generalização da forma-equivalente. Os impasses desse amor, tão bem descritos por Adorno, não impediram Kierkegaard de permitir que outro caminho insistisse em sua própria obra *A repetição*, a saber, a afirmação dessacralizada de objetos que causam nosso desejo, produzindo uma circulação do que não nos estabiliza mais na condição de portadores de predicados assegurados pelo desejo do Outro.

É por essa via que Lacan seguirá. Via que o levará a afirmar que "não há nada mais que encontro, o encontro no parceiro de sintomas, afetos, de tudo o que, em cada um, marca o traço de

66 Id., ibid., p. 323.
67 T. Adorno, *Kierkegaard*, op. cit., p. 334.

seu exílio, não como sujeito, mas como falante, de seu exílio da relação sexual".[68] Pois o encontro nas relações amorosas não se tece através do acordo referente aos interesses da pessoa, mas através de sintomas, afetos impulsionados por objetos que traçam o exílio em relação à pretensa afirmação de segurança emocional e realização complementar de unidade. Uma realização que seria possível se existisse a reconciliação prometida por Deus ou, o que dá absolutamente no mesmo, pois os termos são sinônimos, pela relação sexual. Não há nada mais que objetos que nos causam no outro sem enunciar promessa alguma de reconciliação, mas apenas lembrando-nos como, nas relações amorosas, estamos em contínua despossessão. Daí a proposição segundo a qual:

> A relação do ser ao ser não é essa relação de harmonia que desde sempre, não sabemos muito bem por quê, nos mostra uma tradição na qual Aristóteles, que só via aí o gozo supremo, converge com o cristianismo, para o qual era uma questão de beatitude [...] O ser como tal é o amor que o aborda no encontro. A abordagem do ser pelo amor, não é aí que surge o que faz do ser o que só se sustenta por se fracassar?[69]

## O gozo do desperdício

Nesse sentido, as discussões sobre Kierkegaard e seus impasses talvez indiquem, de maneira um pouco mais precisa, o tipo de experiência do real que a repetição pode produzir. Por outro lado, sua sobreposição ao problema da causalidade acidental em Aristóteles (problema que, obviamente, não estava no horizonte imediato de reflexões de Kierkegaard) permite determinar melhor a, digamos, dimensão psicológica da experiência de ser causado por um acon-

68 J. Lacan, *Séminaire* XX. Paris: Seuil, 1975, p. 132.
69 Id., ibid., p. 133.

tecimento contingente. De certa forma, o reencontro de Jó com os objetos de seu desejo depois da duplicação é estruturalmente semelhante a encontrar um devedor por acaso no mercado. No entanto, pensar tal indeterminação e imprevisibilidade, no interior da reiteração de objetos que se repetem, tem um sentido psicológico completamente diferente.

Seria possível compreender melhor esse ponto voltando os olhos ao *Seminário XVII*, no qual Lacan retorna ao problema da repetição para afirmar que ela seria fundada sobre "um retorno do gozo". E junto com esse gozo Kierkegaard também retorna:

> Em seu tempo, eu mostrei aqui o parentesco com os enunciados de Kierkegaard. No sentido de que aquilo expressamente e como tal repetido, marcado de repetição, o que se repete não poderia ser outra coisa do que em perda, em relação ao que isso repete. Em perda do que quiserem, em perda de velocidade – há algo que é perda. Sobre essa perda, desde a origem desde a articulação que resumo aqui, Freud insiste – na própria repetição há desperdício de gozo.[70]

Podemos interpretar essas colocações da seguinte forma. A repetição provoca um gozo, ou seja, uma motivação para agir que não se deixa calcular a partir da lógica utilitária da maximização do prazer e do afastamento do desprazer, da distinção entre alegria e tristeza.[71] Por isso, dirá Lacan em um acento profundamente batailleano, gozo marcado pela perda e pelo dispêndio, gozo marcado por aquilo que aparece como improdutivo, ao menos a partir

70 Id., *Séminaire XVII*. Paris: Seuil, 1991, p. 51.

71 O que talvez nos explique por que Lacan afirma que "É bastante singular ver reemergir sob a pluma de Freud o amor como potência unificadora pura e simples, de atração sem limites, para opô-lo a Tânatos – isso quando temos correlativamente, e de uma maneira discordante, a noção tão diferente e tão mais fecunda de ambivalência amor-ódio" (J. Lacan, *Autres écrits*, op. cit., p. 113). Pois a ambivalência é, na sua estrutura mais profunda, recusa de valências, afirmação do afeto para além de sua avaliação a partir de valências.

da perspectiva do princípio de autoconservação do indivíduo e de suas demandas de amparo. Nesse sentido, se podemos dizer que "na própria repetição há desperdício de gozo" é porque a repetição é gozo de objetos desperdiçados. Objetos que, quanto mais se repetem, mais desvelam sua contingência; gestos que, quanto mais presentes, mais desvelam sua liberdade em relação aos fantasmas. Pois desperdiçar algo é uma forma de usá-lo livremente. Na verdade, só se goza o que se desperdiça, só se usa livremente o que pode ser desperdiçado e que não entra no cálculo utilitário do usufruto. Daí por que Lacan lembrava, novamente em uma fórmula profundamente batailleana, que "o gozo é o que serve para nada".[72]

Talvez por isso deveremos dizer que a repetição é também o modo de gozo de sujeitos desamparados, de amantes desencontrados. *Amantes desencontrados gozam da repetição insistente do tempo desperdiçado, desse tempo prenhe de movimentos que não queremos mais saber se provocam prazer ou desprazer, dor ou alegria.* Tempo desses objetos que circulam e nos causam sem serem velados por promessa alguma de unidade e de representação. Um tempo da repetição liberada, que nos causa sob as formas do inconsciente. Tempo que se conquista gradualmente das mãos da angústia, que se conquista das mãos opacas dos deuses que apostam.

72 J. Lacan, *Séminaire XX*, op. cit., p. 10.

## Uma certa latitude: Georges Canguilhem, biopolítica e vida como errância

*A saúde é precisamente, e principalmente no homem, uma certa latitude...*
GEORGES CANGUILHEM

*Nós vivemos no esquecimento de nossas metamorfoses.*
PAUL ÉLUARD

Nesta última parte do livro, foi importante expor as limitações de uma teoria do reconhecimento presa à determinação antropológica do indivíduo e suas exigências identitárias. Se a primeira parte procurou, à sua forma, mostrar a potencialidade de uma política desprovida da exigência de ser pensada a partir do processo de constituição de *identidades coletivas*, esta última insistiu em pensar modos de relação como dinâmicas de despossessão de *identidades individuais*. Este capítulo visa não exatamente desdobrar uma antropologia alternativa para reflexões sobre o reconhecimento que não queiram reiterar o quadro normativo da individualidade liberal,[1] mas abrir espaço a uma biologia que nos forneça fundamentos renovados para a negatividade própria à processualidade da contingência, negatividade que já fora apresentada na primeira parte à ocasião das discussões sobre a temporalidade histórica em Hegel. Que, de certa forma, história e natureza acabem aqui por

1 Até porque essa antropologia, baseada na psicanálise lacaniana, já foi desenvolvida por mim em Vladimir Safatle, *A paixão do negativo: Lacan e a dialética*. São Paulo: Editora da Unesp, 2006.

tecer sistemas de processualidades paralelos, eis algo que não deveria nos surpreender. Uma das críticas que podemos fazer a certos setores hegemônicos da filosofia contemporânea consiste em insistir que uma filosofia que abandonou sua capacidade de pensar a vida e o tempo dificilmente poderá continuar a ser chamada de filosofia. O abandono da filosofia da história e da filosofia da natureza, como se fossem modalidades de reflexão que expressam apenas entulhos metafísicos, não é um ganho para além de alguma forma de obscurantismo. É uma perda só justificável para um pensamento que crê só podermos pensar história e natureza a partir de quadros teleologicamente fechados e previamente determinados. Esse finalismo inflacionado é, no entanto, um erro ainda mais gritante quando voltamos os olhos ao campo do biológico. A esse respeito, só podemos esperar ansiosamente o dia em que setores da filosofia contemporânea abandonem, de uma vez por todas, uma imagem da natureza digna do século XIX. Pois, como gostaria de mostrar, uma reflexão filosófica sobre a vida biológica pode, atualmente, demonstrar forte interesse político, ainda mais para uma perspectiva que, como a defendida neste livro, visa lembrar como não há política sem corpo.

## A vida política

"Foi a vida, muito mais do que o direito, que se tornou o objeto das lutas políticas, ainda que estas últimas se formulem através da afirmação de direito."[2] Essa frase de Michel Foucault evidencia a cristalização de uma importante mutação na compreensão das estruturas de poder operada nas últimas décadas. Expressa a consciência de como discussões a respeito dos mecanismos de

2 Michel Foucault, *História da sexualidade*, v. 1, 19ª ed., trad. Maria Thereza Albuquerque e J. A. Guilhon Albuquerque. São Paulo: Graal, 1988, p. 158.

"administração dos corpos e de gestão calculista da vida"[3] passaram a ocupar o cerne dos embates em torno dos efeitos da sujeição social. Mecanismos que mostravam como o fundamento da dimensão coercitiva do poder encontrava-se em sua capacidade de produzir horizontes disciplinares de formas de vida. Assim, desde que Foucault usou sistematicamente termos como "biopoder" e "biopolítica",[4] ficamos ainda mais sensíveis à maneira como discursos disciplinares sobre a sexualidade, as disposições corporais, a saúde e a doença, a experiência do envelhecimento e do autocontrole estabelecem as normatividades que produzem a ideia social de uma vida possível de ser vivida. Daí uma afirmação maior como: "Durante milênios, o homem permaneceu aquilo que ele era para Aristóteles, um animal vivente que, além disso, era capaz de uma existência política. O homem moderno é um animal na política do qual sua vida de ser vivente é uma questão".[5]

No entanto, dizer que a vida se transformou no objeto de embate das lutas políticas é, ao menos na perspectiva foucaultiana, ainda dizer um pouco mais. Pois, em seu caso, trata-se de afirmar que o biológico não poderia ser visto como um campo autônomo de produção de normatividades capazes de alguma forma de determinação de nossos possíveis sociais. Ele não deveria sequer ser um ponto de *imbricação* entre vida e história, pois quem diz "imbricação" pressupõe dois polos que podem ontologicamente se distinguir. Notemos, por exemplo, o sentido de uma afirmação como esta de Michel Foucault a respeito da noção de biopoder:

3 Id., ibid., p. 152.
4 "Biopolítica" é um termo cunhado provavelmente por Rudolph Kjellén, em 1920, para descrever sua concepção do Estado como uma "forma vivente" (*Lebenform*) provida da organicidade própria a uma forma biológica (cf. R. Kjellén, *Grundriss zu einem System der Politik*. Leipzig: Rudolf Leipzig Hirtel, 1920, pp. 3-4). Para uma genealogia do conceito de biopolítica, ver Roberto Esposito, *Bios: Biopolitics and Philosophy*. Minneapolis: University of Minnesota Press, 2008.
5 Id., ibid., p. 188.

> Conjunto de mecanismos através dos quais o que, na espécie humana, constitui seus traços biológicos fundamentais, poderá entrar no interior de uma política, de uma estratégia política, de uma estratégia geral do poder; dito de outra forma, como a sociedade, as sociedades ocidentais modernas, a partir do século XVIII, levaram em conta o fato biológico fundamental de que o ser humano constitui uma espécie humana.[6]

Com isso, Foucault afirma que os traços biológicos fundamentais da espécie humana podem entrar em uma estratégia política não porque a política está determinada, limitada por tais fundamentos biológicos, ou à procura de imitá-los, mas porque o biológico, ao menos no interior de uma problemática política, deve aparecer necessariamente como aquilo que não tem fundamento que lhe seja próprio.[7] Haveria uma plasticidade - para ele constitutiva - que permitiria ao biológico ser algo como uma história esquecida de sua própria natureza. Não por outra razão, já em *As palavras e as coisas*, as reflexões sobre o biológico são apresentadas estritamente como a exposição da vida enquanto expressão de epistemes his-

6 M. Foucault, *Sécurité, territoire, population*. Paris: Seuil, 2004, p. 3 [ed. bras.: *Segurança, território, população: curso dado no Collège de France (1977-1978)*. São Paulo: Martins Fontes, 2009].

7 Isso talvez explique, como perceberam alguns comentadores, por que o conceito de vida, em Foucault, nunca é explicitamente determinado: "permanecendo essencialmente implícito" (Maria Muhle, *Eine Genealogie der Biopolitik: zum Begriff des Lebens bei Foucault und Canguilhem*. Bielefeld: Transcript, 2008, p. 10). Ele só pode permanecer implícito por ser, ao menos para Foucault, um conceito sem autonomia ontológica. Muhle defende outra hipótese, a saber, que há um "duplo papel da vida" em Foucault: como objeto de uma biopolítica e como modelo funcional a ser imitado pela biopolítica. No entanto, há de se insistir que a vida nunca é pensada por Foucault a partir de uma organização conceitual imanente, como vemos em Canguilhem (com os conceitos de errância, de normatividade vital, de organismo, de relação ao meio ambiente, entre outros). Por isso, a meu ver, pode-se dizer que, no máximo, há uma latência no pensamento de Foucault para, em certas situações, permitir que a vida apareça como modelo funcional a ser imitado. Mas uma latência é algo muito diferente de uma tarefa filosófica assumida.

toricamente determinadas. O que permite Foucault afirmar que, se a biologia era desconhecida no século XVIII, "havia uma razão bastante simples para isso: é que a vida enquanto tal não existia. Havia apenas seres vivos e que apareciam através de uma grelha de saber constituído pela *história natural*".[8] Dessa forma, a vida nunca aparecerá para Foucault como o que força discursos em direção a transformações estruturais. Como consequência, será difícil não chegar a um fenômeno bem descrito por Giorgio Agamben:

> É como se, a partir de um certo ponto, todo evento político decisivo tivesse sempre uma dupla face: os espaços, as liberdades e os direitos que os indivíduos adquirem no seu conflito com os poderes centrais simultaneamente preparam, a cada vez, uma tácita, porém crescente, inscrição de suas vidas na ordem estatal, oferecendo assim uma nova e mais temível instância.[9]

Esse esvaziamento ontológico da vida no interior de reflexões sobre estratégias políticas faz com que todo reconhecimento de uma dimensão vital no interior do campo político seja compreendido como crescente codificação na ordem estatal, como contínua modelagem da vida pelo poder. Isso abre as portas, ao menos no interior da leitura proposta por Agamben, para toda biopolítica possível tornar-se indiscernível das formas de gestão próprias a um poder soberano que opera através da completa despossessão dos sujeitos. Poder capaz de transformar espaços sociais em zonas de gestão da anomia. *A biopolítica, nessa leitura, não pode ser outra coisa senão uma técnica do poder soberano,* pois descreve o impacto deste na constituição de uma vida sem predicados, no sentido es-

8 M. Foucault, *Les Mots et les choses*. Paris: Gallimard, 1966, p. 139 [ed. bras.: *As palavras e as coisas: uma arqueologia das ciências humanas*, 9ª ed., trad. Salma Tannus Muchail. São Paulo: Martins Fontes, 2011].

9 Giorgio Agamben, Homo sacer*: o poder soberano e a vida nua*. Belo Horizonte: Editora da UFMG, 2002, p. 127.

pecífico de uma vida completamente desnudada de sua normatividade imanente.

Talvez a aposta em tal esvaziamento ontológico da vida possa se justificar se lembrarmos o que foi, até bem pouco tempo, o uso político do biológico. Não se trata apenas de lembrar os usos do biológico como horizonte de justificação de políticas eugenistas e racistas (Rudolph Hess afirmava, por exemplo que "o nacional-socialismo nada mais é que biologia aplicada") ou da brutalidade da espoliação econômica a partir do darwinismo social. Lembremos como a articulação entre biologia e política sempre teve em vista a defesa da "corporeidade do social", da organização "natural" do social como um corpo unitário que expressaria a crença na simplicidade funcional das organizações vitais. Crença que forneceria uma visão fortemente funcionalista e hierarquizada da estrutura social e que nos levaria a compreender, entre outras coisas, conflitos sociais como expressões tendenciais de patologias que devem ser extirpadas, como se retira um tecido em necrose. Já em Hobbes, os antagonismos e conflitos sociais eram descritos como patologias cuja gramática derivava das nosografias das doenças de um organismo biológico.[10] A política só pode aparecer aqui como imunização contra o adoecimento do corpo social.

Quando, séculos mais tarde, a sociologia de Émile Durkheim descrever desregulações da normatividade como situações de "patologias sociais",[11] encontraremos a permanência de uma perspectiva que se serve do biológico para a legitimação de uma vida social que obedeça a dinâmicas previamente estabelecidas. Pois o paralelismo assumido entre indivíduo e sociedade através do uso sociológico de um vocabulário médico permite a Durkheim falar

10 Basta lembrarmos aqui os paralelismos presentes no capítulo XXIX do *Leviatã,* no qual Hobbes descreve "the diseases of a commonwealth" a fim de nos alertar para "aquelas coisas que enfraquecem ou tendem à dissolução da república" (ver T. Hobbes, *Leviatã*. São Paulo: Martins Fontes, 2003).

11 É. Durkheim, 1988.

da última como de um "organismo" ou de um "corpo" que precisa de intervenções a fim de livrar-se de acontecimentos que a enfraquecem e a fazem adoecer. Essas analogias serão fundamentais para as primeiras discussões sobre a biopolítica, ainda no período anterior à Segunda Guerra.[12] O termo foi, de fato, criado para inicialmente forçar a analogia entre biológico e social, entre normatividade vital e normatividade social, partindo da visão ideal da totalidade social para posteriormente projetá-la no interior da natureza, que começa a funcionar como a imagem duplicada do que setores hegemônicos da vida social procuram estabelecer como normalidade. Dessa forma, a biologização da política será o movimento complementar de uma verdadeira judicialização da vida, pois expressão da vida como o que se deixa pensar sob a forma das normas jurídicas e de nossos modelos de poderes e de legitimidade. A vida será o fundamento da Lei porque a Lei encontrará na vida sua própria imagem invertida. A vida social poderá então mascarar para si a profunda "convergência de soluções paralelas" própria às normatividades sociais, paralelismo que produz conflitos contínuos sobre normas e valores que demonstram como a sociedade é um "conjunto mal unificado de meios".[13] Assim, é possível compreender por que uma peça fundamental da reconstrução do pensamento crítico nas últimas décadas passou pelo esvaziamento ontológico da vida produzido pelos desdobramentos desse conceito de biopolítica, reconstruído pelas estratégias foucaultianas.

No entanto, podemos atualmente colocar em questão a necessidade real dessa estratégia. Pois, mais eficaz do que esvaziar a rea-

12 Cf. Morley Roberts, *Bio-politics: An Essay in the Physiology, Pathology and Politics of the Social and Somatic Organism*. Londres: Dent, 1938, e Jacob von Uexküll, *Staatsbiologie: Anatomie, Phisiologie, Pathologie des Staates*. Berlim: Gedrüber Paetel, 1920.

13 Georges Canguilhem, *O normal e o patológico*. Rio de Janeiro: Forense Universitária, 2002, p. 229.

lidade ontológica da vida, talvez seja perguntar se as figuras totalitárias produzidas pela aproximação dos discursos da política e da biologia – com suas metáforas da sociedade como um organismo no qual lugares e funções estariam funcionalmente determinados, ou ainda através das temáticas do darwinismo social – não seriam resultantes de uma compreensão completamente incorreta do que é uma normatividade vital. Assim, em vez de simplesmente cortar toda possibilidade de articulação entre os dois campos, há uma operação mais astuta que consiste em dar ao conceito de "vida" uma voltagem especulativa renovada.

Tal operação está claramente presente nas reflexões do professor de Foucault, a saber, Georges Canguilhem. Lembremos, por exemplo, o sentido de uma afirmação como: "Não é porque sou um ser pensante, não é porque sou sujeito, no sentido transcendental do termo, é porque sou vivente que devo procurar na vida a referência da vida".[14] Posso pensar a vida porque não fundamento o pensamento a partir da abstração de um sujeito transcendental que se colocaria como condição prévia para a categorização do existente, nem como substância pensante. Posso pensar a vida porque ela se expressa em minha condição de existente, e, por ela

14 Id., *Études d'histoire et philosophie des sciences*. Paris: Vrin, 1983, p. 352. Tal proposição segue de perto uma ideia nietzscheana segundo a qual, "Ao falar de valores, falamos sob a inspiração, sob a ótica da vida: a vida mesma nos força a estabelecer valores, ela mesma valora através de nós, ao estabelecermos valores" (Friedrich Nietzsche, *Crepúsculo dos deuses*. São Paulo: Companhia das Letras, 2002, p. 36). Proposição distante de uma perspectiva biopolítica tipicamente foucaultiana por exigir que o conceito de vida seja dotado de potência produtiva autônoma do ponto de vista ontológico. Uma potência produtiva autônoma que pode nos levar à pergunta sobre as possibilidades de uma política que assuma certa posição vitalista. Sobre a influência de Nietzsche sobre Canguilhem, ver, entre outros: G. Canguilhem, *La Santé: concept vulgaire et question philosophique*. Toulouse: Sables, 1990, pp. 16-17. Ver ainda Pierre Daled, "Santé, folie et vérité aux XIX$^{\text{ème}}$ et XX$^{\text{ème}}$ siècles: Nietzsche, Canguilhem et Foucault", in P. Daled (org.), *L'Envers de la raison: alentour de Canguilhem*. Paris: Vrin, 2008, pp. 115-40, e M. Fichant, "Georges Canguilhem et l'idée de philosophie", in *Georges Canguilhem: philosophe, historien des sciences*. Paris: PUF, 1993, p. 48.

ser o que faz da minha existência uma expressão, o movimento conceitual de meu pensamento não pode se distanciar por completo da reprodução do movimento da vida. O que nos explica uma afirmação segundo a qual "Não vemos como a normatividade essencial à consciência humana se explicaria se ela não estivesse, de alguma forma, em germe na vida".[15] No entanto, se a normatividade essencial à consciência humana está "em germe na vida", então nada impedirá Canguilhem de dar um passo politicamente prenhe de consequências ao afirmar que "os fenômenos da organização social são como que uma imitação da organização vital, no sentido em que Aristóteles diz que a arte imita a natureza. Imitar, no caso, não é copiar, e sim procurar reencontrar o sentido de uma produção".[16]

Ao afirmar claramente que os fenômenos da organização social são como que uma imitação da organização vital, Canguilhem mostra como seu conceito de vida não tem direito de cidade apenas no interior de discussões sobre clínica e ciências médicas. Na verdade, ele tem uma forte ressonância para a crítica social, fornecendo uma espécie de horizonte biopolítico que não se resume à crítica foucaultiana da maneira pela qual a atividade vital é construída como categoria de normatização e legitimação de procedimentos disciplinares de "administração dos corpos e gestão calculista da vida". Ele traz em seu bojo a perspectiva positiva de uma biopolítica vitalista transformadora.[17] Por partir de uma

15 G. Canguilhem, *O normal e o patológico*, op. cit., p. 77.

16 Id., ibid., p. 226. Pensando em afirmações dessa natureza, Pierre Macherey dirá que, "Assim, encontra-se invertida a perspectiva tradicional relativa à relação entre vida e normas. Não é a vida que é submetida a normas, estas agindo sobre ela do exterior, mas são as normas que, de maneira completamente imanente, são produzidas pelo movimento mesmo da vida" (P. Macherey, *De Canguilhem à Foucault: la force des normes*. Paris: La Fabrique, 2010, p. 102).

17 Isso talvez se explique pelo fato de os conceitos sobre a vida não serem, em Canguilhem, apenas objetos de uma epistemologia genealógica, mas também de uma peculiar ontologia. O que François Dagonet compreendeu ao lembrar que, "enquanto Michel Foucault se engaja em um estudo genealógico, Georges

reflexão na qual a vida não aparece apenas como objeto reificado de práticas discursivas, mas também como a potência que produz conceitos, Canguilhem pode colocar no horizonte regulador do pensamento crítico algo como um peculiar fundamento biológico. O biológico, ou seja, a dimensão da vida que provoca em nós o espanto cuja resposta é uma forma de arquitetura de conceitos, não aparece assim apenas como produto de um discurso. Ele aparece como experiência que produz discursos, principalmente discursos que nos voltam contra outros discursos e produzem em nós um profundo sentimento de limitação.

No entanto, apelar à vida como fundamento para a crítica social teria a vantagem de retirar o pensamento crítico da dependência de filosofias da história que se veriam na obrigação de justificar perspectivas teleológicas, assim como uma confiança finalista no conceito de progresso. Tal apelo foi estratégia maior no interior da filosofia francesa contemporânea e pode ser encontrado em experiências intelectuais tão distintas entre si quanto podem ser as de Henri Bergson, Georges Bataille, Gilbert Simondon e Gilles Deleuze.[18]

Claro que essa estratégia poderia ser, por sua vez, abstratamente criticada na medida em que potencialmente abriria as portas para a fascinação ideológica pela origem, uma origem agora naturalizada. A não ser que o conceito de vida tenha sido de forma tal determinado que tenha deixado de fornecer normas positivas de

Canguilhem explora menos o campo da história e se entrega mais a um exame ontológico (em que consiste a saúde?)" (F. Dagonet, *Georges Canguilhem: philosophie de la vie*. Paris: Les Empêcheurs de Penser en Rond, 1997, p. 15).

18 Ver, por exemplo, Henri Bergson, *L'Évolution créatrice*. Paris: PUF, 2007, Simondon e toda a primeira parte de Bataille (*A parte maldita - precedida de "A noção de dispêndio"*. Belo Horizonte: Autêntica, 2013), assim como Deleuze, que não verá problemas em dizer que "Há um liame profundo entre os signos, o acontecimento, a vida, o vitalismo. E a potência de uma vida não orgânica, a que pode existir numa linha de desenho, de escrita ou de música. São os organismos que morrem, não a vida. [...] Tudo o que escrevi era vitalista, ao menos assim o espero, e constituía uma teoria dos signos e do acontecimento" (*Conversações*, trad. Peter Pál Pelbart. São Paulo: Editora 34, 2008, p. 179).

regulação das condutas, fornecendo apenas a descrição de um movimento processual imanente, ou seja, uma processualidade cuja teleologia encontra-se, de maneira imanente, no próprio processo. Processualidade que Canguilhem descreve, como veremos, ao pensar a vida como atividade marcada pela errância. Nesse caso, a vida não fornece determinações ontológicas de forte teor prescritivo: ela fornece a possibilidade sempre aberta do que poderíamos chamar de "mobilidade normativa" do existente. Mobilidade que traz em seu bojo um modelo paradoxal de auto-organização. Trata-se, então, de compreender como uma normatividade vital pensada a partir da centralidade da noção de errância pode nos fornecer uma recompreensão das potencialidades inerentes às articulações entre o político e o biológico. Trata-se, ainda, de compreender o modelo de processualidade pressuposto por tal determinação da normatividade vital. Para tanto, há de se iniciar com uma precisão a respeito do sentido da noção de "norma" em Canguilhem.

## Normatividade vital e errância

Na verdade, a peculiaridade da posição de Canguilhem vem do fato de articular duas ideias que, aparentemente, seriam completamente contraditórias, a saber, normatividade e errância. Nosso conceito natural de normatividade parece distante de algo que poderíamos chamar de "errância". Por isso não é possível levar ao extremo a afirmação de Canguilhem, por exemplo, de que a relação entre vida e norma é completamente imanente. No extremo, teríamos dificuldades em explicar por que há normas que vão contra a atividade vital por produzir um tipo de desconhecimento de tal atividade, um comportamento catastrófico que Canguilhem chama, sem deixar de esconder certo acento bergsoniano, de "mecanização da vida". Na verdade, essa mecanização parece ser simplesmente indissociável da própria aplicação do conceito de norma.

Trivialmente, entendemos por "norma" um padrão de ordenamento baseado na regularidade e na padronização das expectativas de comportamento. O que explica por que para nós é tão difícil dissociar "norma" de uma certa força coercitiva. Por organizar nossa percepção a partir da identificação do caráter necessário de regularidades, a norma se imporia como uma forma de experiência do tempo marcado pela reprodução compulsiva do contínuo. Ou seja, viver sob o império da norma seria, necessariamente, viver no interior de um tempo regular desprovido de acontecimento, um tempo da redundância.

Lembremos ainda que usualmente vinculamos "norma" à capacidade de produzir julgamentos. Julgamentos seriam proposições que me comprometeriam a um determinado tipo de ação, já que "representar algo, falar *sobre* ou pensar *em* algo, é reconhecer sua autoridade *semântica* sobre a correção do comprometimento que alguém assume ao julgar".[19] Nesse sentido, emitir juízos sobre algo seria indissociável de assumir a responsabilidade de agir de determinada forma. Essa responsabilização fundaria, por sua vez, uma identidade composta pela possibilidade da integração de julgamentos emitidos em vários momentos e que deveriam ser compatíveis entre si. Dessa forma, "deve-se *integrar* novos comprometimentos (*endorsements*) no todo que engloba nossos comprometimentos prévios".[20]

Não é difícil perceber como a noção de norma aqui pressuposta deriva da experiência do ordenamento jurídico. Ela é a base não apenas para a produção de uma noção um tanto quanto simplista de responsabilização fundada na clareza semântica dos propósitos, clareza essa que pede a ausência de polivalência e de sobredeterminação na relação entre julgamento e ação, como se de um julga-

19 Robert Brandom, *Animating Ideas*. Cambridge/Londres: Harvard University Press, 2009, p. 35.
20 Id., ibid., p. 36.

mento não pudéssemos derivar, sem perda de consistência, uma multiplicidade possível de ações, algumas inclusive contraditórias entre si. Essa noção de norma pede ainda uma ideia de estabilidade da situação. Preciso integrar novos comprometimentos no todo que seria composto de comprometimentos prévios porque a situação na qual estou inserido seria, por sua vez, uma totalidade estável e regular. O mínimo que se pode dizer é que nada disso se refere à maneira como Canguilhem compreende a dinâmica vital das normas.

É fato, dirá Canguilhem, que "a vida é atividade normativa". Ela é atividade normativa, principalmente, porque todo organismo biológico age selecionando a partir de valores. É importante salientar tal aspecto para lembrar como a normatividade vital não é uma forma de condicionamento, de ação reflexa determinada completamente pelo meio, mas atividade valorativa, um tipo de julgamento que, em vez de apelar necessariamente à consciência, pode apelar aos afetos, às sensações e aos modos de afecções. As afecções julgam, por isso, que "Viver é, mesmo para uma ameba, preferir e excluir".[21] Tal atividade valorativa pressupõe a capacidade de estabelecer relações, de comparar contextos em vista ao fortalecimento da vida, e é por pensar a experiência como um processo relacional baseado em valoração que Canguilhem conserva o termo "norma". Mas, nesse contexto, a atividade normativa não implica, em absoluto, regular o comportamento a partir de uma consigna fixa. Ela indica, principalmente, uma "capacidade transitiva",[22] ou seja, uma capacidade de entrar em movimento, passando de uma situação a outra, recusando limitações. As normas vitais não conhecem determinações semânticas estáveis, já que são mera expressão da capacidade que o organismo tem de

21 G. Canguilhem, *O normal e o patológico*, op. cit., p. 105.
22 Id., *Idéologie et rationalité dans l'histoire des sciences de la vie*. Paris: Vrin, 2009, p. 132.

entrar em movimento. Não por outra razão Canguilhem dirá que a norma da vida é exatamente sua capacidade de mudar continuamente de norma.[23]

Poderíamos nos perguntar por que há propriamente "normatividade" nessa capacidade de entrar em movimento. Talvez porque mover-se implica, para o organismo, tanto ter a percepção de deslocar-se quanto deixar-se ou não se mover. Não apenas saber-se saindo de um ponto a outro, mas valorar esse movimento, querer se deslocar, tomar para si a fonte do movimento. Caso não houvesse tal valoração vinda do organismo, caso não houvesse alguma forma elementar de implicação intencional produzida pelo julgamento, ou, ainda, caso não houvesse uma função implicativa expressa pelo organismo, teríamos um movimento completamente determinado pelo exterior e organismos seriam simplesmente estruturas condicionadas. No entanto, Canguilhem entende que o ato de julgar não é "uma operação lógica de recognição da realidade", mas capacidade de valoração concernente a todo vivente.[24] Assim, se Canguilhem fala em normas é para determinar o organismo, e não o meio, como potência normativa, invertendo assim a direção normalmente pressuposta da atividade normativa. Como bem lembrou Badiou,[25] a estratégia de inverter a direção da normatividade produz um espaço de múltiplos centros no qual o meio não pode mais ser uniforme. Pois falar da individualidade biológica do organismo como uma potência normativa é um modo de fazer da norma um procedimento de individualização contrária à ideia

23 Assim, "as normas não são mais o que determina direitos e obrigações impondo-se aos sujeitos de fora como no transcendentalismo moderno – permitindo fazer o que é permitido e proibindo o que não é permitido –, mas são a modalidade intrínseca que a vida assume em seu irrestrito poder de existir" (R. Esposito, *Bios: Biopolitics and Philosophy*, op. cit., p. 186).

24 Ver Fábio Franco, *A natureza das normas: o vital e o social na filosofia de Georges Canguilhem*. Tese de mestrado defendida no Departamento de Filosofia da USP, 2011, p. 77.

25 A. Badiou, *L'Aventure de la philosophie française*. Paris: La Fabrique, 2012, p. 76.

da normatividade do meio. Há uma potência normativa da individualidade biológica que produz formas singulares de relação ao meio, consequência de uma peculiar estratégia de naturalização genérica de pressupostos implicativos e relacionais próprios a uma teoria do sujeito. Essa potência normativa fornece, ao organismo, a confiança para deslocar-se de um meio a outro, transformando sua responsividade à imprevisibilidade do meio, com seus acontecimento aleatórios, sua contingência, em elemento para a criação de novas formas. Por isso: "a normalidade dos viventes é a qualidade da relação ao meio que permite a tais viventes, através das variações individuais de seus descendentes, novas formas de relação a um novo meio, e assim por diante". [26] Mas para compreender melhor a natureza dessa potência normativa da vida e seus desafios, devemos retomar as discussões de Canguilhem a respeito das distinções entre normal e patológico, entre saúde e doença.

## Quantidade e qualidade

Ao focar suas reflexões nas distinções entre normal e patológico, Canguilhem defende que a atividade vital deve ser compreendida em sua dinâmica concreta. Mas a dinâmica concreta da vida é sua forma de ser "atividade de oposição à inércia e à indiferença",[27] pois não há indiferença biológica. Ao ser pensada como oposição, a vida traz para seu interior aquilo que lhe deve ser oposto, estabelecendo com ele uma relação de diferença interna. Esse oposto é pensado, por Canguilhem, a partir dos fenômenos de produção de "valores negativos", como a doença e o risco da morte. De fato, a noção de saúde absoluta é uma idealidade abstrata que contradiz a dinâmica própria a todos os sistemas biológicos. Por conseguinte, a saúde relativa é um estado de equilíbrio dinâmico instável, uma

26 G. Canguilhem, *O normal e o patológico*, op. cit., p. 132.
27 Id., ibid., p. 208.

atividade constante de oposição. Talvez isso explique por que "a ameaça da doença é um dos elementos constitutivos da saúde".[28]

No entanto, não se trata de relativizar as distinções entre saúde e doença, normal e patológico. Canguilhem inicialmente se recusa a compreender a diferença entre normal e patológico como uma diferença quantitativa que diria respeito a funções e órgãos isolados, como se os fenômenos patológicos fossem, no organismo vivo, apenas variações quantitativas, déficits ou excessos. Nesse caso, o patológico é designado a partir do normal, daí por que ele será normalmente descrito como distúrbio, transtorno, déficit ou excesso que acontece no nível de funções e órgãos.[29] Em uma perspectiva positivista que nos remete diretamente a Auguste Comte e suas leituras de Broussais, a doença nada mais é do que um subvalor derivado do normal. É a definição do normal como padrão regular de atividade do organismo sob certo modelo de funcionamento do meio que define o campo da clínica. Essa experiência clínica exige que o normal esteja assentado em um campo mensurável acessível à observação. Tal campo privilegiado é a fisiologia, que aparece assim como fundamento para uma clínica orientada a partir dos postulados de uma anatomia patológica e definida com base na indicação de "marcadores biológicos". Nesse contexto, "As técnicas de intervenção terapêutica só podem ser secundárias em relação à ciência fisiológica, isto na medida em que o patológico só tem realidade provisória por declinação do normal".[30]

28 Id., ibid., p. 261. Pois, "se há um poder da vida, ele só se deve apreender através de seus erros e falhas, quando ele se choca contra obstáculos que impedem ou travam sua manifestação. Daí a importância constantemente reafirmada por Canguilhem dos 'valores negativos' cujo conceito funda sua perspectiva filosófica, uma perspectiva apoiada sobre a dialética, ou melhor, a dinâmica da potência e de seus limites" (P. Macherey, op. cit., p. 124).

29 Assim, "a doença não é pensada como uma experiência vivida, engendrando transtornos e desordens, mas como uma experimentação aumentando as leis do normal" (Guillaume Le Blanc, *Canguilhem et les Normes*. Paris: PUF, 1998, p. 34).

30 G. Canguilhem, *O normal e o patológico*, op. cit., p. 42.

Tomemos como exemplo ilustrativo dessa tendência a definição de transtorno mental (*mental disorder*) fornecida pelo DSM-V: "um transtorno mental é uma síndrome caracterizada por distúrbios clinicamente significantes na cognição individual, regulação emocional ou por comportamentos que refletem disfunções em processos psicológicos, biológicos ou de desenvolvimento subjacentes ao funcionamento mental".[31] Transtornos mentais seriam, a partir dessa perspectiva, fenômenos ligados diretamente a disfunções em processos específicos e individualizados. Assim, a patologia será conjugada em uma gramática de desregulação setorizada de funções. Teremos transtornos na capacidade de atenção, na constituição da personalidade, no desenvolvimento intelectual, na comunicação, nos afetos, na coordenação motora, no aprendizado, na alimentação, no sono, na sexualidade, entre tantos outros. Da mesma forma, a intervenção clínica deverá ser setorizada, focando-se na normalização da função.

A normalização, por sua vez, precisa de um sistema de medidas para se orientar. Tomemos como exemplo os critérios diagnósticos da chamada "desregulação disruptiva do humor" (*disruptive mood dysregulation disorder*). Encontraremos descrições como: "várias explosões de temperamento que são claramente fora de proporção em intensidade ou duração em relação à situação ou provocação", "as explosões de temperamento são inconsistentes com o nível de desenvolvimento", "elas ocorrem, em média, três a quatro vezes por semana".[32] Ou seja, há um julgamento sobre proporção adequada, sobre consistência em relação a um processo de desenvolvimento psíquico pensado de maneira claramente padronizada e sobre quantidade anormal de aparecimento do fenômeno. Mas não é possível falar em proporção excessiva, em consistência com momentos no

31 American Psychiatric Association, *Diagnostic and Statistical Manual of Mental Disorders*, 5ª ed. Washington: APA, 2013, p. 20.

32 Id., ibid., p. 156.

interior de um processo de desenvolvimento e em quantidade normal se o julgamento sobre a doença não pressupuser padrões claramente estabelecidos e mensuráveis de normalidade. É da desregulação quanto a tais padrões que o discurso sobre a patologia versa. Esses padrões estão pressupostos sem estarem completamente postos, já que em momento algum eles são claramente apresentados, o que produz uma situação disciplinar evidente. A normalidade da "regulação emocional" será aquela que melhor se adaptar aos critérios de rendimento e adaptabilidade partilhados por uma rede implícita de assentimento social da qual o próprio médico faz parte.

Contra modelos dessa natureza de reflexão sobre patologias, Canguilhem procura recuperar os postulados de uma teoria dinamista que encontra na medicina grega seu exemplo fundador. Seu pressuposto central é compreender a doença como um acontecimento que diz respeito ao organismo vivo encarado na sua totalidade. Pois não haveria um único fenômeno que se realize no organismo doente da mesma forma como no organismo são.

Quando classificamos como patológico um sistema ou um mecanismo funcional isolado, esquecemos que aquilo que os torna patológicos é a relação de inserção na totalidade indivisível de um comportamento individual. *Há uma diferença qualitativa fundamental que atinge todo o organismo com a integralidade de seus processos e funções.* Canguilhem chega a afirmar que estar doente é, para o homem, viver uma vida diferente, é passar por uma modificação global de conduta. Notemos ainda que a estratégia de vincular o normal a uma relação ao meio implica afirmar não haver fato algum que seja normal ou patológico *em si. Os fatores são normal e patológico no interior de uma relação entre organismo e meio ambiente.* Não há uma continuidade quantitativa entre normal e patológico, mas descontinuidade qualitativa.[33]

33 Canguilhem não nega que diferenciações quantitativas estejam presentes na diferenciação entre estado doente e estado normal. No entanto, quando entram

## O abismo da impotência

De fato, a clínica procura, por meio de noções anatômicas, fisiológicas ou neuronais, determinar a realidade da doença, mas só percebe essa realidade através da consciência – veiculada primeiro pelo sujeito que sofre – de decréscimo da potência e das possibilidades de relação com o meio. "Patológico implica *pathos*, sentimento direto e concreto de sofrimento e impotência, sentimento de vida contrariada."[34] Enquanto modificação global de conduta, *a doença é indissociável da restrição da capacidade de ação*.[35] Como dizia Goldstein, estar doente é "não estar em estado de atualizar a capacidade de rendimento que lhe pertence essencialmente".[36] A doença não é resultado de uma coerção externa, mas de uma impossibilidade interna ao organismo de atualizar seus possíveis, obrigando-se assim a "viver em contrariedade". Por isso, Canguilhem fala da doença como "abismo da impotência".[37]

Há duas consequências importantes derivadas dessa definição de doença. A primeira é vincular, de maneira essencial, doença e consciência da doença. De fato, a inserção de noções vinculadas a distinções qualitativas na diferenciação entre normal e patológico pode parecer uma porta aberta para derivas subjetivistas, já que a determinação da qualidade é uma operação valorativa que depende, em última análise, da expressão da subjetividade do

na definição do patológico como variação quantitativa do normal, termos como "mais" e "menos" não têm uma significação puramente quantitativa: "Hegel sustenta que a quantidade, por seu aumento ou diminuição, se transforma em qualidade. Isto seria absolutamente inconcebível se uma relação à qualidade não persistisse ainda na qualidade negada que chamamos de quantidade" (G. Canguilhem, *O normal e o patológico*, op. cit., p. 83).

34 Id., ibid., p. 106.

35 Assim, "nos dirigimos a uma concepção mais relacional que substancialista ou essencialista da saúde e da doença na medida em que a capacidade normativa do indivíduo enraíza-se para Canguilhem na sua relação ao meio" (Élodie Giroux, *Après Canguilhem: Définir la Santé et la maladie*. Paris: PUF, 2010, p. 30).

36 Kurt Goldstein, *La Structure de l'organisme*. Paris: Gallimard, 1983, p. 346.

37 G. Canguilhem, *O normal e o patológico*, op. cit., p. 91.

doente. O mundo do doente é qualitativamente diferente porque o doente avalia o decréscimo em sua capacidade funcional e em sua disposição. É para evitar tal dependência em relação a operações valorativas, em relação à expressão da subjetividade do doente, sempre incerta e insegura, que René Leriche dirá: "Se quisermos compreender a doença, é necessário desumanizá-la", ou, ainda, "Na doença, o que menos importa é o homem".

De certa forma, Canguilhem parte dessas afirmações para defender o contrário, a saber, que o patológico só começa quando é reconhecido como tal pela consciência marcada pela experiência da doença. Com um acento hegeliano, Canguilhem não teme em afirmar que "não há nada na ciência que antes não tenha aparecido na consciência".[38] Não se trata necessariamente da consciência do sujeito que atualmente sofre, mas daquelas dos que outrora sofreram e que forneceram ao saber médico a orientação do seu olhar. Se o médico pode se adiantar à consciência que seu paciente tem da doença é porque, outrora, a doença foi sentida como tal por alguma consciência. Assim, "Sempre se admitiu, e atualmente é uma realidade incontestável, que a medicina existe porque há homens que se sentem doentes, e não porque existem médicos que os informam de suas doenças".[39]

Uma proposição dessa natureza é passível de vários mal-entendidos por parecer convidar a uma deriva subjetivista insustentável para a definição da partilha entre normal e patológico. Afinal, a patologia é um conhecimento objetivo ou é resultado do sentimento subjetivo do paciente? Na verdade, Canguilhem tem em vista o fato de que "não há ciência da fisiologia humana sem técnica de restauração da saúde, ou seja, sem a consciência da doença por um sujeito. Uma nova afirmação resulta disso: a anterioridade da

38 Id., ibid., p. 68.
39 Id., ibid., p. 69.

clínica, experiência da doença partilhada entre o doente e o médico, sobre a fisiologia e a patologia".[40]

No entanto, o apelo a uma espécie de "consciência histórica" pressuposta pelas experiências anteriores de sofrimento é impreciso. Pois, no limite, ele nos levaria a não mais dissociar doença e anomalia. Fato problemático, pois uma anomalia vivenciada de maneira patológica por uma individualidade em determinada situação pode aparecer, para outra individualidade em outro momento, como ocasião para o desenvolvimento de novas normatividades. Daí por que a fronteira entre o normal e o patológico é imprecisa quando consideramos diversas individualidades simultaneamente. No entanto, ela é absolutamente precisa quando consideramos uma individualidade sucessivamente. Mais uma vez vem de Goldstein a ideia, presente em Canguilhem, de a distinção entre normal e patológico exigir uma norma individualizada. Não se trata aqui, no entanto, de uma concepção individualista de saúde, mas de uma concepção "que individualiza". A saúde não é um padrão que conforma individualidades a um conjunto predeterminado de regularidades a serem observadas. Padrão disciplinar que visaria, no caso humano, produzir indivíduos como entidades capazes, por exemplo, de organizar sua conduta a partir de "regulações emotivas" e "processos cognitivos" socialmente normatizados. Ela é, na verdade, a capacidade de individualizar processos tendo em vista a constituição de inflexões singulares da vida. *A saúde não é uma conformação, mas uma individuação* geradora de processos que, do ponto de vista dos interesses de autoconservação dos indivíduos de uma espécie, podem inclusive parecer irracionais.

Isso nos auxilia, entre outras coisas, a compreender a importância da desvinculação geral entre doença e anomalia.[41] Nem

40 Claude Debru, *Georges Canguilhem, Science et non-science*. Paris: Presses de l'École Normale Supérieure, 2004, p. 33.

41 O que não poderia ser diferente, já que, como veremos mais à frente, "A negatividade da doença (e principalmente da morte) não está ligada à modificação

toda anomalia é patológica, o que não significa que inexistam anomalias patológicas. Mas, quando "a vida não se contraria", uma individualidade em mutação é o ponto de partida para outra espécie, pois exprime outras formas de vida possíveis que, caso demonstrem sua superioridade em relação à fecundidade, à variabilidade e à estabilidade da vida, serão novas normatividades:

> Não existe fato que seja normal ou patológico em si. A anomalia e a mutação não são, em si mesmas, patológicas. Elas exprimem outras normas de vida possíveis. Se essas normas forem inferiores às normas anteriores, serão chamadas patológicas. Se, eventualmente, se revelarem equivalentes - no mesmo meio - ou superiores - em outro meio - serão chamadas normais. Sua normalidade advirá de sua normatividade.[42]

Assim, se a saúde pode produzir uma individuação que parece irracional, a partir da perspectiva da autoconservação dos indivíduos de uma espécie localmente configurada, é porque ela é a expressão da mobilidade da vida em sua procura por formas fora da espécie: "Há uma polaridade dinâmica da vida. Enquanto as variações morfológicas ou funcionais sobre o tipo específico não contrariam ou não invertem essa polaridade, a anomalia é um fato tolerado; em caso contrário a anomalia é experimentada como tendo valor vital negativo e se traduz externamente como tal".[43]

Ou seja, a vida é uma atividade normativa polarizada contra tudo o que é valor negativo, tudo o que significa decréscimo e impotência. Quando a diversidade orgânica não implica tal polari-

de uma norma propriamente originária, como fizeram teorias da degeneração. Ao contrário, ela está ligada à incapacidade do organismo de modificar a norma aprisonando-o, forçando-o a uma repetição infinita da norma" (R. Esposito, *Bios: Biopolitics and Philosophy*, op. cit., p. 190).

42 G. Canguilhem, *O normal e o patológico*, op. cit., p. 113.

43 Id., ibid., p. 105.

zação, a diferença não aparece como doença. Por isso, seres vivos que se afastam do tipo específico são, muitas vezes, inventores a caminho de novas formas. Se a saúde é norma que individualiza, é porque ela produz normas a partir de anomalias que se demonstraram produtivas. Na realidade, a verdadeira saúde é uma espécie de anomalia produtiva, todas as formas vivas são "monstros normalizados".[44] O que não poderia ser diferente já que a vida, mesmo no animal, não é mera capacidade de evitar dissabores e se conservar. Ela é procura, atividade baseada na "capacidade de afrontar riscos e triunfar",[45] daí por que ela tolera monstruosidades. Não estamos muito longe das afirmações de Nietzsche que procuram erigir a criação de valores em vontade de afirmação da vida a partir do conceito de "grande saúde".

## Patologias sociais

Notemos, entre outras coisas, o impacto político de uma ideia dessa natureza. Ao utilizar os conceitos de normal e patológico para dar conta da vida social, Émile Durkheim dirá que, "para as sociedades como para os indivíduos, a saúde é boa e desejável, a

44 G. Canguilhem, *La Connaissance de la vie*. Paris: Vrin, 2003, p. 206. Sobre tal relação entre anomalia e produção de normatividades vitais, vale a pena ainda lembrar que, "Graças à perfeição conservadora do aparelho replicativo, toda mutação, considerada individualmente, é um acontecimento muito raro. Nas bactérias, únicos organismos dos quais temos dados numerosos e precisos a esse respeito, podemos admitir que a probabilidade, para um gene dado, de uma mutação que altere sensivelmente as propriedades funcionais da proteína correspondente é da ordem de $10^{-6}$ a $10^{-8}$ por geração celular. Mas em alguns mililitros de água uma população de vários bilhões de células pode se desenvolver. Em tal população, temos a certeza de que toda mutação dada é representada na ordem de dez, cem ou mil exemplares. Podemos igualmente estimar que o número total de mutantes de todas as espécies nessa população é da ordem de $10^5$ a $10^6$. Na escala de uma população, a mutação não é um fenômeno de exceção: é a regra" (Jacques Monod, *Le Hasard et la nécessité: essai sur la philosophie naturelle de la biologie moderne*. Paris: Seuil, 1970, p. 157).

45 G. Canguilhem, *La Connaissance de la vie*, op. cit., p. 215.

doença, ao contrário, é a coisa má que deve ser evitada".[46] O paralelismo assumido entre indivíduo e sociedade através do uso sociológico de um vocabulário médico permite a Durkheim falar da última como de um "organismo" ou de um "corpo" que precisa de intervenções a fim de livrar-se de acontecimentos que a enfraquecem e a fazem adoecer. Por outro lado, essa visão orgânica do social leva Durkheim a insistir na dependência profunda entre sofrimento psíquico e sofrimento social a partir da relação entre o todo e suas partes, como podemos ver na afirmação segundo a qual "Os indivíduos participam muito estreitamente da vida da sociedade para que ela possa ficar doente sem que eles sejam tocados. De seu sofrimento advém necessariamente o sofrimento deles. Como ela é o todo, o mal que ela sente se comunica às partes que a compõem".[47]

Mas o ponto importante aqui é como se descobre a normalidade do organismo social. Ela é descoberta através da construção de um tipo médio derivado da ideia de média aritmética, o que leva à discussão sobre o patológico a derivar-se, em larga medida, da noção de desvio quantitativo em relação à norma.[48] O patológico será, assim, um problema de excesso ou de falta em relação ao tipo normal previamente definido através do recurso à média. Essa maneira de definir a normalidade a partir do tipo médio obriga Durkheim a estabelecer uma indistinção importante entre patológico e anomalia, como vemos na afirmação segundo a qual "o mórbido é o anormal na ordem fisiológica tal como o teratológico é o anormal na ordem anatômica".[49] Pois a anomalia é a figura

46 É. Durkheim 1988, p. 142.
47 Id., 2000, p. 229.
48 "Nós chamaremos de normais os fatos que apresentam as formas mais gerais e nós daremos aos outros o nome de mórbidos ou de patológicos" (id., ibid., p. 149).
49 Id., ibid., p. 149.

privilegiada de um tipo que não pode mais ser descrito em conformidade aos padrões de uma estrutura média.

A princípio, pode parecer estranho que Durkheim recuse-se, por exemplo, a chamar o crime ou o suicídio de patologias.[50] Ao contrário, "o crime é normal porque uma sociedade sem crime é impossível". Pois, através do crime, uma sociedade fortaleceria sentimentos coletivos ofendidos, principalmente em uma época na qual as trajetórias individuais significam, também, intensidades distintas da consciência moral. Por outro lado, "para que ela possa evoluir, faz-se necessário que a originalidade individual possa aparecer à luz do dia. Ora, para que a originalidade do idealista, que sonha ultrapassar seu século, possa se manifestar, é necessário que esta do criminoso, que está atrás de seu tempo, seja possível. Uma não vai sem a outra".[51] Essa compreensão dinâmica da sociedade permite a Durkheim afirmar que a liberdade nunca seria proclamada se as regras que a proibiam não fossem violadas antes de serem ab-rogadas. No entanto, nesse momento tal violação foi um crime. Da mesma forma, o suicídio é normal porque não há sociedade sem certo nível de suicídio.[52] Através dos suicídios uma sociedade mostra sua força diante dos indivíduos (como no caso do suicídio altruísta) ou se fortalece contra um individualismo excessivo (como no caso do suicídio egoísta). Crime e suicídio são "imperfeições necessárias", mas não doenças.

Se nem o crime nem o suicídio são, em si, patologias é porque o conceito não se refere a fenômenos sociais específicos com lugar no desenvolvimento dinâmico da vida social e que, pela via negativa, reforçam seus sistemas de crenças. Na verdade, a noção de patologia social é utilizada por Durkheim para descrever a desagregação da força de reprodução da vida social. Isso explica por

50 Id., ibid., p. 160.
51 Id., ibid., p. 164.
52 Id., ibid., p. 10.

que o conceito de anomia aparecerá como a patologia social por excelência. Ela descreve uma forma de desvio marcada pela falta e pela ausência, já que a desregulação das normas indica incapacidade para determinar sujeitos, internalizando sistemas de regras de conduta e crenças, devido à falta de força de coesão social. Dessa maneira, as normas sociais não seriam mais capazes de individualizar comportamentos e fundamentar funções sociais de maneira bem-sucedida.

Nesse sentido, é clara a forma como, na prática, Canguilhem coloca tal perspectiva de Durkheim de cabeça para baixo. Não sendo o normal aquilo que é derivado do nível médio presente nas "formas mais gerais", nem sendo as anomalias necessariamente expressões de patologias, elas podem aparecer como a expressão da capacidade transitiva da vida em sua procura por deslocar-se de um meio a outro. Do ponto de vista da normatividade social vigente à procura de sua conservação, mesmo através de uma dinâmica de fortalecimento que admite o desvio controlado, toda anomalia é um convite em potencial à anomia. Porque a anomalia é o não determinável, o sem lugar. No entanto, essa ausência de lugar pode não ser simples desabamento da estrutura, mas possibilidade de um modelo diferente de produtividade.

Nesse sentido, para Canguilhem, patológico não será o anormal, mas exatamente o deixar-se aprisionar na fixidez de uma configuração estática da estrutura normativa. Longe de impor uma normatividade reguladora única a nossas expectativas de realização, o conceito de vida permite expor a raiz da profunda anormatividade e indeterminação que parece nos guiar no interior dos embates na vida social. Pois "o que caracteriza a saúde é a capacidade de ultrapassar a norma que define o normal momentâneo, a possibilidade de tolerar infrações à norma habitual e de instituir novas normas em situações novas".[53] Se quisermos ex-

53 G. Canguilhem, *O normal e o patológico*, op. cit., p. 151.

plorar as possibilidades do uso de conceitos como "patológico" na análise da vida social, diremos que a saúde exige uma experiência na qual a capacidade de ultrapassar normas vigentes, de afirmar o que aparece como anômalo, assim como o poder de instituir novas normatividades, sejam fenômenos internos às dinâmicas sociais e políticas.

## O que pode significar "dominar"

Neste ponto, fica clara a importância dada por Canguilhem à dissociação entre saúde e adaptação ao meio.[54] Importância sintetizada em afirmações segundo as quais "Normal é viver em um meio no qual flutuações e novos acontecimentos são possíveis". Ou ainda: "O homem só se sente em boa saúde - que é, precisamente, a saúde - quando se sente mais do que normal, isto é, não apenas adaptado ao meio e às suas exigências, mas também normativo, capaz de seguir novas normas de vida".[55] São maneiras de afirmar que a saúde dissocia "normalidade" e "normatividade" por ser atividade capaz de "colocar em questão normas fisiológicas usuais", permitindo ao organismo viver um mundo de acidentes possíveis.[56] O que implica uma noção de relação entre organismo e meio ambiente que não pode ser compreendida como simples adaptação e conformação a um sistema metaestável. Um organismo completamente adaptado e fixo é doente por não ter uma margem que lhe permita suportar as mudanças e infidelidades do meio. Por isso, compreendemos mal um organismo biológico quando vemos nele apenas um feixe de funções e órgãos que se submetem a padrões gerais de men-

54 Id., ibid., p. 146.

55 Id., ibid., p. 161.

56 "A saúde, como expressão do corpo *produzido*, é uma segurança vivida em um duplo sentido de segurança contra o risco e de audácia para corrê-lo. É o sentimento de uma capacidade de superação das capacidades iniciais, capacidade de levar o corpo a fazer o que ele parecia inicialmente não ser capaz de prometer" (G. Canguilhem, *La Santé*, op. cit., p. 26).

suração e quantificação, feixe de funções que responde a exigências de ajustamento a um meio causalmente fechado. Essa vida seria o exemplo de uma razão que se transformou em princípio de autoconservação; princípio que tem em vista apenas as ilusões mecanicistas de uma visão de natureza digna do século XIX. Vida mutilada por não reconhecer mais sua potência de produção de valores. Por isso, *a doença aparece necessariamente como fidelidade a uma norma única*. Ela é o nome que damos a uma norma de vida que não tolera desvio algum das condições em que é válida. Daí a definição segundo a qual "uma vida sã, uma vida confiante na sua existência, nos seus valores, é uma vida em flexão, uma vida flexível [...] Viver é organizar o meio a partir de um centro de referência que não pode, ele mesmo, ser referido sem com isso perder sua significação original".[57]

Tentemos entender melhor o que vem a ser essa flexibilidade própria à vida. Ser flexível é, principalmente, ser capaz de mover-se. Se aceitarmos a teoria da degenerescência, seremos obrigados a admitir que a cura da doença implica necessariamente alguma forma de retorno a estados anteriores ao adoecer, estados nos quais funções vitais ligadas à preservação e à geração poderiam voltar a funcionar a contento. No entanto, uma forma insidiosa da própria doença é a fixação em um estado anterior de saúde. Pois a vida não conhece reversibilidade, embora ela admita reparações que são inovações fisiológicas. Goldstein insiste que "não se pode jamais reencontrar a antiga maneira de agir, a antiga adaptação ao antigo meio que correspondia à essência do organismo são".[58] A nova saúde não é a saúde de outrora, nem é a recuperação de determinações normativas anteriores. No entanto, mais importante, ela é indissociável de uma compreensão renovada do

57 Id., *La Connaissance de la vie*, op. cit., p. 188.
58 K. Goldstein, *La Structure de l'organisme*, op. cit., p. 348.

que significa "seguir uma norma". Pensemos, por exemplo, na seguinte afirmação de Canguilhem:

> Porque a saúde não é uma constante de satisfação, mas o *a priori* do poder de dominar situações perigosas, esse poder é usado para dominar perigos sucessivos. A saúde, depois da cura, não é a saúde anterior. A consciência de o fato de curar não ser retornar ajuda o doente em busca de um estado de menor renúncia possível, liberando-o da fixação ao estado anterior.[59]

O que pode ser, nesse contexto, "o *a priori* do poder de dominar situações perigosas"? Se entendermos "dominar" como submeter o funcionamento de uma situação à imagem de ordenamento estabelecida *a priori* ou previamente, dificilmente entenderemos o que Canguilhem tem em mente. Senão, seria impossível compreender por que curar não poderia ser, de alguma forma, retornar. No caso, retornar a imagens de ordenamento anteriormente estabelecidas.

Lembremos aqui uma afirmação astuta de Theodor Adorno, para quem só dominamos uma língua quando nos deixamos dominar por ela, ou seja, quando nosso raciocínio é levado, em certa medida, pela estrutura interna da língua. Talvez algo disso valha para o fenômeno que Canguilhem procura descrever. O poder de dominar situações perigosas é, de certa forma, indissociável da capacidade de se deixar dominar por perigos sucessivos. Se aceitarmos que esses "perigos" representam as situações que podem levar à desorganização e à desordem do organismo, até sua completa dissolução e morte, então diremos que dominar tais situações é indissociável da capacidade de ser. Mais precisamente, "um sistema em desequilíbrio incessantemente compensado por empréstimos no exterior".[60] Conceito aparentemente paradoxal, já que

59 G. Canguilhem, *Escritos sobre a medicina*. Rio de Janeiro: Forense, 2000, p. 70.
60 Id., *La Santé*, op. cit.

um sistema em desequilíbrio incessante é aquele que transforma o risco perpétuo de sua dissolução enquanto sistema em operador de seu desenvolvimento, em outras palavras, aquele que cria e desenvolve habilidades a partir do que pareceria refratário a toda criação técnica. Desequilíbrio que nos coloca diante de um dos conceitos fundamentais de Canguilhem, a saber, a noção de errância.

### O que acontece quando entramos por uma porta errada?

Canguilhem costumava dizer que a doença poderia ser definida como um erro, não no sentido de fazer uma conta errada, mas de entrar por uma porta errada. Se voltarmos à primeira definição de doença como restrição da capacidade de ação através da fixação a uma norma única, então é possível completar o raciocínio explorando um duplo movimento. A doença aparece como reação catastrófica à percepção da instabilidade do meio no qual o organismo se situa. Assim, o organismo erra por agir como se tomasse o meio a partir de sua imagem de estabilidade, ligada à perpetuação da situação anterior. Ele continua reagindo mecanicamente, como se o meio não houvesse se modificado, o que o leva a sobreviver apenas à condição de restringir radicalmente seu meio e a sucumbir quando essa restrição é impossível.

Mas o que pode significar aqui "entrar pela porta errada"? Quem entra pela porta errada não apenas se perde, mas encontra o imprevisto, o não percebido que só vem à existência quando mudamos a estrutura de nossa percepção. Entrar pela porta errada é condição para que mutações estruturais do organismo ocorram. No entanto, em uma afirmação importante a respeito de seu conceito de errância, Canguilhem dirá que "Nada acontece por acaso, mas tudo ocorre sob a forma de acontecimentos. É nisso que o meio é infiel. Sua infidelidade é exatamente seu devir, sua história".[61] O que pode significar essa aparente negação do acaso

61 Id., *O normal e o patológico*, op. cit., p. 159.

e sua inusitada contraposição à noção de acontecimento? Podemos tentar contemporizar afirmando que talvez esse regime de negação do acaso deva ser mais bem qualificado, simplesmente expressão da recusa em admitir acontecimentos desprovidos de relação. Canguilhem não procura assumir a submissão de todo acontecimento possível a relações de causalidade determinada. Se assim fosse, eliminaríamos por completo a função da contingência no processo de desenvolvimento das formas vitais.

Nesse contexto, "nada acontece por acaso" significa simplesmente que nada acontece sem impor um devir que reconfigura as possibilidades do organismo, definindo retroativamente uma história. A necessidade não é uma determinação ontológica inscrita previamente no interior das formas vitais que não resultam de um projeto que se inscreveria no tempo em vistas de sua realização. A necessidade é uma determinação processual que fornece à historicidade a função de construir relações entre contingências. Pois a errância não é uma sucessão de contingências sem relação alguma entre si. O que nos levaria à ideia de um sistema que vive em um tempo completamente descontínuo, um tempo pontilhista e instantaneísta no interior do qual habitariam organismos que seriam tábulas rasas perpétuas. Mesmo no nível das estruturas celulares essa ideia do tempo da vida como um tempo descontínuo não se sustenta:

> a resposta de uma célula às modificações de seu meio ambiente não é unívoca. Sua resposta depende, ao mesmo tempo, da natureza dos sinais [que ela recebe do exterior], do momento no qual ela os percebe e do estado no qual ela se encontra. Sua resposta depende, ao mesmo tempo, de seu presente e de sua história, dos sinais que ela recebeu no passado e da maneira como ela os interpretou.[62]

62 Jean Claude Ameisen, *La Sculpture du vivant: le suicide cellulaire et la mort créatrice*. Paris: Seuil, 2003, p. 51.

A vida tem memória, hábito, repetição, como um pianista cujos dedos ao piano relembram uma peça que a consciência é incapaz de recompor. As atividades anteriores ficam marcadas como pontos de um processo contínuo de recomposição dinâmica a partir das pressões do presente. Por isso, o trajeto vital de metamorfoses não é indiferente, mesmo que ele seja recontado "de frente para trás".

No entanto, a errância não é movimento submetido a uma finalidade teleológica transcendente, e é para afirmar tal característica que devemos insistir na existência da contingência.[63] Nesse sentido, vale a pena lembrar a peculiaridade da processualidade interna à vida. Para assumirmos que organismos podem ter a experiência da contingência devemos aceitar que o organismo biológico é uma organização dinâmica capaz de ser um processo de:

> Desorganização permanente seguido de reorganização com aparição de propriedades novas se a desorganização pode ser suportada e não matou o sistema. Dito de outra forma, a morte do sistema faz parte da vida, não apenas sob a forma de uma potencialidade dialética, mas como uma parte intrínseca de seu funcionamento e evolução: sem perturbação ou acaso, sem desorganização, não há reorganização adaptadora ao novo; sem processo de morte controlada, não há processo de vida.[64]

63 Insistindo na natureza dos erros que modificam a instrução genética produzindo mutações que podem ter consequências importantes para a espécie, François Jacob dirá que "Todo o sistema é agenciado para produzir erros às cegas. Não há na célula constituinte algum para interpretar o programa em seu conjunto, para sequer 'compreender' uma sequência e modificá-la. Os elementos que traduzem o texto genético só compreendem a significação de trincas tomadas separadamente. Esses elementos que, ao reproduzi-los, poderiam modificar o programa não o compreendem. Se existisse uma vontade para modificar o texto, ela não disporia de ação direta alguma. Ser-lhe-ia necessário passar pelo longo desvio da seleção natural" (F. Jacob, *La Logique du vivant: une historie de l'hérédité*. Paris: Gallimard, 1970, p. 310).

64 Henri Atlan, *Entre le cristal et la fumée: essai sur l'organisation du vivant*. Paris: Seuil, 1979, p. 280 [ed. bras.: *Entre o cristal e a fumaça: ensaio sobre a organização do ser vivo*. Rio de Janeiro: Jorge Zahar, 1992].

Aqui se delineia a diferença ontológica fundamental entre um organismo e uma máquina artificial. Ao menos segundo Canguilhem, "na máquina, há verificação estrita das regras de uma contabilidade racional. O todo é rigorosamente a soma das partes. O efeito é dependente da ordem das causas".[65] Já o organismo não conhece contabilidade. Para Atlan, "Uma fiabilidade como essa do cérebro, capaz de funcionar com continuidade mesmo que células morram todos os dias sem serem substituídas, com mudanças inesperadas de irrigação sanguínea, flutuações de volume e pressão, sem falar da amputação de partes importantes que perturbam apenas de maneira muito limitada as performances do conjunto, não tem semelhança com qualquer autômato artificial".[66] Ou seja, há um princípio de auto-organização no organismo capaz de lidar com desestruturações profundas e desordens. Isso é possível porque um sistema reduzido a uma só via de contato (entre A e B) seria simplesmente dissolvido se tal via se desordenasse por completo. Mas organismos não são sistemas dessa natureza. Ao contrário, eles são compostos de vários subsistemas que permitem a independência total entre A e B não se traduzir na dissolução completa do organismo.[67]

65 G. Canguilhem, *La Connaissance de la vie*, op. cit., p. 149.

66 H. Atlan, *Entre le cristal et la fumée*, op. cit., p. 41.

67 Tendo tal modelo em mente, Atlan dirá, a respeito do cérebro, que "a determinação genética concerne apenas à estrutura anatômica global do cérebro, sendo o detalhe das conexões fruto do acaso, modificando-se à medida de sua constituição pelo efeito de experiências adquiridas", pois, "Se representamos um organismo em relação a um meio ambiente natural e impessoal, os efeitos deste só podem ser percebidos como aleatórios em relação à estrutura e às determinações anteriores do organismo. É por isso que a ideia de que uma parte importante seja deixada ao acaso na estrutura do detalhe da organização cerebral permite resolver esse paradoxo aparente relativo a um sistema organizado que parece ampliar a riqueza de sua organização sob efeito de fatores aleatórios" (H. Atlan, *L'Organisation biologique et la théorie de l'information*. Paris: Hermann, 1992, p. 165 [ed. port.: *A organização biológica e a teoria da informacação*, trad. Maria Fernanda Oliveira. Lisboa: Instituto Piaget, 2008]).

No entanto, a possibilidade da destruição do organismo como sistema é um dado real e é fundamental que ele seja real para que a ideia de errância possa realmente ser necessária. Errância implica poder se perder por completo, dispender todo o processo acumulado em uma profunda irracionalidade econômica, o que explica por que a destruição do sistema é uma parte intrínseca de seu funcionamento. Pois é apenas por poder perder-se por completo, ou seja, por poder deparar-se com a potência do que aparece como anormativo, que organismos são capaz de produzir formas qualitativamente novas, migrar para meios radicalmente distintos e, principalmente, viver em meios nos quais acontecimentos são possíveis, nos quais acontecimentos não são simplesmente o impossível que destrói todo princípio possível de auto-organização. Tal figura do acontecimento demonstra como as experiências do aleatório, do acaso e da contingência são aquilo que tensiona o organismo com o risco da decomposição. São as experiência ligadas à errância que dão à vida sua "normatividade imanente".[68]

Não deixa de ser surpreendente que a vida sirva-se dessa dinâmica para construir suas formas, o que talvez mostre como não se trata de um mero dado anedótico lembrar que "Mais de 99% das espécies aparecidas desde 4 bilhões de anos foram provavelmente extintas para sempre".[69] Essa é apenas uma maneira um pouco mais dramática de lembrar que os valores mobilizados pela atividade vital não podem ser a "utilidade", a "função" ou o mesmo o "papel" a desempenhar. A vida é maior que essa contabilidade de balcão de supermercado. Não podemos sequer definir o desenvolvimento de órgãos a partir da necessidade de certas funções próprias a uma adaptação à configuração atual do meio. Como a biologia evolucionista nos mostra, mais correto seria dizer que

68 M. Muhle, op. cit., p. 106.
69 J. C. Ameisen, op. cit., p. 12.

muitos órgãos são inicialmente configurados para que, posteriormente, uma multiplicidade de funções deles se desenvolva.

A natureza paradoxal de um sistema que funciona através da errância vem do fato de estar assentada sobre a ausência de uma tendência a "perseverar no seu próprio ser". Para que haja uma errância que não seja simplesmente movimento de expressão do desenvolvimento biológico em direção ao progresso contínuo, devemos aceitar a existência de uma tendência à "dilapidação de si" interna aos organismos. O que talvez explique por que Canguilhem nunca viu reais dificuldades em admitir, por exemplo, o fundamento biológico de um conceito como a pulsão de morte freudiana.[70] Essa tendência à dilapidação de si foi descrita posteriormente através de fenômenos como a apoptose, ou seja, a morte celular produzida por um princípio interno:

> Durante muito tempo, pensamos que o desaparecimento de nossas células – assim como nossa própria desaparição como indivíduos – só podia resultar de acidentes e de destruições, de uma incapacidade fundamental de resistir à usura, à passagem do tempo e às agressões permanentes do meio ambiente [...] Hoje, sabemos que todas as nos-

70 Como dirá Canguilhem: "Se é verdade que o vivente é um sistema em desequilíbrio incessantemente compensado por empréstimos ao exterior, se é verdade que a vida está em tensão com o meio inerte, o que haveria de estranho ou de contraditório na hipótese de um instinto de redução de tensões a zero, de uma tendência à morte?" (G. Canguilhem, *La Vie*, op. cit.). Canguilhem pensa, sobretudo, em afirmações de Henri Atlan, para quem o único projeto possível dos organismos biológicos é morrer, "ou seja, como em todo sistema físico, de alcançar um estado de equilíbrio. Os algoritmos do mundo vivente não podem ser inicialmente algoritmos de reprodução de estados de equilíbrio, mas de distâncias em relação ao equilíbrio, assim como de retorno a tal estado por desvios [...] Como nota W. R. Ashby, o retorno ao equilíbrio só é banal e desinteressante, do ponto de vista de algoritmos de organização, em sistemas simples. Em sistemas complexos, unicamente devido ao grande número de parâmetros que podem variar ao mesmo tempo, os estados de estabilidade fora do equilíbrio, e os caminhos utilizados para tornar ao equilíbrio oferecem possibilidades de organização muito mais ricas" (H. Atlan, *L'Organisation biologique*, op. cit., p. 224).

sas células possuem o poder de se autodestruir em algumas horas [...] E a sobrevivência de cada uma de nossas células depende, dia após dia, de sua capacidade de perceber no meio ambiente de nosso corpo os sinais emitidos por outras células, e apenas tais sinais lhe permitem reprimir o desencadeamento de sua autodestruição [...] um acontecimento percebido até aqui como positivo – a vida – parece resultar da negação de um acontecimento negativo – a autodestruição.[71]

Ou seja, viver, para cada célula, é ter conseguido reprimir o desencadeamento de seu suicídio, é negar uma negação (como diz Rubens Rodrigues Torres Filho, quem um dia adoeceu de hegelianismo nunca se cura). Tal ideia produz consequências importantes para o conceito de auto-organização. Pois sistemas orgânicos, devido à constância dos erros de leitura, teriam uma tendência interna à decomposição e à desordem. Tendência que pode levar ou à autodestruição ou a ser agenciada através da errância, com todos os seus riscos e as suas reorganizações provisórias. Daí por que "Viver, construindo-se em permanência, é utilizar instrumentos que podem provocar a autodestruição e ser, ao mesmo tempo, capazes de reprimir tal autodestruição".[72] A mecanização da vida descrita através dos fenômenos de doença não é apenas uma reação catastrófica contra um meio ambiente em mutação. Ela é também incapacidade em agenciar tendências internas ao próprio organismo.

71 J. C. Ameisen, op. cit., p. 15.

72 Id., ibid., p. 316. Há de se pensar tal proposição à luz de uma afirmação de Gilles Deleuze (*Différence et répétition*. Paris: PUF, 1969, p. 188 [ed. bras.: *Diferença e repetição*, 2ª ed., trad. Luiz Orlandi e Roberto Machado. São Paulo: Graal, 2009]) segundo a qual, "Se nós perguntamos por que a saúde não seria suficiente, por que a rachadura é desejável, é porque só se pensou através dela e sobre suas bordas, que o tudo o que foi bom e grande na humanidade entra e sai por ela, em pessoas prontas a se autodestruir, e é preferível a morte à saúde que nos propõem".

Nesse sentido, poderíamos medir a peculiaridade do vitalismo de Canguilhem. Mais do que o conjunto de funções que resiste à morte, a vida em Canguilhem é processo que se serve continuamente de dinâmicas de polaridade interna com a morte e as crises provocadas pela doença, para produzir sistemas em perpétua dialética de desequilíbrio e equilíbrio. Se o "verdadeiro projeto biológico" só pode ser o retorno ao equilíbrio, sendo que "todo o resto, ou seja, a organização, o crescimento, o desenvolvimento, o aprendizado e a reprodução invariante não são da ordem do projeto, mas perturbações aleatórias que felizmente o contrariam",[73] então a biopolítica que podemos derivar de Canguilhem será necessariamente uma política que visa garantir as condições para a experiência dessa paradoxal processualidade do vivente. *Uma biopolítica da mobilidade normativa*. No entanto, essa biopolítica será, paradoxalmente, algo como uma tanatopolítica. "Tanatopolítica" não porque se trate de uma política que se funda na gestão calculista da morte e de suas figuras, ou seja, nessa compreensão de que "a vida se defende e se desenvolve apenas através da ampliação progressiva do círculo da morte".[74] "Tanatopolítica" porque trata-se de uma política que quer, com a força pulsional dos movimentos que dissolvem nossas fixações a configurações normativas determinadas, livrar-se das barreiras antropológicas impostas pela fixação compulsiva à configuração atual do homem, com seu tempo, seu espaço e suas normas. Porque compreender a função dinâmica da morte e da doença talvez seja o primeiro passo decisivo para criar outra vida.

73 H. Atlan, *L'Organisation biologique*, op. cit., p. 284.

74 R. Esposito, *Bios: Biopolitics and Philosophy*, op. cit., p. 110. Esposito usa o termo para descrever a peculiaridade da relação entre política e biologia no nazismo. Política no interior da qual a administração médica da vida é indissociável da extensão do circuito das vidas a serem eliminadas. Soube do uso de Esposito depois de ter começado a trabalhar com o termo em outro registro, completamente diferente. Resolvi continuar a sustentar o uso neste contexto.

## A vida tem sua maneira de resolver problemas ontológicos

Se quisermos compreender de forma mais precisa essa biopolítica como mobilidade normativa fundada na processualidade da atividade vital, devemos voltar nossos olhos à maneira como ela reconfigura a experiência da contingência. Tal experiência pode nos fornecer uma via importante para o potencial de crítica do capitalismo presente nessa biopolítica vitalista.

Se voltarmos a Aristóteles, veremos como a contingência (τὸἐνδεχόμενον) designa tanto o que poderia não ser quanto o que poderia ser de outra forma, ou seja, tanto coisas que podem não ser quanto atributos que podem ou não pertencer a uma coisa.[75] Temos aqui duas figuras complementares da possibilidade de existência do que não é necessário, isso se aceitarmos a definição clássica do necessário como "aquilo em virtude do qual é impossível que uma coisa seja de outra forma".[76] Figuras que serão assumidas pela posteridade como definições praticamente insuperáveis da contingência. É contingente que eu saia hoje para ir ao mercado e encontre, por acaso, meu devedor ou que eu abra um buraco para plantar uma árvore e encontre o dinheiro de sonegação fiscal do banco Itaú. É contingente que Sócrates tenha predicações acidentais (συμβεβήκος) como ser branco ou negro. Pois se Sócrates for branco ou negro, estiver sentado ou em pé, nada mudará em sua essência, mesmo que tais atribuições não estejam na mesma distância em relação às determinações essenciais. Não há, para Aristóteles, ontologia do acidente. Mas, principalmente, por não

75 Pierre Aubenque, lembrando como Aristóteles designa o contingente tanto como o que pode ser de outra forma como o que pode não ser, dirá acertadamente que "todos os poder-ser-de-outra-forma supõem como seu fundamento o poder não ser" (P. Aubenque, *Le Problème de l'être chez Aristote: Essai sur la problématique aristotélicienne*. Paris: PUF, 2013, p. 326) [ed. bras.: *O problema do ser em Aristóteles: ensaio sobre a problemática aristotélica*. São Paulo: Paulus, 2012].

76 Aristóteles, *Métaphysique*. Paris: Belles Lettres, 1966, 1015b [ed. bras.: *Metafísica*, trad. Edson Bini. São Paulo: Edipro, 2012].

se confundirem com a essência de Sócrates, essas determinações acidentais são intercambiáveis; do ponto de vista ontológico, seus opostos se equivalem. É indiferente para a essência de Sócrates que ele seja branco ou negro. Logo, levando em conta a perspectiva de uma compreensão substancial da essência, esses predicados são intercambiáveis. Da mesma forma, a existência ou não do que tem o estatuto de contingência é, do ponto de vista ontológico, indiferente e intercambiável.

Essa liberalidade aristotélica em relação à existência do que não pode ser visto como produzido por uma causa determinada,[77] nem assegurado pela necessidade ontológica, nos coloca, no entanto, diante de uma compreensão da contingência bem definida por Hegel, segundo a qual "essa unidade da possibilidade e da efetividade (*Wirklichkeit*) é a contingência (*Zufälligkeit*). O contingente é um efetivo que, ao mesmo tempo, é determinado apenas como possibilidade, cujo outro ou oposto também é".[78] A contingência é unidade da possibilidade e da efetividade porque, embora existente, ela conserva a marca do que poderia não ser, do que é mera possibilidade. O outro de si, sua inexistência, seu oposto, era igualmente possível. Daí por que ela é, aos olhos de Hegel, o espaço de uma contradição maior. Em suas palavras, "o contingente não tem fundamento, porque é contingente, e da mesma forma tem um fundamento, porque, como contingente, é". Sua existência não tem fundamento por estar corroída pela situação de mero possível, ela é vizinha do não ser, como dizia Aristóteles, mas ao mesmo tempo tem alguma forma de fundamento por participar da efetividade posta. Assumir a existência efetiva da contingência é, para Hegel, confrontar-se como o que é uma "interversão posta imediata" (*gesetzte unvermittelte Umschlagen*), ou seja, com uma

77 Cf. id., *Physique*. Paris: Belles Lettres, 1966, 196a e 196b [ed. bras.: *Física I e II*, trad. Lucas Angioni. Campinas: Editora da Unicamp, 2009].

78 G. W. F. Hegel, *Enzyklopädie der philosophische Wissenschaft im Grundrisse*, v. II. Frankfurt: Suhrkamp, 1986, p. 230.

passagem contínua entre opostos que nunca se estabiliza e que por isso abre a experiência a uma "absoluta inquietude do devir" (*absolute Unruhe des Werdens*).

Mas notemos um ponto. Essa inquietude é absoluta apenas para uma filosofia, como a hegeliana, que, ao recusar distinções ontológicas estritas entre contingência e necessidade, procura compreender como o necessário se engendra *a partir* da efetividade, como a efetividade produz a necessidade, um "não poder ser de outra forma". O que não significa que a realidade atual deva ser filosoficamente completamente justificada, como já se criticou em Hegel mais de uma vez. Antes, significa compreender como fenômenos contingentes, por não encontrarem lugar na determinação necessária da realidade atual, transfiguram-se em necessidade ao inaugurar processualidades singulares. Por isso, a crítica da necessidade ontologicamente assegurada em relações de causalidade determinada não leva Hegel a reduzir toda existência à condição de existência desconexa.[79]

A reflexão sobre a vida a partir de Canguilhem nos mostra algo próximo da problemática hegeliana. Por um lado, o pensador francês mostra como o contingente aparece como o impredicável, como o caso fora de lugar no interior da norma. Por isso, ele é aquilo que traz uma experiência de anormatividade que, para ser

79 O que é o resultado necessário de um empreendimento como o apresentado em Quentin Meillassoux, *Aprés la Finitude: essai sur la nécessité de la contingence*. Paris: Seuil, 2006. Em seu caso, a supressão da garantia ontológica do princípio de razão nos leva à contemplação da contingência desconexa e à crença equivocada de que tudo poderia ser outro, ou não ser. Pois Meillassoux parece preso a uma inversão da nostalgia da analiticidade do fundamento. Tudo se passa como se fosse o caso de afirmar que, "Se houvesse fundamento, ele fundamentaria a realidade com o selo da necessidade analiticamente assegurada. Mas, como ele não existe, como a ilusão de sua presença se foi, como ficamos sozinhos no mundo, tudo é agora desconexo". E do contingente nada se diz, a não ser o fato de ele ser radicalmente desprovido de sentido e marca de um tempo instantaneísta, como se Malebranche guardasse sua noção de tempo, mas agora sem Deus para assegurar a criação contínua das coisas estáveis.

real, precisa implicar a possibilidade de desorganização efetiva. Possibilidade esta que não é apenas um risco calculado, mas é o que muitas vezes se realiza. A vida joga com seu fim para adiá-lo ao máximo.

Por outro lado, a contingência é exatamente aquilo que não poderia ser outro, pois é o que não pode ser intercambiável. A partir do momento em que ela ocorre, o organismo transforma tal acontecimento em motor para a modificação de seu padrão global de regulação, ele abandona normas, a vida passa a transbordar em relação às normas anteriores, reorientando sua história ao explorar possíveis que estavam até então em estado de latência. Lembremos, por exemplo, como um dos processos biológicos fundamentais de criação de novas formas é a simbiose.[80] Processo que, em vários casos, deve ser compreendido como uma relação contingente de combinação entre unidades biológicas que não respeita as classificações anteriores dos viventes e que produz formas que não são completamente compreensíveis a partir do mero cálculo de funções de adaptação. Através da simbiose, por exemplo, um encontro contingente pode aparecer como mecanismo de transformação.

Por isso, podemos dizer que a contingência nos leva a uma compreensão mais determinada da "processualidade". Por ter propriedades processuais, ela pode se colocar como fundamento para as transformações do organismo ou, se quisermos, ela se coloca como fundamento para um organismo cuja identidade é definida exatamente pela sua capacidade de entrar em errância, pela sua "capacidade transitiva" de não se deixar pensar sob a forma da identidade. Nesse contexto, perde o sentido falar que a contingência é o que poderia ser outro. Na verdade, se há algo que poderia

80 Esse ponto foi bem desenvolvido por Monique David-Ménard, *Éloge des hasards de la vie sexuelle*. Paris: Hermann, 2011, p. 292.

ser outro, ele é, ao contrário, o padrão normativo do meio no qual se encontra o organismo, este sim em contínua transitividade.

Poderíamos tentar contra-argumentar explorando a noção de "erro" como engano possível na decodificação das mensagens emitidas entre genes. Lembremos a seguinte passagem de Canguilhem:

> Já que as enzimas são os mediadores pelos quais os genes dirigem as sínteses intracelulares de proteínas, já que a informação necessária para essa função de direção e de vigilância está inscrita nas moléculas de ácido desoxirribonucleico no nível do cromossomo, essa informação deve ser transmitida como uma mensagem do núcleo ao citoplasma, onde deve ser interpretada a fim de que seja reproduzida, recopiada, a sequência de aminoácidos constitutiva da proteína a sintetizar. Mas, não importa qual seja o modo, não existe interpretação que não implique um engano possível. A substituição de um aminoácido por um outro cria a desordem por ininteligência do comando.[81]

Ou seja, haveria uma contingência irredutível advinda do erro possível no processo de transmissão de informações e de replicação da mensagem genética no nível celular. Um erro que apenas exporia a fragilidade do organismo em perseverar em seu ser. Dessa forma, organismos estariam diante de duas formas de contingência, "de uma parte, as aleatoriedades (*aléas*) ambientais perturbando o mundo da vida e, de outra parte, um acaso (*hasard*) intrínseco engendrado pelos mecanismos biológicos e ecológicos selecionados durante a evolução".[82] Ou seja, uma contingência vinculada à relação entre organismo e meio, outra relacionada à transmissão de informação genética interna ao organismo.[83]

81 G. Canguilhem, *O normal e o patológico*, op. cit., p. 208.

82 Alain Pavé, *La Nécessité du hasard: vers une théorie synthétique de la biodiversité*. Les Ulis: EDP Sciences, 2007, p. 8.

83 Lembremos ainda que podemos descrever a presença do acaso nos vários níveis de auto-organização dos sistemas vitais: genoma, células, órgãos, organismos,

No entanto, o exemplo de Canguilhem a respeito de uma forma de "acaso intrínseco" aos mecanismos do organismo nos mostra algo a mais. De fato, a possibilidade do erro no nível celular é uma das formas mais fortes de expressão da função do acaso em biologia. Um erro que não tem valor em si, positivo ou negativo, mas que poderá adquiri-lo. Se seu valor não for meramente negativo, se o organismo for capaz de ter responsividade, usando sua capacidade de autodestruição desorganizadora inibindo-a lateralmente, o erro desempenhará esta velha astúcia hegeliana que nos lembra como o caminho do erro se releva como caminho da verdade. Caminho que nos mostrará como "a ocorrência de erros é necessária para a redução do nível de redundância nas organizações biológicas, abrindo espaço para a configuração de novas organizações".[84] Através do erro, anomalias se produzem, podendo ou não, de acordo com o contexto de ocorrência, levar a novas formas de vida.[85] Nesse sentido, vemos um exemplo de como a contingência pode produzir retroativamente a necessidade.

## O capitalismo desconhece contingências

Por fim, poderíamos perguntar se essa ideia de desorganização permanente, seguida de reorganização, não seria um conceito fraco de acaso e contingência, uma espécie bizarra de "contingência controlada" por estruturas de relações. Poderíamos perguntar, inclusive, se tal ideia não seria apenas um símile da realidade social do capitalismo avançado, marcada pela flexibilização constante e pela desorganização controlada pela processualidade dinâmica do

populações, comunidades e ecosistemas. Ver, a respeito, A. Pavé, op. cit., p. 99.

84 F. Franco, op. cit., p. 96.

85 Neste sentido: "dizemos que tais alterações são acidentais, que elas ocorreram por acaso. E como elas constituem a *única* fonte possível de modificações do texto genético, *único* depositário das estruturas hereditárias do organismo, segue-se necessariamente que *apenas* o acaso é a fonte de toda novidade, de toda criação na biosfera" (Monod, 1972, p. 148).

Capital.[86] Pois em que uma biopolítica da mobilidade normativa poderia servir de fundamento para uma crítica do capitalismo em sua fase de flexibilização geral de identidades e processos?

A fim de responder a essa pergunta, seria importante lembrar que a desorganização produzida pelo Capital é a condição para que um princípio geral de equivalência, encarnado na figura da forma-mercadoria, permaneça como uma espécie de axioma intocado. As características fundamentais do mundo flexível do Capital são a intercambialidade e a reversibilidade. Circulação de intercâmbio e reversão que só podem operar por serem movimentos de uma estrutura marcada pela univocidade, mesmo que tal univocidade se fractalize em múltiplas formas. Trata-se da univocidade do Capital. Essa univocidade se realiza por impor ao tempo um regime peculiar de esvaziamento. Pois o tempo do Capital é a eternidade do eternamente reversível, o tempo das operações feitas sempre com termos intercambiáveis e que, por isso, tem como principal função a comensurabilidade. A diferença entre a flexibilização do Capital e a atividade vital não é, assim, uma diferença de grau, na qual a primeira seria a versão "controlada" da segunda. Não chegaremos à atividade vital intensificando os processos internos ao capitalismo, mesmo que em sua dinâmica o capitalismo procure, à sua maneira, mimetizar a vida.

De fato, Marx já falava, ao discorrer sobre o fetichismo no livro III de *O Capital*, que a capacidade de autovalorização do Capital dava a impressão de estarmos diante de um organismo vivo. Ao aparecer como capital produtor de juros, temos a forma D-D', na qual o valor valoriza a si mesmo através das atividades financeiras, sem passar assim diretamente pela encarnação do dinheiro em mercadoria. Nesse contexto de autovalorização aparentemente

86 Devo essa crítica precisa a uma intervenção crítica de Judith Butler em colóquio no qual apresentei pela primeira vez essa ideia, no ano de 2012 em Santiago do Chile.

"espontânea", Marx dirá que "O dinheiro é agora um corpo vivo que quer multiplicar-se".[87] Mas essa característica de quase "geração espontânea" da mais-valia através da autovalorização do Capital nunca poderia se passar pela atividade vital.

Na verdade, a diferença entre a dinâmica do Capital e a atividade vital é qualitativa. A atividade vital não conhece intercambialidade e reversibilidade, mesmo que ela conheça repetições. Como foi dito, contrariamente ao que alguns acreditam, um acontecimento contingente não é aquilo que poderia ter sido outro ou que simplesmente poderia não ter sido. Poder ser outro é poder ser trocado pelo outro, da mesma forma como poder não ter sido é poder ser trocado pelo oposto da existência, a saber, o não ser. Nos dois casos, há uma estrutura de intercambialidade servindo de pressuposto ao conceito de contingente. Contingente é, nessa perspectiva, o que é intercambiável sem prejuízo para a estabilidade nocional de uma substância que me aparece como previamente assegurada em sua identidade formal; por isso, além de intercambiável, o contingente, nessa perspectiva, é marcado pela reversibilidade. Nada mais distante disso que a perspectiva canguilhemeana (e hegeliana) aqui apresentada, construída a partir da aproximação entre contingência e acontecimento. Perspectiva que nos leva a reconfigurar a noção de necessidade a partir da reflexão sobre modelos de constituição de relações necessárias a partir de processualidades retroativas.

Nesse sentido, é possível dizer que um acontecimento contingente é exatamente aquele que traz o não percebido e o incomensurável à cena. Incomensurável não por ser infinitamente grande ou pequeno, mas por ser infinitamente outro. Por isso, ele quebra a redundância de um sistema de informações que sempre precisa encontrar, entre fatos dispersos, um denominador comum de con-

87 K. Marx, *O capital*, livro III, v. 5. Rio de Janeiro: Civilização Brasileira, 1988, p. 522.

tagem. Essa outra cena produzida pelo reconhecimento da contingência é o que nos leva à auto-organização paradoxal na qual os sistemas vitais estão em contínua reordenação, instituindo novas normatividades que podem mudar radicalmente o modelo de regulação do sistema, afirmando sua capacidade transitiva. Essa outra cena, será o caso sempre de lembrar, existe radicalmente fora do tempo do Capital. Pois – e por que não dizer as coisas por completo? – é a vida em sua soberania insubmissa que nos puxa para fora desse tempo.

# POSFÁCIO

## Prolegômenos para a escrita do afeto

MARCUS COELEN

Uma simultaneamente discreta e perturbadora herança ou fonte ou, melhor ainda, arquivo se oferece a nós quando notamos que a primeira exposição sistemática dos afetos não se encontra num texto precursor de alguma "psicologia", mas sim no que é, acima de tudo, um tratado sobre a ordem da fala, a oração pública e a eficiência da altercação política, isto é, a *Retórica* de Aristóteles.

A partir desse ponto de partida filosófico, tem-se a impressão de que o pensamento do afeto imprimiu sobre si mesmo um esquema histórico pelo qual parece precisar balançar para a frente e para trás, como um pêndulo entre dois polos. Poder-se-ia dizer que esse pensamento se autoafetou por sua própria historicidade, na forma de uma oscilação irredutível entre dois extremos. No primeiro extremo, temos o afeto sendo pensado como uma entidade independente, autônoma e privilegiada, a ser visto como algo mais original, mais autêntico, essencialmente não alterado pela linguagem. No segundo, temos uma concepção na qual os afetos não passam de efeitos, derivados da e subordinados à linguagem ou a um *logos* que pode não apenas calcular ou prestar contas sobre todos eles, mas também determinar seu caráter secundário e sua ordem subordinada. E, enquanto o último pode ser resumido em uma das mais ilustres linhas da *Ética* de Spinoza, o primeiro certamente é uma suposição permeada pelo senso comum. Afinal, o que poderia estar mais distante da maneira pela qual os afetos se impõem a nós – com sua persuasão fisiológica e sua reivindicação imediata de veracidade amorfa – do que argumentar, como celebremente faz a *Ética* no início da terceira parte, que é possível, e mesmo necessário, tratá-los como se fossem "linhas, planos ou corpos", ou seja, com a linguagem rigorosa da geometria? A lógica dessa distinção no (pensamento do) afeto certamente não pode ser reduzida a uma crença ingênua numa experiência imediata atrelada a uma *doxa* – em oposição ao rigor e à profundidade da fria investigação filosófica que a desmascara. As coisas são mais complexas, como mostra a história e a instituição da psicanálise, na qual o estatuto dos afetos – como causa ou efeito, primário ou secundário, clinicamente significativo ou não – é frequentemente visto como uma linha divisória, sem que seja possível afirmar que um lado é completamente ingênuo e o outro completamente cego pelo zelo filosófico (ainda que ambos os fenômenos possam ocorrer).[1] No entanto, certa ingenuidade – ou má-fé – pode ser percebida no campo cada vez mais próspero da Teoria do Afeto, quando autores renomados[2] se alimentam do esquematismo his-

1 A literatura sobre esse assunto é vasta. Para uma contribuição recente de uma perspectiva lacaniana, ver Colette Soler, *Les Affects lacaniens*. Paris: PUF, 2011. O livro contém uma curta e necessariamente enviesada apresentação de algumas polêmicas envolvendo o uso feito por Lacan dos termos e conceitos do afeto (ver "Le Procès", pp. VI-X).

2 Para citar apenas os mais importantes: Brian Massumi, *Parables for the Virtual: Movement, Affect, Sensation*. Durham, NC: Duke University Press, 2002; William E. Connolly, *Neuropolitics: Thinking, Culture, Speed*. Minneapolis: Minnesota University Press, 2002; Daniel Lord Smail, *On Deep History and the Brain*. Berkeley: University of California Press, 2008; Eve Sedgwick, *Touching Feeling: Affect, Pedagogy, Performativity*. Durham (N.C.): Duke University Press, 2003. Para uma apresentação mais didática, ver Melissa Gregg e Gregory J. Seigworth (orgs.), *The Affect Theory Reader*. Durham (N.C.): Duke University Press, 2010. A

tórico mencionado acima e prometem liberar os afetos de serem subjugados por aquilo que descrevem como um logocentrismo estruturalista ou pós-estruturalista, representado especialmente (embora não exclusivamente) por uma psicanálise lacaniana que é, em certos casos, interpretada de maneira bastante negligente.[3] De qualquer forma, é a complexidade do afeto "em si" que parece constantemente disparar um *polemos* perene - e não é preciso ser psicanalista para suspeitar que essa complexidade está ligada à vicissitude da pulsão sexual. Percebemos já um dos primeiros méritos do livro de Vladimir Safatle: seu êxito em neutralizar tal esquema e então tornar possível uma reflexão sobre o que exatamente impulsiona os afetos e como.

Certamente não é apenas uma coincidência que um sistema histórico similar ao descrito para o pensamento dos afetos possa igualmente ser encontrado num campo ou disciplina cuja existência também está frequentemente sendo remetida à *Retórica* de Aristóteles, embora geralmente acompanhada pela *Poética*, isto é, a crítica literária. Nesse caso, o pêndulo balança para a frente e para trás sobre a história, entre o lado onde se encontram (em seu sentido mais amplo) métodos formalistas, imanentes, com os esforços feitos para defendê-los teoricamente, e, do outro lado, os apelos ideológicos (no sentido mais neutro possível) que demandam um reconhecimento de contexto, história e política que se espera que o texto literário, consciente ou perversamente, ilustre. Essa menção não é interessante apenas porque oferece uma referência a vidas análogas na história do pensamento. As duas parábolas - uma escrita pelo "afeto", a outra desenhada pela "literatura" nos céus nos quais projetamos essa mesma história - fre-

introdução desse volume é bastante rica e oferece uma bibliografia detalhada, assim como uma extensa apresentação do material (pp. 1-27).

3 Para uma brilhante interrogação das referências da Teoria do Afeto ao material científico, ver Ruth Leys, "The Turn to Affect: A Critique". *Critical Inquiry*, n. 37, primavera 2011, pp. 434-72.

quentemente se intersectam. Mas, quando isso acontece, se esvai quase toda elegância minimalista que suas formas mantêm como promessa– e apenas para produzir figuras mais complexas, dismorfas e voláteis. *Contre Sainte-Beuve*, de Marcel Proust, escrito prioritariamente *contra* um tipo de apreciação literária baseada no estudo e na descrição da vida e da história – o "contexto" – de [seus] autores, e que ignora em grande parte a forma poética, se tornou um ser fictício monstruoso que segue vivendo e morrendo ao transformar o ciúme e o amor em sintaxe, as intermitências do coração em pontuação e o afeto em uma retórica de um tipo de língua estrangeira – cuja revindicação não deixa de estar relacionada à postura e às reflexões de Proust sobre a política do seu tempo – especialmente o caso Dreyfus. Eve Sedgwick, crítica literária brilhante e ativista *queer*, tinha se tornado uma voz importante da Teoria do Afeto e se voltara para modelos científicos sem abandonar uma afeição quase deseperada pelo textual, quando morreu precocemente em 2009.[4] Paul de Man, cuja contribuição para os estudos literários é a mais poderosa do último século, apesar de não tomar a crítica imanente como ponto de partida para sua oscilação, esteve engajado com uma interrogação fervorosa de todas as categorias "estéticas" em seus últimos escritos, incluindo o sentido e o *páthos*, expondo-os como "ideológicos" no sentido mais problemático da palavra, e ainda assim pode ser lido sub-repticiamente como autor de uma reflexão embasada sobre o afeto linguístico e sua política "materialista".[5] E o que permitiu a Michel Foucault passar para uma filosofia crítica e inventiva da política do prazer foi a expansão e a diversificação do *discurso* – uma categoria retórica como poucas –, combinadas com a análise de seus mecanismos minuciosos, como descrito explicitamente em *A ordem do*

4 Ver E. Sedgwick, *Touching Feeling*, op. cit., passim.

5 Ver Paul de Man, *Aesthetic Ideology*, editado com uma introdução de Andrzej Warminski. Minneapolis: University of Minessota Press, 1996.

*discurso*, precedido pelo *énoncé* (enunciado) em *A arqueologia do saber*, e expandindo uma longa paixão por um tipo de literatura profundamente preocupado com sua forma linguística.

Esses exemplos, e há muitos mais, convidam a abandonar esquemas históricos e conceituais sedutores que levam a acreditar que o afeto ou o estudo da linguagem "afetada" por si mesma poderiam ser situados por tais esquemas. Na verdade, esses exemplos convidam à combinação das análises mais detalhadas com certo viés especulativo que desloca tanto "afeto" e "linguagem" quanto "linguagem" e "contexto". Tome-se, por exemplo, a definição de Aristóteles de *raiva*, e vemos que algo disso já está presente: "um desejo, acompanhado de [...] dor, de retaliação conspícua, em razão de uma desconsideração percebida em relação a um indivíduo ou seu próximo, vinda de pessoas das quais não se espera uma desconsideração".[6] Essa descrição mostra pouco do afeto "em si" e pouco da retórica como "linguagem", tal como acreditamos conhecê-los. Ela fala mais do desejo e de suas disposições, além da cena de seu mecanismo. Este é um palco no qual ninguém, nem nenhum afeto, jamais ficaria sozinho: um microrrascunho de política. Afeto, entendido como raiva nessa definição, é aqui especulativo nos dois sentidos da palavra: projetado no visual por uma lógica de relação ou de troca, e determinado pela tentativa de controlar seu próprio *momentum* excessivo ao se inscrever no campo do outro.

Se houve alguém que brilhou ao combinar atenção a detalhes elaborados com uma atitude honesta em relação à especulação foi Sigmund Freud. Seu afeto se encontra embaralhado nessa combinação. A reflexão sobre o afeto perpassa todos seus escritos enquanto também – e principalmente – traça uma figura cujas linhas precisariam necessariamente tocar a forma minuciosa do *Witz* – "o produto mais social do inconsciente" – e as grandes projeções históricas da horda primitiva e do homem Moisés. As linhas dessa

6 Aristóteles, *Retórica*. São Paulo: Martins Fontes, 2012, 1378a31-33.

figura, retorcidas e amarradas várias vezes em toda a textura das pulsões e do inconsciente, enrolam-se em volta de um termo singular e enigmático que, por si só, é essencialmente fragmentado, já que marca sua própria singularidade, redução e minimalismo tanto quanto demarca as fronteiras de seu domínio como virtualmente infinitas. Esse termo é a chamada *identificação*, e só pode ser definido em uma multiplicidade de figuras que incluem uma afirmação aforística frequentemente citada a partir dos fragmentos póstumos, assim como uma inserção empírica e apodítica da *Psicologia das massas e a análise do eu*.

Em 1938, ano anterior à sua morte, Freud, ao que parece, retornou a algumas de suas preocupações da vida inteira e as escreveu em forma de aforismos. Entre elas, a ideia de identificação: "'Ter' e 'ser' nas crianças. As crianças gostam de expressar uma relação de objeto por uma identificação: 'Eu sou o objeto'. 'Ter' é o mais tardio dos dois; após a perda do objeto, ele recai para 'ser'. Exemplo: o seio. 'O seio é uma parte de mim, eu sou o seio.' Só mais tarde: 'Eu o tenho' - isto é, 'eu não sou ele'...".[7] Apesar de a identificação aqui selar a noção do ser primordial como sendo o que um não é, sem tê-lo, isso não se "limita" à criança. E como poderia, se "criança" quer dizer o saber inconsciente do sem fim? O que explica por que a identificação pode então ser encontrada, quase duas décadas mais cedo e como se no final da vida adulta, na reflexão de Freud sobre o social, onde é apresentada não como um esquema ontológico, mas como um desses mecanismos que a psicanálise conhece bem: um mecanismo do afeto num sentido particular, talvez o mecanismo do afeto *tout court*.

7 No original: "Haben und Sein beim Kind. Das Kind drückt die Objektbeziehung gern durch Identifizierung aus: ich bin das Objekt. Das Haben ist das Spätere, fällt nach Objektverlust ins Sein zurück. Muster: Brust. Die Brust ist ein Stück von mir, ich bin die Brust. Später nur: ich habe sie, d.h. ich bin sie nicht." (Sigmund Freud, *Ergebnisse, Ideen, Probleme*, in GW XVII, Frankfurt: Fischer, 1923, pp. 149-52).

A trajetória da *Psicologia das massas e análise do eu* está baseada na hipótese da libido: "Tentaremos nossa sorte, então, com a suposição de que as relações amorosas (ou, para empregar expressão mais neutra, os laços emocionais) constituem também a essência da mente grupal".[8] E a libido – "uma expressão extraída da teoria da afetividade"[9] – é aqui acoplada a esse mecanismo, ou se transformou no mecanismo, que é necessário chamar de fundamental e visto como o primeiro, talvez o único, passo além do narcisismo: "A identificação é conhecida pela psicanálise como a mais remota expressão de um laço emocional com outra pessoa".[10] O que Freud repete mais tarde é apresentado aqui como uma autoevidência psicanalítica empírica: "Na verdade, aprendemos da psicanálise que existem realmente outros mecanismos para os laços emocionais, as chamadas *identificações*, processos insuficientemente conhecidos e difíceis de descrever, cuja investigação nos manterá afastados, por algum tempo, do tema da psicologia de grupo".[11] As dificuldades de representar, ou mesmo de pensar, tais processos darão margem, nas "Novas conferências introdutórias à psicanálise", a uma dupla definição da identificação como imitar e incorporar. Mas essas explicações igualmente testemunham o que para Freud era a coisa mais importante sobre as identificações, e que os aforismos posteriores explicitam em toda sua lúcida obscuridade, a saber, a fato de a identificação ser um afeto produzido por um outro que não está lá para carregá-lo, para ser sua substância, ou para seguir sendo sua disposição subjacente. A identificação distingue e afeta o sujeito como algo outro que o próprio sujeito.

Ao longo de *Psicologia das massas*, a identificação continuará um enigma – um *Rätsel*, Freud dirá muitas vezes, insistindo em sua utilização mecânico-gramatical do afeto – "*Umwendung*" – como

8 Id., *GW*, v. XIII. Frankfurt: Fischer, 1923, p. 100.
9 Id., ibid., p. 98.
10 Id., ibid., p. 118.
11 Id., ibid., 113f.

uma explicação do social: "O sentimento social, assim, se baseia na inversão daquilo que a princípio constituiu um sentimento hostil em uma ligação da tonalidade positiva, da natureza de uma identificação".[12] Enquanto o aforismo tardio de Freud exterioriza o caráter enigmático da identificação na própria escrita, seguindo a matriz "paradigma: seio", em 1921 ele se vira às massas e sua partilha de afeto: a "identificação baseada numa importante qualidade emocional comum" constrói as massas. Numa dessas voltas da escrita de Freud na qual, de maneira quase imperceptível, o que parecia ser o objeto se transforma no sujeito do que está sendo exposto, a psicologia das massas não é mais o esforço científico que tenta dar às massas o estatuto de um "objeto" e a si mesma o estatuto de "sujeito" que a apresenta e a analisa. Essa psicologia é, em si mesma exposta como herança filogenética, algo que a horda de irmãos teve de produzir como efeito secundário quando necessitou se constituir, forçada pelo pai, que só posteriormente foi capaz de matar: "Ele [o pai] os forçara, por assim dizer, à psicologia de grupo. Seu ciúme e intolerância sexual tornaram-se, em última análise, as causas da psicologia de grupo".[13] Da mesma forma, a psicanálise é transformada no limite da escrita, na borda do bloco de papel, borda na qual e pela qual se nota o afeto puro e a mera identificação dos irmãos que estão *quase virando* sujeitos (de psicanálises "individuais") quando assassinarem aquele *com quem* só então poderão se identificar, incorporar, *serem* afetados *por*, falar e escrever *sobre*, chamado "pai" pelo mais longo dos tempos – e de maneira não menos especulativa. *Nesta* psicologia das massas *e* psicanálise, esta é ela mesma afetada por e identificada com, ela incorpora em si mesma a cena do pai mítico antes e depois de ser assassinado.

"Psicanálise": como a criança que "é" o seio que ela "não tem" sem que esteja lá, ou apenas em paradigma; mas também, evo-

12 Id., ibid., p. 134.
13 Id., *GW* II, 138f.

cando outra figura-irmã histórica e especulativa da psicanálise – e que é bastante importante para este livro –, como o *Vivo* quando pensado não como um objeto da ciência, mas sim como aquilo que produz a ciência enquanto uma de suas normas e à qual se obedece ou da qual se afasta, como é o caso para Canguilhem e, consequentemente, para Safatle. Nesse caso, o afeto é audácia, é coragem de deixar o não saber insistir em uma forma. Porque não podemos saber o que é o afeto. Mas isso não é motivo para não lhe dar nomes ou não construí-lo em uma sintaxe que articule sua plasticidade de rigor, como faz a "identificação". Também não sabemos o que é o inconsciente, mas isso não impede a psicanálise de existir, ainda que de maneira frágil. Tampouco sabemos o que é a natureza, mas as ciências naturais não sofrem dessa fragilidade. É só pelo pensamento que podemos dizer que não sabemos o que é algo, nem saber se esse algo existe. De qualquer forma, o que conta é o modo específico como esses discursos, instituições ou escritos se relacionam com o não saber que com certeza não lhes acontece simplesmente por acaso. Seja na produção formalista, algébrica ou estatística de um objeto encoberto por uma observação empírica; nos modos ilimitados, mas ainda assim específicos da transferência; ou na transformação em historicidade textual; o desconhecido, ou ainda o não saber específico, escreve seus nomes e frases no mundo como afeto. Na matriz freudiana do político, o afeto é identificado como o resultado do assassinato especulativo do outro em um tempo que se apresenta, uma vez e repetidamente, antes que exista o assassinado ou o sujeito assassino, enquanto a identificação "em si" é afetada por sua falta de chão.[14] Essa matriz insinua que o político é um nome para pensar, a

14 Esse ponto foi brilhantemente demonstrado por Philippe Lacoue-Labarthe e Jean-Luc Nancy em *La Panique politique*. Paris: Christian Bourgois, 2012. As reflexões esboçadas aqui devem muito à sua análise, que já havia sido apresentada no fim dos anos 1970, mas que ainda espera ser levada em conta em todo o seu potencial pelo pensamento psicanalítico contemporâneo.

partir da exposição da incerteza de sua existência. A escrita desse nome em sintaxes tocou muitos autores, desde Freud, via Georges Bataille e outros, até Safatle.

Em termos bastante esquemáticos, o encontro freudiano com o político – na forma básica do social, o estar-junto ou estar-com primitivo, o encontro com o outro como uma multiplicidade de outros – é baseado na aporia da *identificação*, no enigma que produz em e através de si mesmo, e na fábula do pai morto como um suplemento especulativo. Todos os três, aporia, enigma e fábula – afeto sendo um nome que os reagrupa –, são derivados do problema insolúvel do narcisismo. Porque, a partir do narcisismo – um solipsismo e ipseísmo radicais; um cercado infinitivamente expansível –, nenhuma passagem é possível em direção do que é fundamentalmente relacional, isto é, outro ou a relação ao outro; não há *passagem* do narcisismo ao outro, mas também não há relação, de modo que apenas "nenhuma relação à relação", ou, no máximo, "relação sem relação" são fórmulas possíveis para uma escritura psicanalítica do político.

Assim, para a psicanálise, o político deve aparecer como aquilo com o qual não se pode se relacionar. Dada essa necessidade metapsicológica – clínica e teórica –, não restam muitas opções para a psicanálise face ao político. Sem extingui-las, podemos listar: 1) a opção empiricista, 2) a opção teoricamente fraca e 3) a opção teoricamente forte. A primeira consiste em empiricamente aceitar a existência do social e do político e admitir que, de um ponto de vista psicanalítico, não se pode contribuir com nada à sua elucidação ou à sua análise; tal opção é fatalista, pelo menos *teoricamente*, mas ainda assim não impede ninguém de ser um clínico que recebe sujeitos homossexuais de manhã e de noite escreve textos violentos contra o casamento gay para um jornal local. Então trata-se de opção que não apenas é teoricamente fatalista, mas que tende também a ser eticamente cínica, independentemente da coloração "política" que assuma. Ela se limita a covardemente reconhecer a clivagem do eu no processo defensivo (*Ichspaltung im Abwehrvorgang*) na superfície ilustrando-o através de uma conduta: uma supressão por um tipo de existência consciente. Ao evitar as forças que ameaçam a integridade do eu – o eu sendo aqui considerado tanto como o eu do analista quanto como o eu da psicanálise enquanto entidade, e a ameaça como vindo da variedade de relacionalidade presente no social –, tal eu opta por se clivar: psicanálise tentando se salvar reduzindo-se ao que não é, ou seja, a uma entidade *não* sendo constituída pelo que não é e com o que não pode se relacionar.

A segunda opção, teoricamente fraca, leva ao abandono do impulso violento do narcisismo e à ênfase (e mesmo ao isolamento) dos elementos ou passagens em Freud, Lacan ou outros autores em que se analisa ou se elabora sobre a natureza inerentemente "social" da psique ou do sujeito. Um *locus classicus* é a passagem na já mencionada *Psicologia de massas e análise do eu*, na qual Freud concede que a psicologia do eu *é* uma psicologia social; ou uma frase como "O conteúdo do inconsciente, na verdade, é, seja lá como for, uma propriedade universal, coletiva, da humanidade", em *O homem Moisés e a religião monoteísta*. Na teoria lacaniana, muitas passagens ou frases (in)formadas em seu estilo formulístico ocasional, apodítico, ou fundacional, parecem se prestar a uma tal leitura. Toda sua teoria é, afinal, precisamente uma teoria do *Outro*. E não é verdade que, se a fórmula mínima que une sujeito e significante – o sujeito é aquele que está sendo representado por um significante para um outro significante –, não chega a ser política, é pelo menos protossocial em sua natureza, na medida em que posiciona o sujeito numa textura-em-direção-ao-outro da qual se aliena de diversas formas, na significação e na representação? Podemos também pensar na explicação do Nome-do-Pai como recalcado na raiz da psicose; ou nos quatro discursos (discurso é aqui definido como um laço social); ou na definição de desejo como o desejo do outro... Mas como podemos qualificar essa opção de "teoricamente fraca" através da mera citação dessas instâncias? Ora, ela se torna fraca porque não reconhece a "fraqueza" na qual está fundamentada, o *desamparo* que não é tanto seu objeto como tal, mas o objeto contra o qual se erige.

"Forte" é a opção afetada praticamente pelo desamparo na teoria. Uma das melhores introduções a essa opção se encontra no livro que você tem em mãos.

A reflexão sobre os afetos e as paixões na tradição filosófica ocidental trabalha frequentemente com um esquema que combina um conjunto de múltiplas paixões organizadas em pares de opostos (alegria/tristeza, prazer/dor etc.). Em Descartes, esse esquema aparece em sua forma "clara e distinta" - o que não é surpresa alguma -, e é o *espanto*, ou a *admiração*, que forma "a primeira de todas as paixões. E ela não tem oposto". Numa linha que começa em Kierkegaard (e continua via Heidegger até Lacan), a angústia é o afeto fundamental, o afeto do que afeta; no pensamento dos sentidos e da sensualidade, um pensamento adjacente ao das paixões é frequentemente o do *toque* que ocupa o lugar do sentido dos sentidos, e isso é compartilhado por Condillac e Nancy, como nos mostra a análise feita por Jacques Derrida em *Le Toucher*.[15] Safatle demonstra uma ligação profunda com a tradição filosófica no que concerne à paixão e ao afeto. Mas também radicaliza essa tradição ao suprimir todo conjunto organizado de paixões, que inevitavelmente os moralizaria e normativizaria, ao apresentar o *desamparo* como, de certa forma, o conceito para a afecção fundamental. A radicalização está na sua decisão de justapor *errância*, *contingência* e *indeterminação* à paixão fundamental que é o *desamparo*, e assim desconectar o "valor" da disposição filosófica do afeto. Não se trata de uma inversão do valor, mas de um *abandono* que se dá ao transformar modalidades de categorias "fracas" em nomes do afeto, ao inventar uma sintaxe para a

15 Jacques Derrida, *Le Toucher, Jean-Luc Nancy*. Paris: Galillée, 2000.

reflexão, e ao conceber o desamparo como uma aventura do pensamento. Qualquer *ordem* do afeto como tal é assim perturbada e abandonada aos acasos do discurso.

E, ainda assim, falar de *radicalização* aqui, evocar a noção de um afeto *fundamental*, além de elogiar a ligação com a tradição filosófica do pensamento que desenvolve essa noção, seria ou implantar uma retórica antitética ou, mais importante ainda – e apesar da importância da retórica em qualquer teoria do afeto –, marcar o traço de uma antinomia que atravessa o pensamento-do--afeto. Porque nada está aterrado, nada repousa sobre uma fundação, nenhuma raiz será extraída com desamparo. A questão que surge dessa solidão deve necessariamente se fazer uma da Terra – chão, fonte, casa, tudo que se questiona sob esse nome – e, consequentemente, nos levou a uma filosofia da natureza como aquilo que nos afeta no desapego. No discurso poético-especulativo de um escritor próximo, ainda que distante de Safatle, o despertar para tal questão pode se dirigir aos termos mais tradicionais de morte e de nada: "*La question qu'est la terre, qu'est la mort, la mort qui est peut-être l'aube – enfin de rien*" [A questão que é a terra, que é a morte, a morte que é talvez a madrugada – enfim de nada]. (Georges Bataille). Ainda que abandonados ao abandono, tais termos estáveis ainda terão de ser lidos.

A partir dessa leitura, a escrita de uma Desordem do Afeto pode então ser necessária. Seria, como a frase que a nomeia indica, uma alteração, uma substituição parcial, um deslocamento frívolo e sério, provavelmente uma inversão, mas também a difração da Ordem do Discurso. Ela nunca alcançará a forma classicista, admiravelmente contida e elegante da palestra inaugural de Foucault no Collège de France. A palestra era, em toda sua liberdade e com toda a liberdade que tomou, destinada a ser aquilo que enunciava, isto é, discurso. E não *queria* ser outra coisa. *Mise en abyme*, *pars pro toto*, metonímia, alegoria, ou uma cisão parcial, uma centelha contingente da linguagem, um espasmo do próprio discurso – qualquer que seja a ordem retórica ou literária que se queira aplicar às palavras de Foucault, elas permanecem afetadas por aquilo de que se distanciam, o quiasma indecidível entre discurso e ordem, linguagem e murmúrio. A Desordem do Afeto – que é também seu *dis*-curso – não é afetada por si mesma da mesma forma, nem mesmo à distância. Porque ela *perturba* a autoafetação, qualquer tipo de autoafetação, de síntese transcendental, de tempo. Esta é a oportunidade e o perigo: ela pode desviar na direção das formas de imanentismo ou cientismo na qual caem muitos proponentes da Teoria do Afeto; ou pode ser a centelha de uma nova maneira de pensar que é simultaneamente tradicional – posto que repete precisamente o gesto filosófico perene e o desejo de um "novo começo" – e inédito, nem afeto, nem efeito, nem causa, deixando todas essas categorias não para trás, mas no lugar, inafetadas, em in-determinação, vagando em sua própria estabilidade. Mas o que vagará entre, em torno de, através de tais categorias é outra coisa: não determinada, ainda a ser escrita

E, no entanto, é incorreto dizer que a Desordem do Afeto é algo a ser escrito, ou ainda correto demais, já que essa des-ordem é aquilo mesmo que está constantemente já sendo escrito, dito, murmurado ou gritado por todos, reconhecido como tal ou não reconhecido. O livro apresentado aqui, em todo seu astuto rigor, precisão e estilo composicional admirável, é identificado à sua escrita, ou afetado por ela, como queira. Uma escrita cujas figuras mais escabrosas e mais carregadas pelo *páthos* se encontram em Bataille, autor citado por Safatle em diversas ocasiões. Sua relação distante, mas fiel a Bataille, pode ser causada na medida em que o projeto erotológico teve de ser inserido na afirmação de *um* afeto específico "além" do desamparo, isto é, a angústia. "*Mon angoisse est enfin l'absolue souveraine*" [Minha angústia é enfim a soberana absoluta], como diria o autor de *Madame Edwarda*. Além disso, a trajetória especulativa tira sua sintaxe da projeção da noite do desamparo ao acercar a figura poética da morte: "*Dans la nuit plus vide que la nuit qu'est la nuit qui ouvre la mort*" [Na noite mais vazia que a noite que é a noite que abre a morte].

Mas uma erotologia com uma intenção de angústia e horror e que se dirige especulativamente a uma não existência poética, por um lado, e uma filosofia do afeto político-psicanalítica que se preocupa com o desamparo e sua criação em política, por outro, podem se diferenciar uma da outra mais por seus estilos do que por suas essências. Ou, em termos mais adequados – e pagando a Aristóteles o que lhe é devido –, elas *falam* diferentemente para traduzir diferentemente a "concupiscência" de sua "raiva", acompanhando-a de tons diferentes de "dor" enquanto reconhecem a "concupiscência" da injustiça que acontece no interior do político.

## REFERÊNCIAS BIBLIOGRÁFICAS


ADORNO, Theodor. *Äestetische Theorie*. Frankfurt: Suhrkamp, 1973 [ed. port.: *Teoria estética*, trad. Artur Mourão. Lisboa: Edições 70, 2008].

____. *As estrelas descem à Terra: a coluna de astrologia do* Los Angeles Times *- um estudo sobre superstição secundária*, trad. Pedro Rocha de Oliveira. São Paulo: Editora da Unesp, 2008.

____. "Democratic Leadership and Mass Manipulation", in *Gesammelte Schriften*, n. 1, v. 20. Frankfurt: Suhrkamp, 1986.

____. *Dialética negativa*, trad. Marco Antonio Casanova. Rio de Janeiro: Jorge Zahar, 2012.

____. *Ensaios sobre psicologia social e psicanálise*, trad. Verlaine Freitas. São Paulo: Editora da Unesp, 2015.

____. "Freudian Theory and the Pattern of Fascist Propaganda", in *Soziologische Schriften I*. Frankfurt: Suhrkamp, 2003 [ed. bras.: "A teoria freudiana e o padrão da propaganda fascista", trad. G. Pedroso. *Margem Esquerda - Ensaios Marxistas*, v. 7. São Paulo: Boitempo, 2006].

____. "Kierkegaards Lehre von der Liebe", in *Gesammelte Schriften II*. Frankfurt: Suhrkamp, 1990.

____. *Kulturkritik und Gesellsachaft I*. Frankfurt: Suhrkamp, 2003.

____. "Studies in the Authoritarian Personality", in Theodor Adorno, *Gesammelte Schriften*, v. 9. Frankfurt: Suhrkamp, 1975, p. 162.

ADORNO, Theodor & Max HORKHEIMER. *Dialética do esclarecimento*, trad. Guido Antonio de Almeida. Rio de Janeiro: Jorge Zahar, 1991.

AGAMBEN, Giorgio. *A comunidade que vem*, trad. Claudio Oliveira. Belo Horizonte: Autêntica, 2013.

____. *De la Très Haute Pauvreté: règles et formes de vie*. Paris: Rivages, 2011 [ed. bras.: *Altíssima pobreza: regras monásticas e forma de vida*, trad. Selvino J. Assmann. São Paulo: Boitempo, 2014].

____. *Estado de exceção*, trad. Iraci D. Poleti. São Paulo: Boitempo, 2004.

____. Homo sacer: *o poder soberano e a vida nua*, trad. Henrique Burigo. Belo Horizonte: Editora da UFMG, 2002.

____. *A potência do pensamento: ensaios e conferências*, trad. António Guerreiro. Belo Horizonte: Autêntica, 2015.

____. *Profanações*, trad. Selvino J. Assmann. São Paulo: Boitempo, 2007.

AGUIAR, Adriano. *A psiquiatria no divã: entre as ciências da vida e a medicalização da existência*. Rio de Janeiro: Relume Dumará, 2004.

ALBARRAN, Alan. *Global Media Economics: Commercialization, Concentration and Integration of World Media Markets*. Ames: Iowa State University Press, 1998.

ALTHUSSER, Louis et al. *Lire le capital*. Paris: Seuil, 2000 [ed. bras.: *Ler o capital*. Rio de Janeiro: Jorge Zahar, 1979].

____. *Pour Marx*. Paris: La Découverte, 1986.

AMEISEN, Jean Claude. *La Sculpture du vivant: le suicide cellulaire et la mort créatrice*. Paris: Seuil, 2003.

AMERICAN PSYCHIATRIC ASSOCIATION. *Diagnostic and Statistical Manual of Mental Disorders*, 5ª ed. Washington: APA, 2013.

ANTUNES, Ricardo. *Adeus ao trabalho? Sobre as metamorfoses e centralidade do mundo do trabalho*. São Paulo: Cortez, 1995.

ANTUNES, Ricardo & Ruy BRAGA. *Infoproletários: degradação real do trabalho virtual*. São Paulo: Boitempo, 2009.

ANDRE, Jacques. "Entre angústia e desamparo". *Ágora: Estudos em Teoria Psicanalítica*, n. 2, v. 4. Rio de Janeiro, 2001.

ARANTES, Paulo Eduardo. *Hegel: a ordem do tempo*. São Paulo: Hucitec, 2000.

____. "Um Hegel errado, mas vivo". *Revista Ide*, n. 21, 1991.

____. *Ressentimento da dialética*. São Paulo: Paz e Terra, 1996.

ARISTÓTELES, *Métaphysique*. Paris: Belles Lettres, 1966 [ed. bras.: *Metafísica*, trad. Edson Bini. São Paulo: Edipro, 2012].

____. *Physique*. Paris: Belles Lettres, 1966 [ed. bras.: *Física I e II*, trad. Lucas Angioni. Campinas: Editora da Unicamp, 2009].

____. *Retórica*, trad. Edson Bini. São Paulo: Martins Fontes, 2012.

ATLAN, Henri. *Entre le cristal et la fumée: essai sur l'organisation du vivant*. Paris: Seuil, 1979 [ed. bras.: *Entre o cristal e a fumaça: ensaio sobre a organização do ser vivo*, trad. Vera Ribeiro. Rio de Janeiro: Jorge Zahar, 1992].

____. *L'Organisation biologique et la théorie de l'information*. Paris: Hermann, 1992 [ed. port.: *A organização biológica e a teoria da informacação*, trad. Maria Fernanda Oliveira. Lisboa: Instituto Piaget, 2008].

AUBENQUE, Pierre. *Le Problème de l'être chez Aristote: Essai sur la problématique aristotélicienne*. Paris: PUF, 2013 [ed. bras.: *O problema do ser em Aristóteles: ensaio sobre a problemática aristotélica*. São Paulo: Paulus, 2012].

BAAS, Bernard. *Y a-t-il des psychanalystes sans-culottes? Philosophie, psychanalyse et politique*. Toulouse: Érès, 2012.

BADIOU, Alain et al. *De l'Amour*. Paris: Flammarion, 1999.

BADIOU, Alain. *L'Aventure de la philosophie française*. Paris: La Fabrique, 2012.

____. *Conditions*. Paris: Seuil, 1992.

____. *Court traité d'ontologie transitoire*. Paris: Seuil, 1998.

____. *Ethique: essai sur la conscience du mal*. Paris: Nous, 2003.

____. *L'Etre et l'évènement*. Paris: Seuil, 1982.

____. *São Paulo: a fundação do universalismo*, trad. Wanda Nogueira Caldeira Brant. São Paulo: Boitempo, 2009.

____. *O século*. Aparecida, SP: Ideias e Letras, 2007.

BALIBAR, Étienne. *Citoyen sujet et autres essais d'anthropologie philosophique*. Paris: PUF, 2011.

____. "L'Invention du surmoi". *Revue Incidences*, n. 1, 2006.

____. *Spinoza and Politics*. Londres: Verso, 1998.

____. *Violence et civilité*. Paris: Galilée, 2010.

BASAURE, Mauro. "Es la teoria de las luchas por el reconocimiento una teoria de la política?", inédito.

BARTHEL, Diane. *Putting on appearances: Gender and advertising*. Filadélfia: Temple University Press, 1988.

BATAILLE, Georges. *O erotismo*, trad. Fernando Scheibe. Belo Horizonte: Autêntica, 2013.

____. *A parte maldita - precedida de "A noção de dispêndio"*, trad. Júlio Castañon Guimarães. Belo Horizonte: Autêntica, 2013.

____. *La Souveraineté*, in *Œuvres complètes*, v. VIII. Paris: Gallimard, 1976.

BEBEE, Beatrice & Frank LACHMANN. *Infant Research and Adult Treatment: Co-Constructing Interactions*. Hillsdale: Analytic Press, 2002.

BECK, Aaron. *Cognitive Therapy and the Emotional Disorders*. Londres: Penguin, 1976.

BECK, Ulrich & Elisabeth BECK-GERNSHEIM. *The Normal Chaos of Love*. Cambridge: Polity Press, 1995.

BELL, Daniel. *The Cultural Contradiction of Capitalism*. Nova York: Basic Books, 1996.

BENJAMIN, Walter. "Sobre o conceito da História", in *Obras escolhidas, v. 1: Magia e técnica, arte e política*, trad. Sergio Paulo Rouanet. São Paulo: Brasiliense, 1985, p. 223.

BERGSON, Henri. *L'Évolution créatrice*. Paris: PUF, 2007. [ed. bras.: A evolução criadora, trad. Adolfo Casais Monteiro. São Paulo: Editora da Unesp, 2010].

BIRMAN, Joel. "A dádiva e o Outro: sobre o conceito de desamparo no discurso freudiano". *Physis Revista de Saúde Coletiva*, Rio de Janeiro, v. 9, n. 2, 1999, pp. 9-30.

____. "Governabilidade, força e sublimação: Freud e a filosofia política". *Revista de Psicologia* USP, v. 23, n. 3, 2010.

BODEI, Remo. *Geometria delle passioni: Paura, speranza, felicità - filosofia e uso político*. Milão: Feltrinelli, 2003.

BOLTANSKI, Luc & Eve CHIAPELLO. *Le Nouvel esprit du capitalisme*. Paris: Gallimard, 1999.

BORCH-JACOBSEN, Mikkel. *Le Lien affectif*. Paris: Aubier, 1992.

BORDO, Susan. "Gay Men's Revenge". *The Journal of Aesthetics and Art Criticism*, v. 57, n. 1, inverno 1999, pp. 21-25.

BRANDOM, Robert. *Animating Ideas*. Cambridge/ Londres: Harvard University Press, 2009.

____. *Tales of the Mighty Death: Historical Essays in the Metaphysics of Intentionality*. Cambridge/ Londres: Harvard University Press, 2002.

BRATEN, Stein (org.). *On Being Moved: From the Mirrors Neurons to Empathy*. Filadélfia: John Benjamin Publisher House, 2007.

BROWN, Wendy. *Les Habits neufs de la politique mondiale: néolibéralisme et néo-conservatisme*. Paris: Les Prairies Ordinaires, 2007.

BUTLER, Judith. *Gender Troubles*. Nova York: Routledge, 1999 [ed. bras.: *Problemas de gênero: feminismo e subversão da identidade*, trad. Renato Aguiar. Rio de Janeiro: Civilização Brasileira, 2003].

____. *Giving an Acount of Oneself*. Nova York: Fordham University Press, 2005.

____. *Precarious Life: The Power of Mourning and Violence*. Londres: Verso, 2004.

____. *The Psychic Life of Power: Theories in Subjection*. Stanford: Stanford University Press, 1997.

____. *Subjects of Desire: Hegelians Reflections in Twenty Century France*, 2ª ed. Nova York: Routledge, 2012.

BUTLER, Judith & Athena ATHANASIOU. *Dispossession: the Performative in The Political*. Cambridge: Polity Press, 2013.

CALHOUN, Craig. *Critical Social Theory*. Oxford: Willey Blackwell, 1995.

CANGUILHEM, Georges. *Escritos sobre a medicina*, trad. Vera Ribeiro. Rio de Janeiro: Forense Universitária, 2005.

____. *Études d'histoire et philosophie des sciences*. Paris: Vrin, 1983.

____. *Idéologie et rationalité dans l'histoire des sciences de la vie*. Paris: Vrin, 2009.

____. *La Connaissance de la vie*. Paris: Vrin, 2003.
____. *O normal e o patológico*, trad. Maria Thereza Redig de Carvalho Bauocas. Rio de Janeiro: Forense Universitária, 2002.
____. *La Santé: concept vulgaire et question philosophique*. Toulouse: Sables, 1990.
____. "Vie", in *Enciclopaedia universalis*. Paris: Enciclopaedia Universalis France, 1990.
CASTEL, Robert. *L'Insécurité sociale: qu'est-ce qu'être protégé?* Paris: Seuil, 2003.
CHAUÍ, Marilena. *Desejo, ação e paixão na ética de Espinosa*. São Paulo: Companhia das Letras, 2011.
COHEN, G. A. *Self-Ownership, Freedom and Equality*. Cambridge University Press, 1995.
COLEBROOK, Claire. *Irony*. Londres: Routledge, 2004.
COMAY, Rebecca. *Mourning Sickness: Hegel and the French Revolution*. Stanford: Stanford University Press, 2010.
COSTA PEREIRA, Mário. *Pânico e desamparo*. São Paulo: Escuta, 2008.
DALED, Pierre. "Santé, folie et vérité aux XIXème et XXème siècles: Nietzsche, Canguilhem et Foucault", in Pierre Daled (org.). *L'Envers de la raison: alentour de Canguilhem*. Paris: Vrin, 2008, pp. 115-40.
DAGONET, François. *Georges Canguilhem: Philosophie de la vie*. Paris: Les Empêcheurs de Penser en Rond, 1997.
DARDOT, Pierre & Christian LAVAL. *La Nouvelle raison du monde*. Paris: La Découverte, 2010.
DAVID-MÉNARD, Monique. *Éloge des hasards de la vie sexuelle*. Paris: Hermann, 2011.
DAVIDSON, Arnold. *The Emergence of Sexuality: Historical Epistemology and the Formation of Concepts*. Cambridge, MA: Harvard University Press, 2004.
DE MOOIJ, M. *Advertising Worldwide: Concepts, Theories and Practice of International, Multinational And Global Advertising*. Nova York: Prentice Hall, 1994.
DEBORD, Guy. *A sociedade do espetáculo*, trad. Estela dos Santos Abreu. Rio de Janeiro: Contraponto, 2002.
DEBRU, Claude. *Georges Canguilhem, Science et non-science*. Paris: Presses de l'École Normale Supérieure, 2004.
DELEUZE, Gilles. *Différence et répétition*. Paris: PUF, 1969 [ed. bras.: *Diferença e repetição*, 2ª ed., trad. Luiz Orlandi e Roberto Machado. São Paulo: Graal, 2009].

____. *Logique de la sensation*. Paris: Seuil, 2002.

____. *Pourparlers*. Paris: Minuit, 1990 [ed. bras.: *Conversações*, trad. Peter Pál Pelbart. São Paulo: Editora 34, 2008].

____. *Spinoza: philosophie pratique*. Paris: Minuit, 2003.

____. & Félix GUATTARI. *L'Anti-Œdipe: capitalisme et squizophrénie*. Paris: Seuil, 1972 [ed. bras.: *O anti-Édipo: capitalismo e esquizofrenia*, v. 1, 2ª ed., trad. Luiz B. L. Orlandi. São Paulo: Editora 34, 2014].

DERANTY, Jean-Phillipe & Emmanuel RENAULT. "Politicizing Honneth's Ethics of Recognition". *Thesis Eleven*, 2007, v. 88, p. 92.

DERRIDA, Jacques. *Estados de alma da psicanálise*. São Paulo: Escuta, 2001.

____. *L'Écriture et la différence*. Paris: Seuil, 1966 [ed. bras.: *A escritura e a diferença*, 4ª ed. rev. ampl., trad. Perola de Carvalho, Maria Beatriz M. N. da Silva e Pedro L. Lopes. São Paulo: Perspectiva, 2014].

____. *Margens da filosofia*, trad. Joaquim T. Costa e Antonio M. Magalhães. Campinas: Papirus, 1986.

____. *Spectres de Marx*. Paris: Galilée, 1993 [ed. bras.: *Espectros de Marx: o estado da dívida, o trabalho do luto e a nova internacional*. Rio de Janeiro: Relum Dumará, 1994].

DESCOMBES, Vincent. *Le Même et l'autre: quarante et cinq ans de philosophie française*. Paris: Minuit, 1979.

DOLAR, Mladen. "Freud and the Political". *Unbound*, v. 4, n. 15, 2008, pp. 15-29.

DRASSINOWER, Abraham. *Freud's Theory of Culture: Eros, Loss and Politics*. Lanham: Rowman and Littlefield, 2003.

DUARTE, Rodrigo. *Indústria cultural: uma introdução*. São Paulo: FGV, 2010.

DUMONT, Louis. *Essays sur l'individualisme*. Paris: Seuil, 1983.

DUNKER, Christian. *Mal-estar, sofrimento, sintoma: uma psicopatologia do Brasil entre muros*. São Paulo: Boitempo, 2015.

DURKHEIM, Émile. *Le Suicide*. Paris: PUF, 2005.

____. *Les Règles de la pensée sociologique*. Paris: Flammarion, 2004 [ed. port.: *As regras do método sociológico*, 12ª ed, trad. Eduardo Lúcio Nogueira. Lisboa: Presença, 2012].

EHRENBERG, Alain. *Le Culte de la performance*. Paris: Fayard, 2011.

____. *La Fatigue d'être soi: dépression et société*. Paris: Odile Jacob, 2000.

____. *La Société du malaise*. Paris: Odile Jacob, 2010.

ESPOSITO, Roberto. *Bios: Biopolitics and Philosophy*. Minneapolis: University of Minnesota Press, 2008.

____. *Communitas: origine e destino della comunità*. Turim: Einaudi, 1998.

____. *Le persone e le cose*. Roma: Einaudi, 2014.

FALK, Pasi. "The Benetton-Toscani Effect: Testing The Limits of Conventional Advertising", in MICA (org.). *Buy This Book*. Londres: Routledge, 1997.

FASSIN, Didier & Richard RECHMANN. *L'Empire du traumatisme: enquête sur la condition de victime*. Paris: Flammarion, 2007.

FAUSTO, Ruy. *Marx: lógica e política – tomo II: investigações para uma reconstituição do sentido da dialética*. São Paulo: Brasiliense, 1987.

____. *Marx: logique et politique*. Paris: Publisud, 1986.

FEATHERSTONE, Mike (org.). *Body Modifications*. Londres: Sage, 2000.

FEDERN, Paul. "La Société sans père". *Figures de la psychanalyse*, v. 2, 2002, n. 7, pp. 217-38.

FÉDIDA, Pierre. *Dos benefícios da depressão*, trad. Martha Gambini. São Paulo: Escuta, 1998.

FEUERBACH, Ludwig. *A essência do cristianismo*, trad. José Silva Brandão. Petrópolis: Vozes, 2007.

FICHANT, Michel. "Georges Canguilhem et l'idée de philosophie", in *Georges Canguilhem: philosophe, historien des sciences*. Paris: PUF, 1993.

FONAGY, Peter & Mary TARGET. "Playing With Reality: A Theory of External Reality Rooted in Intersubjectivity". *International Journal of Psychoanalysis*, 2007, n. 88, pp. 917-37.

FONTENELLE, Isleide. "Caçadores do *cool*: pesquisas de mercado de 'tendências culturais' e transformações na Comunicação". *Cadernos de Pesquisa ESPM*, n. 1, 2005.

FOSTER, Hal. *Return of the Real*. Boston: MIT Press, 2001 [ed. bras.: *O retorno do real*, trad. Célia Euvaldo. São Paulo: Cosac Naify, 2014].

FOUCAULT, Michel. *Os anormais*, trad. Eduardo Brandão. São Paulo: Martins Fontes, 2010.

____. *Histoire de la séxualité*, v. I. Paris: Gallimard, 1976 [ed. bras.: *História da sexualidade*, v. 1, 19ª ed., trad. Maria Thereza Albuquerque e J. A. Guilhon Albuquerque. São Paulo: Graal, 1988].

____. *Les Mots et les choses*. Paris: Gallimard, 1966 [ed. bras.: *As palavras e as coisas: uma arqueologia das ciências humanas*, 9ª ed., trad. Salma Tannus Muchail. São Paulo: Martins Fontes, 2011].

____. *Nascimento da biopolítica*, trad. Eduardo Brandão. São Paulo: Martins Fontes, 2008.

____. *O poder psiquiátrico*, trad. Eduardo Brandão. São Paulo: Martins Fontes.

____. *Sécurité, territoire, population*. Paris: Seuil, 2004 [ed. bras.: *Segurança, território, população: curso dado no Collège de France (1977-1978)*, trad. Eduardo Brandão. São Paulo: Martins Fontes, 2008].

____. "La Vie. l'experience et la science", in *Dits et écrits II*. Paris: Flammarion, 2000. [ed. bras.: *Ditos e escritos*, v. 2. Rio de Janeiro: Forense Universitária, 2008].

____. *Vigiar e punir*, trad. Raquel Ramalhete. Petrópolis: Vozes, 2010.

FRANCO, Fábio. *A natureza das normas: o vital e o social na filosofia de Georges Canguilhem*. Tese de mestrado defendida no Departamento de Filosofia da USP, 2011.

FRANK, Tom. "O marketing da libertação do Capital". Cadernos, *Le Monde Diplomatique*, n. 1, 2003, pp. 43-45.

FRASER, Nancy. *Qu'est-ce que la justice sociale? Reconnaissance et redistribution*. Paris: La Découverte, 2005.

FRASER, Nancy & Axel HONNETH. *Redistribution or Recognition*. Nova York: Verso, 2003.

FREIRE COSTA, Jurandir. *O risco de cada um e outros ensaios de psicanálise e cultura*. Rio de Janeiro: Garamond, 2007.

FREUD, Sigmund. *Gesammelte Werke* (GW), v. XV. Frankfurt: Fischer, 1999.

____. *O eu e o id*, trad. Paulo César de Souza. São Paulo: Companhia das Letras, 2011.

____. "O futuro de uma ilusão", in *Obras completas*, v. 17, trad. Paulo César de Souza. São Paulo: Companhia das Letras, 2014.

____. "Inibição, sintoma e angústia", in *Obras completas*, v. 17, trad. Paulo César de Souza. São Paulo: Companhia das Letras, 2014.

____. *Luto e melancolia*, trad. Marilene Carone. São Paulo: Cosac Naify, 2010.

____. *O homem Moisés e a religião monoteísta: três ensaios*, trad. Renato Zwick. Porto Alegre: L&PM, 2014.

____. "O mal-estar na civilização", in *Obras completas*, v. 18, trad. Paulo César de Souza. São Paulo: Companhia das Letras, 2010, pp. 13-122.

____. "Por que a guerra?", in *Obra completas*, v. 18, trad. Paulo César de Souza. São Paulo: Companhia das Letras, 2010, p. 428.

____. "Psicologia das massas e análise do eu", in *Obras completas*, v. 15, trad. Paulo César de Souza. São Paulo: Companhia das Letras, 2011.

____. "Totem e tabu", in *Obras completas*, v. 11, trad. Paulo César de Souza. São Paulo: Companhia das Letras, 2012.

FROMM, Erich. *Arbeiter und, Angestellte am Vorabend des Dritten Reiches: eine sozialpsychologische Untersuchung*. Stuttgart: Deutsche Verlags Anstalt, 1980.

FRÜCHTL, Josef. *Mimesis: Konstellation eines Zentralbegriffs bei Adorno*. Würzburg, 1986.

GADAMER, Hans-Gerg. *Hegel, Husserl, Heidegger*. Petrópolis: Vozes, 2012.

GAGNEBIN, Jeanne Marie. *Limiar, aura e rememoração: ensaios sobre Walter Benjamin*. São Paulo: Editora 34, 2014.

GALLAGHER, Shaun & Somogy VARGA. "Critical Social Philosophy, Honneth and the Role of Primary Intersubjectivity". *European Journal of Social Theory*, 2012, v. 15, n. 243, p. 255.

GERNET, Louis. *Anthropologie de la Grèce antique*. Paris: Flammarion, 1982.

GIDDENS, Anthony. *Modernity and Self-Identity*. Cambridge: Polity Press, 1991.

____. *The Transformation of Intimacy: Sexuality, Love and Eroticism in Modern Societies*. Stanford University Press, 1992.

GIROUX, Élodie. *Après Canguilhem: Définir la santé et la maladie*. Paris: PUF, 2010.

GOLDSTEIN, Kurt. *La Structure de l'organisme*. Paris: Gallimard, 1983.

GORZ, André. *The Immaterial*. Londres: Seagull, 2010 [ed. bras.: *O imaterial: conhecimento, valor e capital*, trad. Celso Azzan Jr. São Paulo: Annablume, 2005].

HABERMAS, Jürgen. *Connaissance et intérêt*. Paris: Gallimard, 1976 [ed. bras.: *Conhecimento e interesse*, trad. Luiz Repa. São Paulo: Editora da Unesp, 2014].

____. *O discurso filosófico da modernidade*. São Paulo: Martins Fontes, 2000.

____. "A nova intransparência: a crise do Estado de bem-estar social e o esgotamento das energias utópicas". *Novos Estudos Cebrap*, n. 18, set. 1987.

____. *Técnica e ciência como ideologia*. Lisboa: Edições 70, 2007.

____. *Verdade e justificação: ensaios filosóficos*. São Paulo: Loyola, 2004.

HACKING, Ian. *Historical Ontology*. Cambridge, MA: Harvard University Press, 2004.

HEGEL, G. W. F. *Enzyklopädie der philosophische Wissenschaft im Grundrisse*, *v. II*. Frankfurt: Suhrkamp, 1986.

____. *Fenomenologia do Espírito*, trad. Paulo Meneses. Petrópolis: Vozes, 1992.

____. *Grundlinien der Philosophie des Rechts*. Frankfurt: Suhrkamp, 1970.

____. *Phänomenologie des Geistes*. Hamburgo: Felix Meiner, 1988.

____. *Vorlesungen über die Philosophie der Geschichte*. Frankfurt: Suhrkamp, 1988.

____. *Vorlesungen über die Philosophie der Weltgeschichte, v. 1: Die Vernunft in der Geschichte*. Hamburgo: Felix Meiner, 1994.

____. *Wissenschaft der Logik II*. Frankfurt: Suhrkamp, 1996.

HEIDEGGER, Martin. *Ser e tempo*, trad. Fausto Castilho. Campinas: Editora da Unicamp, 2006.

HÉNAFF, Marcel. *Le Prix de la vérité: le don, l'argent, la philosophie*. Paris: Seuil, 2002.

HERÁCLITO. *Fragmentos contextualizados*, trad., ed. e com. Alexandre Costa. Rio de Janeiro: Odysseu, 2012.

HERÓDOTO, *História*, trad., int. e notas Mario da Gama Cury. Brasília: Editora da UnB, 1985.

HOBBES, Thomas. *Do cidadão*. São Paulo: Martins Fontes, 2002.

____. *Os elementos da lei natural e política*, trad. Bruno Simões. São Paulo: Martins Fontes, 2010.

____. *Leviatã*, trad. João Paulo Monteiro e Maria Beatriz N. da Silva. São Paulo: Martins Fontes, 2003.

HOGGETT, Paul & Simon THOMPSON (org.). *Politics and the Emotions: The Affective Turn in Contemporary Political Studies*. Nova York: Continuum, 2012.

HONNETH, Axel. *Das Ich im Wir*. Frankfurt: Suhrkamp, 2010.

____. *Das Recht der Freiheit: Grundriß einer demokratischen Sittlichkeit*. Frankfurt: Suhrkamp, 2013.

____. *Kamp um Anerkennung: Zu moralischen Grammatik sozialer Konflikte*. Frankfurt: Suhrkamp, 1992 [ed. bras.: *Luta por reconhecimento: a gramática moral dos conflitos sociais*, trad. Luiz Repa. São Paulo: Editora 34, 2003].

____. *La Société du mépris*. Paris: La Découverte, 2006.

____. *Pathologien der Vernunft: Geschichte und Gegenwart der Kritischen Theorie*. Frankfurt: Suhrkamp, 2008.

____. *Das Recht der Freiheit*. Frankfurt: Suhrkamp, 2013.

____. *Sofrimento de indeterminação*, trad. Rúrion Soares Melo. São Paulo: Esfera Pública, 2005.

____. *Verdinglichung: eine annerkenungstheoritische Studie*. Frankfurt: Suhrkamp, 2005b.

____. "Patologias da liberdade individual". *Novos Estudos Cebrap*, 2003, p. 87.

HÖSLE, Vittorio. *O sistema de Hegel: o idealismo da subjetividade e o problema da intersubjetividade*, trad. Antonio C. P. de Lima. São Paulo: Loyola, 2006.

ILLOUZ, Eva. *Consuming the Romantic Utopia: Love and the Cultural Contradictions of Capitalism*. Oakland: University of California Press, 1997.

____. *O amor nos tempos do capitalismo*, trad. Vera Ribeiro. Rio de Janeiro: Jorge Zahar, 2011.

JACOB, François. *La Logique du vivant: une historie de l'hérédité*. Paris: Gallimard, 1970.

KANT, Immanuel. *Crítica da razão pura*. Lisboa: Calouste Gulbenkian, 1989.

____. "Ensaio para introduzir em filosofia o conceito de grandeza negativa", in *Escritos pré-críticos*. São Paulo: Editora da Unesp, 2005.

KANTOROWICZ, Ernst. *Les Deux Corps du roi: essai sur la théologie politique au Moyen Age*, in *Œuvres*. Paris: Gallimard, 2000.

KASL, RODRIGUEZ & LASCH. "The Impact of Unemployment on Health and Well-Being", in Bruce Dohremwend, *Adversity, Stress and Psychjopatology*. Oxford: Oxford University Press, 1999.

KEHL, Maria Rita. *Ressentimento*. São Paulo: Casa do Psicólogo, 2005.

____. *O tempo e o cão: a atualidade das depressões*. São Paulo: Boitempo, 2009.

KELSEN, Hans. *A democracia*. São Paulo: Martins Fontes, 2000.

KERNBERG, Otto. *Borderline Conditions and Pathological Narcissism*. Nova York: Arenson, 1975.

____. "The Concept of Death Drive: A Clinical Perspective". *International Journal of Psychoanalysis*, v. 90, n. 5, 2009.

KIERKEGAARD, Søren. *La Reprise*. Paris: Gallimard, 1993.

____. *Les Œuvres de l'amour*, in *Œuvres Complètes*, t. XIV. Paris: L'Orante, 1980.

KINGSTON, Rebecca & Leonard FERRY. *Bringing the Passions back in: The Emotions in Political Philosophy*. Toronto: UBC Press, 2008.

KJELLÉN, Rudolph. *Grundriss zu einem System der Politik*. Leipzig: Rudolf Leipzig Hirtel, 1920.

LACAN, Jacques. *Autres écrits*. Paris: Seuil, 2001 [ed. bras.: *Outros escritos*, trad. Vera Ribeiro. Rio de Janeiro: Jorge Zahar, 2003].

____. *Écrits*. Paris: Seuil, 1966 [ed. bras.: *Escritos*, trad. Vera Ribeiro. Rio de Janeiro: Jorge Zahar, 1998].

____. *Le Mythe individuel du névrosé*. Paris: Seuil, 2007 [ed. bras.: *O mito individual do neurótico*, trad. Cláudia Berliner. Rio de Janeiro: Jorge Zahar, 2008].

____. *Seminário I*, trad. Betty Milan. Rio de Janeiro: Jorge Zahar, 1986.

____. *Séminaire II*. Paris: Seuil, 1978 [ed. bras.: *Seminário II*. Rio de Janeiro: Jorge Zahar, 1985].

____. *Séminaire IV*. Paris: Seuil, 1994 [ed. bras.: *Seminário IV*, trad. Dulce Duque Estrada. Rio de Janeiro: Jorge Zahar, 1995].

____. *Séminaire* v. Paris: Seuil, 1998 [ed. bras.: *Seminário* v, trad. Vera Ribeiro. Rio de Janeiro: Jorge Zahar, 1999].

____. *Séminaire* VII. Paris: Seuil, 1986 [ed. bras.: *Seminário* VII, trad. Antonio Quinet. Rio de Janeiro: Jorge Zahar, 1988].

____. *Séminaire* VIII. Paris: Seuil, 2001 [ed. bras.: *Seminário* VIII, trad. Dulce Duque Estrada. Rio de Janeiro: Jorge Zahar, 1992].

____. *Séminaire* XI. Paris: Seuil, 1973 [ed. bras.: *Seminário* XI, trad. M. D. Magno. Rio de Janeiro: Jorge Zahar, 1985].

____. *Séminaire* XVII. Paris: Seuil, 1991 [ed. bras.: *Seminário* XVII, trad. Ari Roitman. Rio de Janeiro: Jorge Zahar, 1992].

____. *Séminaire* XX. Paris: Seuil, 1975 [ed. bras.: *Seminário* XX, trad. M. D. Magno. Rio de Janeiro: Jorge Zahar, 1985].

____. *Séminaire* XXIII. Paris: Seuil, 2005 [ed. bras.: *Seminário* XXIII, trad. Sergio Laia. Rio de Janeiro: Jorge Zahar, 2007].

LACLAU, Ernesto. *A razão populista*. São Paulo: Três Estrelas, 2013.

LACOUE-LABARTHE, Philippe & Jean-Luc NANCY. *La Panique politique*. Paris: Christian Bourgeois Editeurs, 2013.

LAPLANCHE, Jean. *Freud e a sexualidade: o desvio biologizante*, trad. Lucy Magalhães. Rio de Janeiro: Jorge Zahar, 1997.

____. *Le Primat de l'autre en psychanalyse*. Paris: Flammarion, 1997.

LAPLANCHE, Jean & J.-B. PONTALIS. *Fantasme originaire, fantasmes des origines, origines du fantasme*. Paris: Hachette, 1985.

LE BLANC, Guillaume. *Canguilhem et les Normes*. Paris: PUF, 1998.

LEBRUN, Gérard. *L'Envers de la dialectique*. Paris: Gallimard, 2007 [ed. bras.: *O avesso da dialética: Hegel à luz de Nietzsche*, trad. Renato Janine Ribeiro. São Paulo: Companhia das Letras, 1988].

LEFEVRE, Georges. *La Grande Peur de 1789*. Paris: Armand Colin, 1970.

LEFORT, Claude. *Essais sur le politique*. Paris: Seuil, 1986.

____. *A invenção democrática: os limites da dominação totalitária*, trad. Isabel M. Loureiro. São Paulo: Brasiliense, 1983.

LOCKE, John. *Two Treatises of Government*. Cambridge: Cambridge University Press, 1988.

LOEWALD, Hans. *Collected Papers and Monographs*. Hagerstown: University Publishing Group, 2000.

LUKÁCS, György. *História e consciência de classe*, trad. Rodnei Nascimento. São Paulo: Martins Fontes, 2003.

LUHMANN, Niklas. *Liebe: eine Übung*. Frankfurt: Suhrkamp, 2008.

MACHEREY, Pierre. *De Canguilhem à Foucault: la force des normes*. Paris: La Fabrique, 2010.

MACPHERSON, C. B. *The Political Theory of Possessive Individualism: Hobbes to Locke*. Oxford University Press, 1962.

MARCUS, George. *Le Citoyen sentimental: emotions et politique en démocratie*. Paris: Sciences Po, 2008.

MARCUSE, Herbert. *Eros e civilização*. Rio de Janeiro: LTC, 1999.

____. *A ideologia da sociedade industrial: o homem unidimensional*, 4ª ed., trad. Giasone Rebuá. Rio de Janeiro: Zahar, 1973.

MARMASSE, Gilles. "Raison et déraison dans l'histoire". *Revista Eletrônica de Estudos Hegelianos*, ano 8, n. 14, v. 1.

MARX, Karl. *O capital*, v. I., trad. Rubens Enderle. São Paulo: Boitempo, 2013.

____. *O capital, livro III, volume 5*, trad. Reginaldo Sant'Anna. Rio de Janeiro: Civilização Brasileira, 1988.

____. *Crítica da filosofia do direito de Hegel – introdução*, trad. Leonardo de Deus e Rubens Enderle. São Paulo: Boitempo, 2005.

____. *O 18 brumário de Luís Bonaparte*, trad. Nélio Schneider. São Paulo: Boitempo, 2011, p. 91.

____. *Grundrisse*, trad. Mario Duayer. São Paulo: Boitempo, 2011.

____. *Das Kapital I*. Berlim: Dietz Verlag, 1983.

____. *Manuscritos econômico-filosóficos*, trad. Jesus Ranieri. São Paulo: Boitempo, 2004.

____. *Sobre a questão judaica*, trad. Nélio Schneider e Wanda N. Caldeira. São Paulo: Boitempo, 2010.

MARX, Karl & Friedrich ENGELS. *A ideologia alemã*, trad. Rubens Enderle, Nélio Schneider e Luciano C. Martorano. Rio de Janeiro: Civilização Brasileira, 2007.

____. *Manifest der Kommunistischen Partei* in http://www.marxists.org/deutsch/archiv/marx-engels/1848/manifest/1-bourprol.htm [ed. bras.: *Manifesto comunista*, trad. Álvaro Pina. São Paulo: Boitempo, 2014].

MATTHES, J. *Krise der Arbeitsgesellschaft*. Frankfurt: Bamberg, 1983.

MEILLASSOUX, Quentin. *Aprés la Finitude: essai sur la nécessité de la contingence*. Paris: Seuil, 2006.

MITSCHERLICH, Alexander. *Aus dem Weg zur vaterlosen Gesellschaft*, in *Gesammelte Schriften*. Frankfurt: Suhrkamp, 1983.

MONOD, Jacques. *Le Hasard et la nécessité: essai sur la philosophie naturelle de la biologie moderne*. Paris: Seuil, 1970.

MONOD, Jean-Claude. *Qu'est-ce qu'un chef en démocratie? Politiques du charisme*. Paris: Seuil, 2012.

MORGAN, Gareth. *Imagens da organização*. São Paulo: Atlas, 1995.

MOUFFE, Chantal. "Democratic politics and the question of identity", in John Rajchman, *The Identity in Question*. Nova York: Routledge, 1995.

MILLER, Jacques-Alain. *Matemas I*, trad. Sergio Laia. Rio de Janeiro: Jorge Zahar, 1996.

MUHLE, Maria. *Eine Genealogie der Biopolitik: zum Begriff des Lebens bei Foucault und Canguilhem*. Bielefeld: Transcript, 2008.

NEGRI, Antonio & Michael HARDT. *Império*, trad. Berilo Vargas. Rio de Janeiro: Record, 2006.

NEUMANN, Franz. *Behemoth: The Structure and Practice of National Socialism*, 1933-1944. Chicago: Ivan R. Dee, 2009.

NIETZSCHE, Friedrich. *Crepúsculo dos ídolos*, trad. Paulo César Souza. São Paulo: Companhia das Letras, 2006.

____. *Genealogia da moral*, trad. Paulo César de Souza. São Paulo: Companhia das Letras, 1998.

____. *Segunda consideração intempestiva*, trad. Marco A. Casanova. Rio de Janeiro: Relume Dumará, 2003.

O'HARA, M. "Postpartum Depression: What we Know". *Journal of Clinical Psychology*, v. 65, n. 12.

PAVE, Alain. *La Nécessité du hasard: vers une théorie synthétique de la biodiversité*. Les Ulis: EDP Sciences, 2007.

PINKARD, Terry. *Hegel's Phenomenology: The Sociality of Reason*. Cambridge: Cambridge University Press, 1994.

PIPPIN, Robert B. *Idealism as Modernism: Hegelian Variations*. Cambridge: Cambridge University Press, 2001.

PLATÃO. *Fédon*, trad. Carlos Alberto Nunes. Belém: Edufpa, 2013.

____. *A República*. Lisboa: Calouste Gulbenkian, 2005.

POSTONE, Moishe. *Tempo, trabalho e dominação social*. São Paulo: Boitempo, 2014.

RANCIÈRE, Jacques. *Au Bord du Politique*. Paris: Gallimard, 2007.

____. *La Haine de la démocracie*. Paris: La Fabrique, 2005.

____. *La Mésentente: politique et philosophie*. Paris: Galilée, 1995.

____. "Politics, Identification and Subjectivation" in John Rajchman, *The Identity in Question*. Nova York: Routledge, 1995.

REICH. Wilheim. *Análise do caráter*, trad. Ricardo A. do Rego. São Paulo: Martins Fontes, 2001.

RENAULT, Emmanuel. *Souffrances sociales: philosophie, psychologie et politique*. Paris: La Découverte, 2008.

RIBEIRO, Renato Janine. *Ao leitor sem medo: Hobbes escrevendo contra seu tempo*. Belo Horizonte: Editora da UFMG, 2004.

RIFKIN, Jeremy. *O fim do emprego*. São Paulo: Makron Books, 2001.

ROBERT, Morley. *Bio-politics: An Essay in the Physiology, Pathology and Politics of the Social and Somatic Organism*. Londres: Dent, 1938.

RORTY, Richard. "Is 'Cultural Recognition' a Useful Concept for Leftist Politics?". *Critical Horizons*, v. 1, n. 1, 2000, pp. 7-20.

ROTH, Michael. *Knowing and History: Appropriations of Hegel in Twentieth Century France*. Ithaca: Cornell University Press, 1988.

ROUSSEAU, Jean-Jacques. *Le Contrat social*. Paris: Gallimard, 2000 [ed. bras.: *O contrato social*, 3ª ed., trad. Antonio de Pádua Danesi. São Paulo: Martins Fontes, 1996].

SAFATLE, Vladimir. *Cinismo e falência da crítica*. São Paulo: Boitempo, 2008.

____. "Espelhos sem imagens: Mimesis e reconhecimento em Lacan e Adorno". *Trans/Form/Ação*, Marília, v. 28, n. 2, 2005.

____. *Fetichismo: colonizar o Outro*. Rio de Janeiro: Jorge Zahar, 2010.

____. "Freud como teórico da modernidade bloqueada". *A Peste*, n. 2, São Paulo, 2010.

____. *Grande Hotel Abismo: por uma reconstrução da teoria do reconhecimento*. São Paulo: Martins Fontes, 2012.

____. "O que vem após a imagem de si? Os casos Cindy Sherman e Jeff Koons", in Fátima Milnitzky (org.). *Narcisismo: o vazio na cultura e a crise de sentido*. Goiânia: Dimensão Editorial, 2007.

____. *A paixão do negativo: Lacan e a dialética*. São Paulo: Editora da Unesp, 2006.

____. "Paranoia como catástrofe social: arqueologia de um conceito clínico". *Trans/Form/Ação*, v. 34, n. 2, Marília, 2011.

SAÏD, Edward. *Freud and the non-european*. Londres: Verso, 2003.

SCHILLER, Friedrich. *A educação estética do homem*, trad. Roberto Schwarz e Márcio Suzuki. São Paulo: Iluminuras, 1989.

SCHILLING, Chris. *The Body and Social Theory*. Londres: Sage, 1993.

SCHMIDT, Alfred. *The Concept of Nature in Marx*. Londres: Verso, 2014.

SCHMITT, Carl. *O conceito do político – Teoria do* partisan, trad. Geraldo de Carvalho. Belo Horizonte: Del Rey, 2008.

____. *Le Léviathan dans la doctrine de l'État de Thomas Hobbes: sens et échec d'un symbole politique*. Paris: Seuil, 2002.

____. *Politische Theologie: Vier Kapitel zur Lehre von der Souveranität*. Berlim: Duncker and Humblot, 1934.

SPINOZA, Bento. *Ética*, trad. Tomaz Tadeu. Belo Horizonte: Autêntica, 2007.

____. *Tratado político*, trad. Diogo P. Aurélio. São Paulo: Martins Fontes, 2009.

____. *Tratado teológico-político*. Lisboa: Imprensa Nacional, 1988.

STALLYBRASS, Peter. "Marx and Heterogeneity: Thinking the Lumpenproletariat". *Representations*, v. 0, n. 31, 1990, pp. 69-95.

STRAUSS, Leo. *The Political Philosophy of Thomas Hobbes*. Chicago: University of Chicago Press, 1963.

TAYLOR, Charles. *Multiculturalism and the "Politics of Recognition"*. Princeton: Princeton University Press, 1992.

THOBURN, Nicholas. "Difference in Marx: The Lumpenproletariat and the Proletarian Unamable". *Economy and Society*, v. 31, n. 3, ago. 2002, pp. 434-60.

THOMPSON, John. *Mídia e modernidade*. São Paulo: Makron Books, 1998.

THUROW, Lester. *Les Fractures du capitalism*. Paris: Village Mondial, 1997.

TOLFO, Suzana et al. "Trabalho, desemprego, identidade: estudo de caso de uma empresa privatizada do setor de telecomunicações". *Revista Katálisis*, v. 7, n. 2, Florianópolis, 2004.

TOMASELLO, Michael. *The Cultural Origin of Human Cognition*. Cambridge, MA: Harvard University Press, 2003.

THOMPSON, John. *Mídia e modernidade*. Petrópolis: Vozes, 2001.

TOSCANI, Oliviero. *A publicidade é um cadáver que nos sorri*, trad. Luiz C. de M. Guerra. Rio de Janeiro: Objetiva, 1998.

TRUDEAU, Pierre Elliot. "Multiculturalism", in http://www.canadahistory.com/sections/documents/Primeministers/trudeau/docs.onmulticulturalism.htm.

UEXKÜLL, Jacob von. *Staatsbiologie: Anatomie, Phisiologie, Pathologie des Staates*. Berlim: Gedrüber Paetel, 1920.

VAN HAUTE, Philippe & Jens DE VLEMINCK. "Aan gene zijde van Freud: De grenzen en de mogelijkheden van een psychoanalytische pathoanalyse", in *Freud als filosoof*. Leuven: University of Leuven Press, 2013.

VASSET, Philippe & Clotilde VIANNAY. "Politiques du care". *Revue Multitudes*, t. 37-38, 2009.

WHITEBOOK, Joel. "First Nature and Second Nature in Hegel and Psychoanalysis". *Constellations*, v. 15, n. 3, 2008.

WAHL, Jean. *Du Rôle de l'idée d'instant dans la philosophie de Descartes*. Paris: Alcan, 1920.

WEBER, Max. *A ética protestante e o espírito do capitalismo*, trad. José Marcos Mariani de Macedo. São Paulo: Companhia das Letras, 2001.

____. *Ensaios de sociologia e outros escritos*. São Paulo: Abril, 1974.

WEIL, Pascale. *A Quoi Rêvent les années 90: les nouveaux imaginaires, consommation et communication*. Paris: Seuil, 1994.

WINNICOTT, Donald. *Da pediatria à psicanálise*, trad. Davi L. Bogomoletz. Rio de Janeiro: Imago, 2000.

____. *Natureza humana*, trad. Davi L. Bogomoletz. São Paulo: Imago, 1990.

ŽIŽEK, Slavoj. *Em defesa das causas perdidas*, trad. Beatriz Medina. São Paulo: Boitempo, 2011.

____. *Menos que nada: Hegel e a sombra do materialismo dialético*, trad. Rogério Bettoni. São Paulo: Boitempo, 2013.

____. "Multiculturalismo: a lógica cultural do capitalismo", in José Luiz Aidar (org.). *Žižek crítico*. São Paulo: Hacker, 2006.

____. *Violência*. São Paulo: Boitempo, 2014.

## ÍNDICE DE NOMES

## ÍNDICE DE OBRAS

## SOBRE O AUTOR

VLADIMIR SAFATLE nasceu em 1973, em Santiago do Chile. Formado em filosofia pela Universidade de São Paulo, é mestre em filosofia pela mesma universidade com dissertação sobre o conceito de sujeito descentrado em Jacques Lacan, sob a orientação de Bento Prado Júnior. Doutorou-se em filosofia pela Universidade de Paris VII com tese sobre as relações entre Lacan e a dialética, sob a orientação de Alain Badiou. Professor livre-docente do Departamento de Filosofia da FFLCH-USP, onde leciona desde 2003, foi professor convidado nas universidades de Paris VII, Paris VIII, Toulouse, Louvain, além de fellow do Stellenboch Institute of Advanced Studies (STIAS) e responsável por seminários no Collège International de Philosophie. É um dos coordenadores do Laboratório de Pesquisas em Teoria Social, Filosofia e Psicanálise (Latesfip/USP), juntamente com Christian Dunker e Nelson da Silva Júnior, e membro do conselho diretivo da International Society of Psychoanalysis and Philosophy.

Com artigos traduzidos em inglês, francês, japonês, espanhol, sueco, catalão e alemão, suas publicações versam sobre psicanálise, teoria do reconhecimento, filosofia da música, filosofia francesa contemporânea e reflexão sobre a tradição dialética pós-hegeliana. Publicou *Grande Hotel Abismo – para uma reconstrução da teoria do reconhecimento* (Martins Fontes, 2012, versão em inglês publicada pela Leuven University Press, 2016), *O dever e seus impasses* (Martins Fontes, 2013), *A esquerda que não teme dizer seu nome* (Três Estrelas, 2012, versão em espanhol publicada pela LOM Ediciones, 2014), *Cinismo e falência da crítica* (Boitempo, 2008), *Lacan* (Publifolha, 2007) e *A paixão do negativo: Lacan e a dialética* (Editora da Unesp, 2006, versão em francês publicado por Georg Olms Verlag, 2010).

Seus próximos trabalhos versarão sobre as condições para a elaboração de um conceito renovado de dialética fundado nas ideias de processualidade contínua e de ontologia em situação, assim como sobre a atualização da noção de forma crítica a partir da estética musical contemporânea e da reflexão sobre problemas relacionados ao destino das categorias de autonomia, expressão e sublime.

## AGRADECIMENTOS

O autor agradece ao CNPq, pela bolsa de produtividade em pesquisa, assim como à Fapesp, por uma bolsa de estágio de pesquisa no exterior, que permitiram a realização deste livro. Agradece ainda ao Stellenboch Institute of Advanced Studies (STIAS/South Africa) por uma bolsa de fellow que permitiu a realização de trabalhos incorporados neste livro.

Este livro foi o resultado de uma interlecução constante com vários colegas e alunos, muitos dos quais expressaram sua imensa generosidade com leituras, críticas e comentários de aspectos pontuais e gerais do trabalho. Que todos eles sejam aqui objeto de minha mais profunda gratidão.

## CRÉDITO DAS IMAGENS

Todos os esforços foram feitos para reconhecer os direitos morais, autorais e de imagem neste livro. A editora agradece qualquer informação relativa à autoria, titularidade e/ou outros dados que estejam incompletos nesta edição, e se compromete a incluí-los nas futuras reimpressões.

[CAPA] MARCIUS GALAN, *Isolante*, 2009
coleção particular; fotografia Edouard Fraipont
[p. 42] JOSEPH BEUYS *I Like America and America Likes Me*, 1974
Week-long action with coyote at René Block Gallery, New York
Foto: Caroline Tisdall/Cortesia de Ronald Feldman Fine Arts, New York.
© Beuys, Joseph/Licenciado por AUTVIS, Brasil, 2015.
[p. 188] YVES KLEIN Yves Klein et Harry Shunk/adoc-photos/ALBUM.
© Yves Klein/AUTVIS, Brasil, 2015.
[p. 280] ANSELM KIEFER Arisa Rastellini/Mondadori Portfolio via Getty Images.

Coordenação editorial MILTON OHATA
Preparação LIVIA LIMA
Revisão ELIANE SANTORO, MARIA FERNANDA ALVARES
Projeto gráfico FLÁVIA CASTANHEIRA, GABRIELA CASTRO
Produção gráfica SIRLENE NASCIMENTO

*Nesta edição, respeitou-se o novo*
*Acordo Ortográfico da Língua Portuguesa.*

1ª reimpressão, 2015

Dados Internacionais de Catalogação na Publicação (CIP)

Safatle, Vladimir [1973-]
O circuito dos afetos: Vladimir Safatle
São Paulo: Cosac Naify, 1ª ed., 2015
512 pp., 3 ils.

ISBN 978-85-405-0960-3

1. Filosofia política 2. Biopolítica 3. Teoria social I. Título

Índices para catálogo sistemático:
I. Filosofia política 320.01

COSAC NAIFY
rua General Jardim, 770, 2º andar
01223-010 São Paulo SP
cosacnaify.com.br [11] 3218 1444
atendimento ao professor [11] 3218 1473
professor@cosacnaify.com.br

Fonte LYON, CIRCULAR
Papel POLÉN SOFT 70 G/M²
Impressão GEOGRÁFICA